Sammlung von Erörterungen

über das

Preußische Grundbuchrecht

nach den Gesetzen vom 5. Mai 1872.

I—V.

1. Erörterung einiger praktischen Fragen aus dem Grundbuchrecht von **C. John**, Kreisgerichts-Rath.
2. Controversen aus dem Grundbuchrecht von **W. Neubauer**, Kreisgerichts-Rath.
3. Die Grundbuchordnung im Lichte und Dunkel der Praxis. Griesgrämliche Herzensergießungen eines alten Praktikers.
4. Studien zur Grundbuchordnung von **Korbell**, Kreisgerichts-Rath.
5. Drei Fragen aus dem Grundbuchrecht von **M. Schultzenstein**, Kreisrichter.

Berlin, 1876.

Verlag von J. Guttentag (D. Collin).

Erörterung

einiger praktischen Fragen

aus dem

Preußischen Grundbuchrecht.

Von

C. John,
Kreisgerichts-Rath und Abtheilungs-Dirigent.

Berlin, 1873.
Verlag von J. Guttentag (D. Collin).

Vorwort.

Die Veranlassung zu den nachfolgenden Erörterungen ist mir durch zweifelhafte in der Praxis vorgekommene Fälle und durch das Bemühen gegeben, mir dieselben durch tieferes Eingehen in die Gesetze aufzuklären; Gespräche mit Collegen ergaben, daß sie von ähnlichen Zweifeln gequält wurden. So entstand der Gedanke, meine Erwägungen zu veröffentlichen, weniger in dem anmaßenden Glauben, dadurch andere vielleicht bessere Köpfe zu belehren, als mit dem Wunsche und zu dem Zwecke, in weiteren Kreisen über verschiedene zwar consequent auf den neuen Principien beruhende aber von den früheren Bestimmungen wesentlich abweichende, zuweilen selbst mit dem Civilrecht schwer in Einklang zu bringende Vorschriften des neuen Grundbuchrechts eine Aussprache und dadurch eine Uebereinstimmung in den Ansichten und im Verfahren zu erzielen, ein Zweck, den auf diesem Wege zu erreichen, mir um so dringlicher erschien, als es noch lange dauern dürfte, bis jene rechtlichen Zweifel durch die Judicatur (soweit sie derselben überhaupt unterworfen sind) beseitigt sein werden.

Conitz, Westpreußen. Juni 1873.

Der Verfasser.

Inhalts-Verzeichniß.

Inhalts-Verzeichniß.

Erklärung der Abkürzungen.

ALR. = Allgemeines Landrecht.

AGO. = Allgemeine Gerichts-Ordnung.

Ges. = Gesetz über den Eigenthumserwerb und die dingliche Belastung der Grundstücke, Bergwerke und selbstständigen Gerechtigkeiten vom 5. Mai 1872.

GBO. = Grundbuch-Ordnung vom 5. Mai 1872.

Förster = Preußisches Grundbuchrecht von Franz Förster.

Bahlmann = Das Preußische Grundbuchrecht mit Commentar von W. Bahlmann.

Achilles = Die Preußischen Gesetze über Grundeigenthum und Hypothekenrecht mit Kommentar von Alexander Achilles.

Steinert = Anleitung zur Bearbeitung von Grundbuchsachen.

Philler = O. Philler das Gesetz über den Eigenthumserwerb und die dingliche Belastung der Grundstücke rc., die Grundbuchordnung und das Stempelabgabengesetz vom 5. Mai 1872.

I. Bedarf es zu den Auflassungserklärungen und zu mündlichen Anträgen auf Eintragungen oder Löschungen eines förmlichen Protocolls des Grundbuchamtes?

Die Auflassungserklärung muß immer mündlich abgegeben werden[1]), die Anträge auf Eintragungen oder Löschungen können mündlich angebracht werden.[2])

In Betreff beider fehlt es aber in den Gesetzen einerseits an einer bestimmten Vorschrift über die Form, in welcher diese mündlichen Erklärungen der Interessenten fixirt werden sollen[3]), andererseits sind die Bestimmungen darüber, wer diese Erklärungen gültig entgegen zu nehmen hat, nicht übereinstimmend. Abwechselnd ist nämlich in dieser Beziehung von dem Grundbuchamte und dann wieder von dem Grundbuchrichter die Rede.[4]) Hieraus dürfte sich die Berechtigung der obigen Frage ergeben.

Was nun zunächst den letzteren Punkt derselben, nämlich die Competenz des Grundbuchamtes oder des Grundbuchrichters betrifft, so macht das Gesetz selbst zwischen beiden ausdrücklich den Unterschied, daß Ersterer nur der Vorstand des Grundbuchamtes ist, letzteres aber außerdem auch noch aus einem Buchführer und den erforderlichen Schreibern und Unterbeamten besteht.[5]) Von den letzteren beiden Kategorien kann natürlich bei der hier erheblichen Frage ohne Weiteres abgesehen werden, weil sie nur zum mechanischen Geschäftsbetriebe erforderlich sind. Dagegen liegt die Beantwortung der Frage, ob, wenn die Gesetze rücksichtlich der erheblichen Thätigkeit von dem Grundbuchamte sprechen,

[1]) § 2 Ges.

[2]) § 31 GBO.

[3]) Auch Förster sagt darüber nichts Bestimmtes.

[4]) § 2 Ges. u. 48 GBO. und rücksichtlich der Anträge §§ 31 u. 32 GBO.; rücksichtlich beider auch Nr. III der Allgem. Minist.-Verf. vom 1. September 1872.

[5]) § 20 GBO. al. 2.

sie nicht auch den Buchführer neben dem Richter mit im Auge gehabt und, um dieses anzudeuten, eben den Ausdruck Grundbuchamt gewählt haben, nicht ganz so auf der Hand. Denn die Stellung des Buchführers ist keineswegs eine so untergeordnete, daß sie vor der des Grundbuchrichters vollständig verschwindet, somit thatsächlich die geschäftliche Thätigkeit des Grundbuchrichters mit der des Grundbuchamtes zusammenfällt. An verschiedenen Stellen vielmehr erwähnen die Gesetze dieser beiden Beamten als zweier für die Geschäfte des Grundbuchamtes coordinirt wirkender Personen [1]), ja, an manchen Stellen ist da, wo von einer Thätigkeit des Grundbuchamtes gesprochen wird, ganz zweifellos dabei wesentlich auch an den Buchführer gedacht.[2])

Wenn es hiernach a) im § 2 des Gesetzes über den Eigenthumserwerb heißt:

die Auflassung erfolgt durch mündliche Erklärung vor dem Grundbuchamte,

b) und im § 48 wieder:

der Grundbuchrichter darf die Auflassungserklärung erst entgegen nehmen, wenn 2c. —,

c) ferner im § 31 der GBO.:

die Anträge werden mündlich bei dem Grundbuchamte angebracht,

d) und gleich darauf im § 32 ibid.:

mündliche Anträge auf Eintragungen oder Löschungen sind von dem Grundbuchrichter aufzunehmen,

so liegt dieser Verschiedenartigkeit der Bezeichnung nicht etwa bloß eine Ungenauigkeit des Ausdrucks zu Grunde, welche damit zu erklären wäre, daß Grundbuchamt so viel wie Grundbuchrichter bedeuten solle oder umgekehrt, sondern der Grund hiervon liegt tiefer. Die Ausdrücke sind im Gegentheil sehr präcise und sicher bewußt gerade in dieser Weise gewählt, nämlich dahin zu verstehen, daß durch die Gesetzesstellen ad a u. c nur im Allgemeinen die Adresse angegeben werden sollte, an welche die betreffenden Erklärungen zu richten sind, nämlich an das Grundbuchamt im Gegensatz zu anderen richterlichen Behörden und zu Notaren, (welche mündliche Erklärungen der Interessenten eben nicht aufnehmen dürfen), die ad b u. d citirten Gesetzesstellen dagegen speciell

---

[1]) §§ 42, 44. 131 GBO.

[2]) § 124 GBO. und Formular der Hypotheken=Grundschuldbriefe und der anderen Urkunden.

darüber Bestimmung treffen, welcher Beamter des Grundbuchamtes die Funktion hat, die fraglichen Erklärungen der Interessenten entgegen zu nehmen. Das ist nun aber der Richter und kann consequenter Weise Niemand anders als dieser sein, denn nicht bloß legt der § 46 GBO. ihm allein die Verpflichtung auf, die Rechtsgültigkeit der vollzogenen Akte zu prüfen und bei Mängeln derselben die Anträge auf Eintragungen zurückweisen und der § 48 ibid. sogar, die Entgegennahme der Auflassungserklärung abzulehnen, wenn er dafür hält, daß der sofortigen Eintragung des Eigenthums ein Hinderniß entgegensteht, sondern auch die sachgemäße Abgrenzung der Geschäfte des Grundbuchrichters und des Grundbuchführers bringt es mit sich, daß der letztere, dessen Geschäfte, wie schon der Name sagt, der Hauptsache nach in der Führung der Bücher besteht, mit der Entgegennahme von Auflassungs- und sonstigen Erklärungen der Interessenten, welche direkt die Buchführung nicht betreffen, sondern erst Eintragungen zur Folge haben, nichts zu thun haben kann.

Was nun die zweite Frage, die Form der Fixirung der Auflassungserklärung und der betreffenden Anträge betrifft, so bestimmen:

1) § 2 des Ges.:

> Die Auflassung erfolgt durch die mündliche ..... vor dem Grundbuchamte abzugebende Erklärung.

2) § 31 GBO.:

> Die Anträge werden mündlich bei dem Grundbuchamte angebracht oder schriftlich eingereicht.

§ 33 ibid.:

> Die schriftlichen ..... Anträge uud Urkunden müssen gerichtlich ..... aufgenommen oder beglaubigt sein.

Aus diesen Vorschriften ergiebt sich zunächst das gemeinsame Negative, daß

> über die Form, in welcher der Grundbuchrichter die Erklärung resp. Anträge entgegen zu nehmen hat,

nichts gesagt ist, ferner folgendes Besondere:

Rücksichtlich der Auflassungserklärung ist ausdrücklich gesagt, daß sie durch die mündliche Erklärung der Interessenten erfolgt, woraus sich ergiebt, daß in Betreff ihrer diese mündliche Erklärung das allein Wesentliche, das Geschäft Erschöpfende, dagegen die Fixirung dieser Erklärung gleichgültig ist, diese das Geschäft selbst gar nicht mehr berührt und deshalb auch für dieses gar nicht mehr erforderlich ist; so daß z. B., wenn die Auflassungsinteressenten nach Abgabe ihrer Erklärung sich entfernen würden, das Geschäft dennoch abgeschlossen wäre und die volle rechtliche Wirkung des Eigenthumsüberganges nach sich zöge. Das stimmt auch mit den anderen Vorschriften der Grundbuchordnung. Denn, wenn dem die Erklärung der Interessenten entgegennehmenden Grundbuchrichter ganz selbstständig die Prüfung darüber zusteht, ob die Voraussetzungen für die Eintragung des Eigenthums des neuen Erwerbers vorhanden sind, er ferner, erst wenn er solches bejaht, die Auflassungserklärung entgegennehmen darf, dann aber auch der Auflassungserklärung unmittelbar die Eigenthumseintragung folgen lassen muß (§ 48 GBO. Abs. 1 u. 3) und durch diese das Eigenthum erworben wird (§ 1 Ges.), dann ist in der That die Form der Fixirung der Auflassungserklärung auch praktisch ganz gleichgültig, die Fixirung des Geschäfts überhaupt nur aus anderen Gründen erforderlich, nämlich für den Fall, daß nicht ordnungsmäßig procedirt, etwa nicht unmittelbar an die Auflassung die Eintragung angeschlossen wird, ferner, um den nöthigen Anhalt für die Kosten- und Stempelliquidation zu gewinnen,[1]) (aus welchem ersteren Grunde z. B. auch bei bloßen Beglaubigungen die Aufnahme einer Registratur erforderlich ist) sodann auch abgesehen hiervon, um den Interessenten Gelegenheit zu geben, das der Auflassung zu Grunde liegende Rechtsgeschäft zu bezeichnen,[2]) endlich um den Zeitpunkt der Erklärung feststellen zu können.[3])

Für alle diese Zwecke ist aber die Fixirung des Geschäfts in einer bestimmten Form nicht erforderlich, es genügt deshalb eine bloße Registratur.

Schon an und für sich läßt sich hieraus folgern, daß eine solche Form auch für die anderen mündlichen Anträge vor dem Grundbuchamte genügt, denn, was für die wichtigsten genügt, nämlich für diejenigen, durch welche das Eigenthum an den Grundstücken übertragen wird, das muß auch für die anderen ausreichen, durch welche das Grundstück nur verpfändet oder belastet wird.

Es ergiebt sich dies aber auch aus den gerade diese Anträge betreffenden oben citirten Bestimmungen selbst. Der § 31 GBO. theilt alle Anträge in mündliche und schriftliche ein; der § 32 ibid. weist die ersteren dem Grundbuchamte ausschließlich zu, der § 33 ibid. unterscheidet bei letzteren weiter zwischen gerichtlichen, notariellen und privaten, die ersteren beiden wiederum in solche, welche gerichtlich oder notariell abgefaßt und in solche, welche gerichtlich oder notariell be-

[1]) § 3 Ges. betr. die Stempelabgaben v. 5. Mai 1872.

[2]) § 48 GBO. Abs. 2.

[3]) § 42 GBO.

glaubigt sind, eintheilend und für die letzteren insofern eine erleichterte Form einführend, als es eines besonderen Protocolls zu denselben nicht bedürfen soll. Im Uebrigen hält aber § 34 die civilrechtlich für die Verträge vorgeschriebene Form auch für die Anträge fest.

Schon aus diesem Zusammenhange ergiebt sich, daß die letztere Vorschrift sich lediglich auf die gerichtlich (im Gegensatz zum Grundbuchamt) und notariell abgefaßten Anträge bezieht. Dies folgt auch aus Nachstehendem: An sich ist eine gerichtliche oder notarielle Erklärung auch mündlich und wird nur dadurch in eine schriftliche Form gebracht, daß die mündlichen Erklärungen vor dem Richter oder Notar niedergeschrieben sind. Hierzu bedarf es eines förmlichen Protocolls, was schon aus allgemeinen Regeln folgt, sich ex contrario auch aus § 33 GBO. ergiebt, weil dort ausnahmsweise des Wegfalls eines Protocolls für bloße Beglaubigungen gedacht ist. Wenn nun also von einem Gegensatz zwischen mündlicher und schriftlicher Form, wie ihn der § 31 GBO. statuirt, überhaupt die Rede sein und erstere für die Anträge vor dem Grundbuchamte ausnahmslos gelten soll, dann ist eben nichts anderes denkbar, als daß bei den Anträgen vor ihm ein förmliches Protocoll nicht erforderlich sein soll und deshalb auch die Bestimmung des § 34 GBO. auf die schriftliche Fixirung der vor dem Grundbuchamte mündlich abzugebenden Anträge sich nicht bezieht, für diese vielmehr (und zwar auch nur zur Erreichung der bereits bei der Auflassungserklärung gedachten Nebenzwecke) eine bloße Registratur genügt.

Nur in den Fällen, in welchen der Grundbuchrichter Akte der freiwilligen Gerichtsbarkeit aufnimmt, d. h. Urkunden, aus welchen Eintragungen oder Löschungen hervorgehen, wo er also nicht eigentlich als Grundbuchrichter, sondern als Notar fungirt, da gelten auch für seine Akte die gerichtlichen Vorschriften über das Erforderniß eines gehörigen Protocolls und die Requisite desselben. Denn in Betreff solcher Urkunden kann, was schon im Begriffe liegt, nur von einer schriftlichen Form die Rede sein, auf sie beziehen sich also, auch wenn der Grundbuchrichter der Verfasser ist, die Vorschriften der §§ 33, 34 GBO. — cfr. auch Nr. III der Minist.-Instr. vom 1. September 1872.

II. Bedarf es zur Uebertragung des Eigenthums eines Grundstücks an einen von mehreren Miterben (auf welche dasselbe durch Erbgang gediehen ist) der Auflassung?

Der § 1 des Gesetzes über den Eigenthumserwerb bestimmt, daß im Falle einer freiwilligen Veräußerung das Eigenthum an einem Grundstücke nur durch die auf Grund einer Auflassung erfolgte Eintragung des Eigenthumsüberganges im Grundbuch erworben werde, und der § 5 daselbst, daß außerhalb der Fälle einer freiwilligen Veräußerung das Grundeigenthum nach dem bisher geltenden Recht erworben wird.

Die obige Frage spitzt sich also zu derjenigen zu, ob die Ueberlassung eines Grundstücks von mehreren Erben an einen von ihnen unter den Begriff der freiwilligen Veräußerung fällt oder nicht. Die Motive gedenken ausdrücklich verschiedener Fälle des Erwerbes, welche außerhalb der Auflassungstheorie stehen geblieben sind, jedoch des hier erheblichen nicht. Nur eines ähnlichen, der Gemeinheitstheilung, erwähnen sie. Und im Kostengesetz ist von einem ganz gleichliegenden, von der Auseinandersetzung geschiedener Eheleute die Rede.[1])

Schon dadurch wird zwar eine Präsumtion dafür gewonnen, daß die richtige Antwort auf die obige Frage eine bejahende ist, aber noch keine Begründung dieser Antwort, welche in Nachstehendem versucht wird.

Es sind zunächst zwei verschiedene Fälle zu unterscheiden. Derjenige, in welchem ein einzelnes Grundstück die ganze an Mehrere fallende Erbschaft ausmacht und derjenige, in welchem dasselbe zu einem Inbegriff von Sachen und Rechten gehört.

Im letzteren Falle steht den Miterben nicht ein nach bestimmten ideellen Antheilen bemessenes Miteigenthum an den einzelnen Gegen-

---

[1]) § 1 A 2 des Kostentarifs für Grundbuchsachen, in welchem des Falles gedacht ist, daß die Umschreibung von Grundstücken erfolgen soll, die einem geschiedenen Ehegatten bei der Auseinandersetzung wegen des gütergemeinschaftlichen Vermögens überwiesen sind.

ständen, sondern nur am Ganzen zu.[1]) Es kann deshalb auch bei einer Theilung, in welcher einem oder dem anderen Miterben das zur Erbschaft gehörige Grundstück überlassen wird, nicht davon die Rede sein, daß die anderen Erben etwas von dem Grundstücke veräußert haben, denn es existirte bisher kein Sonderrecht dieser Erben an dem Grundstücke auch nicht zu einem ideellen Antheile. Die Theilung war vielmehr nur eine Realisirung der ideellen Antheile der Miterben an der universitas der Erbschaft, die Uebertragung der Rechtsidee des Miteigenthums der mehreren Erben an der Erbschaftsmasse in die Wirklichkeit dadurch, daß an die Stelle jenes nur in der Abstraction existirenden Rechts eine bestimmte Sache von gleichem Werthe gesetzt wird.

Etwas anders liegt der erstere Fall, in welchem ein Grundstück die ganze Erbschaft mehrerer Erben ausmacht, denn in diesem Falle erwirbt Jeder von ihnen das Grundstück zu einem ideellen Theil. Nichts destoweniger fällt auch hier das Geschäft, durch welches behufs Auseinandersetzung das Grundstück Einem von ihnen überlassen wird, nicht unter den Begriff einer freiwilligen Veräußerung eines Grundstücks und zwar aus folgenden Gründen:

Miteigenthum an einem Grundstücke ist überhaupt kein wirkliches Eigenthum sondern nur ein Recht an dem Grundstücke.[2]) Daß der Berechtigte dieses Recht selbstständig veräußern und belasten darf,[3]) ändert den Character dieses Rechts nicht. Denn dasselbe gilt auch von Gerechtigkeiten.[4]) Eigenthum ist es nicht, weil ihm der wesentliche Begriff desselben, das ausschließliche und vollständige Dispositionsrecht über die Sache fehlt.[5]) Dieses Recht gehört nicht zum Miteigenthum, ist vielmehr schon begriffsmäßig von demselben ausgeschlossen.

Nur zur Uebertragung von Eigenthum an Grundstücken aber ist, wie es früher hierzu der Uebergabe bedurfte,[6]) jetzt die Auflassung erforderlich. Rechte jeder Art werden durch Cession erworben[7]) und diesen gehörte sowohl früher, wie jetzt das Miteigenthum an einem Grundstücke an. Ebensowenig, wie früher zur Uebertragung

---

[1]) Präj. des Ober-Trib. 1084 vom 17. Dezember 1841; 1101 vom 14. Januar 1842; Pl.-Beschl. vom 16. März 1857.

[2]) § 4 I. 17 ALR.

[3]) §§ 60, 69 I. 17 ALR; § 21 Ges.

[4]) § 69 Ges. u. § 3 GBO.

[5]) § 1. I. 8 ALR.

[6]) § 3. I. 9, § 1. I. 10 ALR.

[7]) § 376. I. 11 ALR.

desselben eine Uebergabe erforderlich oder auch nur denkbar war, ist jetzt eine Auflassung desselben erforderlich. Es genügt vielmehr jetzt wie früher eine bloße Abtretungserklärung.

Das gilt übrigens nicht bloß vom Miteigenthum der Miterben sondern von jeder Art des Miteigenthums, denn zwischen diesem und jenem ist kein Unterschied.[1])

Der § 5 des Gesetzes über den Eigenthumserwerb bestimmt nichts, was hiermit nicht in Einklag zu bringen wäre. Er spricht von den Fällen, in welchen Grundstücke außerhalb der Auflassung erworben werden, setzt für diese zunächst die allgemeine Regel fest, daß in Betreff dieser Fälle es bei den früher geltenden Grundsätzen geblieben ist, giebt die fernere allgemeine aber neue Regel, daß auch in diesen Fällen der Erwerber das Recht zur hypothekenmäßigen Disposition über das Grundstück nur erst durch seine Eintragung ins Grundbuch erwirbt und geht dann zu dem unter diese Kategorie gehörigen Specialfall des Erbganges über, indem er für diesen die Ausnahme zuläßt, daß Miterben über das ererbte Grundstück im Wege der Auflassung disponiren können, auch ohne daß sie als Eigenthümer desselben eingetragen sind, im Gegensatz zum Universalerben, welcher zur Auflassung der vorherigen Eintragung seines Eigenthums bedarf.[2])

Nur in diesem Gegensatz und in Beantwortung der Frage, in wie weit auch bei den Erwerbsarten außerhalb der Auflassung es der Eintragung des Eigenthümers bedarf, liegt also die Bedeutung des citirten Paragraphen, keinesweges enthält derselbe, was auf den ersten Blick der Fall zu sein scheint, eine Entscheidung darüber, ob Erbtheilungen oder noch allgemeiner ausgedrückt, Auseinandersetzungen über Miteigenthum an Grundstücken zu diesen außerhalb der Auflassung liegenden Erwerbsarten gehören oder nicht, eine Frage, die aber Inhalts der oben angegebenen Gründe nach der ersteren Alternative zu beantworten sein dürfte.

---

[1]) § 115. I. 17 ALR., § 50 GBO.

[2]) Wegen des Grundes hiervon cfr. Förster S. 97.

III. Wer hat zu den verschiedenen Hypothekenoperationen die Anträge zu stellen? —

Regel des neuen Grundbuchrechts ist, daß der Grundbuchrichter nur auf Antrag verfährt und zwar nicht bloß nicht verpflichtet, sondern sogar nicht berechtigt ist, ohne solchen Antrag Einschreibungen vorzunehmen.[1]

Die wenigen Ausnahmen von dieser Regel, in welchen der Grundbuchrichter von Amtswegen zu verfahren hat, sind folgende:

1. die Löschung des zur Sicherung einer Grundstückszertheilung eingetragenen vorläufigen Vermerks bei Abschreibung des Trennstücks;[2])
2. die Uebertragung der Lasten und Schulden auf ein abgeschriebenes Trennstück, wenn dieses nicht aus der Mithaft ausscheidet;[3])
3. die entsprechenden Ab-, Zuschreibungs- oder Uebertragungsvermerke auf den Titelblättern des Stamm- und Trennstücks bei Abzweigungen;[4])
4. die Zurückführung der bereits angelegten Grundbuchblätter auf die Grund- und Gebäudesteuerbücher;[5])
5. die Löschung gewisser gesetzlich aufgehobener Beschränkungen;[6])
6. die Wiedereintragung aus Versehen des Grundbuchamts gelöschter oder bei Ab- und Umschreibungen nicht übertragener Posten.[7])

Nicht so allgemein, wie jene Regel, daß zu Grundbuchoperationen ein Antrag erforderlich, ist im Gesetz ausgesprochen, **wer** die betreffenden Anträge zu stellen hat. Vielmehr sind die Bestimmungen hierüber

---

[1]) § 30 GBO.
[2]) § 64 ibid.
[3]) § 66 ibid.
[4]) §§ 60, 61 ibid.
[5]) § 4 GBO.; Minist.-Verf. vom 2. September 1872 u. 31. Januar 1873.
[6]) § 97 GBO.
[7]) § 118 ibid.

bei den verschiedenen Species der Eintragungen gegeben und mußten aus erklärlichen Gründen solches, sind aber eben deshalb in den Gesetzen zerstreut.

Aus diesem Grunde und weil die Special-Vorschriften über die zu Eintragungen legitimirten Antragsteller sich auch nicht in generelle und ausnahmslose Vorschriften zusammenfassen lassen, erscheint eine übersichtliche Zusammenstellung derselben praktisch wünschenswerth.

Hierbei unterscheidet man zweckmäßig einerseits zwischen Einschreibungen und Eintragungen, Umschreibungen, Löschungen (unter ersteren den allgemeinen, die letzteren drei einschließenden Begriff verstehend) und andererseits zwischen vorläufigen und endgültigen Eintragungen, indem man unter den letzteren diejenigen versteht, welche Eigenthum oder ein Realrecht definitiv begründen, unter ersteren dagegen diejenigen, welche die Erlangung des Eigenthums oder eines Realrechts an einer bestimmten Stelle des Grundbuchs nur sichern sollen (Vormerkungen) und zu diesen auch die bloßen Vermerke d. h. diejenigen Eintragungen rechnet, welche nicht den Zweck haben, ein Realrecht an Grundstücken zu erlangen, zu einer endgültigen Eintragung zu führen, sondern nur Beschränkungen der Verfügung über das Grundstück oder über ein Realrecht oder ein Widerspruchsrecht zu sichern oder thatsächliche Angaben zu enthalten.[1])

Die Gleichstellung der Vermerke mit den Vormerkungen rechtfertigt sich deshalb, weil auch der Zweck der ersteren nur ein vorübergehender, nämlich der ist, für die Dauer einer gewissen Zeit oder eines gewissen Verhältnisses persönliche Rechte gegen dritte Erwerber des Grundstücks oder der Realrechte zu sichern.

Zweckmäßig wird der Unterschied zwischen diesen beiden Hauptgruppen von Eintragungen auch für ihre späteren Veränderungen und für ihr Erlöschen beibehalten.

So ergiebt sich folgende Darstellung.

---

[1]) In den Entwürfen wurden Vormerkungen nur die Vermerke zur Erhaltung des Rechts auf Auflassung oder auf Eintragung des Eigenthumsüberganges sowie zur Erhaltung des Rechts auf Eintragung eines dinglichen Rechts oder einer Hypothek genannt (§§ 8, 16 und 22 Ges.). Bei den späteren Abänderungen der Gesetze haben auch andere Vermerke diese Bezeichnung erhalten (§§ 9 alin. 3, 60, 70 Ges. und §§ 88 alin. 2, 102 GBO.) cfr. auch Förster S. 58, 67 ff.

A. definitive Einschreibungen.

I. in der 1. Abtheilung.

1. Die Eintragung des Eigenthümers erfolgt
   a) bei freiwilligen Veräußerungen auf mündlichen Antrag des Erwerbers unter mündlicher Bewilligung des eingetragenen Eigenthümers oder unter Beibringung eines Erkenntnisses, durch welches der eingetragene Eigenthümer zur Auflassung rechtskräftig verurtheilt ist;[1])
   b) außerhalb der freiwilligen Veräußerung oder bei einem Erwerb vor dem 1. October 1872;
      α) auf Antrag des Erwerbers unter urkundlichem Nachweis des Erwerbes nach den Vorschriften des bisherigen Rechts,[2]) zu welchem gehört für gesetzliche Erben die Beibringung einer gerichtlichen Erbbescheinigung, für Erben aus einem Testamente oder Erbvertrage die Beibringung dieser Urkunden, die Niederlegungs- und Verkündungsverhandlung im Original oder in Ausfertigung,[3]) für Lehns- oder Fideicommißnachfolger die Bescheinigung der Lehns- oder Fideicommißbehörde über das Nachfolgerecht,[4]) für Vermächtnißnehmer die Beibringung der Einwilligung der Erben zur Eintragung ihres Eigenthums in beglaubigter Form oder des die Erben zur Ertheilung der Einwilligung verurtheilenden rechtskräftigen Erkenntnisses;[5])
      β) im Wege des Zwanges auf Antrag einer zuständigen Behörde oder eines dinglichen oder zu einer Eintragung Berechtigten;[6])
2. Die Eintragung des Miteigenthums bei ehelicher und bei fortgesetzter Gütergemeinschaft erfolgt auf Antrag eines der Berechtigten.[7])
3. Der Erwerbsgrund und der Erwerbspreis, Taxwerth und Feuerversicherungssumme werden auf Antrag des Eigenthümers eingetragen.[8])

---

[1]) § 2 u. 3 Ges.
[2]) § 5 Ges. u. § 49 GBO.
[3]) § 51 GBO.
[4]) § 52 ibid.
[5]) § 53 ibid.
[6]) § 55 GBO.
[7]) § 50 ibid.
[8]) § 10 GBO.

4. Aus den Recessen der Auseinandersetzungsbehörden werden Eintragungen auf den Antrag der letzteren mit der Beschränkung des § 77 GBO. bewirkt und für den Fall, daß eine solche Eintragung über diese Schranke hinaus erfolgt ist, auf Antrag des Eigenthümers unter Vermittelung der Auseinandersetzungsbehörde gelöscht.[1])

II. in der 2. Abtheilung.

1. Die Eintragung
   a) eines Rechts erfolgt auf Antrag des eingetragenen oder seine Eintragung erlangenden Eigenthümers, ferner auf Antrag des Berechtigten unter Beibringung des Consenses des eingetragenen Eigenthümers in beglaubigter Form,[2]) oder eines auf Eintragung lautenden rechtskräftigen Erkenntnisses,[3]) endlich auf Ersuchen einer zuständigen Behörde;[4])
   b) wegen Eintragung eines Vorrechts cfr. unten B. I. 1. g.;
   c) wegen Eintragung einer Beschränkung cfr. unten B. I. 1 c. u. h.
2. Die Löschung
   a) eines Rechts resp. einer Last erfolgt auf Antrag des eingetragenen Eigenthümers unter Vorlegung der Löschungsbewilligung des eingetragenen Berechtigten beziehungsweise dessen Rechtsnachfolgers oder auf Ersuchen einer zuständigen Behörde;[5])
   b) der bloße Antrag des Eigenthümers genügt zur Löschung der nach § 2 des Ablösungsgesetzes vom 2. März 1850 aufgehobenen Rechte;[6])
   c) die Löschung der Eintragungen, die auf Ersuchen der Auseinandersetzungsbehörden über die Grenzen des § 77 GBO. hinaus erfolgt sind, auf Antrag des Eigenthümers bei der Auseinandersetzungsbehörde und auf deren Requisition;[7])
   d) wegen Löschung von Beschränkungen cfr. unten B. I. 3. b, c, d u. f.;

---

[1]) § 101 GBO.
[2]) § 13 Ges.
[3]) § 14 Ges.
[4]) § 14 ibid.
[5]) §§ 92, 93 GBO.
[6]) § 98 GBO.
[7]) § 101 GBO.

e) wegen Löschung eines Vorrechts und sonstiger Veränderungen cfr. unten B. I. 3. e.

III. in der 3. Abtheilung.

1. Die Eintragung
   a) einer Hypothek oder Grundschuld erfolgt auf Antrag nicht bloß Bewilligung des eingetragenen oder seine Eintragung erlangenden Eigenthümers,[1]) ferner auf Antrag des Gläubigers unter Beibringung eines rechtskräftigen Erkenntnisses, durch welches der eingetragene Eigenthümer zur Bestellung einer Hypothek oder Grundschuld verurtheilt ist,[2]) endlich auf Antrag einer zuständigen Behörde.[3])
   b) eines Vorrechts cfr. unten B. II. 1. g.
2. Die Eintragung des Ueberganges einer Hypothek oder Grundschuld und zwar
   a) die Eintragung der Abtretung oder Verpfändung einer Hypothek oder Grundschuld erfolgt auf Antrag des Erwerbers unter Beibringung der (natürlich) beglaubigten Bewilligung des Gläubigers oder eines ihn zur Bewilligung verurtheilenden rechtskräftigen Erkenntnisses, ferner auf Ersuchen einer zuständigen Behörde gegen den eingetragenen Gläubiger[4]), endlich auf Antrag des eingetragenen Eigenthümers, wenn er bereits vor Erwerb des Grundstücks Gläubiger war[5],) oder wenn er die Schuld während seines Eigenthums bezahlt hat, unter Beibringung der Quittung beziehungsweise Löschungsbewilligung,[6]) endlich, wenn er die Hypothek oder Grundschuld während seines Eigenthums erworben hat unter Führung des urkundlichen Nachweises dieses Erwerbes und zwar, wenn der-

---

[1]) § 19 N 1 Ges. u. Bahlmann I. Aufl. S. IX der Einleitung. Es ist dort aus den Materialien die Richtigkeit dieser Ansicht nachgewiesen. Die hiergegen von Achilles in der Anmerkung zu § 19 aufgestellte Ansicht, daß die bloße „Bewilligung" des Grundstückseigenthümers genügt, ergeht sich nur in Deduktionen ohne das Fundament der Bahlmannschen Auslegung zu widerlegen und kann deshalb nicht vorgezogen werden.

[2]) § 19 Nr. 2 Ges.

[3]) § 19 Nr. 3 Ges.

[4]) § 53 Ges.

[5]) § 66 Ges.

[6]) § 64 Ges. eine bloße Löschungsbewilligung ohne Quittung dürfte, wie Bahlmann Anmerkung zu § 64 ganz richtig bemerkt, nicht ausreichen, weil sie nicht ergiebt, von wem und zu welcher Zeit die Zahlung geleistet ist.

selbe von Todes wegen eingetreten ist, unter Beibringung des Testaments, des Erbvertrages oder der Erbbescheinigung und für den Fall des Vermächtnisses unter Beibringung der Einwilligung der Erben oder eines sie zu derselben verurtheilenden rechtskräftigen Erkenntnisses; [1])

b) Ueberweisungen eingetragener Posten an Zahlungsstatt im Wege der Zwangsvollstreckung sind auf Ersuchen des Proceßrichters oder der zuständigen Behörde einzutragen und zwar unter Vorlegung der über die Post ausgefertigten Urkunden; [2])

c) die Umwandelung einer Hypothek in eine Grundschuld erfolgt auf den Antrag des Eigenthümers und des Gläubigers mit Consens der gleich oder schlechter berechtigten Realinteressenten, soweit sie vor dem 1. October 1872 eingetragen sind. [3])

3. Die Löschung

a) einer Hypothek oder Grundschuld erfolgt auf Antrag des Eigenthümers oder einer zuständigen Behörde. [4]) Im ersteren Falle gehört zur Begründung des Antrages die von dem Gläubiger ertheilte Quittung beziehungsweise Löschungsbewilligung oder der Nachweis der rechtskräftigen Verurtheilung des Gläubigers, die Löschung zu bewilligen oder der Nachweis der eingetretenen Vereinigung (Confusion oder Consolidation) oder die Vorlegung des rechtskräftigen Ausschlußerkenntnisses nach erfolgtem Aufgebot der Post oder die Bescheinigung des Proceßrichters, daß von dem Eigenthümer den in dem § 106 der GBG. gestellten Anträgen Genüge geschehen ist, in den ersten drei Fällen zugleich unter Vorlegung der über die Eintragung ausgefertigten Urkunde oder des rechtskräftigen Erkenntnisses, durch welches die Urkunde nach erfolgtem Aufgebot für kraftlos erklärt ist; [5])

b) einer Verpfändung als einer Veränderung [6]) auf Antrag oder mit Bewilligung desjenigen, für welchen die Einschreibung geschehen ist (im letzteren Falle selbstverständlich auf Antrag

---

[1]) § 65 Ges.
[2]) § 87 GBO.
[3]) § 29 Ges.
[4]) § 58, 64 ff. Ges. u. § 92 GBO. Ausnahme bei der Correalhypothek s. unten.
[5]) § 94 GBO.
[6]) und zwar in der Nebenspalte der zweiten Hauptspalte.

des Principalberechtigten) oder auf Ersuchen derjenigen Behörde, welche die Eintragung beantragt hat.[1])

c) eines Vorrechts cfr. unten B. II. 3. b.

B. vorläufige Einschreibungen (Vormerkungen und Vermerke).

I. in der 2. Abtheilung.

1. Die Eintragung

a) einer Vormerkung zur Erhaltung des Rechts auf Auflassung oder auf Eintragung des Eigenthumsüberganges kann vom Erwerber nur unter Vermittelung des Proceßrichters oder mit Bewilligung des eingetragenen Eigenthümers beantragt werden;[2])

b) bei Parcellirungen kann auf Antrag des Erwerbers des Trennstücks noch vor der Auflassungserklärung des Veränßerers mit dessen Zustimmung die Eintragung eines vorläufigen Vermerks der erfolgten Veräußerung bewirkt werden. Ohne Zustimmung des Veräußerers ist die Eintragung des Vermerks nur auf Ersuchen des Proceßrichters statthaft;[3])

c) was die Eintragungen von Beschränkungen des Verfügungsrechts über ein Grundstück betrifft, so spricht zwar das Gesetz von ihnen und verweist sie in die 2. Abtheilung.[4]) Ueber diejenigen Personen aber, von welchen sie beantragt werden dürfen, schweigt das Gesetz. In analoger Weise dürften für sie die oben (A. II. 1) für die Eintragung von Rechten in der 2. Abtheilung angegebenen Vorschriften zur Anwendung kommen.[5]) Was dagegen speciell die Eintragung der Familienfideicommißeigenschaft betrifft, so kann dieselbe nur auf Ersuchen der Fideicommißbehörde erfolgen;[6])

d) derjenige, welcher die Eintragung des Eigenthumsüberganges und deren Folgen anficht, kann sich dagegen, daß in der

---

[1]) § 117 GBO.

[2]) § 8 Ges. § 88 GBO.

[3]) § 64 GBO.

[4]) § 11 Ges. u. § 91 GBO.

[5]) Bahlmann Anmerkung 12e zu § 11 Ges. nimmt, aber wohl mit Unrecht, an, daß die Eintragung nur entweder mit Bewilligung des Eigenthümers oder auf Ersuchen der zuständigen Behörde erfolgen könne.

[6]) § 74 GBO.

Zwischenzeit von dritten Personen gegen Entgeld und im redlichen Glauben an die Richtigkeit des Grundbuchs Rechte erworben werden, durch eine bei dem Proceßrichter zu beantragende und von diesem nachgesuchte Vormerkung schützen;[1])

e) eine Vormerkung zur Erhaltung des Rechts auf Eintragung eines dinglichen Rechts kann nur vom Berechtigten unter Vermittelung des Proceßrichters oder mit Bewilligung des eingetragenen Eigenthümers erfolgen;[2])

f) der Vormerkungen zur Sicherung eines Rechts **gegen** Löschung d. h. zur Erhaltung des Widerspruchsrechts gegen Löschung von Rechten wird im Allgemeinen im Gesetz gar nicht erwähnt, nur was speciell die Vormerkung zur Erhaltung des eingetragenen dinglichen Rechts für die Erben wegen der Rückstände aus persönlichen unvererblichen Einschränkungen des Eigenthums- oder Verfügungsrechts betrifft, gestattet das Gesetz ausdrücklich ihre Eintragung und zwar während Jahresfrist nach dem Tode des Berechtigten,[3]) spricht aber auch hier über diejenigen Personen, von welchen sie beantragt werden darf, nicht, es dürfte indeß hier dasselbe, wie oben ad c gelten, denn im Grunde handelt es sich auch hier um eine Beschränkung des Eigenthümers, mit der natürlichen Abweichung, daß eine derartige Vormerkung nicht in die erste Hauptspalte eingetragen wird, wo bereits eine Eintragung steht, sondern in die zweite Hauptspalte;[4])

g) die Eintragung eines Vorrechts erfolgt auf Antrag des das Vorrecht Erwerbenden unter Beibringung der (selbstverständlich beglaubigten) Bewilligungserklärung des das Vorrecht Einräumenden;[5])

h) Was die Vormerkung zur Sicherung der Löschung eingetragener Rechte betrifft, so kann dieselbe nur in der Weise erfolgen, daß der Eigenthümer zugleich mit der Klage gegen den Gläubiger bei dem Proceßrichter den Antrag be-

---

[1]) § 9 alin. 3 Ges.

[2]) § 16 Ges. § 88 GBO.

[3]) § 102 alin. 2 GBO. und Bahlmann Anmerkung 94 zu diesem Paragraphen, wo ausgeführt ist, daß unter den fraglichen Rechten die in den §§ 33 und 34 der Hyp.-Nov. vom 24. Mai 1853 specificirten Rechte gemeint sind.

[4]) § 91 GBO.

[5]) § 86 GBO.

gründet, nämlich durch Glaubhaftmachung des Löschungsanspruchs [1]) das Grundbuchamt zu ersuchen, daß bei dem Recht der Widerspruch gegen weitere Verfügungen des Gläubigers vermerkt werde.[2])

2. Umschreibungen.

Die endgültige Eintragung an der Stelle einer Vormerkung erfolgt auf Ersuchen des Prozeßrichters oder mit Bewilligung dessen, gegen welchen die Vormerkung gerichtet war.[3])

3. Die Löschung

a) einer Vormerkung zur Erhaltung des Rechts auf Auflassung oder auf Eintragung des Eigenthumsüberganges oder eines dinglichen Rechts kann nur auf Ersuchen des Proceßrichters oder auf Antrag desjenigen erfolgen, für welchen die Vormerkung geschah;[4])

b) persönliche unvererbliche Einschränkungen des Eigenthums- oder Verfügungsrechts[5]) werden auf Antrag der Eigenthümers des Grundstücks gelöscht unter Nachweis des Todes des Berechtigten ein Jahr nach Eintritt des letzteren;[6])

c) die Löschung der auf Antrag einer Behörde eingetragenen Beschränkungen erfolgt auf Ersuchen dieser Behörde oder mit Bewilligung dessen, zu dessen Gunsten sie eingetragen worden.[7]) Die Löschung der Lehns- oder Familienfideicommißeigenschaft kann nur auf Grund einer Bescheinigung der Lehns- oder Fideicommißbehörde: daß die Lehns- oder Familienfideicommißeigenschaft erloschen sei, oder auf Grund eines von diesen Behörden bestätigten Familienschlusses über die Aufhebung der Lehns- oder Familienfideicommißeigenschaft erfolgen;[8])

d) was die Löschung einer Vormerkung zur Sicherung eines Rechts **gegen** die Löschung betrifft, so dürfte in analoger Weise das ad a und c Gesagte gelten;

---

[1]) § 70 Ges.

[2]) nach Analogie von § 60 Ges. Als den Ort, wo dieser Vermerk einzutragen sei, giebt § 88 Abs. 2 GBO. die erste Hauptspalte der zweiten Abtheilung an, der § 91 ibid. dagegen die zweite Hauptspalte, letzteres ist richtig.

[3]) § 89 GBO.

[4]) § 8 u. 16 Ges.

[5]) über die Arten dieser Einschränkungen cfr. S. 16 Anmerkung 3.

[6]) § 102 GBO.

[7]) § 100 GBO.

[8]) § 99 GBO.

e) die Löschung eines **Vorrechts** erfolgt ebenso wie die anderer Veränderungen auf Antrag oder Bewilligung dessen, für welchen die Eintragung geschehen ist (in letzterem Falle selbstredend auf Antrag des principaliter Berechtigten) oder auf Ersuchen derjenigen Behörde, welche die Eintragung beantragt hat;[1])

f) was die **Löschung einer zur Sicherung der Löschung eingetragenen Vormerkung** betrifft, so dürfte dieselbe nur auf Requisition des Proceßrichters zulässig sein, weil ihre Eintragung nur in derselben Weise möglich ist. — cfr. 1 h. —

II. in der 3. Abtheilung.

1. **Eintragungen**

a) einer **Vormerkung zur Sicherung des Rechts für eine Hypothek oder Grundschuld** erfolgt auf Antrag des Gläubigers durch Vermittelung des Proceßrichters oder auf Antrag einer zuständigen Behörde;[2])

b) Unter den Begriff der Vormerkung ad a fällt auch die **Cautionshypothek**, welche ihrem Wesen nach nichts anderes ist, als eine Vormerkung zur Sicherung des Rechts für eine Hypothek. Da indeß Voraussetzung für sie das Vorhandensein einer Schuldurkunde ist, so kann sie begriffsmäßig auch nur auf Antrag des Eigenthümers eingetragen werden;[3])

c) Speciell von der Eintragung **einer Vormerkung zur Erhaltung des Widerspruchsrechts gegen die Löschung einer Hypothek oder Grundschuld** also zur Erhaltung derselben spricht das Gesetz nicht. Analog dürfte für sie das ad a Gesagte gelten mit der Abweichung, daß als der Ort, wo eine dergleichen Vormerkung einzutragen ist, nicht die erste sondern die zweite Hauptspalte der 3. Abtheilung anzusehen ist;[4])

d) die Eintragung einer **Vormerkung zur Beschränkung des eingetragenen Gläubigers** gegen weitere Verfügungen über die Hypothek oder Grundschuld (früher Arrestprotestation) erfolgt entweder mit Bewilligung des Gläubigers oder auf Ersuchen einer zuständigen Behörde;[5])

---

[1]) § 117 GBO.

[2]) § 22 Ges. und § 88 GBO.

[3]) § 24 Ges. und § 67 Ges.

[4]) § 91 GBO.

[5]) § 49 Ges.; rücksichtlich der Stelle, wo dieselbe einzutragen ist und rücksichtlich der Documente über die Post, deren Beibringung in allen Fällen erforderlich ist, cfr. § 91 GBO. und im Formular I.—III. Abth. ad Nr. 9 Col. Veränd.

e) speciell die Vormerkung zur Sicherung der Löschung erfolgt auf Antrag des Eigenthümers, welcher zugleich mit der Klage bei dem Proceßrichter angebracht und begründet werden muß und auf demnächstige Requisition des Proceßrichters; [1])

f) Vormerkungen zur Erhaltung von Einreden gegen die Klage aus einer Hypothek oder Grundschuld [2]) fallen unter diejenigen ad d und gilt deshalb in Betreff ihrer das dort Gesagte;

g) die Eintragung des Vermerks eines Vorrechts erfolgt auf den Antrag des das Vorrecht Erwerbenden unter Beibringung der beglaubigten Erklärung des das Vorrecht Einräumenden. [3])

2. Umschreibung.

Die endgültige Eintragung an der Stelle einer Vormerkung erfolgt auch hier, wie in der 2. Abtheilung, auf Ersuchen des Proceßrichters oder mit Bewilligung dessen, gegen welchen die Vormerkung gerichtet war. [4])

3. Löschung.

a) Die Löschung einer Vormerkung erfolgt auf Ersuchen derjenigen Behörde, auf deren Antrag dieselbe im Grundbuch vermerkt worden, oder auf Bewilligung dessen, für den sie vermerkt worden, [5]) im letzteren Falle natürlich auf Antrag desjenigen, gegen welchen die Eintragung der Vormerkung gerichtet war, d. h. des Grundstückseigenthümers [6]) resp. des beschränkten Gläubigers. [7])

b) Die Löschung eines eine Veränderung der Hypothek oder Grundschuld enthaltenden Vermerks z. B. eines Vorrechts erfolgt und zwar in der Nebenspalte der zweiten Hauptspalte auf Antrag oder mit Bewilligung desjenigen, für welchen die Einschreibung geschehen ist oder auf Ersuchen derjenigen Behörde, für welche die Eintragung beantragt ist. [8]) —

---

[1]) § 60; als den Ort, wo sie einzutragen ist, schreibt § 88 GBO. die erste Hauptspalte der III. Abtheilung, § 91 ibid. richtiger die zweite Hauptspalte der III. Abtheilung vor.

[2]) § 38 Ges.

[3]) § 35 Ges. und 86 GBO.

[4]) § 89 GBO.; nach Bahlmann wegen § 22 Ges. auch auf Antrag einer Behörde, auf deren Antrag bereits eine Vormerkung eingetragen ist.

[5]) § 59 Ges.

[6]) § 92 GBO.

[7]) § 49 Ges. [8]) § 117 GBO.

IV. Genügt zu privaten schriftlichen Eintragungs- oder Löschungsanträgen in allen Fällen, daß ihnen die beglaubigten Urkunden, in denen die Betheiligten die beantragte Eintragung oder Löschung bewilligt haben, beiliegen? und in welchen speciellen Fällen kann überhaupt nur von dergleichen Anträgen die Rede sein? —

Die Gesetzesbestimmung, welche zu den obigen Fragen Veranlassung giebt, ist diejenige des § 33 der GBO., welcher als Regel vorschreibt,

> daß schriftliche zu einer Eintragung oder Löschung erforderliche Anträge und Urkunden gerichtlich oder notariell aufgenommen oder beglaubigt sein müssen, jedoch mit der Beschränkung, daß schriftliche Anträge, welchen die beglaubigten Urkunden, in denen die Betheiligten die beantragte Eintragung oder Löschung schon bewilligt haben, beiliegen, keiner besonderen Beglaubigung bedürfen.

Bei Auslegung dieser Gesetzesvorschrift ist zunächst zu berücksichtigen, daß sie darüber, **wer** zu Eintragungs- oder Löschungsanträgen befugt ist, keine Bestimmung treffen will, sondern nur darüber, in welcher **Form** die „**erforderlichen**" Anträge zu stellen sind. Es wird deshalb diese Bestimmung nicht zu einer erweiternden Auslegung derjenigen Gesetzesstellen benutzt werden können, welche die materielle Seite der Anträge betreffen, also auch nicht derjenigen, welche die zu Anträgen berechtigten Personen bezeichnen (cfr. oben Erörterung III.) sondern im Gegentheil werden **jene** Bestimmungen zur **einschränkenden** Erklärung des hier erheblichen Paragraphen insofern benutzt werden können, als die darin zugelassene **leichtere** schriftliche Form der Anträge nur den Anträgen zu Gute kommen kann, zu deren Begründung die **Bewilligung** der beantragten Eintragung oder Löschung genügt.[1])

---

[1]) Die von **Steiner** speciell mit Bezug auf Löschungen dahin beliebte Auslegung des gedachten Paragraphen,

> daß der schriftliche **Antrag** des Schuldners auf Löschung neben der formellen Löschungsbewilligung des Gläubigers nur dann nicht der Beglaubigung be-

Das ist aber keineswegs überall der Fall. Vielmehr lassen sich unter Beibehaltung der in der Erörterung III. beobachteten Eintheilung folgende einzelne Fälle für und wider aufzählen:

A. definitive Einschreibungen.

I. in der 1. Abtheilung.

1. Eintragung des Eigenthums
   a) bei freiwilligen Veräußerungen. Da hier die Eintragung des Eigenthumsüberganges eine mündliche Erklärung der Interessenten voraussetzt,[1] so ist hier der fragliche Fall eines schriftlichen Antrages überhaupt nicht denkbar, selbst der Fall nicht, in welchem ein rechtskräftiges Erkenntniß, durch welches der eingetragene Eigenthümer zur Auflassung verurtheilt worden, vorliegt,[2] weil ein solches nur die Auflassungserklärung des eingetragenen Eigenthümers ersetzt, in der Vorschrift des § 2 Ges. also nur so viel ändert, das dadurch des eingetragenen Eigenthümers mündliche Erklärung unnöthig wird, woraus folgt, daß es dagegen bei dem vorgeschriebenen mündlichen Antrage des neuen Erwerbers vor dem Grundbuchamte auf Eintragung seines Eigenthums sein Bewenden behalten soll;
   b) außerhalb der freiwilligen Veräußerung oder bei Erwerb vor dem 1. October 1872:

---

dürfe, wenn der Schuldner sich bereits in der dem Antrage beigelegten Urkunde mit der Löschung einverstanden erklärt habe — cfr. fol. 295 daselbst — dürfte aus folgenden Gründen nicht stichhaltig sein. Einmal würde bei dieser Auslegung von einer Ausnahme der allgemeinen Vorschrift des § 33 GBO. praktisch überhauat nicht die Rede sein. Sodann ist nicht ersichtlich, wie die formell erklärte Einwilligung des Schuldners in die Löschung, welche Steiner auf Grund jenes Paragraphen als ein minimum beanspruchen zu können glaubt, von irgend welchem Effekt sein soll, da sie zur Löschung überhaupt nicht erforderlich, deshalb auch nicht wesentlich ist, der Antrag des Schuldners vielmehr das einschlagende Requisit ist. Auch widerspricht dieser Auslegung des Paragraphen ex contrario die für die Anträge der Notare im § 36 GBO. gegebene Bestimmung. Dort ist (cfr. Erörterung VI) ausdrücklich gesagt, daß die dem Antrage des Notars beiliegende Urkunde nicht bloß die Bewilligung, sondern auch den Antrag der Betheiligten enthalten muß und, wenn von diesem Requisit der § 33 GBO. seiner Wortfassung nach absieht, so ist es nicht auf Umwegen wieder hineinzutragen, sondern es ist diese Abweichung vielmehr als eine durchaus berechtigte anzuerkennen, weil Anträge, die der Berechtigte selbst stellt, größeren Werth haben, als die von Dritten (auch wenn es Notare sind) für sie gestellten.

[1] § 2 Ges.

[2] § 3 ibid.

α) geschieht die Eintragung auf Antrag des Erwerbers unter urkundlichem Nachweis des Erwerbes nach den Vorschriften des bisherigen Rechts.[1]) Da es nun zu diesem einer ausdrücklichen Einwilligung in die Umschreibung des Besitztitels nicht bedurfte, so ist auch jetzt eine Einwilligung des eingetragenen Eigenthümers oder dessen Rechtsnachfolgers zur Eintragung des Eigenthumsüberganges auf den neuen Erwerber unnöthig. Vielmehr genügt hierzu ein formloser Antrag des Erwerbers, welchem die Erwerbsurkunde in beglaubigter Form beiliegt. Nur für einen Legatar ist außer der Vermächtnißurkunde die Beibringung der Einwilligung der Erben zur Eintragung seines Eigenthums oder des sie hierzu verurtheilenden Erkenntnisses erforderlich[2]) und nach dem Obigen, wenn diese Einwilligung oder das Erkenntniß in beglaubigter Form beigebracht worden, zur Begründung eines formlosen schriftlichen Eintragungsantrages des Legatars auch genügend;

β) der Fall der zwangsweisen Eintragung des Eigenthums[3]) fällt ganz weg, da hier von einer Bewilligung des eingetragenen Eigenthümers zur Eintragung des neuen Erwerbs nicht die Rede sein kann.

2. Dasselbe ist der Fall rücksichtlich der Eintragung des Miteigenthums bei ehelicher oder bei fortgesetzter Gütergemeinschaft,[4]) da hier schon der Antrag Eines Berechtigten genügt, die Einwilligung des anderen Berechtigten also nichts Mehreres, d. h. namentlich nicht wirken kann, daß die gedachten Miteigenthumsberechtigten, wenn sie die Einwilligung der anderen Mitberechtigten in beglaubigter Form beibringen, ihren Antrag auf Eintragung ihres Miteigenthums formlos machen dürfen.

3. Ebensowenig kann, und zwar aus demselben Grunde, bei der Eintragung des Erwerbsgrundes, des Preises, Taxwerthes, der Feuerversicherungssumme oder bei Eintragungen aus Recessen der Auseinandersetzungsbehörden von einer Anwendung der Ausnahmebestimmung des § 33 GBO. die Rede sein — cfr. Erörterung III. A. I. 3 u. 4. —

---

[1]) § 5 Ges. und 49 GBO.

[2]) § 53 GBO.

[3]) § 55 ibid.

[4]) § 50 GBO.

II. in der 2. Abtheilung.

1. Zur Eintragung

a) eines Rechts in der 2. Abtheilung genügt unter Anderem auch der Antrag des Berechtigten unter Beibringung des Consenses des eingetragenen Eigenthümers in beglaubigter Form oder eines auf Eintragung lautenden rechtskräftigen Erkenntnisses.[1]) Auf diesen Fall findet also die Ausnahmebestimmung des § 33 GBO. recht eigentlich Anwendung. Die anderen Fälle (wo der eingetragene Eigenthümer oder eine zuständige Behörde den Eintragungsantrag stellen)[2]) gehören nicht hierher;

b) wegen der Eintragung eines Vorrechts cfr. unten B. I. 1. g.

c) wegen der Eintragung einer Beschränkung cfr. unten B. I. 1. b. u. e.

2. Bei der Löschung

a) eines eingetragenen Rechts kommt die Ausnahmebestimmung des § 33 GBO. zur Anwendung, wenn der eingetragene Eigenthümer unter Beibringung des Consenses des Berechtigten den Antrag auf Löschung stellt.[3]) In dem Falle, wo es eines solchen Consenses gar nicht bedarf, d. i. bei der Löschung der nach § 2 des Ablösungsgesetzes vom 2. März 1850 ohne Entschädigung aufgehobenen Rechte,[4]) kann natürlich von einer Anwendung der Ausnahmebestimmung des § 33 GBO. ebensowenig die Rede sein, wie in dem Falle, in welchem ein bloßer Consens nicht genügt, nämlich in dem Falle übermäßiger Eintragungen aus Recessen der Auseinandersetzungsbehörden, wo dem Antrage auf Löschung solcher Eintragungen noch die Vermittelung der Auseinandersetzungsbehörde hinzutreten muß;[5])

b) wegen der Löschung von Vorrechten cfr. unten B. I. 3. e.

c) wegen der Löschung von Beschränkungen cfr. unten B. II. 3. b.

III. in der 3. Abtheilung.

1) Die Eintragung a) einer Hypothek oder Grundschuld erfolgt außer dem nicht hierher gehörigen Falle der Eintragung auf Antrag einer zuständigen Behörde[6])

---

[1]) §§ 13, 14 Ges.
[2]) §§ 13, 14 ibid.
[3]) § 92 GBO.
[4]) § 98 ibid.
[5]) § 101 GBO.
[6]) § 19 Nr. 3 Ges.

α) auf Antrag des Gläubigers unter Beibringung eines rechtskräftigen Erkenntnisses, durch welches der eingetragene Eigenthümer zur Bestellung einer Hypothek oder Grundschuld verurtheilt ist.[1]) Hier findet also die Ausnahmebestimmung des § 33 GBO. wieder Anwendung und es bedarf somit für einen solchen Antrag keiner besonderen Form, sondern nur, daß ihm das Erkenntniß in beglaubigter Form beiliegt.

β) Nach dem Wortlaute des Gesetzes[2]) soll ferner die Eintragung einer Hypothek oder Grundschuld auch auf Bewilligung des eingetragenen Eigenthümers zulässig sein. Das ist jedoch, wie Bahlmann aus den Motiven überzeugend nachgewiesen hat, (cfr. Erört. III. A. III. 1.) nicht der Fall, sondern es ist ein Antrag des eingetragenen Eigenthümers erforderlich. Hier fällt also der Antragsteller mit dem Consentirenden zusammen. Es ist deshalb immer ein formeller Antrag erforderlich. Nur wenn ein solcher beiliegt, erscheint dadurch ein zu den Akten eingehender formloser Eintragungsantrag begründet, mag derselbe von dem Gläubiger oder von dem Eigenthümer ausgehen, woraus weiter folgt, daß selbst des Letzteren formloser Eintragungsantrag, welcher durch eine von ihm in beglaubigter Form abgegebene Eintragungsbewilligung unterstützt wird, nicht genügt.

b) wegen der Eintragung eines Vorrechts cfr. unten B. II. 1. g.

2. Für den Uebergang der Rechte aus Hypotheken oder Grundschulden sind verschiedene Fälle denkbar. Weg fällt der nicht hierher gehörige Fall der zwangsweisen Ueberweisung eingetragener Posten an Zahlungs statt.[3]) Bestehen bleibt dagegen der Fall

a) der Eintragung der Abtretung oder Verpfändung einer Hypothek oder Grundschuld. Dieselbe erfolgt außer dem ebenfalls nicht hierher gehörigen Falle der Requisition einer zuständigen Behörde.;[4])

α) auf Antrag des Erwerbers unter Beibringung der Bewilligung des Gläubigers oder eines denselben zur Bewilligung verurtheilenden rechtskräftigen Erkenntnisses.[5]) Es genügt

---

[1]) § 19 Nr. 2 ibid.
[2]) § 19 Ges. Nr. 1.
[3]) § 87 GBO.
[4]) § 53 Ges.
[5]) § 53 Ges.

hier also ein formloser Antrag des Erwerbers unter Beibringung der gedachten Urkunden in beglaubigter Form;

β) auf Antrag des eingetragenen Eigenthümers, und bedarf es dazu einer besonderen Form nicht, wenn er nur in beglaubigter Form

a) die Urkunde beibringt, welche erweist, daß er vor Erwerb des Grundstücks Gläubiger war,[1])

b) oder nachweist, daß er seitdem die Hypothek oder Grundschuld bezahlt oder erworben hat, wozu im ersten Falle die Beibringung der Quittung (oder Löschungsbewilligung) des Gläubigers gehört,[2]) in letzterem Falle, wenn der Erwerb von Todes wegen geschehen ist, die Beibringung der dieses beweisenden Urkunden (natürlich in beglaubigter Form) und im Falle des Legats noch die Beibringung der Einwilligung der Erben oder des sie hierzu verurtheilenden Erkenntnisses in beglaubigter Form.[3])

b) Zur Umwandelung einer Hypothek in eine Grundschuld genügt ein formloser Antrag des Eigenthümers und des Gläubigers unter Beibringung des Consenses der gleich oder schlechter berechtigten vor dem 1. October 1872 eingetragenen Realinteressenten in beglaubigter Form.[4])

3. Die Löschung

a) einer Hypothek oder Grundschuld kann nur auf den Antrag des Eigenthümers oder einer zuständigen Behörde erfolgen,[5]) und ist zu ersterem keine Form erforderlich, wenn dem Antrage nur die ad 2. β erwähnten Urkunden in beglaubigter Form beiliegen.

b) Bei der Löschung einer Verpfändung ist die Zulässigkeit eines formlosen Antrages nur für den Fall denkbar, daß derselbe von dem Principalberechtigten ausgeht, in welchem Falle er zulässig ist, wenn ihm der beglaubigte Consens des Pfandberechtigten beiliegt.[6])

c) wegen Löschung eines Vorrechts cfr. unten B. II. 3. b.

---

1) § 66 Ges.

2) § 64 Ges. und oben Anm. 6 S. 13.

3) § 65 Ges. und § 85 GBO.

4) § 29 Ges.

5) § 58 Ges. und 92 GBO.

6) § 117 GBO.

B. Vorläufige Einschreibungen.

I. in der 2. Abtheilung.

1. Die Eintragung

a) einer Vormerkung zur Erhaltung des Rechts auf Auflassung oder auf Eintragung des Eigenthumsüberganges kann, abgesehen von dem nicht hierher gehörigen Falle der Requisition des Proceßrichters, in formloser Weise sowohl beim Erwerb ganzer Grundstücke als bei dem von Parcellen unter Beibringung des Consenses des eingetragenen Eigenthümers in beglaubigter Form geschehen.[1]

b) Dasselbe dürfte in analoger Weise von Vormerkungen zur Beschränkung des Verfügungsrechts über ein Grundstück gelten.[2] Der zu dieser Gattung gehörige Fall der Eintragung der Familienfideicommißeigenschaft eines Grundstücks kommt hier nicht in Betracht, weil dazu der Antrag der Fideicommißbehörde erforderlich ist.[3]

c) der Fall der Eintragung einer Vormerkung zum Schutz des Anfechtungsklägers[4] fällt hier fort, da dieselbe nur auf Requisition des Proceßrichters eingetragen werden kann.

d) Dagegen gehört der Fall der Eintragung einer Vormerkung zur Erhaltung des Rechts auf Eintragung eines dinglichen Rechts hierher. Es genügt für dieselbe, abgesehen von dem wiederum nicht hierher gehörigen Falle der Requisition des Proceßrichters, der formlose Antrag des Berechtigten unter Beibringung der formellen Bewilligung des eingetragenen Eigenthümers.[5]

e) der Fall der Eintragung einer Vormerkung zur Sicherung eines Rechts gegen die Löschung, d. h. zur Erhaltung des Widerspruchsrechts gegen die Löschung, ist im Allgemeinen im Gesetz nicht vorgesehen. Der hierher gehörige Specialfall einer Vormerkung zur Erhaltung des eingetragenen dinglichen Rechts für die Erben wegen der Rückstände aus persönlichen unvererblichen Einschränkungen des

---

[1] § 8 Ges., § 88 und 64 GBO.

[2] § 11 Ges. und § 91 GBO.; ferner oben Erört. III. B. I. 1. c.

[3] § 74 GBO.

[4] § 9 Ges.

[5] § 16 Ges. und § 88 GBO.

Eigenthums oder des Verfügungsrechts [1]) läßt eine Anwendung der Ausnahmebestimmung des § 33 GBO. nicht zu. Im Uebrigen dürfte analog das ad b gesagte gelten, weil es sich schließlich um eine Beschränkung des Verfügungsrechts des Eigenthümers handelt.

f) Im umgekehrten Falle, in dem Falle nämlich, daß es sich um die Eintragung einer Vormerkung zur Sicherung der Löschung handelt, findet die Ausnahmebestimmung des § 33 GBO. keine Anwendung, weil die Eintragung einer solchen Vormerkung nur auf Requisition des Proceßrichters erfolgen darf.[2])

g) Dagegen findet sie Anwendung für den Fall der Eintragung eines Vorrechts, d. h. diese Eintragung darf in formloser Eingabe von dem das Vorrecht Erwerbenden unter Beibringung einer beglaubigten Bewilligungserklärung des das Vorrecht Einräumenden geschehen.[3])

2. Für den Fall der Umschreibung einer Vormerkung in eine endgültige Eintragung ist es zweifellos, daß neben der Requisition des Proceßrichters der formlose Antrag des Berechtigten unter Beibringung des formellen Consenses desjenigen, gegen den die Vormerkung gerichtet war, genügt.[4])

3. Was dagegen die Löschung

a) einer Vormerkung zur Erhaltung des Rechts auf Auflassung oder Eintragung des Eigenthumsüberganges oder eines dinglichen Rechts betrifft, so fällt hier die denkbare Anwendung der Ausnahmebestimmung des § 33 GBO. weg, denn abgesehen von dem Falle der Requisition des Proceßrichters darf die Löschung einer solchen Vormerkung nur auf Antrag des Berechtigten erfolgen.[5]) Es fällt somit der Antragsteller mit dem Consentirenden zusammen und es ist deshalb immer ein formeller Antrag erforderlich.

b) Zur Löschung einer in der 2. Abtheilung eingetragenen Beschränkung dagegen genügt, abgesehen von dem Fall der Requisition des Proceßrichters, der formlose Antrag des Eigen-

---

[1]) § 102 GBO. alin. 2.

[2]) § 60 Ges.

[3]) § 86 Ges.

[4]) § 89 GBO.

[5]) § 8 und § 16 Ges.

thümers, welchem die formelle Einwilligung dessen, zu dessen Gunsten die Eintragung stattgefunden hat, beiliegt.[1]) Ein specieller Fall ist die Löschung einer zur Sicherung eines Rechts gegen die Löschung eingetragenen Vormerkung und gilt deshalb bei ihm dasselbe. Bei der Löschung der Lehns- oder Fideicommißeigenschaft tritt an Stelle des formellen Consenses des Berechtigten die Bescheinigung der Fideicommißbehörde.[2])

c) Zur Löschung persönlicher unvererblicher Einschränkungen des Eigenthums oder des Verfügungsrechts genügt der Antrag des eingetragenen Eigenthümers unter Beibringung einer Bescheinigung über den Tod des Berechtigten nach Jahresfrist.[3]) Da diese Bescheinigung aber eben keine Bewilligung des Berechtigten enthält, die fragliche Bestimmung des § 33 GBO. aber eine Ausnahmebestimmung und deshalb strikt zu interpretiren ist, so ist hier die Anwendung derselben nicht zulässig, dergleichen Anträge müssen also immer formell sein.

d) Bei der Löschung einer zur Sicherung der Löschung eingetragenen Vormerkung ist die Anwendung der Ausnahmebestimmung des § 33 GBO. ebenfalls ausgeschlossen, weil ebenso wie ihre Eintragung auch ihre Löschung nur auf Requisition des Proceßrichters zulässig ist — cfr. oben 1. f.

e) Zur Löschung einer Veränderung z. B. eines Vorrechts genügt, abgesehen von dem nicht hierher gehörigen Falle der Requisition einer zuständigen Behörde, der formlose Antrag desjenigen, gegen welchen die Eintragung geschehen ist, unter Beibringung des formellen Consenses desjenigen, für welchen die Eintragung geschehen ist. Die Löschung kann auch erfolgen auf Antrag desjenigen, für welchen die Einschreibung erfolgt ist, dann ist aber ein formeller Antrag erforderlich, weil in diesem Falle Antragsteller und Consentirender zusammenfallen.[4])

II. in der 3. Abtheilung.

1. Eintragungen.

a) Da, was die Eintragung einer Vormerkung zur Siche-

---

[1]) § 100 GBO.

[2]) § 99 GBO.

[3]) § 102 GBO.

[4]) § 117 GBO.

rung des Rechts für eine Hypothek oder Grundschuld betrifft, dieselbe nur auf Antrag des Gläubigers durch Vermittelung des Proceßrichters oder auf Antrag einer zuständigen Behörde erfolgen darf,[1]) so ist hier die Anwendung der Ausnahmebestimmung des § 33 GBO. ausgeschlossen.

b) Dasselbe gilt in analoger Weise von der Vormerkung zur Erhaltung des Widerspruchsrechts gegen die Löschung einer Hypothek oder Grundschuld,

c) ebenso, wenn auch aus anderen Gründen, von der Cautionshypothek. Dieselbe fällt nur ihrem Wesen nach unter die Vormerkungen ad a. Zu ihrer Entstehung ist aber abweichend von jenen eine Schuldurkunde und ferner, wie für jede Hypothek der Antrag nicht bloß die Bewilligung der Eintragung Seitens des eingetragenen Eigenthümers erforderlich. Es fällt deshalb bei ihr der Consentirende mit dem Antragsteller zusammen und kann somit von einer Anwendung der Ausnahmebestimmung des § 33 GBO. hier nicht die Rede sein (cfr. oben A. III. 2. β.).[2])

d) Die Eintragung einer Vormerkung zur Beschränkung des eingetragenen Gläubigers in der Verfügung über die Hypothek oder Grundschuld erfolgt dagegen, abgesehen von dem nicht hierher gehörigen Falle der Requisition einer zuständigen Behörde, mit Bewilligung des Gläubigers[3]) und ist hier deshalb die Eintragung auf formlosen Antrag des die Beschränkung Nachsuchenden unter Beibringung der formellen Einwilligung des Gläubigers gestattet.

e) Bei einer Species derartiger Vormerkungen, nämlich bei der auf Antrag des Eigenthümers einzutragenden Vormerkung zur Sicherung der Löschung einer Hypothek oder Grundschuld, wenn der Gläubiger die Bewilligung der Löschung weigert, ist begriffsmäßig die Anwendung der Ausnahmebestimmung des § 33 GBO. ausgeschlossen[4]) und es findet die Eintragung einer solchen Vormerkung, da

---

[1]) § 22 Ges., § 88 GBO. cfr. Erörterung III. B. II. 1. c.

[2]) Es liegt in dieser Deduction nicht etwa ein Widerspruch mit dem in Erörterung XI. Gesagten, weil hier die Form der Entstehung, dort das Wesen der Cautionshypothek das Maaßgebende ist.

[3]) § 49 Ges.

[4]) § 60 Ges.

die Interessenten streitende sind, nur auf Requisition des Proceßrichters statt.

f) Dagegen ist die Anwendung dieser Bestimmung wieder denkbar für Vormerkungen zur Erhaltung von Einreden gegen die Hypothek oder Grundschuld, d. h. abgesehen von dem nicht hierher gehörigen Falle der Requisition einer zuständigen Behörde, ist zur Eintragung dergleichen Vormerkungen ein formloser Antrag, dem der formelle Consens des Gläubigers und der Hypotheken- oder Grundschuldbrief beiliegen, genügend.[1])

g) Ebenso ist endlich die Eintragung eines Vorrechts auf formlosen Antrag des das Vorrecht Erwerbenden unter Beibringung des beglaubigten Consenses des das Vorrecht Einräumenden zulässig.[2])

2. Auch zur Umschreibung einer Vormerkung in eine endgültige Hypothek genügt neben der hier nicht interessirenden Requisition des Proceßrichters der formlose Antrag des Berechtigten unter Beibringung der formellen Einwilligung dessen, gegen den die Vormerkung gerichtet war.[3])

3. Dasselbe gilt bei der Löschung

a) einer Vormerkung, nur, daß hier selbstverständlich der Antragsteller derjenige ist, gegen welchen die Eintragung gerichtet, d. h. der Grundstückseigenthümer resp. der beschränkte Gläubiger und der Consentirende derjenige, für welchen die Vormerkung eingetragen war.[4])

b) eines Vorrechts bezw. der eine Veränderung enthaltenden Vormerke, d. h. es genügt hier, abgesehen von den nicht interessirenden Fällen, wo die Löschung auf Antrag derjenigen Behörde erfolgt, von welcher die Eintragung ausgegangen ist und dem Falle, in welchem der Berechtigte den Antrag stellt, (in welchem die Person des Consentirenden und des Antragstellers zusammenfällt) der formlose Antrag des Zurückgetretenen bezw. desjenigen Gläubigers, dessen Forderung eine Aenderung erlitten hat unter Beibringung des formellen Consenses des vorgetretenen bezw. desjenigen Gläubigers, zu dessen Gunsten die Aenderung eingetragen war.[5]) —

---

[1]) § 38 Ges.

[2]) § 35 Ges. und 86 GBO.

[3]) § 89 GBO.

[4]) § 59 Ges. [5]) § 117 GBO.

Zweifelhaft kann noch erscheinen, ob in den Fällen, in welchen ein formloser durch formelle Urkunden unterstützter Antrag auf Eintragung oder Löschung genügt, derselbe auch dann zulässig ist, wenn die fraglichen Urkunden nicht gerade beiliegen, aber sich doch bei den Akten befinden und in dem Antrage auf sie Bezug genommen wird.

Ich entscheide mich für die verneinende Antwort und zwar zunächst deshalb, weil man der bezüglichen Bestimmung des § 33 GBO. als einer Ausnahme von der allgemeinen Regel: daß alle schriftlichen Anträge mindestens beglaubigt sein müssen, eine einschränkende Interpretation angedeihen lassen muß, d. h. ihr keine weitere Ausdehnung geben darf, als sie nach dem Wortlaute hat, dieser aber besagt, daß die beglaubigten Urkunden „beiliegen" müssen. Sodann aber auch aus Gründen, die in der Sache selbst zu finden sind. Die ganze Bedeutung des Requisits der Beglaubigung für Anträge und Urkunden liegt doch darin, daß bei der Wichtigkeit der Anträge und Erklärungen für die Interessen der Antragsteller und Erklärenden durch die Beglaubigung eine Gewähr dafür gegeben werden soll, daß die Antragsteller und Erklärenden auch wirklich diejenigen gewesen, als welche sie aufgetreten sind und daß ihre Anträge resp. ihre Erklärungen auch ihren wirklichen Willensmeinungen entsprochen haben resp. daß sie zur Abgabe derselben geschäftlich befugt waren, (insofern nämlich, als die Beglaubigung die Prüfung der Identität und Geschäftsfähigkeit Seitens des Beglaubigenden voraussetzt, und man präsumiren darf, daß ein geschäftsfähiger Mensch auch geschäftsmäßig handelt).

Wenn nun die GBO. von der besonderen Beglaubigung der schriftlichen Anträge dann absieht, wann ihnen die beglaubigten Urkunden, in denen die Betheiligten die beantragte Eintragung oder Löschung bewilligt haben, beiliegen, in diesem Falle also die Formlosigkeit der Anträge durch die Form der Urkunden, auf welche jene gestützt sind, decken läßt, so liegt diesem Falle derjenige, in welchem die betreffenden Urkunden in beglaubigter Form sich nur bei den Akten befinden, gerade aus dem oben angedeuteten Gesichtspunkte der Bedeutung der Beglaubigung keineswegs gleich. Es ist in dieser Beziehung vielmehr ein großer Unterschied, ob der Antragsteller sich im Besitz der seinen Antrag motivirenden Urkunden befindet oder ob er nur weiß, daß resp. wo solche Urkunden existiren. Denn nur im ersteren Falle spricht der Besitz der erheblichen Urkunden auch für die Identität des Antragstellers und dafür, daß der Antrag seine wirkliche Willensmeinung wiedergiebt, insofern nämlich, als aus dem Besitze der Urkunde Seitens des Antragstellers auch auf seine genaue Kenntniß des Inhalts derselben zu schließen und nur unter dieser Voraussetzung der weitere Schluß zulässig ist, daß die Folgen des auf jene Urkunde gestützten Antrages gewollt sind.[1])

V. Welche Vermerke aus den Grundsteuerbüchern sind auf den Titel der nach Formular I eingerichteten Grundbücher zu setzen?

Die Grundbuchordnung schreibt Folgendes vor: Für jeden Gemeinde-, selbstständigen Guts- oder besonderen Grundsteuerbezirk sind ein oder mehrere Grundbücher anzulegen.[2]) Die Grund- und Gebäudesteuerbücher, von welchen dem Grundbuchamte eine Abschrift mitgetheilt werden soll, dienen zur Ausmittelung der in die Grundbücher einzutragenden oder bereits eingetragenen Grundstücke ihrer Lage und Größe nach. Ihre Bezeichnung in den Steuerbüchern ist bei den Grundbüchern beizubehalten. In dem für die Grundbücher vorgeschriebenen[3]) Formular I enthält der Titel Ueberschrift

Grundsteuerbuch Art. . . . . Nr. . . . .

und in der Hauptspalte: „Bezeichnung des Grundstücks", die Untercolonne: „Grundsteuermutterrolle". Auf diesen Titel soll die Nummer, welche das Grundstück im Steuerbuche führt und ferner die Größe, sowie der Grundsteuerreinertrag oder Nutzungswerth eingetragen werden.[4]) Bei Gutscomplexen, d. h. autentisch interpretirt, den aus mehreren Grundstücken bestehenden Gütern[5]) genügt die Eintragung der Gesammtfläche und des Gesammtreinertrages.[6]) Es ist ferner gestattet, für mehrere im Bezirk desselben Grundbuchamts liegende Grundstücke des-

[1]) Die entgegenstehende Ansicht Steiners (S. 296 in seiner Anleitung), daß das Wort „beiliegen" im citirten Paragraphen selbstverständlich nicht strikt aufzufassen sei, ist mit Gründen nicht unterstützt und dürfte deshalb auch nicht acceptabel erscheinen, da die von ihm hiernach beliebte ausdehnende Auslegung jenes Wortes keineswegs selbstverständlich ist.

[2]) § 1 GBO.

[3]) § 6 ibid.

[4]) § 8 ibid.

[5]) Art. 3 Ausführungs-Verfügung vom 2. September 1872.

[6]) § 4 GBO.

selben Eigenthümers auf dessen Antrag ein gemeinschaftliches Blatt anzulegen.[1]) Bei diesen vereinigten Grundstücken (welche somit verschieden sind von den Gutscomplexen, da es sich bei ihnen nur um eine Vereinigung mehrerer selbstständiger Grundstücke auf Einem Grundbuchblatt handelt, während die Gutscomplexe wirthschaftlich ein Ganzes sind) soll im Gegensatz zu letzteren die Größe und der Grundsteuerreinertrag eines jeden einzelnen Grundstücks angegeben werden.[2]) Für die Zurückführung der bereits angelegten Grundbuchblätter auf die Grund- und Gebäudesteuerbücher ist in der Grundbuchordnung auf die Ausführungsverfügung verwiesen.[3]) Diese ist unterm 2. September 1872 ergangen und bestimmt: daß die Grundbuchämter Abschriften der Grund- und Gebäudesteuerbücher (Flurbücher) und später die Fortschreibungsprotocolle erhalten sollen.[4]) Sie wiederholt ferner die Bestimmung der Grundbuchordnung, daß auf das Grundbuchblatt eines Gutscomplexes die einzelnen dazu gehörigen Grundstücke oder Flächenabschnitte und Gebäude nicht auf den Titel übernommen werden sollen, sondern, daß nur die Gesammtfläche und der Gesammtreinertrag mit Weglassung des Nutzungswerthes der Gebäude einzutragen seien.[5]) Bei einem gemeinschaftlichen Grundbuchblatt dagegen sollen die einzelnen Grundstücke oder Gutscomplexe unter fortlaufender Nummer nach der Bezeichnung der Grundsteuermutterrolle und mit Angabe der Gesammtfläche und des Gesammtreinertrages eines jeden Grundstücks eingetragen werden, und, wenn zu diesem gemeinschaftlichen Blatt auch ein selbstständiges Gebäudegrundstück gehört, so soll auch dessen Gebäudefläche nebst Hofraum ꝛc. — und der jährliche Nutzungswerth besonders angegeben werden.[6]) Dasselbe soll gelten rücksichtlich derjenigen selbstständigen Gebäudegrundstücke, welche ein besonderes Blatt haben.[7]) In den Fällen dagegen, in welchen nach den Steuerbüchern die Größe von Gebäuden, Hofräumen und Hausgärten, welche nicht zu einem Gutscomplex gehören, nicht vermessen sind, soll die Einschreibung der Größe in das Grundbuchblatt nur auf Antrag des Eigenthümers erfolgen. Einem solchen Antrage muß der Antrag bei dem Fortschreibungsbeam-

---

[1]) § 13 ibid.
[2]) § 8 ibid.
[3]) § 4 GBO.
[4]) Art. 1 daselbst.
[5]) Art. 3 daselbst.
[6]) Art. 4 daselbst.
[7]) Art. 5 daselbst.

zwar die Analogie der der Subhastationsordnung zu Grunde liegenden Werthsannahmen, doch steht ihm die anerkannte Thatsache entgegen, daß Gebäude auf dem Lande in der Regel keinen Ertrag bringen, ihre Erhaltung vielmehr nur als Last in Ansatz kommt. Man mag über diese Einzelfrage streiten. Allein der Gedanke tritt dabei nahe, ob es sich nicht empfiehlt, ehe man starre Principien in jedem Regierungsbezirk groß werden läßt, durch das Gesetz einen Minimalwerth festzusetzen, der bei jeder Veräußerung versteuert werden muß, falls nicht die Erwerbsurkunde vorgelegt wird. Bei der Beziehung der Grundbücher zu den Steuerbüchern wird es sich von selbst ergeben, daß dieser Minimalwerth nur in einem Vielfachen des Reinertrages beziehungsweise Nutzungswerthes bestehen kann.

Verschieden von dem Fall der Werthsangabe und deren Beanstandung gestaltet sich die Werthsermittelung, welche eintritt, wenn die Betheiligten die Werthsangabe verweigern. Die Werthsermittelung, die Festsetzung des Stempelbetrages und die Einziehung desselben liegt in diesen Fällen dem Grundbuchamte ob (§§ 3. 7 des Gesetzes, Nr. 7 Abs. 1 und b. der Anweisung). Abgesehen davon, daß der gemeine Werth des Gegenstandes zur Zeit des Eigenthumswechsels ermittelt werden soll, sind Vorschriften über die Art und das Verfahren der Ermittelung nicht gegeben. Aus den Motiven ergiebt sich, daß eine besondere Abschätzung zu diesem Behufe nicht erforderlich ist, daß vielmehr frühere Erwerbspreise und Schätzungen und die Steuer-Veranlagung als Grundlage der Ermittelung dienen können. Den Steuerbehörden räumt weder das Gesetz noch die Anweisung eine besondere Einwirkung auf diese Fälle der grundbuchamtlichen Werthsermittelung ein. Wenn diese dennoch von den Regierungen beansprucht wird, so kann sie sich nur auf die allgemeine Aufsicht über das Stempelwesen gründen, welche sonst den Gerichten gegenüber durch die periodischen Revisionen des Stempel-Fiscals geübt wird, bezüglich der Auflassungen nun aber durch die Mittheilungen aus dem Tagebuch des Grundbuchführers erleichtert wird. Je sorgfältiger das Grundbuchamt verfährt, desto mehr Stoff zur Beanstandung geben seine Mittheilungen der Regierung. Es entsteht dadurch ein Verkehr zwischen Letzterer und dem Grundbuchamt, der viel Schreibwerk verursacht, dessen Ergebnisse für die Betheiligten und für die Stellung der Staatsbehörden zu einander den in der vorigen Erörterung geschilderten ähnlich sind.

Es scheint deshalb auch von diesem Gesichtspunct aus dringend wünschenswerth, das ganze Immobiliar-Stempel-Wesen entweder in eine Hand zu legen, sei es in die der Regierungen klassen dieser eingetragen und so verschiedene Flächenabschnitte gebildet, welche mit Ausnahme der öffentlichen Wege fortlaufende Nummern und in kurzer Bezeichnung die Angabe der Kulturart sowie die der Klasse derselben führen,[1] z. B. 10 A. 3., d. h. Flächenabschnitt Nr. 10 Ackerland dritter Klasse. Erfolgt später die Theilung eines Flächenabschnitts, so wird, um dies hier der Vollständigkeit wegen gleich zu erwähnen, die Zahlenbezeichnung der gebildeten Theile in Bruchform und zwar in der Weise bewirkt, daß dieselben als Zähler neue fortlaufende Nummern und als Nenner die Nummer der getheilten Fläche erhalten. Ist z. B. der Flächenabschnitt Nr. 10 getheilt und die Nummer des letzten Flächenabschnitts der Gemarkung war bisher 300, so erhalten die Theile des Flächenabschnitts Nr. 10 die Bezeichnung $\frac{301}{10}$, $\frac{302}{10}$.[2] Geht ein Theil eines öffentlichen Weges, (welcher, wie oben gesagt, keine Nummer hat) in Privateigenthum über, so geschieht seine Bezeichnung ebenfalls in Bruchform und zwar in der Weise, daß er als Zähler die forlaufende Nummer und als Nenner die Nummer desjenigen Flächenabschnitts erhält, in welchem er hinläuft mit dem Zusatze O (Oedland) z. B. nach dem obigen Beispiel $\frac{301}{10}$ O.

Dieser Karte entspricht genau das sog. Flurbuch, d. h. ein Verzeichniß der einzelnen Flächenabschnitte einer Gemarkung unter fortlaufenden Nummern mit Angabe der Kulturart, des Flächeninhalts, des Reinertrages, des Namens des Eigenthümers und des Artikels der Grundsteuermutterrolle (cfr. unten). Nur ihrem Gesammtflächeninhalte nach angegeben sind darin die öffentlichen Wege und diejenigen Hofräume, Gebäudeflächen und Hausgärten, welche nach dem oben Gesagten, weil sie nicht mehr als einen Morgen groß sind, nicht zur Grundsteuer, sondern zur Gebäudesteuer herangezogen werden. Diese letzteren Flächen sind in dem Flurbuch unter der Bezeichnung „ungetrennte Hofräume und Gärten" aufgeführt.

Die Grundsteuermutterrolle ist eine nach Artikeln bewirkte Zusammenstellung der den einzelnen Besitzern in einer Gemarkung gehörigen Liegenschaften mit Angabe der Hypothekennummer (jedoch in den Fällen, in welchen ein Besitzer mehrere neben oder in einander gelegene zusammen bewirthschaftete Grundstücke zur Zeit der Anlegung der Grundsteuerbücher besessen hatte, nicht getrennt für jedes hypothekenmäßig gesonderte Grundstück, sondern für alle diese Grundstücke gemein-

[1]) § 43 ibid.

[2]) Ueber eine neuerlich vorgeschriebene Abweichung von dieser Bezeichnungsart cfr. unten.

schaftlich in der Weise, daß neben dem Artikel die mehreren Hypothekennummern der dazu gehörigen Grundstücke stehen) der einzelnen Flächenabschnitte, ihres Flächeninhalts, Reinertrages und der davon zu entrichtenden Grundsteuer.

Während also das Flurbuch seinem Wesen nach ein Verzeichniß der Flächenabschnitte ist, ist die Grundsteuermutterrolle ihrem Wesen nach ein Verzeichniß der steuerpflichtigen Besitzer mit Bezug auf ihre Besitzungen, jenes nach Nummern, diese nach Artikeln geordnet.

Ueber die der Gebäudesteuer unterworfenen Grundstücke wird nur Ein Steuerbuch geführt, die Gebäudesteuerrolle, aber in zwei verschiedenen Formen, die eine für die Städte und für diejenigen ländlichen Ortschaften, in denen eine überwiegende Anzahl von Wohngebäuden regelmäßig durch Vermiethung genutzt wird, die andere für die übrigen ländlichen Ortschaften. Der Grund dieser Verschiedenartigkeit in der Form ist der, daß der Nutzungswerth der Gebäude in den zu der einen oder zu der anderen Kategorie gehörigen Ortschaften auf verschiedene Weise festgestellt wird, in den ersteren nach dem mittleren jährlichen Miethswerth, in den letzteren nach der Größe, Beschaffenheit der Gebäude, der dazu gehörigen Hofräume und Hausgärten unter Berücksichtigung der Gesammtverhältnisse der zu den Grundstücken gehörigen Besitzungen.[1])

In der Gebäudesteuerrolle sind unter fortlaufenden Nummern und in diesen unter fortlaufenden jedes Mal mit a beginnenden Buchstaben die der Gebäudesteuer unterworfenen Grundstücke resp. Grundstückstheile nach ihrer Gattung (Wohnhaus, Stall, Scheune, Mühle, Tagelöhnerhaus, Hofraum, Hausgarten ꝛc.) nach ihrem Nutzungswerthe und ihrer Steuer unter Angabe der örtlichen Bezeichnung der Besitzung (Bauerngut, Eigenkathe ꝛc.) des Namens und Standes des Eigenthümers und unter Bezeichnung der Besitzung nach der Grundsteuermutterrolle: Artikel, Flächenabschnitt und Größe aufgeführt. Die letztere, nämlich die Größenbezeichnung, fehlt jedoch in der Regel, weil, wie bereits oben gesagt, in den Gemarkungskarten die specielle Vermessung der nur der Gebäudesteuer unterliegenden Gebäudeflächen, Hofräume und der einen Morgen nicht übersteigenden Hausgärten meistens unterblieben und deshalb in den einzelnen Flurbüchern nur die Gesammtgröße dieser Flächen unter der Bezeichnung „ungetrennte Hofräume und Hausgärten“ angegeben ist.

Auf Grund von Abschriften der Flurbücher und der Gebäudesteuer-

---

[1]) § 6, 7 des Gebäudesteuergesetzes vom 21. Mai 1861.

rollen soll, wie gesagt, die Zurückführung der Grundbücher auf die Steuerbücher erfolgen. Später soll eine Uebereinstimmung der Grundbücher mit den Steuerbüchern dadurch erhalten werden, daß die Fortschreibungsbeamten die Fortschreibungsprotocolle jährlich den Grundbuchämtern einzureichen und die Grundbuchführer nach den Angaben dieser Protocolle den Titel der Grundbuchblätter zu berichtigen haben.[1]) Ueber den Inhalt dieser Fortschreibungsprotocolle ist bestimmt, daß die bloßen Eigenthumsveränderungen darin nicht aufzunehmen sind, und mit Recht, denn von diesen ist ja das Grundbuchamt durch die nur bei ihm zulässige Auflassung und nur durch es zulässige Eintragung in die Grundbücher am besten unterrichtet. Dagegen sind darin aufzunehmen und zwar bei den Flurbüchern diejenigen Veränderungen, welche mit einer Formveränderung (d. h. einer Veränderung der Grenzen), mit einer Aenderung der Parcellennummern (also mit einer Aenderung der Flächenabschnittsbezeichnung) oder mit einer Bestandsveränderung verbunden gewesen sind.[2]) Die letztere kann sowohl darin ihren Grund haben, daß eine Fläche, welche bisher gar nicht grundsteuerpflichtig, sondern z. B. gebäudesteuerpflichtig war, zur Grundsteuer herangezogen wird, als auch darin, daß die Kulturart einer Fläche und deshalb auch ihr Reinertrag sich ändert. In die Fortschreibungsprotocolle der Gebäudesteuerrolle werden diejenigen Veränderungen aufgenommen, welche mit einer Bestandsveränderung, d. h. mit einer Veränderung der steuerpflichtigen Gegenstände ihrer Existenz oder ihrer Art nach und mit einer Veränderung der Nummer oder Litera der Gebäude verbunden gewesen sind.[3])

Wenn man nun nach diesen Vorschriften eine Prüfung des für das Titelblatt gegebenen Formulars I der Grundbuchordnung vornimmt, so ergeben sich folgende Ausstellungen dagegen. Am zweckmäßigsten nimmt man diese Prüfung nach den verschiedenen Arten der Grundstücke vor. Diese sind: Einzelne Grundstücke, Gutscomplexe und mehrere selbstständige Grundstücke, welche auf ein gemeinschaftliches Blatt geschrieben werden sollen.

1. Einzelne Grundstücke.

a) Ländliche Grundstücke.

Hier würde die Ueberschrift des Titels:

„Grundsteuerbuch Art. . . . . Nr. . . . .

mit Rücksicht darauf, daß nur die Grundsteuermutterrolle „Artikel" und

---

[1]) Art. 12 der Ausführungsverfügung vom 2. September 1872.

[2]) § 5 der Anweisung des Herrn Finanz-Ministers vom 16. August 1872.

[3]) § 7 daselbst.

nur die Gebäudesteuerrolle „Nummern" hat, dahin auszufüllen sein, daß hinter „Artikel" die Zahl desjenigen Artikels zu setzen ist, den das Grundstück in der Grundsteuermutterrolle hat und hinter „Nummer" diejenige Nummer, unter welcher die etwa zum Grundstück gehörigen gebäudesteuerpflichtigen Realitäten in der Gebäudesteuerrolle geführt werden, wenn diese, worüber unten weiter gesprochen werden wird, überhaupt auf die Blätter ländlicher Grundstücke einzutragen sind.[1]) Diese gebäudesteuerpflichtigen zu den einzelnen Artikeln gehörigen Grundstückstheile aus der Abschrift der Gebäudesteuerrolle herauszusuchen, geht noch allenfalls, aber die zu jedem Artikel gehörigen Flächenabschnitte aus den Flurbuchsabschriften herauszulesen, zusammenzustellen und behufs Feststellung ihrer Gesammtgröße und ihres Gesammtreinertrages zusammenzurechnen, ist, wenn auch nicht gerade unmöglich, so doch namentlich bei größeren parcellirten Dorfschaften eine sehr große Arbeit und legt eigentlich dem Grundbuchamte die an und für sich gar nicht zu seinem Geschäftskreise gehörige Verpflichtung zur Anfertigung einer privaten Grundsteuermutterrolle auf. Vermuthlich in Berücksichtigung dessen ist denn auch später die Allgemeine Verfügung vom 31. Januar 1873 erlassen, welche die Grundbuchämter „sowohl behufs Zurückführung der angelegten Hypothekenbücher auf das Kataster als auch in anderen Fällen, in welchen die Feststellung der einem Grundbesitzer gehörenden Grundstücke erforderlich wird," anweist, von den Katasterämtern den neuesten mit dem Atteste der Richtigkeit versehenen Auszug aus der Grundsteuermutterrolle einzufordern.

Jener Ueberschrift des Titels entsprechen dann weiter die einzelnen Spalten, deren Bezeichnung oben speciell angegeben ist, nicht. So soll in die Spalte „Bestandtheile" bei selbstständigen Gütern der Name des Guts und des Kreises, bei kleineren ländlichen zu einer Ortschaft gehörigen Gütern die Bezeichnung des Kreises, der Ortschaft, der Nummer oder sonstiger Kennzeichen kommen, ferner die Eigenschaft des Grundstücks. Alles dieses steht aber in beinahe allen Fällen bereits in der Ueberschrift, die Ausfüllung dieser Spalte wird deshalb mit seltenen Ausnahmen eine Wiederholung der letzteren und nur aus dem Grunde

[1]) Die Annahme Bahlmanns (S. 149 I. Ausgabe), nach welcher es nur auf einem Druckfehler beruhen soll, daß zwischen „Artikel" und „Nummer" sich ein Zwischenraum befindet, während es „Art. Nr." heißen müsse, weil nicht eine Unterabtheilung des Artikels, sondern die Nummer des Artikels gemeint sei, dürfte nicht acceptabel erscheinen, weil die Voraussetzung des Vorhandenseins eines Druckfehlers nicht nachgewiesen und von Nummern eines Artikels zu sprechen auch nicht üblich ist.

nothwendig sein, um daran die Angaben über die Größe und den Reinertrag oder Nutzungswerth zu knüpfen. Dagegen giebt diese Spalte für die später hinzukommenden Theile bezw. Pertinenzien einen geeigneten Platz zu Notizen. Es dürfte deshalb angebrachter gewesen sein, die wünschenswerthe noch größere Specialisirung des Grundstücks etwa auch rücksichtlich seiner Qualität gleich in der Ueberschrift zu bewirken, dort auch die Größe, den Reinertrag oder Nutzungswerth anzugeben und statt der Spalte „Bezeichnung des Grundstücks" correspondirend mit der Spalte „Abschreibungen" eine solche mit der Bezeichnung „Zuschreibungen" einzuführen. Hierzu kommt, daß nur für diesen Fall die Unterspalten „Grundsteuermutterrolle" und „Reinertrag, Nutzungswerth" verständlich und brauchbar sein würden.

Hiermit hängt zunächst die Frage zusammen, ob bei einzelnen ländlichen Grundstücken die gebäudesteuerpflichtigen Realitäten überhaupt ins Grundbuch aufgenommen werden sollen. Das Gesetz und die Ausführungsverfügung schweigen darüber. Man darf aber annehmen, daß es nicht der Fall sein soll, denn bei Gutscomplexen, bei denen jene Angabe doch gewiß nicht weniger wünschenswerth ist, soll sie nicht erfolgen.[1]) Bei Grundstücken in geschlossenen Dörfern wäre sie auch der Regel nach, wenigstens, was die Angabe ihrer Größe betrifft, gar nicht möglich, weil der Regel nach jene Realitäten, wie bereits mehrfach erwähnt, speciell gar nicht vermessen sind, sondern in den Flurbüchern die Gesammtbezeichnung „ungetrennte Hofräume und Hausgärten" führen. Es deutet endlich auch das Titelformular selbst darauf hin, daß die gebäudesteuerpflichtigen Realitäten auf dem Titel der ländlichen Einzelgrundstücke nicht zu verzeichnen sind, denn sonst müßte doch neben der Spalte „Grundsteuermutterrolle" eine zweite Spalte mit der Bezeichnung „Gebäudesteuerrolle" und zweckmäßig auch nicht bloß Eine Spalte für den „Reinertrag" und den „Nutzungswerth" sondern für jede dieser beiden Angaben eine besondere Spalte existiren.

Gehören nun aber die gebäudesteuerpflichtigen Realitäten nicht in das Grundbuch ländlicher Einzelgrundstücke, dann würde für diese also zunächst in der Ueberschrift die „Nummer" unausgefüllt bleiben, somit zu streichen und letzteres auch in der Spalte: „Reinertrag, Nutzungswerth" in Betreff des „Nutzungswerths" zu thun sein.

In allen Fällen (mit Ausnahme der nicht hierher gehörigen unten erwähnten Ausnahme des Gesammtblatts) bleibt aber unaufgeklärt und zwar sowohl rücksichtlich der Spalte „Bezeichnung des Grundstücks" als

---

[1]) Art. 3 der Ausführungsverfügung vom 2. September 1872.

derjenigen „Abschreibungen", was in die Unterspalten derselben „Grundsteuermutterrolle" geschrieben werden soll.[1]) Denn die Grundsteuermutterrolle enthält im Gegensatz zum Flurbuch nur die Gesammtheit der einem Eigenthümer gehörigen Flächenabschnitte und zwar unter einem Artikel. Ihr Inhalt ist also, wenn es sich um ein Einzelgrundstück handelt, bei der Anlegung des Blatts bereits in dessen Ueberschrift angegeben und ist auch für Zu- und Abschreibungen nicht zu verwerthen, wenn es sich nicht etwa im ersteren Falle um ein ganzes bisher selbstständiges Grundstück handelt, welcher Fall aber eigentlich nicht hierher, sondern zu denjenigen ad 3 gehört. Gemeint ist vermuthlich, daß in die gedachte Spalte die Flächenabschnitte einzutragen seien, würde somit richtiger diese Bezeichnung tragen, wäre aber auch selbst in diesem Falle in der Rubrik „Bezeichnung des Grundstücks" wenigstens bei Anlegung des Blatts nicht ausfüllbar. Zwar enthält das Gesetz rücksichtlich der ländlichen Einzelgrundstücke nichts darüber, daß die zu denselben gehörigen einzelnen Flächenabschnitte nicht aufzuführen sind, es sagt solches aber rücksichtlich der Gutscomplexe,[2]) bei denen doch die Sache nicht anders liegt, auch ist man bei den Verhandlungen über das Grundbuchrecht sowohl im Abgeordneten- wie im Herrenhause ausdrücklich und allgemein davon ausgegangen, daß die Aufnahme aller Flächenabschnitte in das Grundbuchblatt als eine zu große Arbeit involvirend unterbleiben soll. Sollen nun aber die einzelnen Flächenabschnitte eines Grundstücks nicht aufgeführt werden, sondern nur die Gesammtfläche, dann ist sie ja bereits im Artikel der Grundsteuermutterrolle gegeben, und es bliebe jene Spalte also nur noch für die Fälle der Zuschreibung übrig, welcher ausschließlichen Bestimmung nach der obigen Ausführung die ganze Hauptspalte „Bezeichnung des Grundstücks" allerdings am zweckmäßigsten dienstbar gemacht würde.

Hierbei mag gleich bemerkt werden, daß auch die Bezeichnung der Spalte „Bezeichnung des Theilstücks" unglücklich gewählt erscheint, weil nicht blos Theile eines Grundstücks, sondern auch Rechte und Pertinenzien abzuschreiben sind, man also wohl passender den Andruck „Bezeichnung des Gegenstandes" gewählt hätte.

Bei Beibehaltung des Titelformulars in seiner jetzigen Form würde

---

[1]) Die Annahme Bahlmanns (S. 149 daselbst), die Spalten haben nur dann Werth, aber dann also doch Werth, wenn ersichtlich gemacht wird, auf welche Mutterrolle sich die Zahlenangaben beziehen, dürfte nicht stichhaltig sein. Aus der weiteren obigen Ausführung ergiebt sich, daß geeignete Zahlenangaben, aus der Grundsteuermutterrolle überhaupt nicht denkbar sind.

[2]) § 4 GBO. und Art. 3 der Ausführungsverfügung vom 2. September 1872.

man dasselbe bei ländlichen Einzelgrundstücken, nur, wie folgt ausfüllen können:

Grundbuch von Gersdorf, Kreis Conitz.
Bd. I. Bl. 1. Bauerngrundstück.

Gundsteuerbuch Art. 1. Nr. . . .

Bezeichnung des Grundstücks.								Abschreibungen.						
Nr	Bestandtheile.	Grundsteuermutterrolle.	Größe. Hektar.	Ar	Met.	Reinertrag. Nutzungswerth. Thl.	$\frac{1}{100}$	Bezeichnung des Theilstücks.	Grundsteuermutterrolle.	Größe. Hektar.	Ar.	Met.	Reinertrag. Nutzungswerth. Thl.	$\frac{1}{100}$
1	Das Bauerngrundstück.	—	20	10	5	40	—		—	—	—	—	—	—

Im Falle von Zu- und Abschreibungen, wo dann doch auch wohl die Aufnahme von gebäudesteuerpflichtigen Realitäten denkbar wäre, ließen sich folgende weitere Zusätze denken:

2	Parcelle am Wege nach Zoldam.	—	—	3	40	1	—	1) Kathe am Dorfsanger übertragen auf Bl. 20 Bd. II. von Gersdorf am 20. October 1872.	—	—	—	—	3	—
3	Schmiede im Dorfe.	—	—	—	—	10	—							
								2) Parcelle am Kreuzwege übertragen auf Bl. 2 Bd. I von Gersdorf am 3. Juni 1873.	—	—	3	1	—	15

Rücksichtlich der Mängel des Formulars in diesen Fällen cfr. unten bei 1. b.

b) Städtische Grundstücke.

Bei diesen wird das Titelblatt außer den allgemeinen Bezeichnungen Angaben ausschließlich oder vorzugsweise aus der Gebäudesteuerrolle enthalten, hier also in der Ueberschrift der Passus

Art. . . . .

in Wegfall kommen und statt dessen zur „Nr. . . . .“ die betreffende Zahlennotiz zu machen sein. Ausgenommen den seltenen Fall, in welchem auch grundsteuerpflichtige Realitäten zum Grundstücke gehören, in welchem zu „Art. ....“ die in der Grundsteuermutterrolle angegebene Zahl desselben zu setzen wäre.

In der Spalte „Bezeichnung des Grundstücks“ und zwar in der Unterspalte „Bestandtheile“ soll dann die Nummer, Straße und sonstige ortsübliche Bezeichnung sowie die Eigenschaft desselben und in die letzte Unterspalte der Nutzungswerth kommen. Die Unterspalten: „Größe“ werden sowohl in der Spalte „Bezeichnung des Grundstücks“ als in derjenigen „Abschreibungen“ in der Regel unausgefüllt bleiben (wegen Mangels der Vermessung der gebäudesteuerpflichtigen Realitäten) und nur etwa in dem oben erwähnten seltenen Falle und in den ebenfalls seltenen Fällen, in welchen grundsteuerpflichtige Realitäten dem Grundstücke zu- resp. abgeschrieben werden, dienlich sein. Worauf dann in diesen Fällen die Zahlenangaben in den beiden Unterspalten „Reinertrag, Nutzungswerth“ sich beziehen, ob auf den Reinertrag oder den Nutzungswerth wird hier, wie ad 1. a., nur aus der Qualität der Realität zu errathen sein, was um so schwieriger ist, als es ja Realitäten, wie die sog. Hausgärten giebt, welche ebenso gut der Grundsteuer, wie der Gebäudesteuer unterworfen sein können, bei denen nämlich, ob sie eins oder das andere wirklich sind, nur von ihrer Größe abhängt, welche letztere bei Prüfung jener Frage also auch noch mit in Anschlag gebracht werden müßte. Beim Mangel einer Größenangabe wäre dann wiederum weiter nur zu präsumiren, daß die betreffende Zahl in der Unterspalte „Reinertrag, Nutzungswerth“ den Nutzungswerth angeben soll, weil anzunehmen wäre, daß jene Fläche, weil nicht vermessen, zu den „ungetrennten Hofräumen und Gärten“ gehört. Daß es aber keineswegs gleichgültig ist, ob eine Zahl in der fraglichen Unterspalte den Nutzungswerth oder den Reinertrag angiebt, folgt aus den Bestimmungen der Subhastationsordnung §§ 13, 22, 40 2c. —

Mit den beiden Unterspalten „Grundsteuermutterrolle“ ist auch hier nichts anzufangen und zwar aus den oben ad 1 a angegebenen Gründen; ausgenommen etwa den auch dort erwähnten aber eigentlich nicht hierher gehörigen Fall, daß ein ganzes grundsteuerpflichtiges Grundstück zugeschrieben würde. Bei Beibehaltung des Formulars würde sich die Ausfüllung desselben in denkbar complicirten Fällen beispielsweise folgendermaßen gestalten:

Grundbuch von Conitz, Kreis Conitz.

Bd. I. Bl. 19.

Grundsteuerbuch Art. 10. Nr. 10.

Bezeichnung des Grundstücks.								Abschreibungen.						
Nr.	Bestandtheile.	Grundsteuer-mutterrolle.	Größe. Hektar	Größe. Ar.	Größe. Met.	Reinertrag. Nutzungswerth. Thl.	Reinertrag. Nutzungswerth. 1/100	Bezeichnung des Trennstücks.	Grundsteuer-mutterrolle.	Größe. Hektar.	Größe. Ar	Größe. Met.	Reinertrag. Nutzungswerth. Thl.	Reinertrag. Nutzungswerth. 1/100
1	Wohnhaus am Markt.	—	—	—	—	100	—	1) Halber Hof übertragen auf Bl. 20 Bd. II von Conitz am 30. November 1872.	—	—	—	—	2	—
2	Speicher in der Hintergasse.	—	—	—	—	80	—							
3	Hof	—	—	—	—	4	—							
4	Säegarten im Felde.	—	—	3	2	10	—	2) Halb. Baumgarten in der Vorstadt übertragen auf Bl. 20 Bd. II von Conitz am 3. Februar 1873.	—	—	—	2	—	—
5	Baumgarten in der Vorstadt.	—	—	—	—	4	—							
								3) Säegarten im Felde übertragen auf Bl. 30 Bd. II von Conitz am 1. März 1873.	—	—	3	2	10	—

Man sieht: Eine Ausfüllung der Unterspalte „Grundsteuermutterrolle" ist weder bei grund- noch bei gebäudesteuerpflichtigen Realitäten und zwar weder in der Spalte „Bezeichnung des Grundstücks", noch in derjenigen „Abschreibungen" möglich. (Die Gründe cfr. oben ad 1 a.) Ebenso ist die Ausfüllung der Unterspalte „Größe" rücksichtlich der gebäudesteuerpflichtigen Realitäten sowohl in der Spalte „Bezeichnung des Grundstücks", wie in derjenigen „Abschreibungen" in der Regel unmöglich (wegen Mangels ihrer Vermessung). Und darüber endlich, ob die Zahlenangabe in der Unterspalte „Reinertrag, Nutzungswerth" den ersteren oder letzteren betrifft, ist nur eine aus der Qualität der betreffenden Realität gezogenen Vermuthung zulässig, welche in Betreff der Hausgärten auch noch aus dem Grunde unzuverlässig ist, weil es sowohl grundsteuer- als gebäudesteuerpflichtige Gärten giebt.

2. Gutscomplexe.

Rücksichtlich dieser gilt ganz dasselbe, was oben ad 1 a von den Einzelgrundstücken gesagt worden mit Ausnahme dessen, daß hier, was dort nur deducirt wurde, das Gesetz[1]) und die Ausführungsverfügung[2]) ausdrücklich vorgeschrieben haben, daß bei ihnen die Eintragung der Gesammtfläche und des Gesammtreinertrages mit Weglassung des Nutzungswerths der Gebäude genügt. Auch für die Zu- und Abschreibungen gilt hier dasselbe, wie ad 1 a. Es ist deshalb auch ziemlich gleich, wo man die Grenze zwischen Einzelgrundstücken und Gutscomplexen zieht; ob darunter, wie Art. 3 der Ausführungsverfügung vom 2. September 1872 sagt, ein aus mehreren Grundstücken bestehendes Gut oder, wie Bahlmann auf Grund der Motive definirt,[3]) Liegenschaften zu verstehen sind, welche wirthschaftlich ein Ganzes bilden und im Leben mit einem Collektivnamen als Rittergut, Bauergut, Kotten, Stelle, Ackerbesitzung etc. bezeichnet zu werden pflegen, obgleich die einzelnen Zubehörstücke unter verschiedenen Nummern in den Grundsteuerbüchern verzeichnet sind oder endlich, ob ein Gutscomplex schon ein aus mehr als einem Flächenabschnitt bestehendes auf ein Grundbuchblatt geschriebenes oder zu schreibendes Besitzthum ist, welche letztere Interpretation die consequentere, nämlich die aus der Idee der für sie gegebenen Vorschriften hergeleitete und deshalb die richtigste sein dürfte.

3. Mehrere auf ein Gesammtblatt geschriebene Grundstücke.

Bei diesen liegt die Sache anders. — Da nämlich bei ihnen die einzelnen Grundstücke oder Gutscomplexe unter fortlaufender Nummer nach der Bezeichnung der Grundsteuermutterrolle und mit Angabe der Gesammtfläche und des Gesammtreinertrages eines jeden Grundstücks eingetragen werden sollen, auch, wenn zu diesen auf demselben Blatt vereinigten Grundstücken ein selbstständiges Gebäudegrundstück gehört, dessen Gebäudefläche nebst Hofraum u. s. w. und der jährliche Nutzungswerth besonders anzugeben sind,[4]) so wird hier abweichend von den früheren Fällen die Ueberschrift

„Grundsteuerbuch Art. . . . . Nr. . . . .“

nicht brauchbar sein.[5]) Dagegen wird hier die Unterspalte „Grund-

---

[1]) § 4 GBO.

[2]) Art. 3 der Ausführungsverfügung vom 2. September 1872.

[3]) Anmerkung 6 zu § 4 der GBO. S. 148 I. Ausgabe.

[4]) § 13 GBO., Art. 4 der Ausführungsverfügung 2. September 1872.

[5]) Ausgenommen den Einen Fall, daß mehrere Liegenschaften mit besonderen

steuermutterrolle" sowohl in der Spalte „Bezeichnung des Grundstücks", als auch (für den Fall der Abschreibung ganzer Grundstücke) in der Spalte „Abschreibungen" dienlich und sogar nothwendig sein, um darin die Grundsteuermutterrollen-Artikel der einzelnen Grundstücke einzutragen.[1]) Es wird dann aber für derartige Gesammtblätter eine der Unterspalte „Grundsteuermutterrolle" entsprechende Unterspalte „Gebäudesteuerrolle" fehlen und, da nach dem gegenwärtigen Formular für Liegenschaften und gebäudesteuerpflichtige Gegenstände nur Eine Unterspalte „Reinertrag, Nutzungswerth" sowohl in der Spalte „Bezeichnung der Grundstücke" als in derjenigen „Abschreibungen" existirt, auch hier der bereits oben angedeutete Zweifel hervortreten, ob der eine oder der andere gemeint ist.

Ergiebt sich schon hieraus, daß die Auskunft, welche nach dem jetzt geltenden Formulare des Titels das Grundbuch über die Bestandtheile, die Größe und Steuerverhältnisse des Grundstücks giebt, bereits gleich nach der Anlage resp. Zurückführung des Grundbuchs auf das Kataster ungenau und zweifelhaft ist, so wird man zugeben müssen, daß sie es später in Folge der Besitzveränderungen und Fortschreibungen in noch viel höherem Grade werden muß, wenn man bedenkt, daß Aenderungen der Titelangaben nicht bloß in Folge von Besitzveränderungen, sondern auch von häufig genug vorkommenden Reclamationen und Berichtigungen[2]) und bei den gebäudesteuerpflichtigen Gegenständen auch in Folge

---

Blättern in derselben Feldmark liegen und in der Grundsteuermutterrolle unter Einem Artikel geführt werden, denn anderenfalls müssen stets mehrere Artikel und Nummern existiren.

[1]) Ausgenommen den in Anmerkung 2 gedachten Fall, in welchem eben wegen Ermangelung verschiedener Grundsteuermutterrollen-Artikel eine Benutzung der Unterspalten „Grundsteuermutterrolle" unmöglich ist.

[2]) So ist z. B. in letzterer Zeit den Katasterbeamten vom Herrn Finanz-Minister aufgegeben, die Nummerbezeichnung der Flächenabschnitte da, wo sie, wie vielfach der Fall, fehlerhaft ist, zu berichtigen und die Bezeichnungen bei Parcellirungen nur alle Jahre nach Eingang der Listen über die Besitzveränderungen Seitens des Grundbuch-Amts vorzunehmen und zwar nunmehr wiederum abweichend von der früheren Sitte in der Weise, daß die weitere Nummernbezeichnung nicht nach der Zeitfolge, sondern nach der früheren Nummernfolge stattzufinden hat, in der Weise nämlich, daß, wenn die letzte frühere Flächenabschnittsnummer 360 ist, im April eine Parcelle vom Abschnitt 80 und im August eine Parcelle vom Abschnitt 60 aufgelassen ist, nicht, wie früher, die beiden Theile des ersteren Abschnittes die Bezeichnung $\frac{361}{80}$ $\frac{362}{80}$ erhalten, sondern vielmehr die beiden Theile des letzteren Abschnitts mit $\frac{361}{60}$ und $\frac{362}{60}$ bezeichnet werden, oder vielmehr nach eben derselben neuesten ministeriellen Vorschrift mit $\frac{361a}{60}$, $\frac{361b}{60}$. Dem zur Auflassung erforderlichen Auszug aus der Grundsteuermutter-

der alle 15 Jahre vorgeschriebenen Revisionen[1]) eintreten, daß die Grundbuch-Aemter die Benachrichtigungen von den Besitzveränderungen den Kataster-Aemtern ebenso wie diese ihre Fortschreibungs-Protokolle dem Gerichte nur am Schlusse jeden Jahres einmal zusenden.[2])

Die Idee, den Grundsatz der Specialität durch den Inhalt des Grundbuchs durchzuführen, ist an und für sich eine sehr richtige. Die Frage ist aber, ob sie praktisch durchführbar ist. Ich glaube diese Frage verneinen zu müssen, weil der Titel des Grundbuchs niemals die Qualität eines Katasters haben kann, auch eine Uebereinstimmung beider bei dem losen Zusammenhang, in dem die beiden nach verschiedenen Richtungen thätigen Behörden (die Grundbuch-Aemter und die Kataster-Aemter) stehen, nicht erreichbar ist. Wenn man aber das angestrebte Ziel nicht vollkommen erreichen kann, dann ist jedes Hinarbeiten auf ein Mehr oder Weniger nur unnütze Arbeit, weil, wenn keine Garantie für die Vollständigkeit und Richtigkeit der Angaben des Grundbuchamts über die für die genaue Werthschätzung des Grundstücks erheblichen Verhältnisse übernommen werden kann, es schließlich doch, wie bisher, jedem Interessenten überlassen bleibt, sich selbst die Kenntniß von jenen Verhältnissen zu verschaffen und seine eigene Sorgfalt für das Maaß derselben verantwortlich zu machen.

Der einzige Weg, zu dem erwünschten Ziele zu gelangen, dürfte meiner Ansicht nach der sein, daß man die Kataster-Aemter mit den Grundbuch-Aemtern verbindet, und zwar sie zu einer Unterabtheilung derselben macht, wodurch erzielt würde, daß die Bücher der Kataster-Aemter amtliche Urkunden der Grundbuch-Aemter würden. Dann wäre durch den einfachen Vermerk der Seitenzahl dieser Bücher auf dem Titel des Grundbuchs (oder durch sonst eine Bezugnahme, über deren

---

rolle und aus der Katasterkarte kann aber natürlich diese Nummer-Bezeichnung noch nicht gegeben werden, weil dieselbe erst am Ende des Jahres herzustellen ist. Es kommen deshalb schon bei Anlegung der neuen Blätter unrichtige Zahlenbezeichnungen in das Grundbuch, welche später geändert werden müssen.

[1]) § 20 des Gebäudesteuergesetzes vom 21. Mai 1861.

[2]) Betreffs der von den Grundbuchämtern den Kataster-Aemtern zu ertheilenden Notificatorien ist nun zwar in neuester Zeit durch Allgemeine Verfügung des Herrn Justiz-Ministers vom 24. Mai 1873 unter Abänderung des Art. 13 der Ausführungsverfügung vom 2. September 1872 bestimmt, daß vom 1. Juli 1873 ab, dergleichen Benachrichtigungen über die Besitzveränderungen sofort ertheilt werden sollen. Damit ist für eine dauernde Uebereinstimmung des Grundbuchs und Katasters aber dennoch nicht gesorgt, weil für die Mittheilung der Fortschreibungsprotokolle Seitens der Katasterbeamten an die Grundbuch-Aemter die einjährige Frist stehen geblieben ist. —

zweckmäßigste Art die Katasterämter die beste Auskunft geben könnten) und durch den steten Verkehr dieser Abtheilungen Einer Behörde untereinander es in jedem Augenblicke möglich, jedem Interessenten die für jede Zeit genau richtige Auskunft über die Besitz-, Werths- und Hypothekenverhältnisse eines Grundstücks zu geben.

Das jetzige Formular des Titels dürfte aber jedenfalls nicht ausreichen, um das selbst bei den jetzigen Einrichtungen zulässige Maaß der Uebereinstimmung von Kataster und Grundbuch und der Bedeutung des letzteren als Auskunftsmittel über die Werthsverhältnisse des Grundstücks zu erzielen. Seine Fehler sind oben speciell hervorgehoben. Sie bestehen kurz darin, daß theils die einzelnen Spalten nicht zur Ausfüllung nach der ihnen ertheilten Bezeichnung passen, theils Zweifel über ihren Inhalt lassen und kein Bild von der Realität geben. Das letztere wird nur dann möglich sein, wenn bei jedem ländlichen Grundstück nicht bloß die Gesammtfläche und der Gesammtreinertrag, sondern die einzelnen Flächenabschnitte mit ihrem Reinertrage angegeben werden, da nur dann unter Anderem auch die Zu- und Abschreibungen verständlich sind (natürlich müssen auch bei ihnen die Flächenabschnitte angegeben werden), ferner, wenn auch die Gebäude der ländlichen Grundstücke mit ihrem Nutzungswerthe aufgeführt werden, denn sie sind, wie schon auf den ersten Blick erkennbar ist, aber auch aus den oben citirten Vorschriften der Subhastationsordnung hervorgeht, ein sehr wesentlicher Werthsfactor, woraus sich weiter ergiebt, daß auch die Notiz über Zuschreibung oder Abschreibung von gebäudesteuerpflichtigen Realitäten und über Errichtung oder Abbruch von Gebäuden erforderlich ist. Endlich muß deutlich erkennbar sein, ob die einzelnen Zahlen in den Spalten "Nutzungswerth / Reinertrag" den einen oder den anderen angeben, da die Procentsätze, nach welchen dieselben zu capitalisiren, verschieden sind.

Die Klage, daß bei dieser Einrichtung des Titels den Grundbuchämtern eine zu große Arbeit erwächst, dürfte ungerechtfertigt sein. Nur mit der ersten Einrichtung wäre eine vielleicht nicht unbedeutende Mehrarbeit verbunden; später giebt es eine solche nicht, schon deshalb nicht, weil die größere Klarheit das Verständniß der Grundstücksverhältnisse erleichtert und Mißverständnisse und Irrthümer, welche jetzt nur zu leicht möglich sind, ausschließt. Jedenfalls ist es unlogisch, über diese Arbeit zu klagen, oder sie vermeiden zu wollen, wenn man das Ziel wünscht, welches nur durch sie zu erreichen ist.

In Nachstehendem gebe ich den Entwurf zu einem Titelformular, welches nach meiner Ansicht dem praktischen Bedürfniß besser als das gesetzlich vorgeschriebene entsprechen würde:

Grundbuch von Gersdorf. Kreis Conitz.

Bd. I. Bl. 1.

Bezeichnung des Besitzthums: **Bauergut.**

Nr.	Ursprüngliche Bestandtheile.	Veränderungen. Nr.	Zuschreibungen.	Nr.	Abschreibungen.	Artikel (der Grundsteuermutterrolle).	Nummer (der Gebäudesteuerrolle).	Flächenabschnitt.	Größe. Hektar.	Ar.	Meter.	Reinertrag. Thlr.	1/100	Nutzungswerth. Thlr.	1/100
1.	Grund und Boden . .		. . . .		. . . .	21		101	3	4	7	1	15		
								1							
								102	10	9	3	3	3		
								103	2	0	6	0	5		
								104	1	5	9	0	2		
								105	3	4	6	1	12		
								2							
2.	Wohnhaus		. . . .		. . . .		30a							10	5
3.	Stall . . .		. . . .		. . . .		30b								
4.	Scheune .		. . . .		. . . .		30c								
5.	Schmiede .		. . . .		. . . .		30d							5	3
		1.	Kruggrundstück, bestehend aus												
			a) Kruggebäude, ...		. . . .		5a							3	3
			b) Hofraum,		. . . .		5b								
			c) Gaststall .		. . . .		5c								
				1.	Schmiede .		30d							5	3
				2.	Parcelle am Kreuzwege, übertragen auf Bl. 10 Bd. I. von Gersdorf am 17. März 1873 . . .			180a		60	30	0	1		
								104							
		2.	Koppel am Wege nach Zoldam . .					93	2	3	5	8			

VI. Müssen, wenn Notare keine besondere Vollmacht zur Stellung von Eintragungs- oder Löschungs-Anträgen bedürfen sollen, die mit den letzteren eingereichten Urkunden nicht bloß die erforderliche Bewilligung, sondern auch den erforderlichen Antrag enthalten?

Der Gang der rücksichtlich dieser Frage erheblichen Gesetzgebung ist folgender gewesen.

Die alte Hypotheken-Ordnung vom 20. December 1783 bestimmte in den §§ 16, 17 II. Theil,

> daß, wenn ein in das Hypothekenwesen einschlagendes Gesuch durch einen Mandatarium angebracht würde, auch die Vollmacht genau examinirt werden müsse, ob sie gehörig ausgestellt und vollzogen, und auf das, was gesucht oder angetragen werde, gerichtet sei, ferner, daß, was die Form dieser Vollmacht betreffe, wenn das Instrument, auf dessen Grund ein Vermerk im Hypothekenbuch gebeten werde, gerichtlich ausgestellt oder beglaubigt, oder der gebetene Vermerk von der Beschaffenheit sei, daß dadurch dem Extrahenten weder eine Verbindlichkeit aufgelegt werde, noch sonst ein Nachtheil daraus erwachsen könne, eine außergerichtliche Vollmacht hinreichend, in allen anderen Fällen aber die Vollmacht nach der Vorschrift des Corp. jur. Frieder. Lib. I. Part. III. Tit. VII § 92 entweder vor Gerichten oder doch vor einem dazu requirirten Justiz-Commissario oder Notario ausgestellt sein müsse.

An die Stelle der Bestimmungen des Corp. jur. Frieder. rücksichtlich der Form der Vollmachten traten später die Vorschriften der §§ 98, 106, 107, 115 I. 13 A. L. R., § 15 II. 3 A. G. O. und Notariats-Gesetz vom 11. Juli 1845, nach welchem die zu Anträgen in Hypothekensachen erforderlichen Vollmachten gerichtlich oder notariell ausgestellt oder beglaubigt sein müssen.

So blieb die Sache bis zur Hypotheken-Novelle vom 24. Mai 1853.

Während der Geltung der Hypothekenordnung durfte also kein dritter, mochte er auch Rechtsanwalt oder Notar sein, ohne gerichtlich oder notariell ausgestellte oder beglaubigte Vollmacht für den dazu Berechtigten Eintragungs- oder Löschungsanträge stellen.

Abweichend hiervon bestimmte § 4 der Hypothekennovelle:

daß Notare zur Anbringung derjenigen Anträge, welche auf die von ihnen aufgenommenen oder der Unterschrift nach beglaubigten Urkunden gegründet seien, keine Vollmacht bedürfen, daß auch für Rechtsanwalte eine Vollmacht nicht erforderlich sei, wenn die einzutragende Urkunde selbst den Antrag des Betheiligten bereits enthalte oder, wenn das Gesuch die Erwerbung oder Erhaltung eines Rechts betreffe.

Diese Bestimmung gab zu erheblichen Bedenken Veranlassung. Denn im Auftrage der dazu Berechtigten zu den Hypothekenakten Eintragungs- oder Löschungsanträge zu stellen, gehört gar nicht zu den Funktionen eines Notars, dessen Amt vielmehr nur darin besteht: Contrakte oder andere Instrumente zu entwerfen, anzufertigen, zu vollziehen und urkundlich ausfertigen zu lassen.[1] Abgesehen davon waren aber auch nach jener Vorschrift Notare in der Lage, Anträge ohne oder sogar wider Willen des Berechtigten anzubringen, denn der Notar, welcher z. B. eine Löschungsquittung von einem Gläubiger aufgenommen hatte, durfte unter Ueberreichung derselben den Antrag auf Löschung der Post formiren (da dieser Antrag auf die Löschungsquittung sich gründete), gleichgültig, ob der Eigenthümer die Löschung wirklich wollte oder nicht.

Die neue Grundbuchordnung nun schreibt im § 36 über den fraglichen Fall vor:

Notare bedürfen zur Stellung der Anträge keiner besonderen Vollmacht, wenn die von ihnen aufgenommene oder beglaubigte und eingereichte Urkunde die Bewilligung oder den Antrag der Betheiligten auf Eintragung oder Löschung enthält.

Sie weicht erheblich von der Hypothekennovelle ab. Schon auf den ersten Blick erkennbar ist, daß sie das Privilegium der Rechtsanwalte, ohne Vollmacht der Betheiligten Anträge für sie zu den Hypothekenakten zu stellen, ganz fallen läßt. Aber auch dasjenige der Notare ist insofern beschränkt, als sie nicht schon Anträge machen dürfen, welche sich auf die von ihnen aufgenommenen oder beglaubigten Urkunden *gründen*, sondern nur dann,

wenn die von ihnen aufgenommene oder beglaubigte *und eingereichte* Urkunde die Bewilligung oder den Antrag der Betheiligten auf Eintragung oder Löschung *enthält*.

Gerade diese letztere Beschränkung ist aber maßgebend, sie bedeutet näm-

---

[1] § 47 III. 7 AGO.

lich, daß der Antrag des Notars nicht weiter gehen darf, als der Inhalt der von ihm aufgenommenen oder beglaubigten Urkunde.

Bei dieser Auslegung des § 36 GBO. erscheint die Abstellung der aus den früher geltenden Bestimmungen der Hypothekennovelle fließenden Unzuträglichkeiten erreicht. Denn die bloße Einreichung der von einem Notar aufgenommenen oder beglaubigten Urkunden Seitens desselben zu den Grundakten liegt noch nicht außerhalb seiner amtlichen Funktion; etwas anderes bedeuten aber seine Anträge nicht, wenn die letzteren Seitens der Betheiligten bereits in den Urkunden enthalten sind. Auch ist es dann unmöglich, daß ein Notar Anträge stellen kann, welche von dem Willen des zu denselben Berechtigten abweichen, oder rücksichtlich deren der Berechtigte einen Willen überhaupt noch nicht geäußert hat.

Daß aber gerade die Erreichung dieses Zweckes die ratio legis war, dürfte bei der erheblichen und bewußten Abweichung der Fassung des § 36 GBO. von den Bestimmungen der Hypothekennovelle kaum zweifelhaft sein.

Es bliebe nur noch ein Bedenken zu heben übrig, welches aus der Wortfassung des § 36 l. c. bei einem Punkte etwa herzuleiten wäre. Es heißt nämlich unter Anderem darin:

> „Notare bedürfen 2c. keine Vollmacht, wenn die betreffende Urkunde die Bewilligung **oder** den Antrag der Betheiligten auf Eintragung oder Löschung enthält.“ —

Man könnte hieraus folgern wollen, daß schon die Seitens des Berechtigten in der Urkunde ausgesprochene Bewilligung auf Eintragung oder Löschung genüge, um den Antrag des Notars auf Eintragung oder Löschung zu motiviren. Das wäre jedoch nicht richtig, denn dann würde die Grundbuchordnung nichts anderes als die Hypothekennovelle bestimmen, eine solche Auslegung würde aber der geschichtlichen Entstehung der fraglichen Vorschrift der Grundbuchordnung geradezu widersprechen.

Man muß sich also nach einer anderen Auslegung umsehen und diese ist leicht gefunden. Wie in den Erörterungen III. und IV. im Speciellen gezeigt worden, giebt es Fälle, in denen bei Eintragungen nur Eine Person wesentlich betheiligt ist, z. B. bei der Eintragung einer Hypothek oder Grundschuld, (welche nur von dem eingetragenen Eigenthümer ausgehen kann) und wiederum andere Fälle, wo mehrere Betheiligte denkbar oder geradezu erforderlich sind, ersteres z. B. bei der Eintragung eines dinglichen Rechts auf den Antrag des Berechtigten mit Consens des eingetragenen Eigenthümers und letzteres bei jeder

Löschung, da hierzu der Consens des Berechtigten und der Antrag des eingetragenen Eigenthümers erforderlich ist.

Diesen verschiedenen Fällen gegenüber war eine ganz concinne Fassung der fraglichen Vorschrift schwierig, vielleicht unmöglich. Meiner Meinung nach wäre sie allerdings glücklicher gewesen, wenn statt des gebrauchten „oder" das Wort „beziehungsweise" gesetzt wäre. Das Wort „oder" kann aber auch dasselbe, wie das Wort „beziehungsweise" bedeuten und soll solches nach dem Obigen auch offenbar.

Die Richtigkeit dieser Auslegung ergiebt sich ex contrario auch aus § 33 GBO., denn dort, wo diejenigen Fälle erwähnt sind, in denen der hierzu Berechtigte die Eintragungs- resp. Löschungsanträge selbst und gesondert von den Urkunden stellt, ist der Inhalt der zur Unterstützung des Antrages erforderlichen Urkunden nur dahin angegeben:

> „daß in ihnen die Betheiligten die beantragte Eintragung oder Löschung bewilligt haben".

Hieraus folgt, daß, wenn im § 36 GBO. abweichend von dieser Vorschrift als nothwendiger Inhalt derjenigen Urkunden, mit deren Einreichung Notare Eintragungs- oder Löschungsanträge stellen dürfen, angegeben ist,

> daß dieselben die Bewilligung oder den Antrag der Betheiligten enthalten,

dieser Inhalt ein mehrerer sein muß, als derjenige jener ersteren Urkunden. Und ferner ergiebt sich daraus, daß die Stellung von Anträgen zu Grundakten für Dritte gar nicht zum Beruf der Notare gehört, ihren alleinigen Anträgen also gar keine Wirkung beizulegen wäre, der weitere Schluß, daß jenes Erforderniß des mehreren Inhalts für Urkunden, auf welche Notariatsanträge gestützt werden, dort zu suchen ist, wo anderenfalls ein Manko wäre d. h. bei dem Requisite des Antrages des Berechtigten, ein solcher deshalb in der Urkunde enthalten sein muß.

Etwas Gezwungenes dürfte jedenfalls in dieser Auslegung nicht zu finden sein und da sie im Uebrigen dem praktischen Bedürfniß, der geschichtlichen Entstehung, der Wortbedeutung und dem Zusammenhange des § 36 der GBO. mit den anderen Vorschriften Rechnung trägt, so dürfte sie auch acceptabel erscheinen.

VII. a) Müssen die gerichtlich aufgenommenen oder beglaubigten Eintragungs- oder Löschungsanträge, von welchen der § 33 der GBO. spricht, von einem Richter aufgenommen oder beglaubigt sein?

b) Was ist auf solche gerichtlich aufgenommenen Anträge zu veranlassen?

---

a) Die erstere Frage bezieht sich lediglich auf diejenigen Anträge, welche nicht auf dem Grundbuchamte gestellt werden, denn für diese bedarf es nach der Erörterung ad I. eines förmlichen Protocolls überhaupt nicht. Sie beschränkt sich somit ferner von selbst auf die Eintragungs- oder Löschungsanträge außer der Auflassung, da diese nur vor dem Grundbuchamte erfolgen darf.

Was nun die Form dieser außergrundbuchamtlichen gerichtlichen Eintragungs- und Löschungsanträge betrifft, so ist über dieselbe abgesehen von den unten erwähnten Vorschriften ausdrücklich nichts gesagt, aber doch deutlich erkennbar, welche Form der Gesetzgeber sich gedacht hat.

Zunächst bei den gerichtlich aufgenommenen Anträgen ein förmliches Protocoll. Dies folgt daraus, daß für die bloßen Beglaubigungen das Protocoll ausnahmsweise erlassen ist d. h. bei ihnen eine bloße Registratur genügt, welche lediglich den Zweck hat, die Vornahme des Geschäfts behufs Berechnung der Kosten aktenmäßig zu machen.

Sodann ergiebt sich aus der Fassung des § 33 l. c. und aus seinem Zusammenhange mit den anderen einschlagenden Gesetzesvorschriften als unzweifelhaft, daß sowohl die Aufnahme, wie die Beglaubigung der Anträge stets durch den Richter geschehen muß, und daß für bloße Beglaubigungen dessen alleinige Thätigkeit immer, für die Aufnahme der Anträge aber in der Regel genügt.

Bemerkbar ist nämlich zunächst, daß die schriftlichen gerichtlichen Anträge einerseits den mündlichen vor dem Grundbuchamte (d. i. nach Erörterung I vor dem Grundbuchrichter) angebrachten und andererseits den notariellen gleichgestellt sind. Schon aus dieser Gleichstellung ergiebt sich, daß man auch bei den schriftlichen gerichtlichen Anträgen an solche gedacht hat, die von einem Beamten gleicher Qualität aufgenommen sind, also an richterliche und nicht etwa am Wochentisch aufgenommene.

Am besten beweist aber dafür, welche Form der Gesetzgeber für die schriftlichen gerichtlichen Anträge im Auge gehabt hat, der Umstand, daß er die Anträge gleichzeitig mit den Urkunden erwähnt, von beiden mit gleicher Bedeutung in demselben Satze spricht und bestimmte Fälle der Anträge im § 34 ibid. derartigen Urkunden ausdrücklich gleichstellt.

Es gilt also für die gerichtlichen schriftlichen Anträge dasselbe wie für die Urkunden. Unter gerichtlichen Urkunden sind aber vor dem Richter aufgenommene Urkunden zu verstehen (§ 2 Tit. 1; §§ 1, 17 und Anh. § 421 Tit. 2 Th. II. AGO.).

Aus den zuletzt citirten Bestimmungen in Verbindung mit Anh. §§ 68—75 zu § 19 Tit. 10 Th. I. und §§ 37, 39 Tit. 2. §§ 4—9 Tit. 3 Th. II AGO. folgt ferner, daß mit Ausnahme folgender Fälle die richterliche Thätigkeit für gerichtliche Urkunden allein genügt und auch nicht an andere, als an die für Protocolle überhaupt vorgeschriebenen Formen gebunden ist.

Diese Ausnahmen sind folgende:

a) Bei Schreibensunkundigen ist die Zuziehung eines Schreibzeugen oder eines Protocollführers erforderlich.

b) Bei denjenigen Personen, die der deutschen Sprache nicht mächtig sind, ist, wenn der Richter dieselbe nicht versteht, die Zuziehung eines vereidigten oder zu vereidigenden Dollmetschers und die Führung eines besonderen Protocolls in der Sprache der Contrahenten oder ihr Verzicht darauf in derselben Sprache[1]) erforderlich.

c) Bei Tauben ist rücksichtlich der ganzen Verhandlung und nicht bloß rücksichtlich des Resultats derselben die schriftliche Form erforderlich sowie der Vermerk des betreffenden Contrahenten, daß er das Protocoll selbst durchgelesen habe.

d) Bei Stummen ist erforderlich, daß sie ihre Vorschläge und Erklärungen, ihre Aeußerungen auf die Anträge des anderen Theils und ihre Antworten auf die Fragen und Bedeutungen des Richters eigenhändig in das Protocoll niederschreiben.

e) Bei Taubstummen ist, sofern sie überhaupt contrahirungsfähig sind d. h. sofern sie schreiben und Geschriebenes lesen können, erforderlich, daß das ad c und d Gesagte beobachtet wird. In

[1]) Nach dem dem diesjährigen Landtage vorgelegten aber nicht mehr zur Berathung gekommenen Entwurf eines Gesetzes betreffend die Geschäftssprache der Behörden ꝛc. bedarf es der Führung eines Nebenprotocolls nicht mehr, während es im Uebrigen bei den bisherigen Bestimmungen bleibt.

dem seltenen Falle, in welchem mit einem schreibens- oder lesensunkundigen aber der Zeichensprache kundigen Taubstummen selbst und nicht bloß mit dessen Vormund verhandelt werden muß, ist die Zuziehung dieses Vormundes oder, wenn ein solcher noch nicht existirt, eines zu bestellenden Curators und zweier der Zeichensprache des Taubstummen Kundiger erforderlich.

f) Bei Blinden ist die Aufnahme der Motivirung des Umstandes in das Protocoll, daß und weshalb der Blinde Kenntniß von den nur durch das Gesicht wahrnehmbaren Dingen habe, sowie die Zuziehung eines Beistandes erforderlich.

g) Bei Leuten, die zuweilen ihres Verstandes nicht mächtig sind, ist, wenn mit ihnen in einem lichten Augenblick verhandelt werden muß, die genaue Prüfung erforderlich, ob ein solcher lichter Augenblick vorhanden ist (event. unter Zuziehung eines Arztes) und eine so umständliche Fassung des Protocolls, daß aus demselben an und für sich die Verständigkeit des Contrahenten erkennbar ist, endlich die Zuziehung eines Beistandes.

In allen diesen Fällen folgt schon aus der oben dargethanen Gleichstellung der schriftlichen Eintragungs- und Löschungsanträge mit den Urkunden selbstverständlich, daß auch für die Anträge derartiger Personen die umständlicheren Formen erforderlich sind. Zum Ueberfluß sagt solches der § 34 GBO. wenigstens rücksichtlich der Anträge der Taubstummen, Blinden, Schreibensunkundigen und derjenigen Personen, welche der deutschen Sprache nicht mächtig sind, auch noch ausdrücklich, erschöpft aber die dahin gehörigen Fälle nicht.

Mit Bezug auf die Bedeutung dieses letzteren Paragraphen mag jedoch noch ausdrücklich hervorgehoben werden, daß er einmal auf die bloß beglaubigten und sodann auf die vor dem Grundbuchamte gestellten Anträge keine Anwendung findet. Ersteres nicht, weil für die Beglaubigungen nur die Prüfung der Identität und der Geschäftsfähigkeit der Antragsteller sowie die Kenntniß der von ihnen bewirkten Unterschrift Seitens des Beglaubigers erforderlich ist (diejenigen, welche nicht schreiben können, fallen somit von selbst als nicht geeignete Antragsteller weg), eine andere Fähigkeit bei ihnen aber nicht erfordert wird, und dafür, wie der Richter sich Kenntniß von ihrer Eigenschaft der Identität und Geschäftsfähigkeit verschafft hat, nirgends eine Form vorgeschrieben, im Gegentheil eine solche durch die Vorschrift von dem Wegfall eines besonderen Protocolls implicite für unnöthig erklärt ist. Letzteres nicht, weil, wie dies oben bereits rücksichtlich des § 33 GBO.

ausgeführt worden, für derartige Anträge (nämlich für Anträge vor dem Grundbuchamte) nur die mündliche Form existirt, somit von einer Anwendung aller derartiger Bestimmungen, welche sich nur auf Protocolle beziehen, nicht die Rede sein kann — cfr. auch Erörterung I.

b) Was nun die zweite Frage, die aktenmäßige Behandlung der schriftlichen gerichtlichen Anträge und Urkunden betrifft, so fallen erstere für das Grundbuchamt fort, weil ja ordnungsmäßig nur mündliche existiren können. Rücksichtlich der vor dem Grundbuchrichter verlautbarten Urkunden dagegen liegt die Sache nicht anders, wie bei den von anderen Richtern aufgenommenen Urkunden, denn in der Thätigkeit der Aufnahme von Urkunden steht der Grundbuchrichter einem anderen Richter ganz gleich (Nr. III der Allgemeinen Verfügung vom 1. September 1872), es muß deshalb für die geschäftliche Behandlung der von anderen Richtern (ich habe dabei besonders die Gerichtstags-Commissarien vor Augen) aufgenommenen Akte der freiwilligen Gerichtsbarkeit ganz dasselbe gelten, was für die von den Grundbuchrichtern aufgenommenen Urkunden vorgeschrieben ist. In Betreff dieser verordnet nun aber § 12 der Allgemeinen Verfügung vom 14. November 1872, daß dieselben zu den Grundakten zu nehmen und nur gleichzeitig in dem Rotulus der für sonstige derartige Akte bestimmten Sammelakten zu verzeichnen sind. Dasselbe muß deshalb auch für die von anderen dazu befugten Richtern, namentlich von den Gerichtstags-Commissarien aufgenommenen Akte der freiwilligen Gerichtsbarkeit gelten.

Vom Zweckmäßigkeitsstandpunkte ist übrigens dieses Verfahren ganz entschieden zu billigen, denn die auf die einzelnen Grundstücke bezüglichen Urkunden werden auf diese Weise ganz von selbst da gesammelt, wo sie gebraucht werden können.

Was auf solche zu den Grundakten gelangende Urkunden weiter zu veranlassen, ist in jedem einzelnen Falle verschieden, wird nämlich davon abhängig sein, ob gehörige Eintragungs- bezw. Löschungsanträge in den Urkunden selbst gestellt sind oder wenigstens gleichzeitig mit ihnen eingehen.

Ersteres wird wohl die Regel sein, nämlich gewöhnlich in der Urkunde selbst von den dazu Berechtigten im Anschlusse an die Erklärungen der die Urkunde verlautbarenden Personen der entsprechende darauf basirte Eintragungs- oder Löschungsantrag gestellt werden (es wird dies der Einfachheit wegen selbst bei den grundbuchamtlichen Urkunden der Fall sein, obgleich hier für die daraus resultirenden Anträge die protocollarische Form gar nicht erforderlich wäre). Ist dies der Fall und ergiebt die Prüfung des Grundbuchrichters, daß diese Anträge formell und materiell den gesetzlichen Bestimmungen entsprechen, dann wird er ohne Weiteres die Eintragungs- oder Löschungsverfügung zu erlassen und die Originale zu den Akten zu nehmen, Ausfertigungen oder Abschriften von den Urkunden den Parteien aber nur auf ausdrückliches Verlangen zu ertheilen, anderenfalls, wenn nämlich die Anträge aus irgend welchem Grunde nicht genügen, die Antragsteller unter Mittheilung einer Ausfertigung der Urkunde[1]) von dem Mangel zu benachrichtigen und das Weitere zur Hebung des Mangels dem Antragsteller zu überlassen, in dem Falle endlich, wo gar kein Antrag gestellt ist, Ausfertigung der Urkunde den Erklärenden zu ertheilen und weitere Anträge abzuwarten haben.

Bei den gerichtlichen bloßen Beglaubigungen von Anträgen oder Urkunden kann von einem Zweifel, was auf dieselben zu veranlassen, gar nicht die Rede sein, denn dieselben können, da über das Geschäft nur eine Registratur behufs Kostenrechnung zu den Akten zu nehmen ist, in Folge dieses Geschäfts überhaupt nicht zu den Akten gelangen.

VIII. Ist die Licenz des § 33 Abs. 2 der Grundbuch-Ordnung eine allgemein gültige oder bezieht sie sich nur auf die zu einer Eintragung oder Löschung erforderlichen Anträge und Urkunden?

Die Antwort auf diese Frage ist nach der letzteren Alternative zu geben und zwar deshalb, weil die Grundbuch-Ordnung nur an die Stelle der Hypotheken-Ordnung vom 20. December 1783 und der dieselbe ergänzenden und abändernden Specialgesetze getreten ist[2]), also auch nicht weitere Geltung als auf dem Gebiete des Grundbuchwesens haben kann. Außerhalb dieses Gebietes bleibt es bei den allgemeinen gesetzlichen Vorschriften, d. h. dabei, daß die Recognition resp. Beglaubigung einer Urkunde eine besondere Verhandlung also auch ein besonderes Protokoll bedarf.[3])

Ein fernerer Grund für die obige Ansicht scheint auf den ersten

[1]) Und zwar unter Siegel und Unterschrift des Kreisgerichts, nicht des Grundbuchamts. cfr. § 12 der Allgem. Verfügung vom 14. November 1872 die Bur.-Verwaltung bei den Grundbuchämtern betreffend.

[2]) § 143 GBO.

[3]) § 26 Tit. 3 Th. II. AGO., § 21 Notar.-Ges. vom 11. Juli 1845.

Blick auch in dem Umstande zu liegen, daß für dergleichen beglaubigte Anträge ein neuer Stempel-[1]) und Kostentarif[2]) gegeben ist. Dieser Grund ist aber in der That nur ein scheinbarer. Denn die letztgedachten gesetzlichen Bestimmungen verdanken, wie die Motive lehren, nicht etwa dem Umstande ihre Entstehung, daß man für die fraglichen Geschäfte andere als die früheren Sätze einführen wollte, sondern sie sind ganz neue, die man einführen mußte, weil das Institut, die Bedeutung der Eintragungs- und Löschungsanträge und die Vorschriften über ihre Formen auch ganz neue waren.

Sachgemäß und dem ausdrücklichen Wortlaute nach beziehen sich jene Kosten- und Stempel-Vorschriften deshalb auch nur auf die Eintragungs- und Löschungs-Anträge, nicht aber auf die Urkunden, d. h. auf die Schriftstücke, aus denen jene Anträge erst hervorgehen. Für die Beglaubigung der letzteren gelten somit die alten Stempel-[3]) und Kostensätze.[4])

IX. a) Welches ist die Folge der Befriedigung eines Correalgläubigers wegen seiner Hypothek oder Grundschuld aus einem der mitverhafteten Grundstücke für die anderen?

b) Genügt zur Löschung einer Correalhypothek oder Grundschuld auf sämmtlichen mitverhafteten Grundstücken der Nachweis des Eigenthümers Eines Grundstücks von der durch ihn bewirkten Tilgung der Hypothek oder Grundschuld und sein Antrag auf Löschung der Post?

---

a) Was die erste Frage betrifft, so ist die Beantwortung derselben aus § 42 des Gesetzes über den Eigenthumserwerb zu suchen. Derselbe bestimmt:

Absatz 1. daß, wenn eine Hypothek oder Grundschuld ungetheilt auf mehreren Grundstücken haftet, der Gläubiger berechtigt sei, sich an jedes einzelne Grundstück wegen seiner ganzen Forderung zu halten;

---

[1]) § 8 des Stempelgesetzes vom 5. Mai 1872.

[2]) § 8 Nr. 3 des Kosten-Tarifs vom 5. Mai 1872.

[3]) §§ 6 und 18 Ges. vom 10. Mai 1851.

[4]) Stempel-Tarif vom 7. März 1821 sub „Recognitions-Protokolle."

Absatz 2. daß, soweit der Gläubiger seine Befriedigung aus einem Grundstück erhalten habe, die Hypothek oder Grundschuld auf dem mitverhafteten Grundstück erlösche und der Eigenthümer nicht das Recht erlange, über die Post zu verfügen oder sie für sich zu liquidiren;

Absatz 3. daß es bei der Vorschrift der Art. V. VI. und VII. des Gesetzes vom 12. März 1869 für dessen Geltungsbereich bleibe.

Achilles bemerkt in seinem Commentar zu diesem Paragraphen, daß Inhalts desselben die Hypothek oder Grundschuld ipso jure nur für den befriedigten Gläubiger erlösche, eine Ausnahme von dem Princip des § 57 Ges., daß nur die Löschung im Grundbuche das Hypotheken- oder Grundschuldrecht aufhebe, nicht statuirt sei, daß also, wenn der durch Zahlung befriedigte Gläubiger gegen die Vorschrift der Subhastations-Ordnung § 70 (soll wohl heißen 78) im Besitz der cassirten Urkunde verbleibe und die Post weiter cedire, dem redlichen Cessionar, der aus dem nichtsubhastirten Grundstücke Befriedigung suche, die Einrede, daß das Realrecht durch die Befriedigung des Cedenten aus den Subhastationskaufgeldern des mit verhaftet gewesenen Grundstücks erloschen sei, nicht entgegengesetzt werden könne.

Diese Auffassung von der Bedeutung des citirten Paragraphen dürfte indeß ebenso wenig stichhaltig sein, wie das angezogene Beispiel praktisch denkbar ist.

Der Zweck des zweiten Absatzes des § 42 l. c. ist gar nicht, die Wirkung der Realisirung der Hypothek oder Grundschuld dem Gläubiger gegenüber anzugeben (einer Gesetzesvorschrift hierzu bedarf es überhaupt nicht, denn sie ist selbstverständlich), noch weniger, den Fall des § 57 Ges. zu besprechen. Es kann somit überhaupt von der Möglichkeit, daß in jener Gesetzesvorschrift eine Ausnahme von der Vorschrift des § 57 Ges. enthalten sei, gar nicht die Rede sein. Die Bedeutung dieses Theils des § 42 Ges. liegt vielmehr darin, daß durch ihn das Verhältniß der correaliter verhafteten Grundstücke zu einander, und zwar abweichend von den älteren Vorschriften des Civilrechts über die Correalschuld [1]) geregelt wird.

Bis zum Gesetz vom 12. März 1869 betreffend die Abänderung einiger Bestimmungen der Concurs-Ordnung vom 8. Mai 1855 (G.S. pro 1869 S. 465) galt für Correalschuldner und auch für correaliter verhaftete Grundstücke dasselbe, nämlich, daß unter ihnen eine Societät

---

[1]) §§ 443 ff. I. 5 ALR.

entstand, in Folge deren jeder Schuldner, wenn er die ganze Schuld oder doch mehr als seinen Antheil dem Gläubiger bezahlte, von den Correis Theilung der Schuld nach dem Gesellschaftsverhältniß und Erstattung des zu viel Bezahlten verlangen durfte. [1])

In der durch das Gesetz vom 12. März 1869 eingeführten neuen Fassung des § 56 der Conc.-Ordnung bestimmt derselbe dagegen abweichend von dem früheren Recht:

> daß der Gläubiger zwar berechtigt sei, sich an die Kaufgelder jedes einzelnen Grundstücks wegen seiner Forderung zu halten, daß jedoch, soweit er aus den Kaufgeldern Eines Grundstücks seine Befriedigung erhalten habe, die Correalhypothek auf den mitverhafteten Grundstücken erlösche.

Hiermit ist nun das neue Grundbuchrecht durch den Absatz 2 des § 42 l. c. in wörtliche Uebereinstimmung gesetzt.

Um aber nicht wohlerworbene Rechte zu kränken, hatte schon das Gesetz vom 12. März 1869 in den Artikeln V bis VIII für diejenigen Hypotheken, welche vor dem 1. Juli 1869 (dem Geltungsbeginn des fraglichen Gesetzes) hinter einer Correalhypothek eingetragen waren, ein Ermittelungsverfahren zugelassen, welches die diesen Gläubigern nach den früheren Gesetzesbestimmungen zustehenden Rechte sicherte. Auch diese Vorschrift hat der § 42 in seinem dritten Absatze aufgenommen.

Dieser ganze Paragraph ist somit eine reine Wiederholung der einschlägigen Vorschriften des Gesetzes vom 12. März 1869 und schon hieraus folgt, daß in ihm nichts weniger als eine Ausnahmebestimmung von der Vorschrift des § 57 des Ges. über den Eigenthumserwerb gesucht werden darf. Das ist denn auch in der That nicht der Fall. Die Stellung des § 42 zum § 57 Ges. ist vielmehr die, daß ersterer von der materiellen Auflösung des Rechtsverhältnisses, von der Tilgung der Hypothek oder Grundschuld durch ihre Deckung aus dem verhafteten Objekt, der letztere dagegen von der formellen Beseitigung des eingetragenen Rechts handelt.

An und für sich ließe sich nun zwar ein Conflikt zwischen der materiellen und formellen Tilgung denken in der Weise, daß, obgleich die materielle Tilgung der Hypothek oder Grundschuld durch Befriedigung des Gläubigers aus dem Grundstücke erfolgt wäre, so lange, bis der Inhalt des Grundbuchs mit dieser Rechtslage nicht in Ueberein-

---

[1]) §§ 521—22 I. 50 AGO.; § 56 der Conc.-Ordn. vom 8. Mai 1855. Erkk. des Ober-Trib. vom 9. Juli 1859; Strieth. Archiv Bd. 34 S. 168; — 8. März 1861, ebenda Bd. 41 S. 26; — 13. Mai 1861 Bd. 42 S. 74; — 3. Juni 1864 Bd. 54 S. 218.

stimmung gebracht wäre, wegen des streng durchgeführten Grundsatzes der Publicität der Inhalt des Grundbuchs entscheidet und deshalb Dispositionen des eingetragenen Berechtigten zulässig und gültig wären, welche dem eigentlichen Rechtsverhältniß zwischen den Berechtigten und Verpflichteten nicht entsprechen.

Ein solcher Fall jedoch, wie ihn Achilles aufstellt, ist wegen der Schlußbestimmung des § 56 der Concursordnung in der ihm durch das Gesetz vom 12. März 1869 gegebenen Fassung nicht möglich, denn darnach hat der Subhastationsrichter nach Befriedigung des Gläubigers aus den Kaufgeldern Eines Grundstücks die Löschung der Correalhypothek auf allen mitverhafteten Grundstücken von Amtswegen zu beantragen. Wenn also auch der befriedigte Gläubiger nach seiner Befriedigung die Post mit rechtlicher Wirkung weiter cedirt haben sollte, (wobei übrigens gar nicht erst erforderlich ist, daß der Subhastationsrichter einen Verstoß gegen § 78 der Subhastationsordnung gemacht hat, sondern außer der Cession schon die Nichtexistenz eines Hypothekenbriefes ausreicht) so würde der redliche Cessionar doch gar nicht in die Lage kommen, aus den nicht subhastirten mitverhafteten Grundstücken Befriedigung zu suchen, sondern es würde, selbst den Fall vorausgesetzt, daß der Subhastationsrichter die Bestimmung des § 56 Nr. 2 der Concursordnung über die durch ihn von Amtswegen zu bewirkende Löschung der aus den Kaufgeldern eines Grundstücks berichtigten Correalhypothek auf den mitverhafteten Grundstücken nicht beobachtet hätte, der in Anspruch genommene Eigenthümer dieser letzteren Grundstücke doch jeder Zeit in der Lage sein, vom Subhastationsrichter zu verlangen, daß er sein Versehen nachhole und es würde dann der Cessionar, was auch dem wirklichen Rechte entspricht, sich lediglich an seinen Cedenten halten können, unter Umständen mit einem Regreß an den Subhastationsrichter, welcher etwa nicht nach der Vorschrift des § 78 der Subhastationsordnung verfahren wäre. Eine vervollständigende Bestimmung zu Gunsten der nacheingetragenen Gläubiger der mitverhafteten Grundstücke war nur für den Fall nöthig, daß der Eigenthümer des mitverhafteten Grundstücks von seinem Rechte, daß die aus den Kaufgeldern des subhastirten Grundstücks getilgte Correalhypothek oder Grundschuld auch auf seinem Grundstück gelöscht würde, (wenn solches zu thun der Subhastationsrichter amtswidrig unterlassen hätte) nicht Gebrauch machen wollte, was natürlich dann der Fall wäre, wenn er selbst über den freigewordenen locus verfügt hätte oder verfügen wollte. In dieser Beziehung ist die übrigens auch ganz im Grundbegriff der Correalschuld liegende Bestimmung des § 42 l. c.

von Wichtigkeit,

daß der Eigenthümer eines mitverhafteten Grundstücks nicht das Recht erlange, über diese Post zu verfügen,

denn hierdurch wird jede derartige Disposition des Eigenthümers, weil gesetzlich verboten auch rechtlich unmöglich.

b) Die zweite aufgeworfene Frage ist mit der ersteren nicht ohne Zusammenhang. Sie setzt ebenfalls den Fall voraus, daß eine Hypothek oder Grundschuld auf mehreren Grundstücken haftet und weicht von den Voraussetzungen der ersteren Frage nur insofern ab, als die Befriedigung des Gläubigers nicht aus dem Grundstücke, also nicht durch die Realisirung der Hypothek oder Grundschuld, sondern durch Zahlung Seitens des Besitzers eines der verpfändeten Grundstücke erfolgt ist. —

In Folge dieser Zahlung und auf Grund der Quittung oder Abtretung des befriedigten Gläubigers wird der zahlende eingetragene Gläubiger eines der verpfändeten Grundstücke berechtigt, über die Hypothek oder Grundschuld zu verfügen,[1] und zwar selbstverständlich nicht bloß, soweit sie auf seinem Grundstücke, sondern auch, soweit sie auf den mitverhafteten Grundstücken eingetragen steht.

Der eigentliche Gegenstand der obigen Frage ist nun der, ob der zahlende eingetragene Eigenthümer eines der mitverhafteten Grundstücke zum Antrage auf Löschung der Post auch rücksichtlich der anderen mitverhafteten ihm nicht gehörigen Grundstücke berechtigt ist und ob diese Löschung ohne Weiteres schon dann zu bewirken ist, wenn der zahlende eingetragene Eigenthümer sich in dem Löschungsantrage bezüglich seines Grundstücks die Hypothek oder Grundschuld auf den anderen Grundstücken nicht ausdrücklich vorbehält oder die Absicht dieses Vorbehalts nicht irgend wie markirt.

Diese Frage ist praktischer, als sie auf den ersten Blick erscheint. Namentlich in den Gegenden, in welchen die Parcellirungen häufig sind, ist es sehr oft nothwendig, sich über die Beantwortung dieser Frage zu entscheiden.

In der Regel findet nämlich bei der Abtretung von Parcellen keine Exnexuirung derselben, sondern vielmehr die Uebertragung der eingetragenen Schulden des Stammgrundstücks auf sie statt. Die die Regel bildende Geringfügigkeit des Werths dieser Parcellen und die Negligenz der Gläubiger und Eigenthümer des Stammgrundstücks lassen sie die Mitverhaftung der Parcellen vergessen und nach Bezahlung der Schuld

---

[1]) §§ 63, 64 Ges. Eine bloße Löschungsbewilligung genügt hierzu nicht. — cfr. oben S. 13. —

durch den eingetragenen Eigenthümer des Stammgrundstücks (der gewöhnlich dem Erwerber der Parcellen gegenüber contractlich zur Deckung der Schulden principaliter verhaftet war) geht dann von diesem unter Ueberreichung der Quittung der Antrag auf Löschung der Post auf seinem Grundstücke ein, ohne daß der Parcellen gedacht wird.

Ich entscheide mich für die bejahende Beantwortung jener Frage und zwar aus folgenden Gründen:

Die Correalhypothek oder Grundschuld ist immer nur Eine Hypothek oder Grundschuld mit dem einzigen Unterschiede von der gewöhnlichen, daß sie mit gleicher Wirkung gegen verschiedene Objekte geltend gemacht werden kann. Aus diesem Wesen der Correalhypothek oder Grundschuld ist die Bestimmung des § 42 Ges. hervorgegangen, wonach, soweit der Gläubiger aus Einem Grundstücke seine Befriedigung erhalten hat, die Hypothek oder Grundschuld auf dem mitverhafteten Grundstücken erlischt und der Eigenthümer nicht das Recht erlangt, über diese Post zu verfügen oder sie für sich zu liquidiren. Sie muß also mit den entsprechenden Modificationen auch für den Fall Anwendung finden, daß der eingetragene Eigenthümer des einen mitverhafteten Grundstücks, welcher durch Zahlung in die Stelle des Gläubigers tritt, wenn er will, die Hypothek oder Grundschuld nicht bloß auf seinem, sondern auch auf den mitverhafteten Grundstücken erlöschen lassen darf. Dazu gehört aber mit Nothwendigkeit die Löschung im Grundbuche[1]) und deshalb muß, da, wem ein Recht zukommt, auch die Mittel zu gewähren sind, dasselbe geltend zu machen, ihm auch freistehen, den Antrag auf Löschung der Hypothek oder Grundschuld nicht bloß auf seinem Grundstücke, sondern auch auf den mitverhafteten Grundstücken zu stellen.

Es liegt hierin allerdings eine Ausnahme von der ganz allgemein lautenden Vorschrift des § 58 Ges., welcher bestimmt,

> daß die Löschung auf Antrag des Eigenthümers oder auf Ersuchen einer zuständigen Behörde geschieht,

und somit überhaupt von dem Consensprincip. Sie ist aber eine motivirte. Denn einerseits wird dann erst dieser Fall dem ganz gleichliegenden gleichgestellt, in welchem die Befriedigung aus einem der mitverhafteten Grundstücke erfolgt ist, wo dann der Subhastationsrichter den Löschungsantrag für alle mitverhafteten Grundstücke zu stellen hat, und andererseits wird dadurch in keiner Weise in die Rechte der Eigenthümer der mitverhafteten Grundstücke eingegriffen, denn ihnen fehlt ja

---

[1]) § 57 Ges

das Verfügungsrecht über die von anderer Seite bezahlte Hypothek oder Grundschuld ihres Grundstücks.

Fraglich könnte bloß noch erscheinen, ob, wenn der bezahlende eingetragene Eigenthümer des Einen der mitverhafteten Grundstücke die Löschung der Correalhypothek oder Grundschuld zunächst, nämlich nach der Bezeichnung der Akten, zu welchen der Antrag gerichtet ist, nur bei seinem Grundstücke beantragt hat, dieselbe (die Löschung) auch auf den mitverhafteten Grundstücken zu erfolgen hat, wenn der Antrag selbst es nicht ausdrücklich ausspricht oder es nicht deutlich ersichtlich macht, daß der Antragsteller sich die Hypothek oder Grundschuld auf den anderen Grundstücken erhalten wolle.

Wie bereits erwähnt, entscheide ich mich auch für die Bejahung dieser Frage und zwar wiederum aus Erwägung des Wesens der Correalhypothek oder Grundschuld als Einer Hypothek oder Grundschuld. Denn dieses bringt es mit sich, daß ein Antrag auf Löschung einer solchen Hypothek oder Grundschuld präsumtiv auf die Hypothek oder Grundschuld in allen ihren Beziehungen also auch bezüglich aller ihr unterworfenen Objecte gestellt ist, wenn nicht ein Vorbehalt nach dieser oder jener Richtung hin wirklich ausgesprochen oder wenigstens deutlich erkennbar markirt wird.[1])

X. Hindert ein eingetragenes oder gesetzliches Vorkaufsrecht die Annahme der Auflassungserklärung des eingetragenen Eigenthümers und eines Dritten und die Eintragung des Eigenthums des Letzteren?

Das Vorkaufsrecht ist nach seiner gesetzlichen Definition die Befugniß, eine von dem Eigenthümer an einen Dritten verkaufte Sache unter den Bedingungen des geschlossenen Kaufes käuflich zu übernehmen.[2])

Die alte Hypothekenordnung faßte das Vorkaufsrecht als Eigenthumsbeschränkung auf.[3]) Das ist es jedoch seinem Wesen nach nicht, vielmehr ein gegen dritte Erwerber gerichtetes dingliches Recht. Als solches ist es auch im Gesetz über den Eigenthumserwerb angesehen.[4])

[1]) Koch, Com. zum ALR. 2. Aufl. Anm. 60 zu § 469 I. 14.

[2]) § 568. I. 20. ALR.

[3]) § 50 Tit. 1 der Hyp.-Ord. vom 20. Dezember 1783.

[4]) § 12 das.

Das letztere giebt ihm aber nicht bloß durch Eintragung sondern ausnahmsweise vor anderen dinglichen Rechten auch dann Geltung, wenn es gesetzlicher Natur ist. Dieser Natur sind im Geltungsbereich des ALR. jetzt nur noch: das Vorkaufsrecht der Miteigenthümer an den einzelnen Antheilen und das Vorkaufsrecht des Eigenthümers eines Grundstücks rücksichtlich der davon expropriirten demnächst aber zu dem Expropriationszweck nicht mehr erforderlichen und deshalb zurückzuveräußernden Parcellen.[1])

Die Grundbuchordnung legt dem Grundbuchrichter die Beschränkung auf, daß er die Auflassungserklärung erst dann entgegennehmen darf, wenn er nach Prüfung der Sache dafür hält, daß der sofortigen Eintragung des Eigenthums ein Hinderniß nicht entgegensteht. Die Frage ist nun eben, ob das Vorhandensein eines eingetragenen oder gesetzlichen Vorkaufsrechts erst dann aufhört, ein der Entgegennahme der Auflassungserklärung entgegenstehendes Hinderniß zu sein, wenn dem Grundbuchrichter der Nachweis geführt wird, daß dem Rechte des Vorkaufsberechtigten Genüge geschehen ist, d. h. der Nachweis, daß der Berechtigte von der Veräußerung Kenntniß erhalten hat und daß seine Erklärung, von der Geltendmachung desselben abstehen zu wollen, abgewartet oder die für diese Erklärung gesetzlich vorgeschriebene Frist abgelaufen ist. — M. E. ist diese Frage zu verneinen und zwar aus folgenden Gründen:

Die Auflassung in Verbindung mit der auf Grund derselben zu bewirkenden Eintragung des Eigenthumsüberganges ins Grundbuch steht in ihrer Wirkung der nach dem früheren Recht auf Grund eines Titels erfolgenden Uebergabe gleich. Durch letztere wurde früher, durch erstere wird jetzt das Eigenthum an Grundstücken erworben.

Es muß deshalb für die Zulässigkeit der Auflassung bei dem Vorhandensein eines Vorkaufsrechts dasselbe gelten, was früher in diesem Falle für die Uebergabe galt. Diese wurde aber nach altem Recht durch das Vorhandensein eines Vorkaufsrechts keineswegs gehindert, vielmehr hatte dieselbe bei dem gesetzlichen oder dinglichen Vorkaufsrecht die Folge, daß, wenn sie (nämlich die Uebergabe) ohne gehörige Bekanntmachung von der Veräußerung oder vor Ablauf der dem Vorkaufsberechtigten zur Erklärung über die Ausübung des Vorkaufsrechts gesetzlich zustehenden Frist erfolgt war, der Vorkaufsberechtigte nur die Befugniß hatte, das Grundstück von dem Käufer unter den Bedingun-

[1]) § 2 Nr. 6 und § 4 des Gesetzes betreffend die Ablösung der Reallasten vom 2. März 1850.

gen des seinem Erwerbe zu Grunde liegenden Kaufvertrages gerichtlich zurückzufordern.[1]) Die Gültigkeit der Uebergabe war aber keineswegs von dem Nachweise abhängig, daß dem Rechte des Vorkaufsberechtigten vorher Genüge geschehen sei. Es hatte deshalb auch der Hypothekenrichter, wenn bei ihm auf Grund des Erwerbsvertrages und der Uebergabeerklärung der Antrag gestellt wurde, für den Dritten den Besitztitel zu berichtigen, weder das Recht noch die Pflicht, zu prüfen, ob die Uebergabe erst erfolgt sei, nachdem die Vorschriften wegen Ausübung des Vorkaufsrechts beobachtet worden.[2])

Hieraus folgt, daß ebenso wie nach altem Recht die Uebergabe so auch nach neuerem die Auflassung vor dem Grundbuchamte ohne Rücksicht auf ein eingetragenes oder gesetzliches Vorkaufsrecht zulässig ist.

Diese für eingetragene und gesetzliche Vorkaufsrechte zwischen dem alten und neueren Rechte geltende Uebereinstimmung sowohl rücksichtlich der formellen wie materiellen Bedeutung jener Rechte fällt für das nur persönliche Vorkaufsrecht fort.

Zunächst kann bei diesem davon, ob dasselbe der Entgegennahme der Auflassungserklärung Seitens des Grundbuchrichters hinderlich sei, selbstverständlich überhaupt nicht die Rede sein, aber auch die Nichtbeachtung desselben Seitens der Interessenten hat hier eine andere Folge. Das ALR. bestimmte[3]), daß, wenn der Käufer überführt werden kann, vor erhaltener Uebergabe gewußt zu haben, daß einem Anderen ein persönliches Vorkaufsrecht zustehe, er zum Nachtheil desselben die erfolgte Uebergabe nicht vorschützen könne. Mit anderen Worten, ein solcher Besitzer erlangte durch den Besitz demjenigen gegenüber, welcher das ältere persönliche Recht besaß, kein Eigenthum. Diese Vorschrift war lediglich eine Anwendung des allgemeinen Grundsatzes des ALR. bei der Collision von Rechten, nach welchem der Mangel an gutem Glauben die Erlangung des Eigenthums hindert.[4]) Diesen Grundsatz hat jedoch das Gesetz über den Eigenthumserwerb[5]) verlassen und statt dessen den gemeinrechtlichen Grundsatz acceptirt:

> daß die Kenntniß des Erwerbers eines Grundstücks von einem älteren Rechtsgeschäft, welches für einen Anderen ein Recht auf Auflassung dieses Grundstücks begründet, dem Eigenthumserwerbe nicht entgegensteht,

woraus folgt, daß der nur persönliche Vorkaufsberechtigte abweichend

[1]) §§ 631 ff. I. 20. ALR.

[2]) § 647 ibid. und Rescript vom 23. März 1838 (Jahrb. Bd. 51 S. 171).

[3]) § 630 I. 20 ALR.

[4]) §§ 4, 5 Tit. 19 §§ 24, 25 Tit. 10 Th. I. ALR.

von dem dinglichen oder gesetzlichen Vorkaufsberechtigten, nicht die Befugniß hat, das Grundstück von dem dritten Erwerber unter den Bedingungen des Erwerbsvertrages zurückzufordern, sondern nur die Befugniß der Schadensforderung gegen den Veräußerer und event. auch gegen den Erwerber.

XI. a) Dürfen über Cautionshypotheken Hypothekenbriefe gefertigt werden?

b) Findet auf Cautions-Hypotheken die Bestimmung des § 67 Ges. auch dann nicht Anwendung, wenn sie in förmliche Hypotheken umgeschrieben sind?

a) Die alte Grundbuchordnung schrieb die Bildung von Hypotheken-Instrumenten (bestehend aus der Schuldurkunde, der darauf zu setzenden Eintragungsregistratur und dem anzuheftenden Recognitions- — d. h. vollständigen Hypotheken- — Schein) für alle Eintragungen als ausnahmslose Regel vor,[1] speciell und ausdrücklich auch für die Cautionshypotheken.[2]

Die Hypothekennovelle behielt unter Vereinfachung der Hypotheken-Instrumente (es trat nämlich an Stelle des Hypothekenscheins nur ein Hypothekenbuchsauszug[3]) die Bildung derselben für Eintragungen in der II. und III. Hauptrubrik als Regel bei und ließ nur insofern Ausnahmen zu, als zur Bildung von Hypotheken-Instrumenten über die Eintragung von Dispositionsbeschränkungen des Besitzers und von Arresten ein besonderer Antrag erforderlich war, und bei anderen Eintragungen in der II. oder III. Hauptrubrik die Bildung von Instrumenten auf Grund eines ausdrücklichen Verzichts der Betheiligten so lange unterbleiben durfte, als nicht eine Cession, Verpfändung oder Prioritäts-Abtretung einzutragen war.[4]

Die Grundbuchordnung behält unter noch größerer Vereinfachung der Hypotheken-Instrumente, jetzt Hypotheken- oder Grundschuldbriefe genannt (bestehend aus dem vollständigen Eintragungsvermerk der Post, den für die Prüfung ihrer Sicherheit erheblichen aus dem Grundbuche zu entnehmenden Nachrichten nebst Ueber- und Unterschrift und aus

---

[1] §§ 33—39 Tit. II. Abschnitt 1.
[2] § 197 Tit. II. Abschnitt 3.
[3] § 14 Ges. v. 24. Mai 1853.
[4] § 17 ibid. u. Art. 10 der Instr. v. 3. August 1853.

der annektirten Schuldurkunde bei Hypothekenbriefen) die Bildung derselben als ausnahmslose Regel nur für Grundschulden bei,[1]) läßt die Bildung von Briefen als Regel zwar auch bei Hypotheken gelten, gestattet aber bei ihnen (ebenso, wie solches in der Hypotheken-Novelle vorgeschrieben war) so lange nicht eine Veränderung bei der betreffenden Post einzutragen ist, den Verzicht auf einen Brief und schafft für alle übrigen Eintragungen die Bildung von Hypotheken-Instrumenten gänzlich ab, an die Stelle derselben nur eine Benachrichtigung der Betheiligten von der Eintragung setzend.[2])

Von den Cautions-Hypotheken speciell sprach rücksichtlich der Instrumentenbildung weder die Hypotheken-Novelle noch thut dieses die Grundbuchordnung.

Nach beiden war resp. ist deshalb die Frage über die Instrumentsbildung allein von der Beantwortung der Frage abhängig, in welche Kategorie man die Cautions-Hypothek ihrer Qualität nach zu stellen hat. Im Uebrigen ergeben sich aber zwischen beiden Gesetzen rücksichtlich der in Rede stehenden Frage erhebliche Unterschiede.

Während nämlich die Hypotheken-Novelle die Bildung von Hypotheken-Instrumenten über jede Eintragung also auch zweifellos über die von Cautions-Hypotheken gestattete, ja sogar als Regel ansah und nur bestimmte Kategorien von Eintragungen namhaft machte, bei denen zur Bildung von Hypotheken-Instrumenten noch ein ausdrücklicher Antrag erforderlich sein sollte, läßt die Grundbuchordnung die Bildung von Briefen überhaupt nur für zwei bestimmte Kategorien von Eintragungen zu, nämlich für Hypotheken und Grundschulden, stellt also als Regel die Nichtbildung besonderer Hypotheken-Instrumente auf.

Es spitzt sich hiernach die obige Frage dahin zu, ob eine Cautions-Hypothek als eine wirkliche Hypothek oder als eine andere hypothekarische Eintragung anzusehen ist?

Diese Frage nun glaube ich nach der letzteren Alternative beantworten zu müssen.

Die eigentliche Hypothek (das auf Grundstücke ausgedehnte Pfandrecht) besteht in dem dinglichen Recht des Gläubigers, wegen einer bestimmten, bereits existirenden unter Umständen beterminten Forderung seine Befriedigung aus der Substanz des Grundstücks fordern zu dürfen.[3]) Eine Cautions-Hypothek dagegen besteht nur in der mit einem Grundstück als Pfand wegen etwaiger künftiger Ansprüche

[1]) § 122 GBO.

[2]) §§ 119, 121, 122 ff. GBO.

[3]) §§ 390, 25, 1 I. 20 ALR.

geleisteten Sicherheit,[1]) mag nun die Höhe oder die ganze Existenz der Forderung noch ungewiß sein.[2]) Nur für den Fall, daß die Forderung überhaupt oder ihrer ungewissen Höhe nach zur Wirklichkeit gelangt, tritt bei der Cautions-Hypothek die Voraussetzung für ihre hypothekenartige Wirkung ein. Bis dahin soll sie das Pfandrecht nur jedem Dritten gegenüber und für einen bestimmten Locus sichern.

In dieser Bedeutung unterscheidet sie sich aber wenigstens materiell in keiner Weise von der Vormerkung, da auch durch sie für die spätere endgültige Eintragung nur die Stelle in der Reihenfolge der Hypotheken gesichert werden soll.[3]) Formell ist zwischen ihnen allerdings der Unterschied, daß die Vormerkung auf Antrag des Gläubigers unter Vermittelung des Proceßrichters oder auf Antrag einer zuständigen Behörde, die Cautionshypothek aber auf Antrag des Eigenthümers erfolgt (cfr. Erörter. III. B. II. 1. b. und Erörter. IV. B. II. 1. c) und ferner, daß bei der Vormerkung der Schuldgrund nicht angegeben zu werden braucht, bei der Cautionshypothek aber dies nothwendig ist.

Für Vormerkungen ist nun aber die Nichtbildung von Briefen ausdrücklich ausgesprochen.[4]) Für Cautionshypotheken muß somit dasselbe gelten, einmal, weil es nach Obigem die Regel ist und die Cautionshypotheken nicht nur nicht zu den Ausnahmen gehören, sondern im Gegentheil zu derjenigen Kategorie, rücksichtlich deren die Geltung der Regel auch noch ausdrücklich und speciell vorgeschrieben ist, sodann deshalb, weil bei ihnen auch gar kein Grund zur Abweichung von der Regel vorliegt insofern, als für sie ein Bedürfniß zur Bildung von Briefen nie vorliegt. Vor ihrer Umschreibung in eine definitive Hypothek ist nämlich weder eine gesonderte Abtretung an Dritte noch ein Erwerb derselben Seitens des Grundstückseigenthümers möglich.[5]) Nur der Forderungsberechtigte selbst kann auch das Recht aus der

[1]) § 14 I. 20. ALR.

[2]) Daraus, daß der § 24 Ges. nur den Fall erwähnt, daß die Größe eines Anspruchs zweifelhaft sei, folgt keinesweges, daß Cautions-Hypotheken nur solche sein können, bei denen die Größe des Anspruchs unbestimmt ist, auch nicht, daß sich der gedachte Paragraph wenigstens nur auf diese beziehe, denn Forderungen, von denen es zweifelhaft ist, ob sie überhaupt und Forderungen von denen es nur zweifelhaft ist, in welcher Höhe sie zur Existenz kommen, sind nicht qualitativ, sondern nur quantitativ von einander verschieden, und können deshalb auch die zur Sicherheit für eine oder die andere bestellten Hypotheken nicht in verschiedene Kategorien verwiesen werden; was für die einen gilt, gilt somit auch für die anderen.

[3]) § 22 Ges.

[4]) § 119, 121 GBO.

[5]) § 67 Ges.

Cautionshypothek haben, es ist deshalb auch kein Fall denkbar, in welchem die ursprüngliche oder nachträgliche Bildung eines Hypothekenbriefes über eine solche Cautionshypothek gesetzlich erforderlich oder auch nur wünschenswerth wäre.

Erst mit der Umschreibung der Cautionshypothek in eine wirkliche Hypothek treten diese Bedürfnisse ein, finden dann aber auch ihre Befriedigung, da für dergleichen umgeschriebene Cautionshypotheken alle Vorschriften wie für die wirklichen Hypotheken gelten, in welcher Beziehung auf das unten Gesagte verwiesen werden kann.

b) Was die zweite Frage betrifft, so steht dieselbe mit der ersteren insofern in einigem Zusammenhange, als mehreres dort Gesagte auch hier erheblich ist und umgekehrt. Ich bin zu ihr durch die von Bahlmann in der Anmerkung zu § 67 Ges. aufgestellte Ansicht veranlaßt,

> daß bei Cautionshypotheken von einem Verfügungsrecht des Eigenthümers wegen der generellen Vorschrift des § 67 Ges. auch dann keine Rede sein könne, wenn die Cautionshypothek in eine definitive umgeschrieben worden sei.

Ich halte nämlich diese Ansicht nicht für zutreffend.

Bahlmann selbst weist aus den Materialien nach, daß ein von der Commission des Herrenhauses aufgestelltes Amendement, den § 67 Gesetz dahin zu fassen,

> daß die Bestimmungen der §§ 60—66 Ges. auf Cautionshypotheken keine Anwendung finden sollten, sofern dieselben bei Beendigung derjenigen Rechtsverhältnisse, für welche sie bestellt worden, in eine Hypothek für eine in einer bestimmten Geldsumme ausgedrückte Restschuld übergegangen sei,

nur deswegen nicht acceptirt, vielmehr der § 67 in seiner jetzigen Fassung angenommen wurde, weil die Ausführung des Regierungs-Commissars,

> daß Cautionen, welche in Folge definitiver Feststellung des Schuldverhältnisses in eine bestimmte Hypothek umgeschrieben seien, in die Kategorie der letzteren eintreten und wenn dieselben vom Eigenthümer eingelöst würden, er darüber nach § 63 disponiren könne,

Beifall fand.

Wenn hiergegen Bahlmann zur Vertheidigung seiner Ansicht bemerkt,

„durch den Umstand, daß der Anspruch aus dem mit der Caution verbundenen Rechtsgeschäfte festgestellt werde, ändere sich die Natur der Hypothek nicht, nur die Verfolgung des Anspruches werde erleichtert und angebahnt; erfolge die Feststellung zwischen Eigenthümer und Schuldner einerseits und dem Gläubiger andererseits, so werden dadurch die Rechte der postlocirten Gläubiger nicht beeinträchtigt; für sie bleibe die Hypothek eine Cautionshypothek und die Feststellung des Betrages ohne ihre Zuziehung anfechtbar. Die Umschreibung im Grundbuche, wenn man die Buchung des festgesetzten Betrages so nennen wolle, ändere hierin nichts; insbesondere lasse sich nicht absehen, aus welchem Grunde man das Verfügungsrecht des Eigenthümers von dieser Umschreibung abhängig machen wolle, da, wenn die Feststellung des auf Grund der Caution zu zahlenden Betrages erfolgt sei, der Eigenthümer den festgestellten Betrag zahle, die Eintragung aber nicht bewirken lasse, der Fall ganz gleich liege: deshalb bei Cautionshypotheken wegen der allgemeinen Vorschrift des § 67 Ges. das Verfügungsrecht des Eigenthümers in allen Fällen für ausgeschlossen erachtet werden müsse",

so übersieht er m. E. Folgendes:

Der § 67 Ges. spricht eine Ausnahme aus, verdient somit die engste Interpretation und würde schon aus diesem Grunde auf die eigentlichen Cautionshypotheken zu beschränken sein, d. h. nur so lange auf dieselben Anwendung finden, als sie Cautionshypotheken und nicht durch ihre Umschreibung in die Kategorie wirklicher Hypotheken eingetreten sind.

Zum Ueberfluß geht aber auch aus den von Bahlmann citirten Materialien hervor, daß der Gesetzgeber selbst dieser Ansicht gewesen und eben deshalb von einer anderseitig vorgeschlagenen Formulirung des fraglichen Paragraphen, nach welcher dieses, damit es zweifellos wäre, noch ausdrücklich gesagt werden sollte, als überflüssig Abstand genommen ist.

Ergiebt sich hieraus die zu beschränkende Ausdehnung des § 67 l. c. evident, so dürfte dieselbe auch durch die anderen Gründe Bahlmanns nicht erschüttert werden. Seine Annahme zunächst, daß die Umschreibung der Cautionshypothek in ihrem Wesen nichts ändere, ist wohl nicht richtig. Im Gegentheil ist nicht erfindlich, wodurch sich die umgeschriebene Cautionshypothek noch von anderen Hypotheken, die von Anfang an definitiv eingetragen sind, unterscheidet. Durch die Umschreibung tritt also gerade eine sehr wesentliche Veränderung mit der Cautionshypothek ein. Ebenso kann nicht zugegeben werden, daß der Fall, wenn der auf Grund der Caution zu zahlende Betrag bloß festgestellt und vom Eigenthümer gezahlt worden, ohne eingetragen zu sein, ganz ebenso liege, als wenn dies geschehen. Höchstens träfe dies vom allgemeinrechtlichen Gesichtspunkt aus betrachtet zu, aber nicht für den vorliegenden speciellen Fall, wo es sich wesentlich um den Einfluß der Hypothek auf das Rechtsverhältniß handelt.

Das ganze Institut der Hypothek des Eigenthümers läßt sich nicht unter die allgemeinen Rechtsregeln bringen, zeigt vielmehr vieles nur diesem Gebiete Eigenthümliches. So wirkt nach den gewöhnlichen Rechtsregeln das Zusammentreffen von Schuld und Forderung in Einer Person die Vernichtung der Obligation durch Confusion. So lange die Cautionshypothek noch keine wirkliche Hypothek ist, muß deshalb auch sie dadurch, daß der Eigenthümer die Schuld bezahlt, (obgleich diese Zahlung vorher doch immer eine Feststellung dieser Schuld voraussetzt) das Schicksal jener theilen. Sobald die Cautionshypothek aber durch Umschreibung in eine wirkliche Hypothek umgewandelt ist (was allerdings auch eine Feststellung der Schuld voraussetzt), gelten für sie die exceptionellen Bestimmungen von der Hypothek des Eigenthümers, bei welcher eine Bezahlung der der Hypothek zu Grunde liegenden Schuld noch keine Erlöschung derselben durch Consolidation zur Folge hat.

Die so interpretirte Bestimmung des § 67 Ges. steht hiernach mit dem Princip des Gesetzes nicht nur nicht im Widerspruch, sondern im Gegentheil insofern gerade im Einklang, als sie der Cautionshypothek, sobald sie durch Umschreibung eine wirkliche Hypothek geworden ist, abweichend von ihrer früheren Bedeutung aber im Einklang mit ihrer jetzigen, nunmehr auch voll und ganz den Charakter einer wirklichen ordnungsmäßigen Hypothek beilegt, welchen das neue Grundbuchrecht namentlich auch für die Hypothek des Eigenthümers in jeder Beziehung in Anspruch nimmt. —

Weshalb endlich Bahlmann zur Unterstützung seiner Ansicht die postlocirten Gläubiger einmischt, ist vollends nicht ersichtlich. Für sie ist der Betrag der Cautionshypothek diejenige Grenze, bis zu welcher eine Verletzung ihrer Ansprüche nicht eintreten kann, bis zu welcher sie also auch keine Einwendungen resp. Anfechtung gegen die Abmachungen und Feststellungen zwischen dem Eigenthümer und Schuldner einerseits und dem aus der Cautionshypothek berechtigten Gläubiger andererseits haben. Ihre Interessen spielen deshalb bei Beurtheilung des Falles überhaupt gar nicht mit.

XII. Ist in allen Fällen beim Ausscheiden eines Trennstücks aus der Mithaft von den Lasten und Schulden des Stammgrundstücks der Vermerk dieserhalb auf den Hypotheken-Urkunden und Grundschuldbriefen erforderlich?

Der § 70 GBO. bestimmt:

> die Entlassung des Trennstücks aus der Mithaft, sowie die alleinige oder antheilsweise Haftung des Trennstücks wird auf den Hypothekenurkunden und Grundschuldbriefen vermerkt.

Eine solche Entlassung muß, da sie eine Entsagung involvirt, immer ausdrücklich [1]) und gerichtlich oder notariell aufgenommen oder wenigstens beglaubigt sein. [2]) Liegt eine solche Entlassung nicht vor, dann scheidet das Trennstück aus der Mithaft für die auf dem Stammgrundstück eingetragenen Lasten oder Hypotheken nicht aus, dieselben müssen vielmehr von Amts wegen auf das Blatt des Trennstücks übertragen werden. [3])

In diesem Falle bedarf es eines Vermerks auf den Hypothekenurkunden und Grundschuldbriefen nicht, da Inhalts der Vorschrift des § 70 nur die Entlassung auf den genannten Urkunden notirt werden soll. Und das mit Recht, weil im Falle der Uebertragung das Pfandobject, wenn auch unter theilweis anderer Bezeichnung dasselbe bleibt.

Fraglich kann aber erscheinen, ob die Entlassung des Trennstücks in allen Fällen auf den Hypothekenurkunden und Grundschuldbriefen zu vermerken ist.

Nach der ganz allgemeinen Fassung des § 70 GBO. scheint diese Frage bejaht werden zu müssen. Bei näherer Prüfung giebt es jedoch auch Ausnahmen von dieser Regel.

Schon der Zusammenhang mit dem § 65 GBO. ergiebt dies. Derselbe lautet dahin:

> Haften auf dem Hauptgut oder auf dem ganzen Grundstück Lasten und Schulden, so wird das Trennstück frei von solchen abgeschrieben, wenn
>
> entweder nach gesetzlicher Vorschrift das Trennstück frei

---

1) § 381 I. 16 ALR.

2) § 33 GBO.

3) § 66 GBO.

von Lasten und Schulden aus dem Verbande des Hauptgutes ausscheidet,

oder die Berechtigten das Trennstück aus der Mithaft entlassen.

Nachdem hierauf in den folgenden §§ 66—69 incl. die Hypothekenproceduren beschrieben worden, welche vorzunehmen sind, wenn die Lasten und Schulden ganz oder theilweise oder gar unter Entlassung des Stammgrundstücks auf das Trennstück übergehen, beginnt der § 70 mit den letzten Worten des § 64 und behandelt den letzten in diesem Paragraphen gedachten Fall.

Schon hieraus ergiebt sich, daß der § 70 sich lediglich auf die zweite im § 65 ausgesprochene Alternative, d. h. nur auf den Fall bezieht, in welchem die Befreiung des Trennstücks von der Mithaft auf der Erklärung der Gläubiger, daß er sich dagegen nicht auf die Fälle bezieht, in welchen jene Befreiung auf gesetzlichen Vorschriften beruht.[1])

Dieser letzteren Fälle, wenigstens eines derselben gedenkt die GBO. erst im folgenden § 71, nämlich desjenigen Falles, in welchem die freie Abschreibung des Trennstücks auf Grund eines Unschädlichkeitsattestes der betreffenden Verwaltungsbehörde erfolgen darf. Die übrigen hierher gehörigen Fälle der Ablösungen und Expropriationen zu erwähnen, war nicht mehr erforderlich, weil in Betreff ihrer bereits der § 51 Ges. die generelle Vorschrift gegeben hatte:

daß an den bestehenden Vorschriften über die unter Aufsicht einer Behörde zu bewirkende Verwendung der dem Grundstückseigenthümer zufallenden Capitalien im Interesse der dinglich Berechtigten durch dieses Gesetz nichts geändert werde.

Diese bestehenden Vorschriften, bei welchen es auch in dem Geltungsbezirke des neuen Grundbuchrechts sein Bewenden behalten soll, sind:

a) bei Grenzberichtigungen die §§ 460—65 I. 20 ALR.
b) bei der Regulirung gutsherrlich und bäuerlicher Verhältnisse bei der Ablösung von Reallasten und Gemeinheitstheilungen: das Gesetz wegen Sicherstellung vom 29. Juni 1835, die §§ 110, 111, 112 Ablös.-Gesetz vom 2. März 1850 und Art. 15 des Erg.-Ges. zur Gemeinheitstheilungs-Ordnung vom 2. März 1850.
c) bei Eisenbahnbauten § 15 Ges. vom 3. November 1838.

---

[1]) Achilles (Anmerk. 77 zu § 70 GBO.) spricht dieselbe Ansicht aus, freilich ohne jede weitere Motivirung.

d) bei Chaussee=, Canal= und Flußbauten, Festungsbauten: Verordnung vom 28. August 1832[1]) (ursprünglich nur für die Kurmark Brandenburg gegeben, aber ausgedehnt durch Erlaß vom 17. Februar 1833 auf die Provinz Preußen, durch Erlaß vom 22. August 1833 auf Posen, durch Erlaß vom 18. October 1834 auf Sachsen, durch Erlaß vom 25. März 1837 auf Schlesien und Pommern und durch Erlaß vom 8. December 1837 auf Westphalen.

Alle diese Gesetze haben den Kern, daß die abgetrennte Realität ohne Weiteres frei wird von allen eingetragenen Lasten und Schulden, an ihre Stelle aber das Ablösungsobjekt tritt, dessen Verwendung für die Realberechtigten oder dessen Exnexuation Seitens derselben durch das Gericht oder andere Behörden controllirt wird. Nur auf dieses beziehen sich deshalb auch die demnächst abzugebenden Exnexuationserklärungen der Interessenten. Auf dieses Aequivalent beziehen sich aber wiederum die Hypotheken=Urkunden und Grundschuldbriefe nicht und so ist schon deshalb ein solcher Vermerk, wie er für die Entlassung des Trennstücks aus der Mithaft und für die alleinige oder antheilweise Haftung des Trennstücks ausgesprochen ist, geradezu unmöglich. Ein ähnlicher auf diesen Fall passender Vermerk ist aber nicht vorgeschrieben, ist auch gar nicht erforderlich. Denn diese unter bestimmten Voraussetzungen aus den Gesetzen sich ergebende Verkleinerung und somit Verminderung des Werths des Pfandobjekts ist keine willkührliche, sondern vielmehr als eine solche anzusehen, deren Eintritt ebenso allgemein und nothwendig ist, wie eine aus natürlichen Gesetzen folgende Entwerthung des Pfandobjekts. Ebenso wenig nun aber, wie in dieser Beziehung der Grundbuchrichter die Hypotheken=Urkunden oder Grundschuldbriefe zu berichtigen d. h. ihre mit der gegenwärtigen Beschaffenheit des Pfandobjekts nicht mehr stimmenden Angaben abzuändern resp. zu ergänzen hat, ebensowenig ist solches bei der Enteignung oder den anderen Fällen der aus gesetzlichen Gründen eintretenden Abtrennung von Theilen oder Pertinenzien eines Grundstücks der Fall. Der gegenwärtige Realberechtigte ist durch das für die entzogene Pertinenz deponirte Aequivalent gedeckt und jeder nachfolgende sorgsame Erwerber einer Hypothek oder Grundschuld muß die Möglichkeit einer inzwischen, d. h. nach Ausstellung der Hypotheken=Urkunde oder des

[1]) Ursprünglich bezog sich die Verordnung vom 8. August 1832 nur auf Chausseebauten, wurde aber durch Kab.=Ordre vom 26. December 1833 auf Canal= und Flußbauten und durch Kab.=Ordre vom 25. April 1836 auf Festungsbauten ausgedehnt.

Grundschuldbriefes aus den Gesetzen veranlaßten Verminderung des Pfandobjects bei der Werthschätzung desselben ebenso wie eine durch natürliche Gesetze eingetretene Werthsverminderung in Rechnung ziehen, wird sich dieserhalb event. nur an seinen Cedenten halten können.

Mit Recht hat es deshalb das Gesetz unterlassen, für die erste Alternative des § 65 GBO. eine ähnliche Vorschrift, wie für die zweite Alternative desselben zu geben.

XIII. Welches sind die Veränderungen, in Folge deren Eintragung bei einer Post, über welche ein Hypothekenbrief nicht ausgefertigt war, die nachträgliche Bildung eines solchen erfolgen muß? Gehören speciell Vormerkungen zur Beschränkung des Verfügungsrechts des Gläubigers über eine Post zu ihnen?

Bereits in Erörterung XIa. ist als Grundsatz des neuen Grundbuchrechts für Bildung von Hypotheken-Instrumenten nachgewiesen, daß dieselbe bei Grundschulden *ausnahmslose Vorschrift*, bei Hypotheken die *Regel* und bei allen anderen Eintragungen *ausnahmslos ausgeschlossen* ist; daß jene für Hypotheken geltende Regel nur die eine Ausnahme zuläßt, daß, *so lange nicht eine Veränderung bei der betreffenden Post einzutragen* ist, auf einen Hypothekenbrief *verzichtet* werden darf.

Diese letztere Beschränkung der Ausnahme beruht auf der Bestimmung des § 129 GBO., der somit sedes materiae ist. Derselbe lautet:

> „*Abs.* 1. Die bei einer Hypothek oder Grundschuld eingetragenen Veränderungen und Löschungen werden von dem Grundbuchamt auf dem Hypotheken- oder Grundschuldbrief unter Beifügung des Siegels vermerkt.
>
> *Abs.* 2. Wird bei einer Post, über welche bisher ein Hypothekenbrief nicht ausgefertigt war, eine Veränderung eingetragen, so muß die nachträgliche Bildung des Hypothekenbriefes erfolgen.

Nach der alten Hypotheken-Ordnung konnte der Fall des Abs. 2 § 129 GBO. gar nicht eintreten, denn nach ihr mußte, wie das in

Erörterung XIa. ebenfalls dargethan ist, über jede Eintragung von Anfang an ein Hypotheken-Instrument gebildet werden.

Die Hypotheken-Novelle vom 24. Mai 1853 ließ den Verzicht auf die Bildung von Hypotheken-Instrumenten zu und bestimmte gleichzeitig im § 17 Abs. 2:

> „Soll bei einer in der zweiten oder dritten Haupt-Rubrik eingetragenen Post, über welche bisher ein Hypothekenbrief nicht bestand, eine Cession, Verpfändung oder Prioritätsabtretung eingetragen werden, so muß die nachträgliche Bildung eines Hypotheken-Instruments über die Post erfolgen."

Mit dieser Vorschrift nun correspondirt der Abs. 2 des § 129 GBO. und ist er auf folgende Weise in die GBO. gekommen: — cfr. Werner, Motive S. 173, 176. —

Der Berichterstatter der Commission des Herrenhauses berichtete zu den §§ 82 u. 83 des Entwurfes (§§ 79, 80 GBO.),

> daß für den Fall, daß ursprünglich eine Hypothekenurkunde nicht gebildet sei, bei Eintragung einer Cession unzweifelhaft deren nachträgliche Bildung erfolgen müsse, dies aber als eine generelle Vorschrift, als Zusatz zum § 128 (§ 129 GBO.) vorzubehalten sei.

Die Commission und der Regierungs-Commissar traten diesem Votum bei und wurde demnächst der vorbehaltene Zusatz bei dem § 128 (§ 129 GBO.) in der Fassung des Abs. 2 § 129 GBO. angenommen, wobei der Bericht bemerkt:

> „Es soll damit das bisherige Recht (§ 17 der Hypotheken-Novelle vom 24. Mai 1853) erhalten werden."

Von den Commentatoren bemerkt zur Erklärung des § 129 GBO. Abs. 2:

Philler, Anmerk. 160, nur:

> „wie nach § 17 Al. 2 Hypotheken-Novelle",

eine Bemerkung, welche für die Entscheidung der hier erheblichen Frage keine Ausbeute giebt, weil sie den eigentlichen Zweifel, der in dem von der Hypotheken-Novelle abweichenden Ausdruck „Veränderungen" liegt, gar nicht berührt, ja vielleicht übersieht.

Aehnlich verhält es sich mit der Bemerkung Bahlmann's in Anmerk. 118b zu dem gedachten Paragraphen:

> „das zweite Alinea entspricht dem alin. 2 des § 17 Ges. vom 24. Mai 1853 und betrifft insbesondere die Fälle der Cession, Verpfändung und Vorrechtseinräumung;"

denn es ist nicht fraglich, ob die genannten Fälle von der Bestimmung des § 129 GBO. Abs. 2 insbesondere oder auch nur mit, sondern ob sie allein betroffen werden.

Näher tritt Achilles der erheblichen Frage in Anmerkung 26 zu § 129 GBO., wo er Folgendes sagt:

„Es fragt sich daher, ob das Wort „Veränderung" in dem zweiten Satz des § 129 nur die Cessionen, Verpfändungen und Prioritätseinräumungen bezeichnet, oder alle die Veränderungen betrifft, auf welche der erste Satz sich bezieht. Der Zusammenhang, in welchem beide Sätze mit einander stehen, spricht für die zweite Alternative (§ 91 Anmerk. 119). Man kann sich indeß auf Grund der Entstehungsgeschichte auch für die erstere Alternative entscheiden, da bei der principiellen Zulässigkeit des Verzichts auf die Ausfertigung des Hypothekenbriefes nicht abzusehen ist, welchen Zweck die nachträgliche Bildung desselben haben soll, wenn Veränderungen eingetragen werden, die nicht zu den erwähnten Kategorien gehören."

In der in dieser Bemerkung angezogenen Anmerkung 119 zu § 91 GBO., welcher letztere bestimmt, daß Beschränkungen des Verfügungsrechts über ein in der zweiten oder dritten Abtheilung eingetragenes Recht neben demselben in der zweiten Hauptspalte vermerkt werden und auf der über das eingetragene Recht gebildeten und beizubringen- Urkunde von dem Grundbuch-Amte die Eintragung der Beschränkung zu vermerken ist, hat Achilles Folgendes bemerkt:

„Ist im Falle der Hypothek ein Hypothekenbrief nicht vorhanden, so ist ein solcher zu fertigen, wenn die Beschränkung des Gläubigers in der Verfügung über die Post angetragen werden soll (§§ 87 u. 129 sowie die Anmerkung dazu). Es ist dies indeß nur Instruction für das Buch-Amt. Die in das Grundbuch eingetragene Beschränkung des Gläubigers hat Rechtswirkung gegen Dritte, auch wenn ein Hypothekenbrief nicht existirt. Siehe das Ges. § 49 und die Anmerkung dazu."

Von den wiederum in dieser Anmerkung herangezogenen Allegaten ist der § 129 der gerade hier fragliche und die Anmerkung dazu die oben wörtlich wiedergegebene. Der angezogene § 87 GBO. endlich handelt davon, daß Ueberweisungen eingetragener Posten an Zahlungsstatt im Wege der Zwangsvollstreckung auf Ersuchen des Proceßrichters oder der zuständigen Verwaltungsbehörde einzutragen sind, die ersuchende Behörde in diesem Falle die über die betreffende Post ausgefertigte Urkunde vorzulegen hat und auf derselben von dem Grundbuch-Amte die Eintragung der Ueberweisung zu vermerken ist, daß endlich im Falle der Ueberweisung eines Theiles der Post ein Zweigdocument anzufertigen ist. In der Anmerkung 108 Abs. 2 zu diesem Paragraphen bemerkt Achilles:

> „Ist über die Post eine Urkunde nicht ausgefertigt, so hat der Proceßrichter oder die Verwaltungsbehörde das Grundbuchamt um die nachträgliche Bildung der Urkunde zu ersuchen (§§ 41, 122)."

Von den hier wiederum angezogenen Bestimmungen spricht die erstere von den Erfordernissen der Eintragungs- oder Löschungs-Requisitionen Seitens anderer Behörden an das Grundbuchamt und die letztere davon, daß über Hypotheken und Grundschulden Briefe angefertigt werden, ferner über die Form derselben, über die Personen, welchen diese Briefe in Ermangelung specieller Anträge der Interessenten zuzustellen sind und davon, daß auf Hypothekenbriefe verzichtet werden darf, auf Grundschuldbriefe dagegen nicht.

Nach dem Obigen hat auch Achilles eine bestimmte Antwort auf die erhebliche Frage nicht gegeben, sondern nur die zulässigen Begründungen für beide Antworten ohne sich definitiv für eine oder die andere zu entscheiden.

Es scheint indeß sowohl nach der Fassung der Anmerkung 26 selbst, wie nach dem Inhalte der in ihr und in den weiteren Allegaten angezogenen Gesetzesstellen und Anmerkungen seines Commentars, daß er sich für die Beantwortung der Frage nach der zweiten Alternative hin entscheidet, dahin nämlich, daß unter den Veränderungen des § 129 GBO. Abs. 2 alle Veränderungen zu verstehen seien. Auffallend ist allerdings dabei, daß die Anführungen in den Citaten, welche dahin gehen, daß im Falle der Eintragung einer Beschränkung des Gläubigers in der Verfügung über eine Post der Hypothekenbrief, wenn ein solcher nicht von Anfang an gebildet worden, nachträglich gebildet werden müsse, gerade mit der Anführung der Anmerkung 26 im Widerspruch steht, welche für die andere Beantwortung der Frage geltend macht,

> „daß bei der principiellen Zulässigkeit des Verzichts auf die Ausfertigung des Hypothekenbriefes nicht abzusehen sei, welchen Zweck die nachträgliche Bildung desselben haben solle, wenn Veränderungen eingetragen worden, die nicht zu den erwähnten Kategorien (Cessionen, Verpfändungen, Prioritätseinräumungen) gehören."

Denn hierdurch scheint sich Achilles in der Begründung der zweiseitigen Beantwortung der Frage wechselweise selbst zu widerlegen.

Auch sonst finde ich, daß er in der Begründung dieser Antworten nicht glücklich gewesen ist.

Wenn er nämlich sagt, daß der Zusammenhang, in welchem die beiden Sätze des § 129 GBO. mit einander stehen, dafür spreche, daß unter dem im zweiten Absatz gebrauchten Ausdruck „Veränderungen" alle Veränderungen, welche mit einer Post vorgehen, zu verstehen seien, und wenn er andererseits die Entstehungsgeschichte des Absatz 2 jenes Paragraphen wieder dafür anzieht, daß man unter dem Ausdruck „Veränderungen" in diesem Absatz 2 abweichend von dem gleichen Ausdruck in Absatz 1 nur die Cessionen, Verpfändungen und Prioritätseinräumungen verstehen dürfe, so ist das geradezu unerfindlich. Denn die Entstehungsgeschichte ergiebt nicht etwa ein anderes Resultat, als die Stellung beider Sätze zu einander. Im Gegentheil stimmen beide insofern überein, als sowohl nach der einen wie nach der anderen ein Zusammenhang zwischen beiden Sätzen überhaupt nicht existirt.

Denn der Absatz 1 spricht von dem Fall, daß ein Hypotheken-Document oder Grundschuldbrief bereits existirt, der Absaß 2 dagegen von dem Fall, daß ein Hypothekenbrief bisher nicht gebildet ist. Der Absatz 1 war von Anfang an bereits im Entwurf, der Absatz 2 ist erst später auf die oben beschriebene Weise in die GBO. gekommen. Bei Absatz 1 endlich ist die Voraussetzung maßgebend, daß, wenn eine Hypothekenurkunde über die Eintragung existirt, dieselbe selbstverständlich mit dem Inhalte des Hypothekenbuchs genau übereinstimmen, also auch alle späteren Veränderungen enthalten muß, während beim Absatz 2 diese Voraussetzung gerade fehlt.

Es wäre sonach nicht bloß unmotivirt, die Bedeutung des in dem Absatz 1 gebrauchten Ausdrucks „Veränderungen" ohne Weiteres auf den gleichen Ausdruck im Absatz 2 zu übertragen, sondern geradezn unrichtig.

Fällt aber dieser einzige von Achilles für die eine der beiden Auslegungsarten und zwar für diejenige angezogene Grund, nach welcher unter den „Veränderungen" des Abs. 2 alle Veränderungen zu verstehen seien, fort, dann bleibt von selbst nur die andere übrig, nach welcher unter den „Veränderungen" des Abs. 2 nur die Cessionen, Verpfändungen und Prioritätseinräumungen zu verstehen sind.

Und diese Auslegung, welche in der allein maßgebenden Entstehungsgeschichte des Absatzes 2 ihre zweifellose Begründung findet, ist auch materiell die richtige, weil sie dem Bedürfniß vollkommen entspricht.

Der Bemerkung von Achilles:

daß bei der principiellen Zulässigkeit des Verzichts auf die Ausfertigung eines Hypothekenbriefes nicht abzusehen sei, welchen Zweck die nachträgliche Bildung desselben haben soll, wenn Veränderungen eingetragen werden, die nicht zu den erwähnten drei Kategorien gehören,

kann nur beigetreten werden. Auch der Ansicht, daß sie die letzterwähnte Auslegung des Abs. 2 § 129 unterstützt. Achilles hätte nur nicht an anderen Stellen, dieser Begründung geradezu entgegen, dafür plaidiren sollen, daß, wenn die Beschränkung des Gläubigers in der Verfügung über eine Post eingetragen werden soll, die nachträgliche Bildung eines Hypotheken-Documents erfolgen müsse. Denn auch in diesem Falle ist nicht abzusehen, welchen Zweck diese nachträgliche Bildung haben soll.

Ja, die Sache liegt in Betreff dieses Falles insofern sogar noch viel unglücklicher für die Ansicht Achilles, als aus dem Gesetz direkt nachzuweisen ist, daß es in diesem Falle die nachträgliche Bildung eines Hypothekenbriefes gerade nicht verlangt.

Früher bedurfte es bei der Eintragung von Arresten neben einer Hypothek nicht einmal des Vermerkes derselben auf den vorhandenen Hypotheken-Instrumenten. Die alte Hypothekenordnung verlangte nur die gerichtliche Asservirung der Documente über die Post bis zum Ausgange der Entscheidung über den Arrest und überließ dieselbe dem Proceßrichter.[1])

Dasselbe galt unter der Herrschaft der Hypotheken-Novelle und könnte zweckmäßiger Weise und ohne gegen das materielle Recht zu verstoßen auch jetzt noch gelten. Der § 49 Ges. verordnet nämlich:

> Beschränkungen des eingetragenen Gläubigers in der Verfügung über die Hypothek oder Grundschuld erlangen Rechtswirkung gegen Dritte nur, wenn dieselben im Grundbuch eingetragen oder bei Grundschulden auf dem Grundschuldbriefe vermerkt sind oder, wenn sie den Dritten bei Erwerbung ihres Rechts an dem Grundstücke bekannt waren.

Bei Hypothekenbriefen bedürfte es hiernach also des Vermerks über die Eintragung jener Vormerkungen nicht. Der Grund liegt nahe. Existirt nämlich ein Hypothekenbrief über die arrestirte Hypothek, dann würde schon durch dessen gerichtliche Asservation jede rechtlich gültige Disposition des Gläubigers über die Hypothek ausgeschlossen. Existirt

---

[1]) § 238 Tit. 2 Abth. 4 und Rescript vom 24. August 1784 (Raabe Bd. I. Abth. 7 S. 407).

aber kein Hypothekenbrief, dann könnte der Dritte, welcher sich mit dem Gläubiger über die Hypothek einläßt, nur durch Einsicht des Hypothekenbuches wirkliche Kenntniß über die Lage der Hypothek erhalten und würde dann auch die Vormerkung erfahren; unterließe er aber die Einsicht und verließe sich lediglich auf die Angaben des Gläubigers, dann wäre die Nichtkenntniß von der Eintragung der Vormerkung lediglich seine Schuld, event. könnte er sich nur an den Gläubiger halten, der ihm die Eintragung der Vormerkung verschwiegen hätte.

Der § 91 Abs. 2. der GBO. bestimmt nun aber ausdrücklich:

> Auf der über das eingetragene Recht gebildeten und beizubringenden Urkunde ist von dem Grundbuchamte die Eintragung zu vermerken.

Es wird deshalb, da es sich hier nicht de lege ferenda sondern de lege lata handelt, auf Grund dieser letzteren Bestimmung als zweifellos anzusehen sein, daß, wenn ein Hypothekenbrief über eine Post existirt, entgegen dem alten Recht, der Vermerk der Vormerkung auf diesem Hypothekenbriefe erforderlich ist.

Dagegen sagt auch dieser Paragraph von dem Falle, daß ein Hypothekenbrief nicht gebildet ist, nichts und vollends nicht, daß in diesem Falle ein Hypothekenbrief nachträglich zu bilden ist. Er hätte dies aber, wenn es gelten sollte, sagen müssen, denn weder nach altem Rechte war solches nothwendig, noch liegt überhaupt das Bedürfniß dazu vor. Es hat deshalb in diesem Falle zu unterbleiben.

Ganz anders liegt der von Achilles in den Allegaten ebenfalls berührte Fall der Ueberweisung an Zahlungsstatt, denn diese ist Cession und macht somit auch nach der hier vertheidigten Interpretation des § 129 Abs. 2 GBO. die nachträgliche Bildung eines Hypothekenbriefes zweifellos erforderlich.

Der anscheinend ähnlich liegende Fall der Ueberweisung einer Hypothek in vim assignationis kommt bei der hier erheblichen Frage nicht in Betracht, weil überhaupt die Eintragung einer solchen Ueberweisung gesetzlich nicht zulässig ist.[1])

[1]) § 87 GBO. und Bahlmann, Anm. 81 dazu.

Controversen

aus dem

Preußischen Grundbuchrecht

nach den

Gesetzen vom 5. Mai 1872

und

Bemerkungen zur Anwendung dieser Gesetze.

Von

W. Neubauer,

Kreisgerichtsrath in Berlin.

Berlin, 1874.

Verlag von J. Guttentag (D. Collin).

Vorwort.

Die Veranlassung zur Mittheilung nachstehender Zusammenstellungen gab nicht der Umstand, daß der Unterzeichnete das neue Gesetz besser, als Andere zu verstehen glaubte, sondern, daß derselbe vermöge seiner Beschäftigung bei einem Grundbuchamte des Stadtgerichts während dreier Monate, — und dann bei einem Grundbuch-Amte des Kreisgerichts während eines Zeitraums von neun Monaten, — endlich durch die ihm möglich gewordene Benutzung der Konferenzprotokolle der Grundbuchrichter des Stadtgerichts, vermeinte, die Controversen mehr als irgend ein Anderer übersehen zu können.

Aus diesen Gründen hielt derselbe dafür, auch nach dem Erscheinen der trefflichen Erörterungen von John dies Büchlein nicht im Schreibtisch liegen lassen zu sollen, zumal John doch in vielen Stücken andere Zwecke, als dies möglichst die Controversen erschöpfende Werkchen verfolgte.

Dagegen macht auch die vorliegende Schrift keinen Anspruch auf wirklich wissenschaftliche Erörterung der erwähnten Streitfragen. Zu einer derartigen Thätigkeit bleibt für einen überaus beschäftigten Grundbuchrichter des Kreisgerichts Berlin keine Zeit.

Andrerseits hofft der Verfasser, daß die Thätigkeit als Grundbuch-Amts-Vorsteher künftig Subalternbeamten übertragen werden wird, — und hält dafür, daß dies gut möglich sein wird, wenn, abgesehen von einigen abändernden Bestimmungen des Gesetzgebers, eine handliche Instruktion diesen Beamten mitgegeben wird. Eine solche wird sich aus Erörterungen wie sie hier folgen, zusammenstellen lassen.

Durch Verwendung solcher, beim Stadtgericht Berlin bereits in großer Anzahl vorhandener trefflicher Beamten wird das Bedürfniß an richterlichen Beamten, an welchen es sehr zu fehlen anfängt, vermindert, — es wird eine in vielen Fällen auf Ausfüllung von Formularen hinauslaufende, keinem Richter zusagende Thätigkeit den Richtern abgenommen, — es wird tüchtigen Kräften eine ihren Fähigkeiten durchaus entsprechende Thätigkeit geschafft.

Dazu kommt, daß nach alter Erfahrung ein tüchtiger Richter mehr als einen Subalternbeamten beansprucht, während das Gesetz nur einen Buchführer für jeden Richter bewilligt (§ 20 G. B. O.), und so überall ein Mißverhältniß der Kräfte obwalten muß, wenn nicht wider das Gesetz und dessen Absichten die Funktionen des Buchführers zerlegt, und so auf einem Umwege mehrere, die Funktionen des Buchführers versehende Beamte beschafft werden.

Wenn dann die Amtsvorsteher lokal so gestellt werden, daß ihnen der Verkehr mit den Kataster-Aemtern erleichtert wird, so dürfte sich erreichen lassen, was John*) und Achilles**) durch Vereinigung der Kataster-Aemter mit den Grundbuch-Aemtern erzielen möchten, was aber auf diesem Wege, weil die Amtsvorsteher doch einige juristische Kenntnisse haben müssen, nicht zu erlangen sein dürfte.

Berlin, im November 1873.

Neubauer,
Kreisgerichts-Rath.

---

*) Erörter. S. 46.

**) Anm. zu § 20 G. B. O.

Inhalt:

Abkürzungen.

E. G. = Gesetz über den Eigenthumserwerb und die dingliche Belastung der Grundstücke, Bergwerke und selbstständigen Gerechtigkeiten vom 5. Mai 1872.

G. B. O. = Grundbuch-Ordnung vom 5. Mai 1872.

J. M. Bl. = Justiz-Ministerial-Blatt.

Literatur.

Johow, Jahrbuch für endgültige Entscheidungen der Preußischen Appellationsgerichte.

John, Erörterung einiger praktischen Fragen aus dem Preußischen Grundbuchrechte.

Achilles, Kommentar zu den Gesetzen vom 5. Mai 1872.

Bahlmann, Kommentar zu den Gesetzen vom 5. Mai 1872.

Gruchot, Beiträge zur Erläuterung des Deutschen Rechts Band 17.

Förster, Grundbuchrecht.

Juristische Wochenschrift für 1873; Abhandlung des Rechts-Anwalts Dr. Heidenfeld darin.

Behrend u. Dahn, Zeitschrift für die Deutsche Gesetzgebung 2c. Band VII.

I. Das Titelblatt betreffend.

Die Grundbuch-Ordnung will die Grundbücher mit den Grund- und Gebäudesteuer-Büchern in Uebereinstimmung bringen. Dazu hat das Titelblatt oder besser der Titel eine besondere, von früheren Entwürfen abweichende Form und Fassung erhalten.

Es läßt sich aber nicht leugnen, daß diese Fassung nicht recht klar ist.

Das hier vorzugsweise, — oder so viel bekannt, sogar ausschließlich, — zur Anwendung gelangende Probeformular I des Gesetzes enthält in der Ueberschrift den Passus:

„Grundsteuerbuch Art. . . . Nr. . . ."

(Es wird darauf aufmerksam gemacht, daß die punktirten Stellen nicht ausgefüllt sind.)

Unter der Ueberschrift: „Bezeichnung des Grundstücks" kommt sodann neben der Spalte: „Bestandtheile" noch eine

„Grundsteuermutterrolle"

überschriebene Spalte, welche bei den vier Bestandtheilen die Zahlen: „1., 5., 4., 6.," aufweist.

Schon die Ueberschrift erscheint unrichtig; man sollte meinen, sie müsse einen Schreibfehler enthalten, und müsse es heißen: Art.-Nr. . . ., da (wenigstens hier) die Flurbücher in numerirte Artikel, nicht aber in Artikel und Nummern eingetheilt sind.

Was soll aber nun in die Spalte neben der Spalte „Bestandtheile" eingetragen werden? Wenn dieselben Zahlen, wie in der Ueberschrift, so wäre die Wiederholung überflüssig, auch wäre nicht einzusehen, warum in der Ueberschrift des Probeformulars nicht die Zahlen, wie in der Spalte bemerkt wären.

Es tritt ober ferner die Frage auf, ob die Bezeichnung im Steuerbuche nicht in anderer Art als durch Angabe der Artikel-Nummer in das Grundbuch eingetragen werden soll, während solche doch bei Parzellirungen nach § 58 G. B. O. in der Auflassungsverhandlung angegeben werden muß, (also die Bezeichnung Kartenblatt x, Flächenabschnitt y)?

Auf bezüglichen diesseitigen Bericht hat unter dem 13. Juni 1873 — I. 2147, — der Herr Justizminister reskribirt:

„Dem ꝛc. wird auf den Bericht, betreffend das Formular I zu § 17 G. B. O. eröffnet, daß die Absicht des § 5 G. B. O. dahin gegangen ist, durch die Verweisung auf die Nummer, unter welcher ein Grundstück in dem Grund- und Gebäudesteuer-Buche eingetragen ist, jedem Interessenten die Möglichkeit zu geben, sich von den einzelnen Theilen der im Grundbuch eingetragenen Güter genaue Kenntniß zu verschaffen.

„Es ist hierbei vorausgesetzt, daß der gesammte geschlossene Grundbesitz jedes Eigenthümers in demselben Grundsteuer-Erhebungsbezirke auf Einen Artikel der Grundsteuermutterrolle zusammengetragen ist, und die Verweisung auf die Artikelnummer der Mutterrolle dem gedachten Zwecke entspricht. Es genügt deshalb, wenn in der Ueberschrift des Formulars I (G. S. S. 473) der Grundbuch-Ordnung nur die Artikelnummer vermerkt, also statt „Art.... Nr....“ : „Artikel-Nummer“ ausgefüllt und in Uebereinstimmung hiermit auch die 3te Spalte durch Bezeichnung des Grundstücks nach der Grundsteuermutterrolle ausgefüllt wird.

[Ein Druckfehler wird also überall nicht zugestanden. cf. aber auch John Erörterung S. 38 Anm. 1., gegen dessen Auslegung das Wort: „Grundsteuerbuch“ sprechen dürfte. Anm. des Verfassers.]

„Es ist indeß auch zulässig, mehrere auf verschiedenen Artikeln der Grundsteuermutterrolle eingetragene Gutskomplexe auf den Antrag des Eigenthümers auf dasselbe Grundbuch-Folium einzutragen. In diesem Falle ist die Artikel-Nummer des dem Grundbuch-Folium zugeschriebenen Grundstücks in der Spalte 3 des Formulars I „Grundsteuer-Mutterrolle“ einzutragen.

„Sowohl in der Ueberschrift des Grundbuchblatts als auch der Spalte 3 ist die Nummer der Grundsteuer-Mutterrolle einzutragen, welche der jetzige Eigenthümer erhalten hat. Einer Angabe der Nummern der Kataster-Blätter auf dem Titelblatte des Grundbuchblattes bedarf es nicht, wenn für den Eigenthümer ein Artikel der Mutterrolle angelegt ist.

„Nach der den Grundbuchämtern bereits durch die allgemeine Verfügung vom 31. Januar d. J. (J. M. Bl. S. 46) bekannt gemachten Mittheilung des Herrn Finanz-Ministers ist in den 6 östlichen Provinzen für alle selbstständigen Gutsbezirke, welche steuerpflichtige Liegenschaften von nicht mehr als Einem Eigenthümer enthalten, nur das Flurbuch, nicht aber die Mutterrolle angelegt. Da es in diesem Falle nicht möglich ist, das Formular I durch Angabe der Nummer der Mutterrolle auszufüllen, so ist in der Unterschrift des Formulars I sowohl, als Spalte 3 zur Bezeichnung des Grundstücks statt der Nummer der Grundsteuer-Mutterrolle die im Flurbuch eingetragene Nummer des Kartenblatts der Gemarkung einzutragen."

Danach ist also in der That in der Ueberschrift, wie Spalte 3, dieselbe Zahl einzutragen.

Vermissen läßt das Reskript die Anweisung, wie zu verfahren, wenn mehrere Bestandtheile auf demselben Blatte verzeichnet sind, — ob nämlich dann in der Unterschrift alle Zahlen aufzuführen sind, oder nur die des zuerst eingetragenen Bestandtheils.

Außerdem scheint das Reskript insofern der Praxis nicht ganz Rechnung zu tragen, als nach dem weiter unten, — siehe II. B 10 — Mitgetheilten erst nach Eingang der definitiven Fortschreibungsliste die Artikel-Nummern der Grundsteuer-Mutterrolle gewährt, und erst viel später den Grundbuch-Aemtern mitgetheilt werden, — so daß während der außerordentlich langen Zwischenzeit jeder Nachweis für das Steuerbuch fehlt. — Erläuternd mag dabei bemerkt werden, daß hier seit dem 13monatlichen Bestehen der Grundbuch-Ordnung noch nicht eine derartige Mittheilung eingegangen ist. — Da nun die bezügliche Vorschrift nur lautet „einer Angabe der Nummern der Kataster-Blätter bedarf es nicht, wenn für den Eigenthümer ein Artikel der Mutter-Rolle angelegt ist", so hat seitdem hier die Praxis sich ausgebildet, die die Beziehungen zum Grundsteuer-Buch sichernde Nummer der Kataster-Blätter in Spalte 2 einzutragen, — mit der Absicht, solche später, nach Bekanntwerden der Artikel-Nummer bei Ausfüllung der Spalte 3 roth zu unterstreichen; doch wird nicht eingetragen: „Kartenblatt 1 Flächen-Abschnitt 413/21", sondern nur: „Bl. 1. 413/21."

(Man vergleiche im Uebrigen die scharfe, aber treffende Darstellung von John S. 32.)

Bemerkt wird noch, daß nach der hier üblichen Auffassung der §§ 7. 8 G. B. O. die Ueberschrift bisher ganz frei bleibt, und unter Bezeichnung des Grundstücks nur angegeben wird: „Das an der 2c. Straße belegene Grundstück".

Zweifelhaft erscheint ferner, ob in § 8 Nr. 2 G. B. O. gemeint ist, es solle die Culturart angegeben werden. Achilles versteht unter „Eigenschaft des Grundstücks", ob Ritter- oder anderes Gut, ob Haus,

Lehn oder Erbe. Ihm wird insoweit beigepflichet, als die Benutzungsart als von vorübergehender Bedeutung hier bisher nicht eingetragen wurde.

2. Das Grundbuch über die Rittergüter führt nach § 22 G. B. O. der Grundbuchrichter beim Hauptgericht.

Erfolgen dagegen Abzweigungen vom Rittergut, so müssen solche, da die abgezweigten Grundstücke Parzellen und nicht mehr Rittergüter sind, bei den betr. Grundbuch-Aemtern, welche sonst lokal kompetent sind, eingetragen werden. Es ist zwar von einer der Berliner Commissionen neuerdings die Eintragung abgelehnt worden, weil das Trennstück nicht zu der betreffenden Ortschaft gehöre, aber zweifellos zu Unrecht. Es könnte höchstens zweifelhaft sein, in welches Grundbuch die Parzelle einzutragen ist. Der Kompetenz des exceptionell mit Führung des Grundbuchs der Rittergüter betrauten Grundbuch-Amts unterliegt das Trennstück jedenfalls nicht mehr.

3. Nach §§ 7. 8 G. B. O. (insbesondere der Vorschrift § 8 Nr. 1) scheint angenommen zu sein, daß sämmtliche Grundstücke eines Grundbuch-Amts hintereinanderfort numerirt werden. Dafür spricht auch die Anordnung im § 9 der Allgemeinen Verfügung vom 14. November 1872 (J. M. Bl. S. 302), wonach die Eigenthümer der im Bezirke eines Grundbuch-Amtes belegenen Grundstücke in ein alphabetisches Verzeichniß gebracht werden sollen. Hier ist bisher ein eigenes Grundbuch für jede Ortschaft angelegt worden, und sind dem entsprechend auch die alphabetischen Verzeichnisse für jede Ortschaft angelegt worden. Selbst wenn ein Grundstück aus zwei kleinen Parzellen verschiedener Ortschaften besteht, wurden zwei Blätter dafür angelegt, um möglichst Verwirrungen zu vermeiden. Die kreisgerichtlichen Grundbuch-Aemter haben weit über 2,500 resp. 3,000 Grundbuch-Blätter; es möchte daher das Durcheinanderschreiben der neuen Blätter aus verschiedenen Ortschaften bald große Verwirrung herbeiführen.

II. Abtheilung I. betreffend.

A. In Bezug auf die Legitimation.

1. Vollmachten müssen gerichtlich oder notariell aufgenommen oder beglaubigt sein. Streitig ist, ob auch die Beglaubigung von Vollmachten ohne Zuziehung von Zeugen erfolgen kann. Dagegen spricht, daß § 33 G. B. O. nur den zur Eintragung oder Löschung erforderlichen Urkunden und Anträgen diese Erleichterung zu Theil werden läßt, und man doch an sich die Vollmachten nicht zu den zur Eintragung erforderlichen Urkunden zählen kann, — ferner aber, daß § 37, der über Vollmachten handelt, dem § 33 folgt, ohne daß dort der zweite Absatz des § 33 (betreffend die Zuziehung von Zeugen) wiederholt wäre.

Eine ratio legis, weshalb für Vollmachten die strengere Form festzuhalten, ergiebt sich indessen wohl nicht, und, da die Praxis in den beglaubigten Kaufverträgen die Vollmacht zur Auflassung für einen Dritten zuläßt, dürfte es, (obschon dem Wortlaute nicht entsprechend), nicht zu mißbilligen sein, wenn das Königliche Kammergericht generell für Vollmachten die Beglaubigung — ohne Zeugen — für ausreichend erachtet, wie in einem Reskripte vom 16. Juli 1873 — C 182/7 — [Hohenschönhausen betr.] geschehen ist.

John spricht sich für die strengere Praxis aus, wenn er Erörter. S. 57 generell hervorhebt, daß die Licenz des § 33 sich nur auf die zur Eintragung oder Löschung erforderlichen Urkunden und Anträge bezieht.

2. Vielfach wird für den Bevollmächtigten die Ermächtigung zur Auflassung, oder gar auch: „Auflassungen anzunehmen" erfordert. Vorschriften, wie die in den §§ 99 fgg. A. L. R. I, 13, finden sich aber weder im Eigenthums-Gesetz, noch in der Grundbuch-Ordnung. Es darf also wohl nur geprüft werden, ob der Bevollmächtigte ermächtigt werden sollte, das Eigenthum zu übertragen und Einschreibungen in das Grundbuch zu bewilligen (§§ 106. 107 A. L. R. I, 13), obschon bei Aufnahme von Vollmachten es sich durchaus empfiehlt, einen bezüglichen Passus aufzunehmen. Eine Vollmacht zur Annahme darf aber wohl um so weniger gefordert werden, als § 2 des Eigenthums-Gesetzes eine Annahme-Erklärung überhaupt nicht, vielmehr nur den Antrag auf Eintragung erfordert.

Jedenfalls läßt sich behaupten, daß dem Gesetze rückwirkende Kraft beigelegt werde, wenn ältere Vollmachten, weil sie diesen Passus nicht enthalten, bemängelt werden.

Consequent müssen dann auch die in den Testamenten den Testaments-Exekutoren beigelegten Befugnisse in gleicher Weise aufgefaßt werden. Damit würde der Zweck sehr vieler Testamente vereitelt, und Allen, welche Testamente niedergelegt haben, die Pflicht auferlegt werden, die Vollmachten nachträglich auszudehnen.

Die Frage erscheint somit von ganz prinzipieller Bedeutung.

3. Selbstverständlich ist aber der Testaments-Exekutor, welchem eine Special-Vollmacht nicht ertheilt ist, nach wie vor nicht befugt, über Grundstücke, die zum Nachlaß gehören, zu verfügen (§ 557 A. L. R. I, 12, cf. Johow, Bd. I Seite 39.)

4. Hat der Testaments-Exekutor das Eigenthum der Erben an dem Grundstücke eintragen lassen, so erscheint er nicht mehr befugt, allein, — ohne Zuziehung der Erben, — über das Grundstück zu verfügen, selbst wenn ihm die ausgedehntesten Befugnisse beigelegt sind. Mit dem Eintragungs-Antrage hat er äußerlich erkennbar gemacht, daß er nicht weiter als zu Gunsten der Erben über das Grundstück disponiren will. — Dies ist beim hiesigen Stadtgericht als unzweifelhaft angesehen worden.

5. Vertreter von Handelsgesellschaften oder handeltreibenden Aktien-Gesellschaften müssen sich durch Certifikate des Handelsgerichts, — selbstverständlich unterschriebene, und nicht blos unterstempelte Certifikate, — legitimiren. Es mnß dem Ermessen überlassen bleiben, zu prüfen, ob das Certifikat veraltet erscheint. Als Regel wird aber festzuhalten sein, daß Veränderungen nicht vermuthet werden. Wollte man konsequent daran festhalten, daß stets das Handelsregister nochmals einzusehen ist, weil inzwischen eine Veränderung eingetreten sein könnte, selbst, wenn das Attest erst wenige Tage alt ist, — so würden auswärtige Gesellschaften hier niemals Grundbesitz erwerben oder veräußern können, weil in Betreff derselben eine solche Feststellung nicht möglich ist.

6. Prokuristen und Liquidatoren müssen, — letztere, wenn nicht eine öffentliche Versteigerung vorliegt — zur Veräußerung von Grundstücken, erstere auch zur Belastung Spezialvollmacht haben. Art. 42, Abs. 2, 137, 244 H. G. B.

7. Juristische Personen können ohne besondere Genehmigung der ihnen vorgesetzten Behörde, unbewegliche Sachen weder an sich bringen, noch veräußern oder verpfänden. § 83 A. L. R. II, 6.

Im Anschluß daran ist zu erwähnen:

a. ausländische juristische Personen bedürfen königlicher Genehmigung, Gesetz vom 4. Mai 1846;

b. bei Städten bedarf es der Genehmigung der Regierung und einer vom Bürgermeister und noch einem anderen Magistratsmitgliede vollzogenen Urkunde (§§ 50, 51, 56 Nr. 8 Städte-Ordnung v. 30. Mai 1853). Im Falle der freiwilligen Veräußerung (§ 51 a. a. O. letzter Absatz) bedarf es jedoch nur des Nachweises der Bestätigung des Vertrages durch die Regierung.

Für ältere Verträge hingegen bedarf es auch des Nachweises der Genehmigung durch die Stadtverordneten. (Städte-Ordnung von 1831 § 120.)

c. Dorfgemeinden. Diese bedürfen der Genehmigung der Gerichtsobrigkeit, §§ 33 bis 36 A. L. R. II, 7 — und wenn sie ein Rittergut erwerben wollen, der Genehmigung der Provinzial-Regierung (A. K. O. vom 25. Januar 1831; G. S. S. 5). Unter Gerichtsobrigkeit versteht man bisher die betr. Polizeibehörde. Deren Genehmigung ist auch zur Kontrahirung von Schulden nöthig.

Außerdem ist der Gemeindebeschluß urkundlich nachzuweisen, auf Grund dessen die Vollmacht der Vertreter ausgestellt ist. Wie der Beschluß und die Vollmacht beschaffen sein müssen, ergeben die in § 10 Nr. 2 und 3 der Landgemeinde-Ordnung vom 14. April 1856 enthaltenen Vorschriften. Nach Nr. 4 daselbst ersetzt eine Bescheinigung der Regierung den Nachweis der Beobachtung der vorgeschriebenen Formen.

Diese Vorschriften treten aber vom 1. Januar 1874 ab (§ 199 Kreisordnung vom 13. Dezember 1872) außer Kraft.

Von da ab hat der Kreisausschuß die in § 10 Nr. 4 der Landgemeinde-Ordnung gedachten Atteste zu ertheilen (§ 135 Nr. 8 Kreisordnung).

Ueberhaupt hat von da ab der Kreis-Ausschuß,

der nach § 138 Kr. O. beschlußfähig ist, wenn drei Mitglieder mit Einschluß des Vorsitzenden anwesend sind,

die Genehmigung zur Erwerbung und Veräußerung von Grundstücken, zu Pachtungen außerhalb der Feldflur und zur Aufnahme von Schulden an Stelle der Gerichtsobrigkeit (§§ 33—35 A. L. R. II, 7 zu ertheilen. (§ 135 Nr. 6 Kr.-Ordn.)

Die Kabinetsordre vom 25. Januar 1831 wegen Erwerbung von Rittergütern durch die Dorfgemeinden ist ebenda aufgehoben.

d. Zünfte. Diese sollen in der Regel nur im Wege der Licitation veräußern (A. Kab. O. vom 12. Juni 1838, und Reskript v. 23. Oktbr. 1841); sie bedürfen der Genehmigung des betr. Stadtmagistrats (cf. das erwähnte Reskript).

e. Freimaurerlogen. Nur die drei großen Logen (Große Landesloge, — Royal York, und zu den drei Weltkugeln) haben die Rechte einer juristischen Person. Sie bedürfen zur Erwerbung, Veräußerung und Verpfändung des Konsenses des Ministeriums des Innern, Reskript vom 11. April 1836 (Jahrb. Bd. 47 S. 595), im Uebrigen werden sie durch die Repräsentanten verpflichtet. cf. die Reskripte vom 18. Juli 1796 und 9. Oktober 1797 [abgedruckt in Koch, Landrecht zu § 22 A. L. R. II, 6], 14. August 1826, 23. April 1830. Die Repräsentanten legitimiren sich durch Urkunden vom Polizeipräsidium. Andere Logen haben die von einer der drei großen Logen gegebenen Konstitutions-Urkunde vorzulegen und haben die Beobachtung der Vorschriften § 53 fgg. A. L. R. II, 6 neben dem vorgedachten Konsense nachzuweisen.

f. Kirchen, milde Stiftungen und Schulen.

α. Kirchen, — nur für Veräußerung von ganzen Landgütern oder Häusern bedarf es der Genehmigung des Ministers der geistlichen Angelegenheiten (§§ 220, 648 A. L. R. II, 11; Annalen Bd. III S. 414) — im Uebrigen genügt Genehmigung der Bezirksregierung resp. des Bischofs bei Katholiken [Schreiben des J. M. vom 28. Januar 1830, bei Koch, Landrecht zu § 220 A. L. R. II, 11]. Zur Vertauschung von Kirchen- und Pfarrländereien ist die Genehmigung des Ministers durchaus erforderlich. (Reskript vom 3. November 1845, M. Bl. der i. V. S. 314). Da aber das Reskript vom 15. März 1832 zu jedem Erwerb von Grundstücken Genehmigung des Ministers erfordert, wird solche überall zu erfordern sein. [Ann. Bd. XVI S. 100.] Ausländische Kirchen bedürfen stets Königlicher Genehmigung (§ 195 A. L. R. II, 11).

β. Schulen. Von deren Grundstücken gilt Alles, was vom Kirchenvermögen verordnet ist. § 19 A.L.R. II, 12.

γ. Milde Stiftungen. Alle vom Staate ausdrücklich oder stillschweigend genehmigten Armen- oder andere Versorgungs-Anstalten haben die Rechte juristischer Personen; und gilt von ihrem Vermögen, was von dem der Kirchengüter (§§ 42. 43. A. L. R. II, 19; Reskr. vom 30. December 1844 [M. Bl. 1845 S. 5].)

Zu erinnern ist aber an das Gesetz vom 23. Februar 1870, wonach Zuwendungen an juristische Personen, in- oder ausländische Corporationen, wenn ihr Werth 1000 Thlr. übersteigt, der Genehmignng des Königs oder der von diesem bestimmten Behörde bedürfen; (§ 2) und wonach es bei den Vorschriften, Inhalts deren Corporationen oder andere juristische Personen zur Erwerbung von unbeweglichen Gegenständen der Genehmigung des Staates bedürfen, verbleibt, aber durch Königliche Verordnung die Behörden, denen die Genehmigung fortan zustehen soll, anderweitig bestimmt werden können. (§ 4.)

g. Landschaftliche Credit-Direktionen bedürfen der Genehmigung des Ministers des Innern. Reskript vom 23. Oktober 1841 (J. M. Bl. S. 343) und vom 4. Oktober 1826 (v. Kamptz Ann. Bd. X. S. 1070.)

h. Grundvermögen der Kreise unterliegt den Beschlüssen des Kreistags, ebenso aufzunehmende Anlehen der Kreise (§ 116 Nr. 3 Kr. O. vom 13. December 1872). Nach beiden Richtungen bedürfen aber Beschlüsse der Bestätigung des Ministers des Innern (§ 176 ebenda.)

i. Synagogengemeinden. Zur Veräußerug, sowie zur Belastung von Grundstücken müssen Vorstand und Repräsentanten (3 bis 7 resp. 9 bis 21 Personen) übereinstimmen; außerdem ist die Genehmigung der Regierung erforderlich (§§ 47. 48. 39. 40. Gesetz vom 23. Juli 1847).

k. Zur Veräußerung von Begräbnißplätzen bedarf es der Genehmigung des Ministers der geistlichen Angelegenheiten; insofern dieselben Communen gehören, auch der des Ministers des Innern (cf. auch Reskript vom 7. December 1841, J. M. Bl. für 1841 S. 7 und vom 28. Januar 1830).

l. Fiskus selbst. Es genügt Genehmigung des vorgesetzten Verwaltungs-Chefs, — Königliche Genehmigung ist nicht erforderlich. Kab.-O. vom 21. Februar 1845 (J. M. Bl. S. 70).

Bei Veräußerungen von Domainen, welche nicht dem Hausgesetz von 1808 unterliegen, muß auch die Verwendung im Staats-Interesse kontrollirt werden. Unentgeldliche Veräußerung ist unzulässig. §§ 16—20 A. L. R. II, 14 Verordn. vom 9. März 1819 und 17. Januar 1820 Kab.-O. vom 17. Juni 1826 [wegen fiskalarisirter geistlicher Güter Dekl. vom 6. Juni 1812]. Zahlungen müssen von der Hauptverwaltung der Staatsschulden durch Attest des Präsidenten oder eines Mitgliedes bescheinigt werden. Die Controlle über Zulässigkeit der Veräußerung steht den Appellationsgerichten zu, welche den Consens zu ertheilen haben.

Attestirt aber die Kgl. Regierung, daß das Grundstück als für sich bestehend vom Fiskus besessen, und ein Ertrag in den Anschlägen und Special-Etats unter den Vorwerks- und Forstrevier-Erträgen nicht aufgeführt sei, oder, daß es besessen worden, und benutzt worden, aber ein

Ertrag auch damals nicht in den Anschlägen und Special-Etats aufgeführt sei, so bedarf es jenes Consenses nicht. (Reskr. v. 10. April 1837 [v. Kamptz, Jahrb. Bd. 49 S. 510.])

Staatseigenthum, das nicht zu den Domainen gehört, z. B. Hüttenwerke u. dergl., Militärgebäude, Gebäude der Steuer-Verwaltung, Kollegienhäuser u. s. w. kann ohne Quittung der Haupt-Verwaltung der Staatsschulden veräußert werden. Kab.-O. vom 17. Juni 1826.

8. Von Privatpersonen sind beschränkt:

a. Mönche und Nonnen, — sie sind bürgerlich todt, §§ 1199 bis 1205 A.L.R. II, 11.

b. Mennoniten und Quäker; Edikt vom 30. Juli 1789 § 9, Dekl. vom 17. December 1801; Kab.-O. vom 24. November 1803, 25. Februar 1824, 16. Mai 1830, 9. Juli 1840 und 9. November 1843 (J.M.Bl. S. 302). Die Beschränkungen dürften mit Aufhebung der Militärfreiheit weggefallen sein.

c. Ausländer, — nur noch, insofern es sich um ein Rittergut handelt, — dazu bedarf es einer Concession des Ministers des Innern. Kab.-O. vom 28. März 1809 (Jahrb. Bd. 43 S. 583). Da jedoch schon das Reskr. vom 30. Juli 1840 (M.Bl. d. i. V. S. 347) hervorhebt, daß ein Ausländer ein *ererbtes* Rittergut ohne Concession weiter veräußern kann, so dürfte wohl die Besitztitelberichtigung nicht abzulehnen sein, wenn nur dem die Auflassung erhaltenden Ausländer eröffnet wird, daß er weiter veräußern müsse, falls er die bezügliche Concession nicht erhalte.

d. Unterofficiere und Soldaten. Ges. vom 18. März 1811 und §§ 27 bis 32. 35. A.L.R. II, 10. Diese bedürfen des Consenses der Vorgesetzten. (Wohl kaum noch zeitgemäß!)

e. Domainen- und Forstbeamte, Kab.-O. vom 29. Februar 1812 (G.S. S. 16). Mitglieder der Provinzial-Domainen-Verwaltungen dürfen Domainen in der Provinz, in welcher sie arbeiten, nur nach Dispensation des Chefs der oberen Domainen-Verwaltung erwerben. Forstbeamte dürfen nach A. Kab.-O. vom 5. September 1821 Grundstücke, welche Berechtigungen in den ihrer Aufsicht anvertrauten Forstrevieren haben, nicht ohne besondere Genehmigung des Finanzministers erwerben.

f. Apotheker müssen, um Apotheken zu erwerben (d. h. natürlich Apotheker-Privilegien), ein Approbations-Patent haben (§ 1 Rev. Apotheker-Ordnung vom 11. Oktober 1801 [cf. v. *Roenne*, Erg. zu § 456

A. L. R. II, 8].) Aerzte sollen keine Apotheken besitzen. (Reskr. vom 28. Februar 1786, Rabe Bd. 1 S. 494 Abth. 7.)

g. Vormünder bezüglich der Grundstücke ihrer Kuranden (§§ 253. 254. A. L. R. II, 18).

h. Standesherrn; dieselben müssen die Formen beobachten, welche die Familienverfassung, die Landesgesetze und das etwaige Lehnsverhältniß vorschreiben. (§ 62 Reskr. vom 30. Mai 1820 cf. v. Roenne, Erg. zu § 1 fgg. A. L. R. II, 9.) Bei Grundstücken des Königlichen Haus-Fidei-Kommisses wird nach denselben Vorschriften mit Rücksicht auf §§ 17, 18 A. L. R. II, 13 zu verfahren sein.

i. Bei Feidei-Kommissen ist stets ein Familienschluß nöthig, sobald veräußert werden soll, § 78 A. L. R. II, 4 und § 42 ebenda. cf. auch Gesetz vom 15. Januar 1840 über Familienschlüsse. Handelt es sich um Schulden, — und zwar um nothwendige Darlehne, § 80 ebenda — so müssen zwei in den §§ 87 fgg. a. a. O. näher bezeichnete Anwärter zugezogen werden. Fideikommißfolger müssen selbst die Eintragung ihres Nachfolgerechts nachsuchen. §§ 52—99.

k. Bei Lehen. Es genügt die Zuziehung der in das Grundbuch eingetragenen Agnaten und Mitbelehnten, §§ 261, 288, 290, 311 fgg. A. L. R. I, 18.

l. Bei Ehegatten, welche in Gütergemeinschaft leben, ist die Zuziehung beider Eheleute erforderlich, § 378 A. L. R. II, 1. Vorgeschrieben ist zwar nur in § 50 G. B. O., daß die Eintragung dieses Rechtsverhältnisses auch auf den Antrag eines Ehegatten erfolgen muß. Allein damit ist die Dispositionsfähigkeit nicht erweitert, sondern nur die Eintragungsbedingung erleichtert. Bei der Fassung des § 73 G. B. O. muß wohl als unzweifelhaft gelten, daß zwar Beschränkungen des Verfügungsrechts, wenn sie bis zum 1. Oktober 1873 nicht eingetragen sind, Dritten gegenüber nicht geltend gemacht werden können, daß aber das Miteigenthum als solches nach § 50 G. B. O. auch fernerhin jederzeit eingetragen werden, und damit die Verfügung thatsächlich beschränkt werden kann.

m. Was zu l. vom Ehegatten gesagt ist, wird auch von dem unter väterlicher Gewalt Stehenden gelten müssen, soweit nicht ein Korrektiv in dem Umstande liegt, daß der Richter die Dispositionsfähigkeit der Kontrahenten zu prüfen hat. In Betreff der Verfügung abseiten des Inhabers der väterlichen Gewalt ist an den § 171 A. L. R. II, 2 zu erinnern; der Vater muß die Einwilligung des vormundschaftlichen Gerichts einholen.

n. Die Ausführungen zu l. und m. kommen auch für die Bevormundeten in Betracht. Bezüglich der Vormünder ist jedoch zu erinnern, daß die Genehmigung des Kollegialgerichts erforderlich bleibt (§§ 550, 558 bis 579, 585 bis 587 A. L. R. II, 18;. Verordn. vom 2. Januar 1849 § 14.) [cf. auch § 11 E. G. und Anm. dazu bei Achilles.]

o. Vorkaufsrechte hindern nicht die Berichtigung des Besitztitels. cf. Reskript vom 23. März 1838 (Jahrb. Bd. 51 S. 171) und § 610 A. L. R. I, 20, so wie § 647 ebenda. (cf. auch John, S. 64.)

p. Diejenigen, auf deren Grundstücken eine Vormerkung zur Erhaltung des Rechts auf Auflassung für einen Dritten eingetragen ist, wenn sie an einen andern veräußern wollen. Man hat hiergegen geltend machen wollen, daß das Gesetz die Wirkungen der Vormerkung nicht aufführe, und daß in ähnlicher Weise wie im Falle zu o. die Eintragung erfolgen müsse, da es wohl möglich sei, daß später die Vormerkung weggeschafft werde, und es dem Prozeßrichter vorbehalten bleiben müsse, zu befinden, wer dem Andern zu weichen habe. § 11 des E. G. dürfte hier nicht entscheidend sein, da er lediglich von der Rechtswirkung handelt, welche materiell eintritt. Dagegen ließe sich wohl § 48 G. B. O. heranziehen; nach dieser Vorschrift wird offenbar beabsichtigt, ein unbedingtes, klares Eigenthumsverhältniß herbeizuführen, während ein solches bei dem Verfahren, welches dem künftigen Prozeß die Entscheidung überläßt, nicht vorhanden ist.

Man kann aber nicht darauf sich berufen, daß der Eigenthümer damit schwer geschädigt werden könne. Es ist seine Sache, nicht unbeschränkte Vormerkungen eintragen zu lassen. Will er sich schützen, so mag er nur bewilligen, daß die Vormerkung dahin eingetragen wird, daß dieselbe nach Ablauf einer gewissen Frist auf seinen einseitigen Antrag gelöscht werden könne. § 8 E. G. dürfte einer solchen Stipulation nicht entgegenstehen, da der Antrag, die so formulirte Vormerkung einzutragen, als eine im Voraus ertheilte Löschungs-Bewilligung anzusehen ist.

B. Sonstige Bemerkungen.

1. Wenn mehrere Miterben die Eintragung ihres Eigenthums zu gleichen Antheilen beanspruchen, so verlangen viele Grundbuchrichter die Auflassung, und tragen ohne solche nur die Erben — ohne Angabe der Antheile — ein. Die entgegenstehende Ansicht beruft sich auf § 1 E. G., insofern nur im Falle einer freiwilligen Veräußerung Auflassung gefordert werde. Solange aber die Praxis sich nach dem Plenar-Beschluß des Ober-Tribunals vom 16. März 1857 [siehe Förster,

Theorie und Praxis Band 4 Seite 299] richtet, Inhalts dessen nicht ohne Weiteres jedem Erben ein bestimmter verhältnißmäßiger Antheil an jedem Nachlaßstücke als sein besonderes Eigenthum zusteht [cf. die dagegen sich erhebenden Widersprüche bei Förster], dürfte jene Ansicht sich nicht halten lassen; denn dann würde durch den Antrag etwas verlangt, was sich nicht von selbst aus dem Erbanfall ergiebt, und wäre die Feststellung der Eigenthumsquoten eine durch Nichts erzwungene, also freiwillige Veräußerung. John, Erörterung S. 7, folgert gerade daraus, daß den Erben das ganze Grundstück, — also nicht zu bestimmten ideellen Theilen, — gehört, daß, wenn ein Erbe das Grundstück erhält, die Andern Nichts veräußert hätten, weil sie kein Sonderrecht am Grundstücke hatten. Indessen dürfte diese Ausführung nicht zutreffend sein, so scharfsinnig sie ist. Das Sonderrecht haben sie freilich nicht veräußert, aber die Ansprüche auf ein Sonderrecht. Wäre John's Ansicht zutreffend, so verkauften Erben überhaupt nie etwas, sie haben ja noch kein Sonderrecht daran, solange sie solches nicht im Wege der Erbtheilung erlangt hatten, und man würde mit Recht fragen, wer ist der Veräußerer?

Das Kammergericht hat übrigens in einem, beim Stadtgericht vorgekommenen Falle entschieden, daß für einen einzelnen Miterben aus einem Erbrezesse zu einem Sechszehntel der Besitztitel berichtigt werden sollte.

2. Die Vorschrift des § 5 Nr. 2 E.G. ist strikte zu interpretiren. Es sind daher:

a) die Eintragung einer Vormerkung für den Käufer ohne gleichzeitige Eintragung des Eigenthums der verkaufenden Erben vom Stadtgericht,

b. die Eintragung einer Parzellen-Veräußerung ohne gleichzeitige Eintraguug des Eigenthums der veräußernden Erben beim Kreisgericht abgelehnt worden.

Zu b ist zu bemerken, daß die Deduktion, wenn die Erben über das ganze Grundstück ohne ihr Eigenthum eintragen zu lassen, verfügen könnten, sie in gleicher Weise auch über einen Theil des Grundstücks müßten disponiren können, hinfällig erscheint, da zur Eintragung von Schulden die Eintragung des Eigenthums zweifellos erfordert wird, — die Verpfändung aber als ein Akt der theilweisen Veräußerung anzusehen ist. (cf. auch § 15 A.L.R. I, 20.)

3. Streitig ist, wie die Eintragung aus dem sogenannten Berliner Testamente zu erfolgen hat. Berliner Testament wird das Testament

genannt, in welchem die Wittwe und die Kinder zu Erben eingesetzt sind, während der Wittwe die unbeschränkte Verfügung unter Lebenden über den ganzen Nachlaß, — insbesondere auch über Grundstücke, — eingeräumt ist.

Die Hypotheken-Deputation des Stadtgerichts trug unter der Herrschaft der früheren Gesetze die Wittwe als Eigenthümerin ein, vermerkte aber in Rubrica II, daß dieselbe nicht befugt sei, aus reiner Freigebigkeit oder von Todeswegen über dies Grundstück zu verfügen.

Da jetzt in Abtheilung II nur auf Antrag ein Vermerk eingetragen werden kann, erscheint diese Form nunmehr ausgeschlossen.

Aus gleichem Grunde ist es nicht zulässig, die Wittwe und die Kinder als Eigenthümer einzutragen, bezüglich der letzteren aber eine Verfügungsbeschränkung zu vermerken.

Es bleibt somit, falls nicht besondere Anträge gestellt werden, nur übrig, ohne weitere Zusätze die Wittwe und die Kinder als Eigenthümer einzutragen. Diese Form empfiehlt sich um so mehr, als das Verhältniß in der That durchaus der fortgesetzten Gütergemeinschaft entspricht und für diese nach § 50 G.B.O. die Eintragung des Miteigenthums der Kinder in Aussicht genommen ist.

3a. Eine Consequenz dieser Auffassung ist, daß, wenn die erwähnte Wittwe einem Rechtsnachfolger aufläßt, — wozu sie nach dem Testamente befugt erscheint, — nicht erst ihr Eigenthum im Grundbuche zu vermerken ist, weil sie nicht allein Eigenthümerin war.

3b. Läßt diese Wittwe demnächst rückständiges Kaufgeld für sich und die Kinder eintragen, so wird sie — abgesehen von Bedenken aus dem einzelnen Falle — über das Kaufgeld doch allein disponiren können. So hat auch das Kammergericht in einem Falle, wo die Wittwe zugleich befreite Vormünderin und Testaments-Exekutorin war, angenommen (Reskript vom 5. April 1873 F. W. 212), weil sie befugt gewesen sei, sich die freie Verfügung darüber bei Ueberweisung des Miteigenthums vorzubehalten, und die dem Antrage entsprechende Eintragungsformel keinen Zweifel lasse, daß sie habe von dieser Befugniß Gebrauch machen, und sich die Disposition vorbehalten wollen.

3c. Berichtigt man für die Wittwe allein, so können viele weitere Schwierigkeiten entstehen, unter Andern folgende:

A. Die Wittwe N. war als Eigenthümerin mit der Dispositionsbeschränkung zu Gunsten ihrer Kinder eingetragen; sie gerieth in Konkurs. Zur Auflassung erschien sie mit dem Konkursverwalter. Es fragt sich, ob nicht, insbesondere mit Rücksicht auf § 413 A. L. R. II, 18, [der Vormund soll die Auseinandersetzung fordern, wenn sich die Mutter einer schlechten Verwaltung verdächtig macht,] ein Vertreter der Kinder zugezogen werden mußte. Man hat das Bedenken damit beseitigt, daß § 413 cit. nur eine Anweisung für den Vormundschaftsrichter enthalte, — doch möchte der Grund kaum stichhaltig erscheinen. Mindestens muß der Grundbuchrichter wissen, daß ein bezügliches Verfahren zur Zeit schweben mußte.

B. Eventuell fragt es sich, ob nicht der Konkursverwalter allein genügt. Das Stadtgericht hat die Frage verneint, weil das Recht ein höchst persönliches, auf die Konkursgläubiger nicht übergehendes sei.

C. War in dem erwähnten Falle das Kaufgeld für die Wittwe allein mit dem Vermerke, daß über ihr Vermögen Konkurs eröffnet sei, oder für sie und die Kinder einzutragen? Nach dem oben Ausgeführten erscheint die Eintragung für die Wittwe und die Kinder geboten.

4. Die Wittwe, welche durch bestätigten Erbrezeß das Nachlaßgrundstück von ihren Miterben und Kindern vor dem 1. Oktober 1872 erworben hat, muß, obschon sie nach materiellem Rechte noch gültig Eigenthümerin geworden ist, sich als Eigenthümerin eintragen lassen, bevor sie eine Auflassung erklären kann.

5. Wenn einem Miterben ein Nachlaßgrundstück im Erbrezeß übereignet wird, bedarf es doch noch der Auflassung. Dalcke (bei Gruchot Bd. 17 S. 459) sucht auszuführen, daß dies nicht nöthig. So beachtenswerth seine Gründe de lege ferenda sind, und so peinlich es ist, die vor dem Nachlaßrichter Aufgetretenen nochmals zu einem solchen Formalakte zu laden, so läßt sich de lege lata immerhin nicht ausführen, daß eine Uebereignung durch den Erbrezeß eine unfreiwillige Veräußerung sei. (§ 1 E. G.) Der Nachlaßrichter wird jedoch nachhelfen können, wenn er im Erbrezeß einen Mitinteressenten beauftragen läßt, die Auflassung zu erklären. — siehe oben unter Nr. 1. —

Dernburgs entgegenstehende Ansicht (S. 479) gründet sich auf eine hineininterpretirte Dereliktion, die auch Dalcke nicht heranzieht. Bahlmann vertritt die hier vertheidigte Ansicht. (Note 12 S. 25.) Achilles erklärt die Sache für zweifelhaft.

John, Erörterung S. 7 — (cf. auch oben unter Nr. 1) — findet die Auflassung deshalb nicht nöthig, weil Miteigenthum an einem Grundstücke kein wirkliches Eigenthum, sondern nur ein Recht an einem Grundstücke sei. Diese Ausführung, für welche § 4 A. L. R. I, 17 angezogen wird, dürfte aber doch wohl nicht zutreffend sein. § 4 cit. besagt nur, daß das Recht eines jeden Theilnehmers auf die gemeinschaftliche Sache zu dessen besonderem Eigenthum gehört, also gerade umgekehrt, daß Miteigenthum Eigenthum ist, — oder wie es Förster (Theorie und Praxis Bd. 3 S. 140) besser ausdrückt, daß, wie das volle Eigenthum Sondereigenthum ist, beim Miteigenthum jeder Einzelne Sondereigenthümer seines Antheils ist. (Man vergleiche auch Försters Darlegungen Bd. 3 S. 246.)

Consequent kommt freilich John unter Berufung auf § 115 A. L. R. I, 17 zu dem Resultate, daß jeder Miteigenthümer sein Eigenthum durch bloße Cession übertragen könne, und somit beim Miteigenthum eine Auflassung überall nicht nöthig sei.

Allein, wenn die Prämisse unrichtig ist, so ist es auch der Schluß. Dem scharfsinnigen Interpreten entschwindet das Eigenthum unter den Händen; der Miteigenthümer hat nach seiner Ausführung überhaupt kein Eigenthum; Gesammteigenthum hat das Landrecht nicht annehmen wollen, und Korporationsvermögen hat es ebensowenig schaffen wollen.

Suarez (cf. Siewert, Mater. H. 1 S. 11) sagt: „Miteigenthümer sind diejenigen, welche die sämmtlichen unter dem Eigenthum begriffenen Rechte gemein sind." Nimmt man dazu den oben erwähnten § 4 A. L. R. I, 17, so kann man nicht zweifeln, daß auch das Eigenthum des Miteigenthümers Eigenthum ist.

Zu gleichem Resultate gelangt man bei unbefangener Würdigung des § 1 E. G. „Im Falle einer freiwilligen Veräußerung wird das Eigenthum an einem Grundstücke durch . . . . . auf Grund der Auflassung erfolgte Eintragung ꝛc. erworben", sagt das Gesetz, — und zwar sagt es dies ohne Zusatz; nicht das volle oder das „alleinige" sondern überhaupt „das" Eigenthum.

Wenn John schließlich darauf Gewicht legt, daß, wie früher das Miteigenthum durch Cession erworben werde, so übersieht er, daß die Frage bereits früher streitig war, und daß selbst nach gemeinem Rechte (cf. 8 C. IV, 49) die Tradition eines Grundstücks zur Uebereignung eines Grundstücksantheils erforderlich war. (cf. Förster, Theorie Bd. 2 S. 105 Anm. 6 und Bd. 3 S. 257 so wie die dort angezogene Literatur.)

5. Wenn einem von vier Miterben, einer Schwester, ein anderer Miterbe (ein Bruder), event. dessen Descendenz substituirt ist, so bedarf es doch bei Feststellung der Erbtheile **nicht** der Zuziehung der Substituten, insbesondere nicht eines Vertreters der Descendenz.

Denn bis zum Eintritt des Substitutionsfalls hat der Substitut nur einen persönlichen Anspruch. (cf. Förster, Theorie und Praxis, Bd. IV S. 334.)

6. § 2 G. B. O. läßt es zweifelhaft, ob, wenn von einer Domaine ein Trennstück veräußert wird, ein besonderes Blatt im Grundbuche für die ganze Domaine oder nur für den abveräußerten Theil angelegt werden muß.

Für Ersteres dürfte der anzunehmende Zweck der Vorschrift (cf. Achilles, Anm. 5 zu § 2) — möglichst alle Grundstücke mit der Zeit im Grundbuche zu verzeichnen, — sprechen. Das Stadtgericht ist wegen des Wortlauts, daß nur das zu veräußernde Grundstück ein besonderes Blatt haben müsse, anderer Ansicht, und läßt sich dem im Interesse der Vereinfachung beipflichten. Man denke an die Schwierigkeiten, welche sonst eine vielleicht ganz unbedeutende Grenzregulirung hervorruft.

Die Deduktion der Kgl. Regierung zu Potsdam, daß, wenn für die ganze Domaine ein Blatt angelegt werden müsse, der § 59 G. B. O. nicht mehr anzuwenden sei, dürfte dagegen hinfällig sein, zumal § 59 nur dem § 6 des Gesetzes vom 3. April 1845 entnommen ist, und §§ 58, 59 cit. überhaupt nur von der Erwerbung handeln.

7. Der § 58 G. B. O. erscheint insofern unklar, als von bebauten städtischen Grundstücken nicht Grundsteuer, sondern nur Gebäudesteuer entrichtet wird, und somit der Auszug aus dem Steuerbuche überflüssig erscheint. Es kommt dazu, daß in solchen Fällen aus dem Steuerbuche Flächenmaße selten ersichtlich sind.

Es wird genügen, in dieser Beziehung auf Förster, Grundbuchrecht S. 30. 31. hinzuweisen. Die dort ausgesprochene Erwartung, daß die Eigenthümer im Interesse ihres Real-Credits die Vermessung auf ihre Kosten veranlassen werden, hat sich hier noch in keiner Weise verwirklicht.

8. Bei Abschreibungen zu Straßenzwecken an den Straßenfiskus oder die betr. Ortsbehörde zeigt sich erst recht, wie wenig bei bebauten städtischen Grundstücken ein Steuerbuchs-Auszug zweckentsprechend ist. Das abgezweigte Land wurde weder bisher, noch wird es nach der Uebereignung, versteuert; was soll aber der Steuerbuchs-Auszug?

9. Einzelne Kataster-Controlleurs verfahren so, daß sie das zu Straßenzwecken künftig zu verwendende Land nur in die Karte, nicht aber in den Steuerbuchs-Auszug mitaufzunehmen. Korrekt ist dies vielleicht, da das künftige Straßenland immerhin vom Erwerber noch, wenn überhaupt, versteuert werden muß. Hier ist aber dieser Mangel

nie gerügt worden, falls nur ersichtlich bleibt, wie viel Straßenland der Parzellenerwerber, erhält.

10. Recht bedenklich ist aber der Umstand, daß die Flächen-Angaben aus dem Kataster so oft unzuverlässig sind. Nach Mittheilung des Kataster-Controlleurs ist dies durchaus erklärlich.

Die den Steuerbüchern zur Grundlage dienenden Karten sind in großer Eile gezeichnet. Oft sind es nur oberflächlich geprüfte Copien von Separationskarten oder anderen neuen Karten, bei deren Benutzung ausdrücklich erklärt wurde,

> da es zur Zeit nur auf eine Ausgleichung der Provinzen und deren ungleicher Belastung ankomme,

wolle man sich im Interesse der schleunigsten Ausführung der Grundsteuer-Arbeiten vorläufig bei weniger genauen Messungen beruhigen. Wenn jetzt auf Grund der Eintragung in diese Karten Auszüge gefertigt werden, so können solche nicht mit der Wirklichkeit harmoniren. Es scheinen also generelle oder doch einzelne Neumessungen geboten.

Dabei muß noch erwogen werden, wie weitläufig und bedenklich das ganze Verfahren bei Parzellirungen ist. Die Interessenten müssen zunächst zum Fortschreibungsbeamten. Dieser trägt die Trennstücke mit Bleistift in seine Karten ein, und numerirt den Flächen-Abschnitt, — dann erhält der Grundbuchrichter die Angabe über den auf Bleistiftnotizen beruhenden Flächen-Abschnitt. Auf Grund der vom Grundbuch-Amt eingehenden Benachrichtigung wird dann die Karte berichtigt und nun erst erhält der Eigenthümer eine Artikel-Nummer.

Auf welche Weise die nicht definitiv gewordenen Bleistiftnotizen zu beseitigen, — und was wird, wenn dasselbe Areal demnächst wiederum anders eingetheilt wird, darüber fehlt jede Notiz oder Vorschrift.

Uebrigens unterliegt es, wie auch beim Stadtgericht angenommen ist, keinem Zweifel, daß die Handzeichnung aus Art. 4 Abs. 3 der Zusatzbestimmungen vom 12. August 1872, welche die Katasterbeamten den Steuerbuchs-Auszügen beilegen, die nach § 58 G.B.O. erforderliche Karte nicht ersetzt, zumal in der Ueberschrift der Handzeichnungen der Katasterbeamte ausdrücklich jede Vertretung wegen des Flächenmaßes ablehnt.

Indessen ist hier bisher dann die Grundzeichnung allein als genügend angenommen worden, wenn es sich um ein völlig getrennt liegendes Stück handelt, also, wenn der Veräußerer kein angrenzendes Restgrundstück behält.

11. Die Abgaben-Vertheilung liegt nach wie vor den Landraths-

Aemtern ob. Früher mußte deshalb von jedem Parzellirungsvertrage dem Landrath beglaubigte Abschrift ertheilt werden.

Das neue Gesetz enthält eine solche Vorschrift nicht.

Wie Bahlmann Anm. 123 zu § 57 G.B.O. aus den Motiven mittheilt, ist es als selbstverständlich angenommen worden, daß die Interessenten die bezüglichen Abschriften einzureichen haben.

In allen Fällen, wo schriftliche Verträge nicht existirten, dürften die Interessenten ganz besonders auf diese Folge aus dem Gesetze hinzuweisen sein.

12. Verschiedene Ansichten haben sich geltend gemacht für den hier häufiger vorkommenden Fall, daß die Contrahenten einen Kaufvertrag aufnehmen lassen und daran unmittelbar die Auflassung anschließen. Dalcke (siehe Gruchot, Band 17 S. 455) hält es für unzulässig, daß die Vertragsstipulationen äußerlich mit der Auflassungserklärung in einer Urkunde verbunden sind, — oder scheint dies wenigstens für unzulässig zu halten.

So unzweifelhaft aber beide Geschäfte unabhängig von einander sind, so ist doch nicht einzusehen, weshalb noch eine zweite, die Auflassung enthaltende Urkunde aufgenommen werden müßte.

Für die Interessenten ist es völlig unerheblich, daß der Richter den Vertrag als Deputirter des Gerichts, die Auflassung als Grundbuchrichter aufnimmt, — und darauf, daß die Auflassungserklärung mit dem Vertrage ausgefertigt wird, ist kein Gewicht zu legen.

13. Der von Dalcke (Gruchot, Bd. 17 S. 456) [gegen Dernburg, Lehrbuch Band I S. 518] angeregte Zweifel, ob nicht die Worte der Auflassung gewissermaßen feierliche seien, erscheint von Belang. Wenn auch nicht die Worte in dem Sinne, wie bei einem Wechsel entscheidend sind, so muß doch nach § 2 E. G. die Eintragung des neuen Erwerbers vom Veräußerer bewilligt, und vom Erwerber die Eintragung beantragt werden.

14. Die Vorschrift des Absatz 3 § 48 G. B. O., (daß die Eintragung sich unmittelbar an die Auflassung anschließen soll), genau zu befolgen, erscheint nicht ausführbar. Man denke nur an eine großartige Parzellen-Auflassung. Wenn jeder Contrahent warten will, bis die bezügliche Eintragung erfolgt ist, wie lange sollen die Interessenten an Gerichtsstelle bleiben, — und wie lange sollen die weiteren Verhandlungen unterbleiben?

Ist es nicht gegen das Interesse der Betheiligten, dem vom Abhalten der Termine erschöpften Richter die sofortige Verfügung in solcher Sache abzuverlangen?

15. Dagegen unterliegt es wohl keinem Zweifel, daß für die Wirkung des Eigenthums-Uebergangs die Eintragung, — nicht die Auflassung — maßgebend ist. (cf. auch Dalcke bei Gruchot Bd. 17 S. 463 und Dr. Heidenfeld S. 17 des preuß. Immobiliar-Rechts). Es wird daher möglichst darauf hinzuwirken sein, daß Auflassung und Eintragung recht nahe an einander liegen. Dalcke nimmt an, daß erst die Hinzufügung beider Unterschriften die Eintragung wirksam mache. Das erscheint jedoch höchst bedenklich, vielmehr dürfte die die Unterschriften betreffende Vorschrift lediglich instruktioneller Natur sein. Nichtigkeit oder Ungültigkeit ist im Gesetze für den Fall, daß eine Unterschrift fehlt, nicht angedroht; und die Regreßpflicht der Grundbuchrichter ist in der That groß genug, um sie nicht durch Hineintragung solcher Auslegung noch zu erhöhen.

16. Bedenklich erscheint ferner die Frage, welche Folgen die Eintragung ohne Beschaffung der nach § 83 A. L. R. II, 6 erforderlichen Genehmigung — cf. Abschnitt A, Nr. 7, — hat. Nach § 10 E. G. heilt die Auflassung die mangelnde Form des Geschäfts. Da diese Genehmigung als eine Form des Geschäfts kaum zu rubriciren sein dürfte, bleibt der Akt nichtig, und das Eigenthum anfechtbar. Es wird daher die größtmöglichste Vorsicht dringend anzuempfehlen sein.

17. In Betreff des Orts der Auflassung vertritt Dalcke (Gruchot Bd. 17 S. 457) die Ansicht, daß die Auflassung nur an Gerichtsstelle erfolgen dürfe. Dem möchte nicht beizupflichten sein. Förster's Worte (G. B. R. S. 88), die Auflassung solle vor dem offenen Grundbuche erfolgen, stehen nicht im Gesetze, sind aber überhaupt nur als eine Instruktion zu verstehen. Das Bedenken, es könne inzwischen ein auf das Grundstück bezüglicher Eingang, während der Richter abwesend ist, einkommen, ist doch hinfällig, da die Eintragung erst nach der Rückkehr verfügt wird, oder verfügt werden kann.

18. Dagegen muß Dalcke (bei Gruchot Bd. 17 S. 458) darin beigepflichtet werden, daß der Grundbuchrichter bei Abhaltung von Lokalterminen der Genehmigung des Direktors bedarf. Zur Zeit ist er nur Beamter des Gerichts, und muß also jene Genehmigung sich beschaffen, insofern solche für erforderlich noch gehalten wird. Wie es dabei mit der Selbstständigkeit, welche § 20 G. B. O. verheißt, steht, ist freilich eine andere Frage. Zur Zeit aber sind nur für Neuvorpommern (Ges. v. 26. Mai 1873 § 4) dem Grundbuchrichter im Verhältniß zu seinen Beamten die Befugnisse eines Direktors beigelegt worden.

Es sind hier den Grundbuch-Aemtern noch nicht einmal eigene

Schreiber und Unterbeamte überwiesen, was doch nach § 20 cit. erforderlich erscheint.

19. Daß zur Aufnahme von Verhandlungen der Grundbuchrichter genügt, erscheint unzweifelhaft (cf. auch Dalcke bei Gruchot Bd. 17 S. 457). Die dem widersprechende Ansicht kann sich nur auf § 20 G. B. O. berufen, in Verbindung mit § 2 E. G., scheitert aber schon daran, daß nach § 20 cit. zum Grundbuchamte außer dem Buchführer, der von Jenen nur herangezogen wird, auch noch Schreiber und Unterbeamte gehören. Man vergleiche auch John, Erörterung S. 2.

20. Bedenklicher ist die Frage, welcher Erfolg eintritt, falls die Erklärung von einem andern als dem zuständigen Grundbuchrichter (cf. § 2 E. G.) aufgenommen wird. Ist die Eintragung erfolgt, so erscheint der Mangel geheilt, cf. §§ 9. 10. E. G. und die dazu gegebenen Erläuterungen von Achilles. Die Anfechtung ist nur nach den Vorschriften des bürgerlichen Rechts, also nicht wegen eines derartigen formellen Mangels vorbehalten.

21. De lege ferenda möchte anzuregen sein, ob es nicht zulässig wäre, sich in den vor Notaren geschlossenen Verträgen die Auflassung zu erlassen, vielleicht mit dem gesetzlichen Vorbehalte, daß der Grundbuchrichter, wenn er Anstände findet, zu laden befugt ist. Zur Zeit ist da, wo solche Verträge existiren, bei vielen ehrenhaften Leuten die Auflassung eine solche Form, daß man mit Abgabe bezüglicher Erklärungen Gerichtsdiener oder Comptoirpersonal beauftragt.

22. In die Abtheilung I gehören auch Vermerke betreffend subjektiv und objektiv dingliche Rechte, wenn solche bei dem Blatte des berechtigten Grundstücks vermerkt werden sollen. Eben dort wäre z. B. auch zu vermerken, daß dem Eigenthümer des verpflichteten Grundstücks das Recht zusteht, jeder Zeit zu verlangen, daß die in der Brandmauer angelegte Thüre wieder zugemauert werde, denn eine Belastung des berechtigten Grundstücks als solchen ist diese Befugniß jedenfalls nicht.

23. Die Ansicht von John, Erörterung S. 3, daß die nicht vollzogene, nur mündlich vor dem Grundbuchrichter abgegebene Erklärung genüge, erscheint mehr als bedenklich, aber praktisch unschädlich, da ein Fall, wie ihn John setzt, nicht leicht vorkommen wird, — und zwar schon deshalb nicht, weil die Interessenten nicht selbst die im Gesetz gebrauchten Ausdrücke vorzubringen pflegen, sondern in der Regel einer die Absicht des Erscheinens angiebt, und der Andere erst auf Befragen die Richtigkeit der Angaben bestätigt. Mehr wie einmal ist es hier schon vorgekommen, daß die Interessenten nach Mittheilung des Inhalts

des Grundbuchs von der Auflassung abstanden, — das wäre, wenn jene Ansicht richtig wäre, nicht mehr zulässig gewesen.

24. Die Eintragung in die erste Abtheilung erfolgt (cf. John, Erört. S. 11. 21.):

a. bei freiwilligen Veräußerungen auf Antrag des Eigenthümers unter Bewilligung des eingetragenen Eigenthümers oder unter Beibringung eines rechtskräftigen, diesen zur Einwilligung verurtheilenden Erkenntnisses (§§ 2. 3. E.G.),

b. außerhalb der freiwilligen Veräußerung oder bei Erwerb vor dem 1. Oktober 1872 (§ 5. E.G. § 49 G.B.O.)

I. auf Antrag des Erwerbers, wie nach bisherigem Recht, also nach Beibringung des Testaments oder Erbvertrags mit Niederlegungs- und Eröffnungs-Verhandlung, — beziehentlich nach Beibringung der Erbbescheinigung, resp. Bescheinigung der Lehns- oder Fidei-Commiß-Behörde über das Nachfolgerecht (§§ 51. 52. G.B.O.)

und für Legatare nach Einwilligung der Erben in beglaubigter Form beziehentlich nach Beibringung eines rechtskräftigen, sie zur Einwilligung verurtheilenden Erkenntnisses. (§ 53. G.B.O.)

II. im Wege des Zwanges auf Antrag einer zuständigen Behörde, oder eines dinglich — resp. zu einer Eintragung Berechtigten.

c. wenn es sich um Miteigenthum bei ehelicher oder fortgesetzter Gütergemeinschaft handelt, auf Antrag eines der Berechtigten, § 50. G.B.O.

d. wenn es sich nur um Eintragung des Erwerbsgrundes und des Erwerbspreises, des Taxwerths oder der Feuerversicherungssumme handelt, auf Antrag des Eigenthümers, § 10. G.B.O.

e. wenn es sich um Eintragung aus Rezessen der Auseinandersetzungsbehörden handelt, auf deren Antrag (§ 101. G.B.O.).

In Betreff der Form dieses Antrages findet sich überall Nichts zu bemerken, — und genügt nach Ansicht des Kammergerichts im Falle zu e, auch ein nicht untersiegelter Antrag. (cf. Reskr. v. 4. Juli 1873 — B. b. 354. Juni. —)

24a. Zweifelhaft ist jedoch der Fall, wenn Realinteressenten, — also z. B. solche, denen gegenüber der Eigenthümer eine Baubeschränkung sich auferlegt hat, — dem Fiskus gegenüberstehen und ihre Realberechtigung eingetragen wissen wollen. § 2 G.B.O. sagt, daß für den

Fiskus ein Blatt angelegt werden müsse, wenn von dem Eigenthümer oder einem Berechtigten darauf angetragen wird.

Der Zweifel erscheint aber nicht berechtigt, da § 2 cit. nur anordnen will, in welchem Falle ein Blatt für den Fiskus überhaupt anzulegen ist; während das Verfahren in den §§ 49. 55. G.B.O. geordnet ist, und danach auch gegen den Fiskus das Zwangsverfahren eintreten muß. Es erscheint dies ganz unbedenklich, schon, weil andernfalls für den Fiskus als Eigenthümer der Besitztitel berichtigt werden könnte, während das fragliche Grundstück vielleicht längst veräußert ist.

Der Einwand, daß gegen den Fiskus keine Strafe festgesetzt werden könne, erscheint nicht durchgreifend, denn, wenn auch die Einziehung der Geldstrafe nicht erfolgen wird, so kann sich doch an die Festsetzung der Strafe das weitere Verfahren aus § 55 a. a. O. anschließen.

C. Expropriationen und Enteignung zu trigonometrischen Zwecken betreffend.

1. Auf Expropriationen, also nicht freiwillige Veräußerung beziehen sich die Gesetze vom 5. Mai 1872 (§ 5 E.G.) insoweit **nicht**, als Eigenthum nach den bisher geltenden Gesetzen bei der Expropriation erworben wird. Es bedarf also nach wie vor neben dem Titel (Expropriations-Resolut) des Modus acquirendi, der Uebergabe, welche nur für Zuschlagsbescheide (§ 342 A.L.R. I, 11 § 56 Subh.-O. vom 15. März 1869) nicht erforderlich ist, — also einer Uebergabe-Verhandlung oder des Nachweises der Uebereignung im Wege der Exekution, oder endlich eines die Uebergabe ersetzenden Erkenntnisses. **Förster** (G.B.R. S. 96 und Theorie und Praxis Bd. 2 S. 146) spricht von einer Besitzeinweisung. Einen solchen Kunstausdruck hat die Gesetzgebung nicht, derselbe wird vermuthlich (siehe die Theorie und die dortigen Citate) in dem Entwurfe eines Expropriationsgesetzes von 1864 (§ 35) vorkommen. § 11 Abs. 2 des Gesetzes vom 3. November 1838 erwähnt, daß der Eigenthümer (Expropriat) verpflichtet ist, das Grundstück zu übergeben, und nöthigen Falls von der Regierung **hierzu** angehalten wird.

Außerdem wird aber jedenfalls ein Steuerbuchs-Auszug (§ 58 G. B. O.) erforderlich und vom Exproprianten zu beschaffen sein. Sonst würde die Uebereinstimmung mit dem Steuerbuche nicht erzielt werden.

2. Eine Vormerkung (§ 8 E.G.) kann auch hier nur mit Bewilligung des Eigenthümers oder unter Vermittelung des Prozeßrichters

eingetragen werden. cf. § 64 G.B.O. Gleichgültig ist in dieser Beziehung, ob ein ganzes Grundstück oder ein Theilstück expropriirt ist.

3. Ist das Resolut gegen den früheren Eigenthümer gerichtet, so kann daraus eine Eintragung nur mit Zustimmung des jetzt eingetragenen Eigenthümers erfolgen. Ohne Wissen und Willen des Eigenthümers, — welcher freilich durch ein Erkenntniß ergänzt werden kann, — sollen Eintragungen nicht erfolgen. (cf. Förster, G.B.R. S. 58 a. E.)

4. Die bisher geltenden Expropriationsvorschriften betreffen wohl kaum den Fall, wenn ein ganzes Grundstück enteignet wird. Dies wird besonders fühlbar, wenn die im Wege der Expropriation zugebilligte Entschädigung erheblich hinter dem Betrage der eingetragenen Schulden zurückbleibt. Diese Schulden können selbstverständlich nicht ohne Weiteres gegen Deposition der Entschädigung gelöscht werden, am wenigsten, wenn das Expropriations-Resolut, (wie in der Regel der Fall sein wird,) nur gegen den Eigenthümer, nicht gegen die Gläubiger gerichtet ist, diese Gläubiger also im beregten Verfahren garnicht gehört worden sind.

5. Das Gesetz, betreffend die Errichtung und Erhaltung von Marksteinen, vom 7. Oktober 1805 giebt zu noch erheblicheren Bedenken Anlaß.

Es verordnet in § 5, daß die Abschreibung des erworbenen Terrains erfolgen muß. §§ 5, 1 Abs. 4 handeln von einer Uebergabe resp. Besitzeinweisung. Hier soll die Besitzeinweisung (§ 1 cit.) durch den Kreislandrath erfolgen. Es wird daher daher genügen, wenn dieser die erfolgte Besitzeinweisung bescheinigt.

Kommt es zur zwangsweisen Enteignung, so erfolgt nach § 5 cit. die Abschreibung auf bloße Requisition des Landraths, — auch dann natürlich nicht ohne den Steuerbuchs-Auszug — C. Nr. 1 oben. — Es wird aber zu bescheinigen sein, daß die zwangsweise Enteignung erfolgt ist.

Ist die Enteignung nicht zwangsweise erfolgt, so wird die Auflassung nicht zu umgehen sein, da eine freiwillige Veräußerung vorliegt.

III. Generelles für Abtheilung II und III.

1. Soll eine Eintragung in eine dieser Abtheilungen für eine nicht-physische Person (Handelsgesellschaft, Genossenschaft, juristische Person) erfolgen, so muß die rechtliche Existenz dieses Rechtssubjekts nachgewiesen werden. Es ist dies nicht ausdrücklich vorgeschrieben, scheint aber zur Beseitigung künftiger unlöslicher Schwierigkeiten durchaus geboten.

2. Welcher Art muß die notarielle Beglaubigung im Sinne des § 33 G. B. O. sein?

Das vielfach vorkommende Attest:

„die Aechtheit der Unterschrift beglaubigt“

erscheint nicht ausreichend. Steht dagegen nur da: „beglaubigt“ ꝛc. so dürften Legalia zu präsumiren sein.

Für diese Ansicht spricht, daß die Gerichte nach § 26 A. G. O. II, 3 schon früher Beglaubigungen ertheilten. Damals allerdings auf Grund des besonders aufgenommenen Protokolls, dessen Wegfall Abs. 2 § 33 ausdrücklich gestattet. Jene Beglaubigung setzte gemäß §§ 23 fgg. A. G. O. II, 2 Feststellung in Bezug auf Identität, Geschäfts- und Verfügungsfähigkeit voraus.

Wenn jetzt auch die Notare dergleichen Atteste ertheilen können, so sollen sie doch zweifellos ebenfalls Identität, Geschäfts- und Verfügungsfähigkeit der Aussteller feststellen, und dafür verantwortlich sein. Letzteres erscheint aber bei der erstgedachten Fassung geradezu ausgeschlossen, so weit die Geschäfts- und Verfügungsfähigkeit in Betracht kommt.

Die hiermit übereinstimmende Ausführung des Berliner Stadtgerichts ist aber vom Kammergericht durch Reskript vom 24. November 1872 (U. 3854) gemißbilligt worden, obschon nach anderen Reskripten die Prüfung der Identität und Dispositionsfähigkeit als selbstverständlich bezeichnet wird.

Uebrigens hat auch Achilles (Anm. zu § 80) die hier angegriffene Form vorgeschlagen, und Dr. Heidenfeld (Jur. Vorschrift von 1873 S. 28) tritt ebenfalls dafür ein.

3. Ueber die Frage, in welche Abtheilung Arreste einzutragen sind, ist bereits eine ganze Literatur erwachsen. Förster (G. B. R S. 76), dem Bahlmann (§ 22 Anm. 12), Johow (Bd. 2 S. 254) und Dr. Heidenfeld (Jur. Wochenschrift 1873 S. 29) beistimmen, will

den Arrest in die zweite Abtheilung eintragen lassen. Andrer Ansicht sind Achilles Anm. zu § 22 E. G. und Behrend in seiner Zeitschrift Bd. VII S. 126.

Die dortige Empfehlung, den Arrest bei der Eintragung ausdrücklich als Arrest zu bezeichnen, ist wohl entbehrlich, da das Empfohlne selbstverständlich.

Diesseits wird Förster beigepflichtet.

3a. Das Berliner Stadtgericht trägt in Abtheilung III ein. Es ist nun dort zweifelhaft geworden in einem Falle, wo eingetragen war:

„Vorgemerkt ein Arrest in Höhe ꝛc."

ob bei späterer Eintragung einer Hypothek wegen desselben Anspruchs wegen „Vorgemerkt" in eine Hypothek umgeschrieben werden kann, oder ob unter einer neuen Nummer mit Verweisung auf jenen Arrest einzutragen ist. Man legte den Nachdruck auf „Vorgemerkt" und schrieb um. Andere aber wollen vorab feststellen, ob ein dinglicher oder ein persönlicher Anspruch zu Grunde lag, und zwar durch Einsicht der betr. Prozeßakten. Dies Verfahren ist indessen nicht zu empfehlen, und Ersteres allein korrekt, falls der Arrest in Abtheilung III gehört.

4. Von Amtswegeu ist nur einzutragen:

1) die Löschung des vorläufigen Vermerks bei Abschreibung von Trennstücken; § 64 G. B. O.
2) die Uebertragung von Lasten und Schulden auf ein nicht erneuirtes Trennstück; § 66 G. B. O.
3) die Ab-, Zuschreibungs- und Uebertragungs-Vermerke bei Abzweigungen; §§ 60, 61 G. B. O.
4) die Zurückführung der Blätter auf das Steuerbuch; § 4 G. B. O.
5) die Löschung gewisser gesetzlich aufgehobener Beschränkungen; § 97 G. B. O.
6) die Wiedereintragung irrthümlich gelöschter oder bei Ab- und Umschreibungen nicht übertragener Posten; § 118 G. B. O.

(cf. auch John, Erörterung, S. 9.)

5. Bedarf es neben dem actus voluntariae jurisdictionis, enthaltend eine Schuldurkunde, ein Kautions-Instrument, eine Cession oder eine Quittung noch eines besonderen Antrages, den der Grundbuchrichter als solcher aufnimmt, während er jenen Akt als Deputirter des Gerichts aufnahm? (cf. Nr. III der Instruktion vom 1. September 1872.)

Diesseits wird die Frage verneint, da ohnehin die Original-Verhandlungen nach § 12 der Instruktion vom 14. November 1872 im Rotulus der Sammelakten zwar aufgeführt, aber trotzdem bei den Spezialakten aufbewahrt werden.

Mit dieser Auffassung stimmt, wenn auch zum Theil aus anderen Gründen, John, Erörter. S. 9 überein. Derselbe hebt mit Recht hervor, daß auch von Gerichtstags-Kommissarien aufgenommene Verhandlungen nicht anders zu behandeln seien.

5a. Die jetzige Einrichtung (Nr. III der Instruktion vom 1. Septbr. 1872), daß die Ausfertigungen der Akte freiwilliger. Gerichtsbarkeit nicht vom Grundbuchrichter gezeichnet werden, kann sehr böse Folgen haben. Denn es wäre denkbar, daß der Decernent des Kreisgerichts die Ausfertigung ablehnt, weil er den Akt für mangelhaft oder nicht rechtsbeständig hält — während inzwischen bereits der Grundbuchrichter auf jene Verhandlung hin Eintragungen bewirkt hat. — Verfährt aber der Grundbuchrichter so, daß er erst einträgt, wenn ihm die vom Gericht gezeichnete Ausfertigung vorliegt, so kann durch den nothwendigen Zeitverlust den Parteien ein unersetzlicher Schaden entstehen.

6. Müssen Notare zur Stellung von Anträgen sich dadurch legitimiren, daß in den Urkunden, welche sie überreichen, die bezüglichen Anträge enthalten sind, oder genügt auch die Bewilligung? (cf. auch John, Erörterung S. 49) § 36 G. B. O.

Die G. B. O. erfordert nur die Bewilligung oder den Antrag der Betheiligten auf Eintragung oder Löschung. Sie schließt gegenüber § 4 Ges. vom 24. Mai 1853 Rechts-Anwalte aus. Anderseits läßt sie kaum einen Zweifel zu, daß auch die Bewilligung den Notar ermächtigt. John versucht es, dies herauszuinterpretiren, aber nur gestützt auf die historische Entwickelung, welche doch gegenüber dem Wortlaute nicht durchgreifen dürfte. Es ist nicht ohne Weiteres anzunehmen — mit John — daß der Gesetzgeber sich im Ausdruck vergriffen hat, und für „oder" „„beziehentlich"" sagen wollte. Daran scheitert sein Versuch, den Wortlaut wegzuinterpretiren.

6a. Ueberhaupt aber muß gegen John (S. 43) behauptet werden, daß die Hypothek auf bloße Bewilligung des Eigenthümers auf Antrag des Gläubigers eingetragen werden kann. (cf. Bahlmann S. IX der Einleitung für John und dagegen Achilles § 19 E. G. Nr. 1). Durchgreifend erscheint auch hier der Wortlaut des § 19 Nr. 1 E. G., der um so mehr maßgebend ist, als der Entwurf von 1869 das Wort „beantragt" hatte und als § 13 für Eintragungen in der zweiten Abtheilung ausdrücklich den Antrag des Berechtigten und die Einwilligung des Verpflichteten erfordert. Wenn sich Förster (G. B. R. S. 159 Anm.) für Bahlmann entscheidet, so beseitigt dieser Umstand in keiner Weise den Wortlaut des § 19.

6b. Andrerseits ist aber jedenfalls die Befugniß der Notare durch die beigefügten Urkunden begrenzt. Die aufgestellte Ansicht, daß sie auf Grund vermutheter Vollmachten weitere Anträge zu stellen legitimirt seien, entbehrt der Begründung aus dem Gesetze. Das Kammergericht verlangt ebenfalls besondere Ermächtigung, wenn der Notar den in Bezug auf die Bezeichnung des Grundstücks unrichtigen Antrag berichtigt. (Reskr. v. 1. Mai 1873 C 332/4.)

7. Gerichtlich aufgenommene oder beglaubigte Eintragungs- und Löschungsanträge, im Sinne des § 33 G. B. O. sind, — insofern es sich um nicht beim Grundbuch-Amte persönlich angebrachte Anträge handelt, — nur von einem Richter protokollirte, resp. beglaubigte, nicht auf der Anmeldestube aufgenommene, und nicht einfache Registraturen (cf. John Erörterung S. 53) (§ 2 A. G. O. II, 1; §§ 1. 17 A. G. O. II, 2). Dagegen genügt die Unterschrift des Richters allein, außer bei

a) Schreibensunkundigen; für diese bedarf es eines Schreibebeistandes oder Protokollführers (46 A. G. O. II, 2, Anh. §§ 68. 69. 70 zu A. G. O. I, 10, zu § 19 u. Plenarbeschluß vom 15. Januar 1847);

b) der deutschen Sprache nicht mächtigen Personen (§ 37 A. G. O. II, 2); für diese ist ein Dollmetscher zuzuziehen, falls der Richter nicht die fremde Sprache versteht, und eine Verhandlung in beiden Sprachen aufnehmen;

c) Tauben (A. G. O. § 4 II, 3); hier ist Frage und Antwort aufzuschreiben, und das Protokoll zum eigenen Durchlesen zu geben, auch zu attestiren, daß solches geschehen;

d) Stummen (§ 5 A. G. O. II, 3); diese müssen eigenhändig die Fragen resp. Antworten niederschreiben;

e) Taubstummen (§ 7 A. G. O. II, 3); diese kommen nur in Betracht, falls sie schreiben und Geschriebenes lesen können, sonst können sie nicht kontrahiren; in dem erwähnten Falle kommen die Vorschriften zu c) und d) in Betracht;

f) Blinden (§ 8 A. G. O. II, 3); hier ist ein Beistand zuzuziehen, aber auch festzustellen, daß, und wodurch ersichtlich ist, daß der Blinde Kenntniß hat von den nur durch das Gesicht wahrnehmbaren Dingen;

g. solchen, die nicht immer des Verstandes mächtig sind, wenn mit ihnen in dilucidis intervallis verhandelt wird, § 9 A. G. O. II, 3, hier ist nach Vorschrift des § 9 cit. zu verfahren.

Die umständlicheren Formen sind für Anträge wie für Urkunden erforderlich (cf. auch § 34 G. B. O., dessen Aufzählung jedoch nicht erschöpfend ist).

§ 34 findet jedoch, wie John S. 55 mit Recht hervorhebt, nicht für Beglaubigungen Anwendung, da für die Beglaubigung nur Identität und Geschäftsfähigkeit an sich festzustellen sind (cf. auch § 26 A. G. O. II, 3). Der Ansicht von John (S. 55. 56), daß für die Protokolle, welche beim Grundbuch-Amte über mündliche Anträge aufgenommen werden, alle diese Vorschriften nicht maßgebend seien, kann jedoch nicht beigepflichtet werden (cf. II B Nr. 23 oben).

Indessen dürfte gegenüber § 9 E. G., welcher die Anfechtung nur nach den Vorschriften des bürgerlichen Rechts gestattet, freilich anzunehmen sein, daß die Eintragung etwaige Mängel heilt.

8. Wenn John bei Erörterung des § 33 G. B. O. (S. 31) den Nachdruck auf das Wort: „beiliegen" legt, und deshalb die Eintragung ablehnt, wenn sich die fragliche Urkunde bei den Akten befindet, und in dem Antrage nur in Bezug genommen wird, so muß auch hier der Scharfsinn in der Deduktion aus der ratio legis anerkannt werden, allein, — obschon der Wortlaut für seine Auslegung spricht, läßt sich ein praktischer Erfolg für diese Distinktion nicht recht absehen. Denn, muß angenommen werden, daß der Eigenthümer in casu befugt ist, sich eine Ausfertigung der betreffenden Verhandlung ertheilen zu lassen, so ist es doch gewiß eine überflüssige Ceremonie, den Eigenthümer zu nöthigen, sich diese Ausfertigung ertheilen zu lassen, und sodann den Antrag zu wiederholen. Uebrigens dürfte auch die Ausführung nicht zutreffen, daß der Besitz von Urkunden die Identität irgendwie bestätigt, — der Besitz braucht nicht stets ein redlicher zu sein, wenn auch die Vermuthung für die Redlichkeit spricht. Eine generelle derartige Entscheidung möchte sich also nicht empfehlen.

9. Befreite Vormünder müssen zur Abgabe von Erklärungen stets ihre Bestallungen, — wie der Bevollmächtigte die Vollmacht, — vorlegen. So hat auch das Königliche Kammergericht auf eine desfallsige Beschwerde angenommen.

IV. Abtheilung II. betreffend.

1. In Abtheilung 2 werden nach § 11 G. B. O. eingetragen:

I. Dauernde Lasten und wiederkehrende Geld- und Natural-Leistungen, welche auf einem privatrechtlichen Titel beruhen;

II. Die Beschränkungen des Eigenthums und des Verfügungsrechts des Eigenthümers.

a. Was zunächst die Art der Eintragung betrifft, so enthält die Grnndbuch-Ordnung darüber Nichts weiter, als daß in § 75 gesagt ist, daß zu gewissen Zeiten wiederkehrende Abgaben und Leistungen nicht der Veranschlagung in Gelde bedürfen, und, daß § 76 anordnet, daß bei Eintragung von Altentheilen auf die zu den Grundakten in beglaubigter Form einzureichende Festsetzung des Altentheils zu verweisen ist.

In Betreff der Altentheile ist zu erwähnen, daß das Probeformular II das Altentheil nur so aufführt:

„Altentheil für Anton Siegert zu Buchhain (Bl. 71 der Grundakten). Eingetragen am ...“

Hier ist zwar das Allegat aus den Grundakten beibehalten worden, aber es ward stets das Datum der Urkunde, aus welcher eingetragen wurde, angegeben. Die Angabe des Blattes der Grundakten erscheint an sich eher entbehrlich, weil die Akten chronologisch geheftet werden.

Es erscheint demgemäß die Eintragung von anderen Verpflichtungen unter Verweisung auf Urkunden nicht gewünscht zu werden; die Ausnahme ist ausdrücklich nur für Altentheile gemacht.

Die Praxis hat aber doch wiederum die Bezugnahme auf Urkunden eingeführt. Dazu ist auch, da es Sitte geworden ist, Parzellenerwerbern eine ganze Anzahl von Baubeschränkungen und Bauverpflichtungen aufzuerlegen, ein Bedürfniß vorhanden. Die Eintragungen würden sonst endlose werden. Man denke nur an die hier vorgekommenen Details, daß z. B. die Grundstücke eingefriedigt werden müssen, und die Gitter so beschaffen sein sollen, daß durch die Stäbe kein Hausthier durchkriechen kann.

b. Zweifelhaft kann freilich sein, ob derartige Verpflichtungen überhaupt in das Grundbuch gehören. Bau-Verpflichtungen gehören auch, streng genommen, nicht zu den Beschränkungen des Eigenthums oder des Verfügungsrechts. Indessen ist § 11 G. B. O. gewiß nicht dem Buchstaben nach zu verstehen.

e. Vormerkungen auf Auflassung und Vermerke aus § 64 G. B. O. (die Ausdrücke sind im Gesetz nicht streng gesondert, cf. John Erörterung S. 10, Förster G. B. R. S. 58. 67 fgg.) gehören zweifellos in die zweite Abtheilung.

Sie werden sich unter die Beschränkungen des Verfügungsrechts zählen lassen. Ist das der Fall, so ergiebt sich ein neues Moment für die Ansicht, daß deren Eintragung die Verfügung hindert (siehe I A 8, S. 10 oben.

Eine Consequenz wäre dann freilich, daß der vorläufige Vermerk aus § 64 insofern die Bedeutung der alten Parzellirungsprotestation erlangt, als spätere Belastungen und Verschuldungen das Trennstück, für welches ein Vermerk eingetragen ist, nicht mehr berühren würden. Diese Consequenz zu ziehen, erscheint aber in Ermangelung bezüglicher Vorschriften im Gesetz unzulässig. Dazu kommt, daß das Gesetz diesen Vermerk einen nur vorläufigen Vermerk nennt, und nicht eine Vormerkung, — also derselbe anscheinend nur eine thatsächliche Angabe enthalten soll (cf. John S. 10 a. a. O.), ohne weitere rechtliche Folgen.

Hier ist daher stets auch von nachträglich eingetragenen Gläubigern oder Realberechtigten die Entpfändung verlangt worden.

d. Welche Rechte sind durch den Präklusivtermin, den 1. Oktober 1873, weil sie nicht eingetragen waren, erloschen?

Diese Frage ist hier besonders in den Vordergrund getreten, weil die Geistlichen, um derartigen Folgen auszuweichen, die Eintragung aller Pfarr-Abgaben beanspruchten.

Die Eintragung ist indessen, soweit die Abgaben nicht auf privatrechtlichen Titeln beruhten, durchweg abgelehnt worden, da § 12 E. G. nur die Eintragung der auf privatrechtlichem Titel beruhenden dinglichen Rechte verlangt, auch § 11 G. B. O. nur den Geld- und Naturalleistungen, welche auf einem privatrechtlichen Titel beruhen, in der zweiten Abtheilung die Stelle anweist, und noch hervorhebt, daß die im § 49 Konk.-Ordn. vom 8. Mai 1855 aufgeführten Lasten der Eintragung nicht bedürfen, § 49 cit. aber mit aufzählt die aus dem Kirchen-, Pfarr- und Schulverbande entspringenden, oder an Kirchen, Pfarren und Schulen, oder an Kirchen- und Schulbediente zu entrichtenden Abgaben; somit auf diese alle § 73 G. B. O. nicht Anwendung finden kann.

Nicht so unbedenklich dürfte die Frage sein, welche Gerechtigkeiten durch die Vorschrift in § 12 E. G., daß Grundgerechtigkeiten keiner Eintragung bedürfen, erhalten geblieben sind. Es dürfte in dieser Hinsicht daran zu erinnern sein, daß das Landrecht an Landservituten die Wassergerechtigkeiten (serv. aquaeductus, aquehauctus etc.) nicht erwähnt. (Förster, Theorie Bd. 3 S. 322). Es wird indessen Sache der Judikatur sein, in dieser Beziehung das Gesetz auszulegen.

2. Sustentations-Verpflichtungen, wie sie hier vorzukommen pflegen, d. h. in Erbrezessen oder Verträgen von der Wittwe beziehentlich dem Gutsannehmer übernommene Verpflichtungen, Kinder bis zum vollendeten 16. Lebensjahre in allen Stücken zu unterhalten, gehören gar nicht in das Grundbuch, insofern nicht Cautionshypotheken deshalb bestellt werden (§ 24 E. G.).

Denn solche Verpflichtungen sind nicht als wiederkehrende Geld- oder Naturalleistungen im Sinne des § 11 G. B. O. anzusehen, weil deren Wiederkehr durchaus unregelmäßig ist.

3. Geldrenten gehören in die zweite Abtheilung, cf. § 75. 11 G. B. O.

4. Wegen des Erwerbs vor dem 1. Oktober 1872 können noch immer Protestationen eingetragen werden. §§ 49. 143 G. B. O.

5. Bei Vormerkungen de non disponendo, — insbesondere bei Subhastationen, Konkursen ꝛc. — wollen die Grundbuchrichter des Stadtgerichts neue Eintragungen in Abtheilung II oder III nicht bewirken, — auch nicht mit dem Zusatze: „unbeschadet der Rechte des oder der ꝛc." Waren solche Eintragungen früher zulässig, so scheint doch in dieser Beziehung Nichts geändert zu sein (cf. Wachler Subh. O. S. 28. 33. 35.).

6. Liegt bisher nur der Antrag vor, eine Vormerkung einzutragen, — der Antrag ist auch gerechtfertigt, — aber die bezügliche Verfügung noch nicht abgelassen, oder doch noch nicht im Grundbuche ausgeführt, so wird sich ein Grundbuchrichter, welcher verfährt, als wäre die Eintragung bereits erfolgt, schwerlich verantwortlich machen. Die Vertretung für den entgegengesetzten Fall wird sich nicht generell besprechen lassen.

7. Kann das Recht aus einer Vormerkung auf Auflassung abgetreten und umgeschrieben werden? Das Kammergericht hat, — entgegen der Ansicht des Stadtgerichts, welches sich auf §§ 22. 23 A. L. R. I, 19 berief, die Umschreibung angeordnet (Berlin 99), wobei ausgeführt wird, daß es dahingestellt bleibe, ob der Belastete judicando

verurtheilt werden kann, aufzulassen. Jedenfalls ist im Gesetze nicht angeordnet, daß das Recht nicht cessibel sei.

8. Ist das vor dem 1. Oktober 1872 in Abtheilung II eingetragene Recht cessibel und abgetreten worden, so muß Behufs Umschreibung das wirklich vorhandene Dokument beigebracht werden. § 93 G. B. O. findet auf diesen Fall keine Anwendung, da es sich nicht um die Löschung handelt.

9. Zulässig erscheint der Auflassungs-Vermerk bezüglich eines Trennstücks, wenn auch der Constituent selbst erst durch eine Auflassungs-Vormerkung gesichert, und noch nicht als Eigenthümer eingetragen ist. In dieser Beziehung trifft zu, was zu 7., oben erwähnt ist.

10. Ist eine Vormerkung auf Antrag einer Behörde eingetragen, so kann auf deren Antrag allein schon die Löschung erfolgen (cf. auch Johow Bd. 2 S. 258 und die dort cirtirten Schriftsteller).

11. In Betreff der Löschung der Vermerke in Abtheilung II ist die von Förster (G. B. R. S. 114) des Näheren erörterte Lücke anzuerkennen. Diesseits sind auch Altentheile, obschon sie persönliche unvererbliche Einschränkungen des Eigenthums nicht sind, wie solche behandelt worden, da kein Zweifel obwalten kann, daß nur ein Fassungsfehler vorliegt.

12. Die von einem Eigenthümer beanspruchte beglaubigte Abschrift der Abtheilung II des Grundbuch-Blattes ist abgelehnt worden, weil § 120 G. B. O. nur von Ertheilung einer beglaubigten Abschrift des ganzen Blattes oder des Titels und der Abtheilung I spricht (cf. auch Förster G. B. R. S. 180).

13a. Definitive Eintragungen in Abtheilung II erfolgen:

I. insofern es sich um ein Recht handelt auf Antrag des eingetragenen oder seine Eintragung erlangenden Eigenthümer — oder aber auf Antrag des Berechtigten unter Beibringung des Konsenses des Eigenthümers in beglaubigter Form (§ 13 E. G.) oder unter Beibringung eines auf Eintragung lautenden rechtskräftigen Urtels (§ 14 E. G.), endlich auf Ersuchen einer zuständigen Behörde (§ 14 cit.);

II. insofern es sich um ein Vorrecht handelt, auf Antrag des das Vorrecht Erwerbenden unter Beibringung der beglaubigten Bewilligungserklärung des das Vorrecht Einräumenden (§ 86 G. B. O. u. Achilles Anm. Abs. 2) — oder aber auf Antrag des Eigenthümers, welcher die bezügliche Erklärung des Einräumenden beibringt, — endlich auch auf Antrag des Einräumenden. In den beiden letzteren Fällen muß die Einräumung natürlich beglaubigt sein.

III. insofern es sich um eine Beschränkung des Verfügungsrechts über das Grundstück handelt (§ 11 E. G. § 91 G. B. O.), da das Gesetz darüber besondere Vorschriften nicht enthält, nach Maßgabe des zu I. Erörterten. Nur bei Familienfidei-Kommissen ist das Ersuchen der Fidei-Kommiß-Behörde erforderlich. (§ 74 G. B. O.)

b. Vormerkungen und Vermerke sind in Abtheilung 2 einzutragen, und zwar:

I. Auflassungs- oder Eigenthumsübergangs-Vormerkungen nur unter Vermittelung des Prozeßrichters, oder mit Bewilligung des eingetragenen Eigenthümers auf Antrag des Erwerbers (cf. jedoch Nr. 9 oben —);

II. Parzellirungs-Vermerke auf Antrag des Erwerbers, aber nur mit Zustimmung des Veräußeres oder auf Ersuchen des Prozeßrichters; (gilt auch bei Expropriationen, cf. I. C. oben.)

III. Vormerkungen Behufs Anfechtung der Eintragung des Eigenthumsübergangs nur auf Ersuchen des Prozeßrichters (§ 9 al. 3 E. G.).

IV. Vormerkungen zur Erhaltung des Rechts auf Eintragung eines dinglichen Rechts auf Antrag des Berechtigten und unter Vermittelung des Prozeßrichters oder mit Bewilligung des eingetrageneu Eigenthümers (§§ 16, 8 E. G. § 88 G. B. O.);

V. Vormerkungen zur Sicherung eines Rechts gegen Löschung, die das Gesetz nur bei Rückständen aus persönlichen unvererblichen Einschränkungen des Eigenthums während Jahresfrist nach dem Tode des Berechtigten kennt (§ 91 G. B. O.; § 102 Abs. 2 ebenda) in Ermangelung einer Bestimmung des Antragsberechtigten, nur auf Ersuchen des Prozeßrichters oder Einwilligung des Eigenthümers, da immerhin eine Beschränkung in der Disposition gegenüber dem Eigenthümer darin liegt.

VI. Vormerkungen zur Sicherung der Löschung eingetragener Rechte, also Behufs Verhinderung der Disposition des Gläubigers;

(solche gehören trotz § 88 G. B. O. Abs. 2 in die zweite Spalte, § 91 G. B. O. cf. auch §§ 60, 70 E. G. Achilles Anm. zu § 88, John S. 17).

nur auf Ersuchen des Prozeßrichters bei Glaubhaftmachung des Anspruchs. (§§ 60, 70 E. G.)

c. die Umschreibung von Vormerkungen in definitive dingliche Rechte erfolgt (§ 89 G. B. O.) auf Ersuchen des Prozeßrichters oder mit Bewilligung dessen, gegen den die Vormerkung gerichtet war.

d. Die Löschung erfolgt:

I. eines Rechts oder einer Last auf Antrag des eingetragenen

Eigenthümers unter Beibringung der Löschungsbewilligung des eingetragenen Berechtigten resp. dessen Rechtsnachfolgers, oder auf Ersuchen einer zuständigen Behörde (§§ 92, 93 G. B. O.);

II. der nach § 2 Ablös. Gesetz vom 2. März 1850 aufgehobenen Rechte auf bloßen Antrag des Berechtigten (§ 98 G. B. O.);

III. der auf Antrag der Auseinandersetzungsbehörden zu viel eingetragenen Rechte (§§ 77, 101 G. B. O.) nur auf Ersuchen dieser Behörde, an welche sich der Eigenthümer zu wenden hat;

IV. eines Vorrechts oder sonstiger Veränderungen auf Antrag desjenigen, **für welchen** die Einschreibung geschah, oder mit seiner Bewilligung — also auf Antrag des Eigenthümers resp. des wiederum Vorrückenden, oder auf Ersuchen der Behörde, welche die Eintragung beantragte (§ 117 G. B. O.);

V. persönlicher unvererblicher Einschränkungen des Eigenthums-, oder Verfügungsrechts auf Antrag des Grundstückseigenthümers ein Jahr nach dem Tode des Berechtigten, welcher nachzuweisen (§ 102 G. B. O.);

VI. der Vormerkung auf Auflassung oder auf Eintragung des Eigenthumsüberganges oder eines dinglichen Rechts nur auf Ersuchen des Prozeßrichters oder auf Antrag desjenigen, für welchen vorgemerkt wurde (§§ 8, 16 E. G.), indessen nach diesseitiger Auffassung auch mit Bewilligung des Berechtigten auf Antrag des Grundstückseigenthümers, ex ratione legis.

VII. der auf Antrag einer zuständigen Behörde eingetragenen Beschränkung auf deren Ersuchen, oder auf Antrag des Eigenthümers mit Bewilligung dessen, zu dessen Gunsten sie eingetragen worden; (§ 100 G. B. O.), indessen kann die Löschung der Lehns- oder Fidei-Kommiß-Eigenschaft nur auf Grund einer bezüglichen Bescheinigung der betr. Behörde, oder des von dieser Behörde bestätigten Familienschlusses über die Aufhebung erfolgen (§ 99 G. B. O.);

VIII. der Vormerkung zur Sicherung eines Rechts **gegen** die **Löschung** wie zu VI und VII;

IX. der Vormerkung zur Sicherung der Löschung eingetragener Rechte nur auf Antrag des Prozeßrichters, da nur dieser zum Antrag auf Eintragung berechtigt war (§ 60 E. G.).

14. Die Form, in welcher der Antrag zu stellen, bestimmt § 33 G. B. O. Es walten Zweifel ob, wann der zweite Satz dieses § 33:

> Jedoch bedürfen schriftliche Anträge, welchen die beglaubigten Urkunden beiliegen, in denen die Betheiligten die beantragte

Eintragung oder Löschung schon bewilligt haben, keiner be-
besonderen Beglaubigung,

anzuwenden ist. John, Erörter. IV S. 20 kann darin beigepflichtet werden, daß jedenfalls der nicht beglaubigte Antrag genügt, wo das Gesetz überhaupt nur die Bewilligung des Berechtigten fordert, falls nämlich letztere in urkundlicher Form vorliegt. Es genügt daher auch zur Eintragung eines Rechts der nichtbeglaubigte Antrag des Berechtigten, dem die beglaubigte Erklärung des Eigenthümers beiliegt (§ 13 Abs. 1 u. 2 E. G. Achilles Note 10). Dasselbe gilt umgekehrt, es genügt der nicht beglaubigte Antrag des Eigenthümers, falls der beglaubigte Consens des Berechtigten vorliegt (§§ 92, 93 G. B. O.).

Durchweg dasselbe gilt von vorläufigen Vermerken, so weit bezüglich derselben auf Antrag des Berechtigten resp. des Eigenthümers etwas veranlaßt werden kann. Bezüglich der Vorrechts-Einräumung erhellt dies aus § 86 G. B. O.

V. Abtheilung III Spalte 1 betreffend.

1. § 23 E. G. ist in der jetzt vorliegenden generellen Fassung anscheinend nur irrthümlich stehen geblieben.

Nach den Kommissions-Berathungen (cf. Bahlmann zu § 23) kann de lege lata nicht wohl bezweifelt werden, daß, wie das Wort „muß" andeutet, die einzelnen Erfordernisse zur Eintragung als Essentialien absichtlich bezeichnet sind.

Einzusehen ist freilich nicht, weshalb nicht im Zweifel Zinsen vom Tage der Ausstellung der Obligation ab, entrichtet werden sollen, und weshalb nicht in Ermangelung einer Festsetzung die gesetzlichen Kündigungsmodalitäten gelten sollen?

Allein nach dem Wortlaute entsteht für eine sonst gültige Schuldverschreibung wegen derartiger Omissionen kein Pfandrecht.

> §. 23 des Gesetzes vom 26. Mai 1873 für Neuvorpommern hat dem Mangel für dortige Verhältnisse wenigstens theilweise abgeholfen, indem er eine Vorschrift giebt, was gelten soll, wenn keine Zeit der Rückzahlung oder Aufkündigung eingetragen ist.

2. Mit Bezug auf § 24 E. G. hat ein Kammergerichts-Reskript vom 31. Januar 1873 (F. W. 107) auf erhobene Beschwerde die Zurückweisung eines Antrages bestätigt, so weit derselbe forderte die Eintragung:

a. einer Konventionalstrafe von 1/5 der fälligen, nicht pünktlich gezahlten Amortisations-Quote;

b. einer für den Fall der Rückzahlung vor Amortisation des Darlehns nachträglich zu entrichtenden Provision von 4 pCt.;

c. der Verzugzinsen, so wie der etwa von der Darleiherin vorgeschossenen Feuer-Versicherungs-Prämien nebst Zinsen davon.

3. Mit Bezug auf dieselbe Bestimmung (§ 24 E. G.) hat man hier die Eintragung der Schäden (sic!) und der Mandatariengebühren für die Gelderhebung, insoweit nicht Kautionshypotheken bestellt waren, ab-

gelehnt; desgleichen die Kosten der Mandatskündigungsklage. Dr. Heidenfeld (Jur. Wochenschrift 1873 S. 28) will diese letzteren Kosten ohne Weiteres eingetragen wissen, weil das Gesetz deren Höhe bezeichne. Sein Grund erscheint indessen nicht zutreffend, schon weil der Tarif geändert werden kann, und, weil es dem Gläubiger freisteht, Theilbeträge zu kündigen und damit die Kosten zu vermehren.

4. Beim Stadtgericht haben sich Ansichten für Eintragung der Verzugszinsen geltend gemacht. Der dafür angegebene Grund, daß die Unbestimmtheit des Anfangspunkts für den Lauf der Verzugszinsen die Forderung noch nicht zu einer unbestimmten mache, ist nicht recht klar. Verabredete Zinsen sind nicht Verzugszinsen im Sinne des obigen Reskripts (Nr. 2), für diese wird aber auch der Anfangspunkt feststehen. Der generellen Eintragung von Verzugszinsen überhaupt stehen aber zweifellos §§ 23, 24 cit. entgegen.

5. Aus den voraufgeführten Gründen erscheint es ferner unzulässig, die Rückzahluug in Pfandbriefen der Gläubigerin einzutragen. Die Pfandbriefe können seiner Zeit über den Pari-Cours hinausgestiegen sein; und ist also zweifellos eine solche Verpflichtung eine ganz unbestimmte.

Aus demselben Grunde hat das Stadtgericht hier es abgelehnt, „900 Thlr. in fünfprocentigen städtischen Pfandbriefen" einzutragen, weil keine bestimmte Summe angegeben ist. Das Probeformular I erwähnt zwar „20,000 Pfandbriefe", allein dort soll damit nur die Qualität der Schuld, wie „Darlehn" oder „Kaufgeld" bezeichnet sein. Die Berufung auf § 47 G.B.O., welcher anordnet,

> daß die für Creditinstitute ergangenen statutenmäßigen Vorschriften über die Aufnahme, Eintragung und Löschung der Pfandbriefdarlehne unberührt bleiben,

erscheint völlig verfehlt, da § 47 G.B.O. durchaus nicht den Zweck haben kann, die materiellen Vorschriften der §§ 23. 24. E.G. zu beschränken, oder abzuändern, vielmehr das Verfahren in Grundbuchsachen betrifft, also formelle Vorschriften enthält.

Aus der gedachten Urkunde 900 Thlr. baar auf bezügichen Antrag einzutragen, erschien dagegen unbedenklich, zumal die Schuldurkunde stets nur zu dem Ende vorgelegt wird, um damit den Hypothekenbrief zu verbinden (cf. Förster, G.B.R. S. 61).

6. Die soeben (zu 5 a. E.) erwähnte Ansicht Förster's, über die Auslegung des § 46 G.B.O. findet noch verschiedentlih Bedenken. Das Stadtgericht zwar hat 1873 kapitalisirte rückständige Zinsen von

1871 eingetragen, während noch im August 1872 die Eintragung dieses Capitals mit Rücksicht auf §§ 818 bis 820 A.L.R. I, 11 abgelehnt wurde.

Johow (Bd. 2 S. 248) erklärt sich jedoch entschieden gegen diese Ansicht; er hält eine Prüfung mit Rücksicht auf etwaige Verbotsgesetze für geboten. Ebenso Dr. Heidenfeld (Jur. Wochenschrift für 1873 Nr. 4). Auch beim Stadtgericht trug man Bedenken, Schuldverschreibungen über Spielschulden einzutragen.

Dem Principe des Gesetzes entspricht aber entschieden nur die von Förster vertheidigte Ansicht. Bei Zugrundelegung derselben bleibt doch noch ein Spielraum für Anwendung des § 46 G.B.O., wenn eben nur die Bewilligung nach Form und Inhalt, d. h. ob sie nicht perplex oder dem Inhalte des Grundbuchs widersprechend ist, geprüft wird.

7. Einzelne nicht vom Staate geschaffene Credit-Institute (wenn man für diese den Namen „Institut", also doch wohl staatliche Einrichtung? brauchen darf) also z. B. Aktiengesellschaften schließen die Kündigung der Darlehne auf länger als 30 Jahre aus, oder verabreden wenigstens längere Amortisationsperioden. Es ist für zweifelhaft gehalten worden, ob solche Abreden wegen § 92 Ablös.-Gesetz vom 2. März 1850 eingetragen werden dürfen.

Die Ausführungen in Lette und von Rönne's Landes-Cultur-Gesetzgebung (Bd. 2₁ S. 708) lassen indessen keinen Zweifel, daß man ganz allgemein hat bestimmen wollen, daß bei Capitalien, — abgesehen von Credit-Instituten, — die Kündigung nur für einen 30 Jahre nicht übersteigenden Zeitraum sollte ausgeschlossen werden können.

De lege lata kommt dagegen in Betracht, daß das Gesetz die Worte wählt: „auferlegt werden", und daß die Ueberschrift lautet „„betr. die Ablösung der Reallasten und die Regulirung der gutsherrlichen und bäuerlichen Verhältnisse.""

Andererseits spricht für Anwendbarkeit des Gesetzes § 23 Ges. vom 26. Mai 1873 für Neuvorpommern. Erwägt man nun noch, daß das Wort: „Credit-Institut" sehr dehnbar erscheint, so möchte den Grundbuchrichtern zu empfehlen sein, den § 92 cit. nicht von Amtswegen heranzuziehen, und es der prozessualischen Entscheidung zu überlassen, festzustellen, ob die übernommene Verpflichtung anfechtbar ist.

8. Lebhafte Bedenken ruft § 15 E.G. hervor. Derselbe bestimmt: Das Recht der Auflassung und Belastung des Grundstücks erlangt aber der Erwerber erst durch seine Eintragung im Grundbuch.

Derselbe schließt sich an an den Satz:

Außerhalb der Fälle einer freiwilligen Veräußerung wird das Eigenthum nach dem bisher geltenden Rechte erworben.

Nimmt man dazu, daß nach § 19 Nr. 1 E.G.

nur auf Bewilligung des eingetragenen oder seine Eintragung **gleichzeitig** erlangenden Eigenthümers die Eintragung der Hypothek erfolgen soll, — endlich, daß die Aufrechterhaltung des § 406 A.L.R. I, 20 (Convalescenz) abgelehnt worden ist, (**Förster**, G.B.O. S. 159), —

so ergiebt sich das Resultat, daß Obligationen nur nachdem wirklich das Eigenthum eingetragen ist, von Eigenthümer wirksam bestellt werden können, — es sei denn, daß der Antrag auf Eintragung der Obligation sich unmittelbar an die Auflassung anschließt. Beim Stadtgericht hat man jedoch, wohl mit Recht, ausgeführt, daß die Worte in § 19 „gleichzeitig erlange", ausdrücken sollen, daß von da ab, wo die Auflassung, welcher kein Bedenken entgegensteht, aufgenommen ist, der Erwerber gültig verpfänden kann, und daß also insbesondere in einem Falle, in welchem am 16. September 1873 eine Parzelle aufgelassen wurde, die Abschreibung im Grundbuche thatsächlich erst am 3. Oktober 1873 erfolgte, die notarielle Obligation vom 19. September 1873 dennoch eintragungsfähig sei. Für diese Auslegung spricht ganz besonders der Umstand, daß, wenn die widersprechende Ansicht richtig wäre, ein verständiger Grund nicht aufzufinden ist, warum der Erwerber am 16. September, nicht aber an den folgenden Tagen bis zum 3. Oktober, das Grundstück sollte gültig verpfänden können.

Daran knüpft sich aber ferner nach § 29 G.B.O. die für den Richter sehr wichtige Frage, ob die Eintragung die Nichtbeachtung eines vorgedachten Mangels heilt, oder ob, falls ein solcher Mangel vorliegt, die Verpfändung nichtig ist und bleibt. § 10 E.G. bestimmt nur über Mängel des der Auflassung zu Grunde liegenden Rechtsgeschäfts; nach der Fassung des § 18 E.G. möchte jedoch trotzdem anzunehmen sein, daß die einmal eingetragene Hypothek oder Grundschuld zu Recht besteht. Vorsichtige Grundbuchrichter werden trotzdem lieber den Antrag wiederholen lassen.

Weiter folgt aus § 5 cit., daß der durch den Zuschlag in nothwendiger Subhastation Eigenthümer Gewordene nicht befugt ist, mit Erfolg zu verpfänden, während doch sein Eigenthum nach § 342 A.L.R. I, 11 nicht zweifelhaft ist. Es ist dies selbstverständlich höchst wichtig für die Belegung der Kaufgelder. Nach § 7 A.G.O. II, 2 in Verbindung mit § 49 A.L.R. II, 17 erscheint nun zwar auch der

Subhastationsrichter befugt, Obligationen zu instrumentiren, — ein Verpfändungsrecht erlangt jedoch damit der Adjudikatar ebenfalls nicht.

9. Die Eintragung einer Hypothek oder Grundschuld erfolgt:

I. auf Antrag des eingetragenen oder seine Eintragung erlangenden Eigenthümers (§ 19 Nr. 1 E. G., doch ist dort gesagt, Bewilligung).

II. auf Antrag des Gläubigers
   a) wenn derselbe ein rechtskräftiges Erkenntniß beibringt, durch welches der Eigenthümer zur Bestellung der Hypothek oder Grundschuld verurtheilt ist (§ 19 Nr. 2 E. G.);
   b) wenn derselbe die Bewilligung des Eigenthümers beibringt; zu b) ist jedoch streitig. Man vergleiche die verschiedenen Ansichten bei Johow Bd. 2 S. 239, und auch Dr. Heidenfeld (Jur. Wochenschrift 1873 Nr. 3; siehe auch oben III 6a).

III. auf Antrag einer zuständigen Behörde (§ 19 Nr. 3 E. G.).

Was die Form betrifft, so ist für den Fall zu I, § 33 G. B. O. klar; es genügt ein beglaubigter Antrag, oder ein nicht beglaubigter Antrag, welchem die beglaubigte Urkunde beiliegt. Für den Fall zu IIa scheint § 33 G. B. O. ebenfalls einen nichtbeglaubigten Antrag zuzulassen, da die beglaubigte Erklärung des Eigenthümers maßgebend ist. Dasselbe wird zutreffen, wenn man den Fall zu IIb überhaupt statuirt (cf. auch John Erörter. S. 24).

9a. Die Eintragung einer Vormerkung zur Sicherung des Rechts für eine Hypothek oder Grundschuld erfolgt auf Antrag des Gläubigers durch Vermittelung des Prozeßrichters oder auf Antrag der zuständigen Behörde (§ 22 E. G., § 88 G. B. O.); die Eintragung einer Cautionshypothek ganz wie die einer andern Hypothek. John S. 18 folgert aus §§ 24. 67 E. G., daß Cautionen nur auf Antrag des Eigenthümers eingetragen werden können. Diese Deduktion ist nicht genauer motivirt, denn auch die Ausführung S. 29 läuft nur auf eine Wiederholung der Gründe für Auslegung des Wortes: „Bewilligung" in § 19 E. G. hinaus.

10. Wenn in dem Notariatsakt fehlt, daß der Schuldner persönlich bekannt, resp. daß seine Identität festgestellt ist, so ist zwar nach § 41 Ges. vom 11. Juli 1845 der Notariatsakt nicht nichtig; allein eintragen wird aus solcher Urkunde trotz der Ausführung bei Johow Bd. I S. 122 kein Grundbuchrichter, weil eben nicht feststeht, daß der in der Urkunde Genannte der Grundstücks-Eigenthümer ist.

11. Kann die Vormerkung auf § 70 E. G. auch eingetragen werden, wenn der Verklagte nicht als Eigenthümer des Grundstücks eingetragen ist.

Diesseits ist die Eintragung stets abgelehnt worden. Kann der Eigenthümer selbst nach § 5 E. G. sein Grundstück nicht belasten, solange er sein Eigenthum nicht hat eintragen lassen, so kann es auch der Gläubiger nicht, der doch unmöglich mehr Recht haben kann, als sein Schuldner besitzt. Es mag dabei ganz dahingestellt bleiben, ob (was nur den Prozeßrichter angeht), in der Vorschrift nur eine anticipirte Exekution, — also ein Wegfall jedes Pfandrechtstitels oder des Nachweises einer causa arresti dergestalt, daß ein Grundstückseigenthümer, gegen welchen ein Anspruch glaubhaft gemacht werden kann, sofort einer sein Eigenthum beschränkenden Exekution unterliegt, — gegeben ist, oder ob ein Pfandrechtstitel zur Anwendung erforderlich ist, dergestalt, daß § 70 nur jura ad rem sichern will (cf. Dr. Heidenfeld Jur. Wochenschrift 1873 S. 29).

12. Requisitionen des Prozeßrichters müssen unterschrieben und untersiegelt sein (§§ 35. 20 G. B. O.); eine Verfügungsabschrift, selbst wenn sie beglaubigt ist, genügt also nicht mehr (Achilles Anm. 11 zu § 35).

13. § 23 der Exekutions-Verordnung vom 4. März 1834 besteht noch zu Recht. Es wird daher immer noch die exekutivische Eintragung einer und derselben ungetheilten Post auf mehrere Grundstücke des Schuldners nicht erfolgen können.

14. Daß noch Theile eines Grundstücks verpfändet, beziehentlich einzelne reelle Bestandtheile entpfändet werden können, ist zwar von Einigen, — aber doch wohl zu Unrecht, angezweifelt worden. Der dafür angezogene § 30 E. G. erscheint insofern nicht maßgebend, als diese Vorschrift nur eine Rechtsvermuthung enthalten dürfte und es jedenfalls an einem Verbotsgesetze, dahin, daß die Contrahenten Nichts Anderes verabreden dürften, fehlt.

15. Zweifelhaft ist auch geworden, ob der Schuldner auf die Eintragung der Solidarhaft der verpfändeten Grundstücke verzichten kann. Diesseits ist die Frage bejaht worden, schon deshalb, weil der Eigenthümer den Eintragungs-Antrag stellen kann, ohne zu erwähnen, daß für dieselbe Forderung noch ein anderes Grundstück haftet.

16. Die Form der Bürgschaften der Ehefrauen ist insofern nicht ohne Zweifel, als das Gesetz vom 1. December 1869 den § 198 A. L. R. II, 1 nicht aufgehoben hat. Das Appellationsgericht zu Naum-

burg verlangt eine gerichtliche Erklärung (cf. Johow Bd. I S. 125). Das Justiz-Ministerium ist mit Rücksicht auf die Entstehung des Gesetzes von 1869 anderer Ansicht; (cf. S. 126 ebenda), desgleichen das Appellationsgericht zu Hamm (S. 40 daselbst). Für die Mark kommt noch in Betracht, daß auch schon vor 1869 die märkische Ehefrau kontraktsfähig war, und nur den Rechten des Ehemannes Nichts vergeben konnte. (Präj. 2522 des Ober-Tribunals, Entsch. Bd. 29 S. 137).

17. Ob Grundschulden in Hypotheken umgewandelt werden können (cf. Gruchot, Beiträge Bd. 17 S. 162) ist hier noch nicht praktisch zur Entscheidung gekommen. An sich, sollte man meinen, hätte ein gesetzgeberischer Grund, die Frage zu verneinen, nicht vorgelegen, da jedoch eine causa debendi nicht willkürlich erfunden werden kann, scheint die Sache nicht ausführbar. Außerdem spricht die Vermuthung insofern dagegen, als der Gesetzgeber nur den entgegengesetzten Fall erörtert hat (§ 29 E. G.), also damit anscheinend selbst die Möglichkeit ausgeschlossen erachtet hat.

18. In Betreff der Dokumentenbildung sind folgende Fälle zu erwähnen:

I. Wenn eine Post in verschiedene Bestandtheile zerfällt, also z. B.

a) 1000 Thaler für A.
b) 2000 Thaler für B.
c) 1000 Thaler für C.,

so ist je ein Hypothekenbrief für die einzelnen Theile gebildet, und nur in der Ueberschrift ersichtlich gemacht worden, über welchen Theil der Post der Brief gilt, also z. B.

über die ꝛc. unter Nr. 1b für B eingetragene Hypothek von 2000 Thaler,

dann folgt die ganze Post Nr. 1. u. s. w.

II. Wie es zu halten, wenn mehrere Grundstücke für dieselbe Forderung verpfändet sind, schreibt § 125 G. B. O. vor. In Anlehnung daran sind bei Zerspaltung einer Hypothek auf mehrere Trennstücke, — also, wenn z. B. die auf dem Grundstücke haftenden 50,000 Thaler in der Art zertheilt sind, daß das Restgrundstück nur noch für 10,000 Thaler davon haftet, von den übrigen 40,000 Thalern aber je 10,000 Thaler auf jede der abgezweigten vier Parzellen übertragen sind, — die die neuen Blätter betreffenden Hypothekenbriefe der Schuldurkunde über die 50,000 Thaler vorgeheftet worden, auch wenn die ursprüngliche Urkunde noch nach dem Gesetz vom 24. Mai 1853 gefertigt war. Das alte Dokument hat demgemäß Löschungs- und Entpfändungs-Attest erhalten, außerdem sind im gesetzten Falle vier Hypothekenbriefe vorgeheftet worden. Daß ein solches Dokument übersichtlich ist, läßt sich freilich nicht behaupten.

III. Wenn an den Cessionar des ursprünglichen Erwerbers aufgelassen wird; so ist doch der Hypothekenbrief mit der Ausfertigung des (ursprünglichen) Kaufvertrages zu bilden. Urkunden betreffend die Cession resp. Uebernahme als Selbstschuld sind nicht angehängt worden.

IV. Wird einer älteren Urkunde ein neuer Hypothekenbrief angehängt,

was zu beantragen auch der Gläubiger befugt erscheint,

so wird der Hypothekenbrief hier so gefertigt, daß dem Eingangsvermerk aus Spalte 1 alle diese Post angehenden Vermerke aus Spalte 2, soweit sie noch interessiren, folgen, — also z. B. der letzte Cessionsvermerk, die Prioritätseinräumungs-Vermerke, Vermerke betreffend Aenderung des Zinsfußes oder der Zahlungsmodalitäten, daß dagegen die Auszüge aus dem Hypothekenbuche abgetrennt und zu den Akten genommen werden.

V. In ähnlicher Weise wie zu IV. wird zu verfahren sein, wenn, nachdem die Hypothek bereits abgetreten war, dieselbe in eine Grundschuld umgewandelt wird (§ 90 G. B. O.).

VI. Wie § 112 G. B. O. anzuwenden, wenn es sich um eine nach älteren Vorschriften gebildete Urkunde handelt, ist nicht ganz unbedenklich. Da indessen § 112 deutlich eine beglaubigte Abschrift der verloren gegangenen Urkunde verlangt, so wird auch noch ein Hypothekenbuchs-Auszug nach dem bei den Akten befindlichen Concepte zu fertigen sein. Würde indessen ein Hypothekenbrief unter Beachtung der Vorschriften, die zu IV. vorgeschlagen, vorgeheftet, so dürfte auch dagegen Nichts einzuwenden sein.

19. Ueber Cautionen will John (S. 68) Hypothekenbriefe nicht bilden. Seinen scharfsinnigen Ausführungen muß jedoch entgegengehalten werden, daß die Abtretung an Dritte nicht unbedingt ausgeschlossen erscheint (S. 69), insoweit nämlich die Quelle von Rechtsansprüchen auf Andere übertragbar ist, — und daß ferner der formelle Unterschied zwischen Cautionen und Vormerkungen um so mehr durchgreifend erscheint, als § 24 E. G. von Cautions-Hypotheken spricht und § 122 G. B. O. Hypothekenbriefe über die Eintragung der Hypotheken, — ohne Unterschied zwischen anderen und Cautions-Hypotheken anordnet.

Dagegen wird John darin beizupflichten sein, daß, sobald die Caution in eine einfache Hypothek umgeschrieben ist, auf diese Hypothekenforderung § 67 E. G. nicht mehr Anwendung leidet (cf. S. 70 daselbst). Daß eine zinslose Caution in eine zu fünf Prozent jährlich verzinsliche Hypothek umgeschrieben werden kann, erscheint nach § 25 E. G. nicht zweifelhaft. So ist auch beim Stadtgericht in einem Specialfall angenommen worden.

20. Die Fälle, in welchen das Ausscheiden eines Trennstücks aus dem Pfandnexus auf den Dokumenten über die Pfandschulden trotz § 70 G. B. O. nicht zu vermerken ist, erörtert John S. 74 erschöpfend.

21. Vormerkungen zur Beschränkung des Verfügungsrechts des Gläubigers über eine Post gehören nicht zu den Eintragungen, welche nachträglich die Bildung eines Hypothekenbriefs bedingen (cf. John S. 76).

§ 22. Wenn einem Grundstücke ein anderes zugeschrieben wird, ohne die Erwähnung, daß letzteres als Zubehör zugeschrieben werde,

(diesen Zusatz zu machen empfiehlt Bahlmann zu § 61 G. B. O. mit vollem Recht, da dadurch alle Zweifel abgeschnitten werden),

so haftet dennoch nach Ansicht des Stadtgerichts, wo nur das Formular I der G. B. O. eingeführt ist, also Personalfolien nicht vorkommen, das ganze Grundstück einschließlich des zugeschriebenen Stücks für die auf dem Blatte vor der Zuschreibung eingetragene Hypothek.

Dieser Ansicht kann diesseits nicht beigepflichtet werden. Nach § 13 G. B. O. kann auch jetzt noch für mehrere Grundstücke desselben Eigenthümers ein gemeinschaftliches Blatt angelegt werden. Dem § 13 steht der § 14, das Formular II betreffend, gegenüber. § 61 G. B. O. unterscheidet dann ausdrücklich Zuschreibung als Zubehör und Uebertragung als selbstständiges Grundstück.

Es muß also doch möglich sein, die Grundstücke zusammenzuschreiben, ohne daß das neu hinzutretende für die Schulden des bereits eingetragenen haftet.

VI. Abtheilung III Spalte 2 betreffend.

1. Muß die Cession die ausdrückliche Umschreibungsbewilligung enthalten? § 53 E. G. bejaht diese Frage unbedingt, da danach die Eintragung der Abtretung nur auf Grund der Bewilligung des Gläubigers erfolgen darf. § 80 G. B. O. enthält nicht das Gegentheil, wenn er lediglich des Erfordernisses des Namens des einzutragenden Erwerbers gedenkt.

Erwägt man jedoch, daß materiell das Eigenthum an der Forderung durch die Abtretungserklärung übergeht (§ 393 A. L. R. I, 11), so heißt es gewiß formelles Recht über materielles stellen, wenn man noch eine besondere Einwilligung in die Umschreibung verlangt. Es fragt sich aber auch, ob wegen § 393 a. a. O., der in materieller Beziehung nicht geändert ist, von dem widerstrebenden Cedenten noch eine besondere Umschreibungs-Bewilligung im Prozeßwege zu erlangen sein wird.

Mag ferner § 53 E. G. dem § 19 nachgebildet sein (cf. Achilles), so trifft doch die Parallele nicht ganz zu, da ja das Eigenthum an Forderungen auch ohne Eintragung übergeht, und also der Cessionar des Cessionars nach § 393 A. L. R. I, 11 befugt sein würde, weiter zu cediren und die Umschreibung zu bewilligen.

2. Schreibt man andrerseits die Post auf Grund einer Bewilligung, ohne daß eine Cession vorliegt, um (was mit Bezug auf §§ 2, 13, 19 E. G. und §§ 46, 83 G. B. O. geschehen), so muß man dem Worte „Abtretung" in § 52 E. G. § 80 G. B. O. den Sinn Bewilligung der Umschreibung beilegen; — der Wortlaut ist jedenfalls dagegen.

3. Von jeder Cessionseintragung den Cedenten zu benachrichtigen, ist nach § 121 G. B. O. zulässig, aber in Ermangelung eines bezüglichen Antrags als Regel wohl nicht geboten. Die Analogie des Eigenthumsübergangs paßt nicht ganz, weil bei diesem § 57 G. B. O. die Benachrichtigung des bisher eingetragenen Eigenthümers besonders vorschreibt.

4. § 80 G. B. O. verlangt den Namen des einzutragenden Erwerbers. Man hat daraus herleiten wollen, daß „eine Nachlaßmasse, vertreten durch zwei bezeichnete Testamentsexekutoren" nicht Cessionaria sein können. An sich könnte man mit dieser Interpretation auch Handelsgesellschaften und juristische Personen ausschließen, da ja „Firma" und „Bezeichnung" nicht identisch ist mit „Namen". Die Ausführung erscheint aber unrichtig. Da es gewiß nicht in der Absicht gelegen hat, die Zahl derjenigen, welche Real-Credit geben können, zu beschränken, vielmehr nur klarzustellen, an wen sich der Eigenthümer zu halten hat. Die Frage ist für Berlin nicht unwichtig, weil hier viele Nachlaßmassen existiren, deren künftige Eigenthümer (Descendenten 2c.) noch ganz ungewiß sind, so lange die im Testamente bezeichneten Nutznießer leben.

5. Die Eintragung einer Cession, welche dahin erfolgte, daß von den eingetragenen sechs Procent Zinsen, künftig fünf Procent als Zinsen, ein halbes Procent als Beitrag zu den Verwaltungskosten und das letzte halbe Procent als Amortisationsquote gelten sollten, ist wegen Confundirung von Zinszahlung und Kapitalzahlung hier abgelehnt worden.

6. Ein Arrest kann nicht ohne Produktion des Dokuments eingetragen werden. Zur Umschreibung muß nach § 79 G. B. O. das Dokument vorgelegt werden. Dasselbe ist für Ueberweisungen an Zahlungsstatt vorgeschrieben worden (§ 87 G. B. O.), — es muß also auch für die Vorbereitung der Ueberweisung gelten, um so mehr, als § 91 Abs. 2 anordnet, daß die Beschränkung des Verfügungsrechts auf dem Dokumente vermerkt werden soll. (cf. auch John S. 18).

7. Zinserhöhungen bis zu fünf Procent gehören, falls die fraglichen Posten seit Geltung des Gesetzes vom 24. Mai 1853 eingetragen sind, in die zweite Spalte (§ 25 E. G.). Bei früher eingetragenen Posten und bei Erhöhung über fünf Procent, werden die Mehrzinsen, obschon § 12 G. B. O. darüber schweigt, in Spalte 1 einzutragen sein, — dann aber muß (§§ 119, 122 G. B. O.) ein Hypothekenbrief gebildet werden.

Nach Praxis des Stadtgerichts zu Berlin werden in solchem Falle Hypothekenbriefe gebildet, welche alle diese Post angehenden Vermerke wiedergeben (cf. III, 18IV.). — Dagegen werden dann die Hypothekenbuchsauszüge abgetrennt und zu den Akten genommen, — die Kosten aber nur nach dem kapitalisirten Jahresbetrag der Mehrzinsen berechnet. Es wird dies Verfahren zu empfehlen sein.

Das dagegen allein geltend gemachte Bedenken, daß dem Gläubiger vielleicht wichtige Nachrichten entzogen werden, erscheint hinfällig, weil der Hypothekenbrief alle die Sicherheit betreffenden Nachrichten enthält.

7b. Die die Zinsabrede enthaltende Urkunde wird bei Zinserhöhungen, welche neu eingetragen werden, der Urkunde angeheftet. Bei Zinserhöhungen, welche in Spalte 2 einzutragen sind, wird nicht gleichmäßig verfahren. Diesseits wird auch da die Urkunde annektirt.

8. Bei älteren Dokumenten, — also vor dem 1. Oktober 1872 gebildeten — wird nach stadtgerichtlicher Praxis der erforderliche Eintragungsvermerk auf den Hypothekenbuchs-Auszug — [meist hinter denselben] — gesetzt, und hinter der letzten Ingrossationsnote dorthin verwiesen. Es wird so jedem Zweifel vorgebeugt, welches die Hypotheken-Urkunde eigentlich ist, auf welche der Vermerk zu setzen ist (§§ 82, 91 G. B. O.), und kann daher diese Praxis nur empfohlen werden.

9. Nach § 83 Abs. 2 G. B. O. muß zur Eintragung einer Theilabtretung stets die Haupturkunde mit vorgelegt werden. — Ob auch dann, wenn die dem abgetretenen, aber noch nicht umgeschriebenen Theile vorstehende Theilpost abgetreten wird, ist mindestens zweifelhaft, denn § 83 cit. giebt auch dann einen guten Sinn wenn er so verstanden wird, daß die abgezweigte Forderung nicht umgeschrieben werden kann, ohne Vorlegung des Stammdokuments — und nur das entspricht dem früher geltenden Rechte (§ 222 Titel 2 Hypoth.-Ordn. Instr. vom 3. August 1853 Art. 9). Auch steht die Abtretung der auf dem Haupt-Dokumente verbliebenen Post außer Zusammenhang mit der Theil-Cession.

10. Unzulässig erscheint es, daß ein Vermerk über das Verhältniß anderer Posten zu einander auf das Dokument gesetzt wird. Solche Vermerke sind nicht vorgeschrieben, und führen Laien irre — wie hier vorgekommen, indem ein Gläubiger, dem die Post Nr. 3 gehörte, nachdem ihm vom Gläubiger der Post Nr. 2 das Vorrecht eingeräumt war, vermerkt wissen wollte, daß der Post Nr. 2 das Vorrecht vor der Nr. 1 eingeräumt sei, weil er vermeinte, nun auch vor Nr. 1 ein Vorrecht erlangt zu haben. Der Vermerk ist aber auch gefährlich, da das Verhältniß zwischen den Posten Nr. 1 und 2 ohne Zuziehung des Gläubigers der Post Nr. 3 wieder geändert sein kann.

11. Zweigurkunden, welche nach altem Verfahren noch gefertigt sind — also so, daß die Cession der cop. vid. der Haupturkunde verbunden ist (§ 208 Hyp.-Ord., Tit. 2, Instr. vom 3. August 1853), was

jetzt nicht mehr geschehen soll (§ 83 G. B. O.), sind hier stets zugelassen worden, da ein besonderes Verbot des älteren Verfahrens im Gesetze nicht vorkommt. Jedenfalls erscheint es zulässig, daß der Grundbuchrichter ein mangelhaftes Abzweigungs-Attest des Notars durch sein Attest ergänzt. Diese Ansicht hat auch beim Stadtgericht Billigung gefunden.

12. § 35 E. G. verordnet, daß der voreingetragene Gläubiger das Vorrecht abtreten kann. Der zurücktretende Gläubiger muß also als Gläubiger eingetragen sein. Nach der Praxis des Stadtgerichts wird demgemäß der legitimirte Gläubiger, welcher ein Vorrecht einräumt, als Gläubiger — ohne Antrag — eingetragen.

13. Im Anschluß an § 35 E. G. ist auch von dem Gläubiger, der eine Theilpost mit dem Vorzugsrechte vor dem Ueberreste abtritt, verlangt worden, daß er sich vorab als solcher eintragen lasse. Aus § 35 cit. dürfte sich dies indessen nicht entnehmen lassen.

14. Bei Exneuationen ist eine dem § 35 entsprechende Vorschrift nicht gegeben. Es ist vortheilhaft für eine künftige Prüfung der Urkunde, wenn gleichzeitig die Umschreibung für den exneuirenden Gläubiger veranlaßt wird, — zu erzwingen dürfte sie aber nicht sein. Beim Stadtgericht wurde nach den älteren Gesetzen stets die Umschreibung erfordert, von dem Gesichtspunkte aus, daß im Fall der Entpfändung die Legitimation des Entpfändenden für alle Zeiten festgestellt werden müsse, damit nicht etwa ein späterer Decernent die Legitimation bemängele. Dem neuen Gesetz gegenüber haben sich verschiedene Ansichten geltend gemacht, für den Fall, daß nicht sofort die Abschreibung des entpfändeten Grundstücks erfolgt, während im Falle sofortiger Abschreibung die Umschreibung von keinem Richter erfordert wird. Es wollen nämlich einige dann, wenn die Abschreibung noch nicht erfolgt, den Antrag auf Umschreibung subintelligiren, andere sogar den Antrag auf Umschreibung und wirkliche Umschreibung fordern. In Ermangelung einer besonderen desfallsigen Vorschrift wird es jedoch, wie auch die Mehrzahl annimmt, bei dem oben Ausgeführten (daß die Umschreibung nicht zu erzwingen ist) sein Bewenden haben müssen.

15. Das Kammergericht soll es für unzulässig erklärt haben, daß X., für welchen 50,000 Thaler eingetragen sind, — und zwar 30,000 Thaler, fällig 1878, — 20,000 Thaler fällig 1873 — die 30,000 Thaler mit dem Vorzugsrechte vor dem Ueberreste ohne Zuziehung des Schuldners abtritt. (A. Sch. 198.) Der Beschluß in dieser allgemeinen Fassung dürfte nicht zu billigen sein; denn, welchen Effekt

dem Schuldner gegenüber, welcher ein Rangverhältniß der einzelnen Theile der Forderung nicht festgesetzt hatte, die Cession in dieser Form haben wird, das kann nur der Prozeßrichter entscheiden, aber, welches Vorrecht der Cedent dem Cessionar in Bezug auf die Verhältnisse vor Fälligkeit der Theilpost beilegen will, das muß ihm doch überlassen bleiben.

Anders liegt das Sachverhältniß, wenn von vornherein ein Rangverhältniß der Theilbeträge festgesetzt war, und dies durch die Cession geändert werden soll.

16. Zu erinnern ist, daß piae causae nach dem Gesetze vom 23. Februar 1870, falls sie mehr als 1000 Thlr. erhalten, Allerhöchste Genehmigung zur Annahme von Geschenken und Zuwendungen bedürfen. Unter dies Gesetz fällt auch eine Zuwendung an den bischöflichen Stuhl zu X. zu Gunsten einer pia causa, welche namhaft gemacht wird. (cf. Johow, Bd. I S. 129).

17. Die Eintragung in Spalte 2 erfolgt:

I. wenn es sich um Abtretungen oder Verpfändungen handelt:

a. auf Antrag des Erwerbers unter Beibringung der beglaubigten Bewilligung des Gläubigers oder eines diesen zur Bewilligung verurtheilenden rechtskräftigen Urtels;

b. auf Ersuchen der zuständigen Behörde gegen den eingetragenen Gläubiger (§ 53 E. G.);

c. auf Antrag des eingetragenen Eigenthümers, wenn dieser

α. bereits vor Erwerb des Grundstücks Gläubiger war (§ 66 E. G.),

β. die Schuld während seines Eigenthums bezahlt hat, und Quittung resp. Löschungsbewilligung beibringt (§ 64 E. G.), [bezüglich der Bemerkung bei John, S. 13 und Bahlmann zu § 64 E. G. ist hervorzuheben, daß es darauf ankommt, wie die Löschungsbewilligung lautet; es ist nicht nothwendig, daß dieselbe Zweifel läßt, zu wessen Gunsten die Löschung bewilligt wird,]

γ. die Forderung während seines Eigenthums erworben hat, und dies urkundlich nachweist, im Fall der Erwerbung von Todeswegen durch Vorlegung des Testaments, Erbvertrags oder der Erbbescheinigung, bei Legataren unter Beibringung der Einwilligung der Erben oder des diese ersetzenden Urtels (§ 65 E. G.).

In den Fällen zu a. und c., genügt der formlose Antrag — cf.

Nr. V, 9 — wenn nur die erforderlichen Urkunden in beglaubigter Form vorliegen (§ 33 G. B. O.).

II. wenn es sich um die Ueberweisung an Zahlungsstatt im Wege der Zwangsvollstreckung handelt, auf Ersuchen des Prozeßrichters oder der zuständigen Behörde unter Vorlegung der über die Post ausgefertigten Urkunden (§ 87 G. B. O.).

III. wenn es sich um eine Umschreibung der Hypothek in eine Grundschuld handelt, auf Antrag des Eigenthümers und des Gläubigers unter Zustimmung der nach § 29 E. G. zu Hörenden. Der Antrag muß beglaubigt sein, oder mündlich vor dem Grundbuchamte gestellt werden.

John S. 25 hält einen formlosen Antrag für ausreichend, ohne dies näher zu begründen. Betheiligt erscheinen hier doch in hervorragendem Maße Eigenthümer und Gläubiger, und möchte danach die Erleichterung aus § 33 Satz 2 G. B. O. nicht zutreffend sein.

IV. wenn es sich um Eintragung eines endgültigen Vermerks an Stelle einer Vormerkung handelt, auf Ersuchen des Prozeßrichters oder mit Bewilligung dessen, gegen welchen die Vormerkung gerichtet war (§ 89 G. B. O.). Bahlmann will gegen § 22 E. G. auch dem bezüglichen Antrage einer Behörde Stattgeben, auf deren Antrag nach § 22 Abs. 2 eine Vormerkung eingetragen ist. Da nach § 22 cit. nur diejenigen Behörden, welche die Eintragung einer Hypothek nachzusuchen gesetzlich berechtigt sind, eine Vormerkung eintragen lassen dürfen, wird sich dagegen Nichts erinnern lassen. John nimmt den Fall nicht mit auf, ohne sich darüber näher zu äußern.

V. wenn es sich um eine Vormerkung zur Erhaltung des Widerspruchsrechts gegen die Löschung einer Post handelt, nur durch Vermittelung des Prozeßrichters, oder auf Antrag einer zuständigen Behörde (§ 91 G. B. O.).

VI. wenn es sich um eine Vormerkung zur Beschränkung des eingetragenen Gläubigers handelt auf Antrag des Schuldners mit Bewilligung des Gläubigers, oder auf Ersuchen einer zuständigen Behörde (§ 49 E. G. § 91 G.B.O.). Der Antrag des Schuldners kann formlos sein (§ 33 G. B. O.).

VII. wenn es sich um eine Vormerkung zur Sicherung der Löschung handelt, auf Requisition des Prozeßrichters § 60 E. G. Diese Vormerkung gehört in Spalte 2 trotz § 88 G. B. O. (cf. § 91 G. B. O.).

VIII. wenn es sich um eine Vormerkung zur Erhaltung von Einreden gegen die Klage aus einer Hypothek oder Grundschuld handelt, ganz wie im Falle zu VI. (§ 38 E. G.)

IX. wenn es sich um Vermerkung eines Vorrechts handelt, auf Antrag des das Vorrecht Erwerbenden unter Beibringung einer beglaubigten Erklärung des das Vorrecht Einräumenden (§ 35 E. G. § 86 G. B. O.), oder auf Antrag des Eigenthümers unter gleicher Voraussetzung. Der Antrag kann formlos sein (§ 33 G. B. O.).

X. wenn es sich um die Löschung eines eine Veränderung der Hypothek enthaltenden Vermerks, z. B. eines Vorrechts handelt, auf Antrag oder mit Bewilligung dessen, für den die Einschreibung erfolgte, oder auf Ersuchen derjenigen Behörde, für welche die Eintragung beantragt ist (§ 117 G. B. O.). — Der Antrag des Eigenthümers ist dazu nicht erforderlich (cf. Achilles zu § 117). Der Antrag kann formlos sein (§ 33 G. B. O.).

VII. Abtheilung III Spalte 3 betreffend.

1. § 114 G. B. O. verordnet generell ein Löschungsattest auf die Urkunde. Derselbe gilt bei gänzlichen, wie bei Theillöschungen.

Daß dann ferner bei gänzlicher Löschung die Urkunde durch Zerschneiden zu vernichten, modificirt nicht den § 114, wie von Einzelnen angenommen worden ist.

§ 116 verordnet für Theillöschungen nur Abschreibung vom Geldbetrag und Vermerk der Theillöschung auf der Urkunde. Zur Abschreibung vom Geldbetrag bemerkt Achilles „im Grundbuche." Es ist aber wohl diese Anmerkung insofern unrichtig, als man auch ein Nochgültigkeits-Attest hat anordnen wollen. Dies ist freilich nicht mit derselben Deutlichkeit, — wie bei Theilabtretungen in § 83 G. B. O., — vorgeschrieben. Indessen spricht doch für die Auslegung, daß ein Nochgültigkeits-Attest ertheilt werden soll, das Probeformular D des Gesetzes insofern, als die von den 5000 Mark zuletzt in Abgang gebrachten 1000 Mark gelöscht sind, und trotzdem der betreffende Brief ein Nothgültigkeits-Attest erhalten hat.

2. Ob der Gläubiger von der erfolgten Löschung der ihm gehörig gewesenen Forderung nach § 121 G. B. O. zu benachrichtigen, muß dem Ermessen überlassen bleiben — (cf. Abschnitt VI Nr. 3 oben) — jedenfalls ermächtigt § 121 zu der Benachrichtigung an die Betheiligten.

3. Zu Unrecht erfolgte Eintragungen löscht auch das Stadtgericht — trotz § 92 G. B. O., — wonach nur auf Antrag gelöscht werden soll. Versehen von Amtswegen gut zu machen, dürfte gewiß zuläßig erscheinen, soweit damit nicht erworbene Rechte verletzt werden. Ob man deshalb, wie in einem Falle geschehen, berechtigt erscheint zu löschen, falls durch die auf Versehen beruhende Eintragung eine unrichtige Priorität sich ergeben würde, ist nicht so einfach zu bejahen. In dem in Rede stehenden Falle hatte der Richter auf Grund einer ihm vorliegenden Urkunde die Eintragung verfügt, und war solche erfolgt. Bevor noch die Parteien Kenntniß davon erhielten, ergab sich, daß

bereits in der Registratur ordnungsmäßig präsentirt, durch ein Versehen des Registrators nicht zu den Akten gelangt, sich eine früher eingegangene Schuldverschreibung befand. Es wurde nun von Amtswegen gelöscht, und in der Sachlage richtiger entsprechender Reihenfolge neu eingetragen. Jedenfalls dürfte sich in solchem Falle ein Regreß nicht begründen lassen.

4. Die Löschung einer Hypothek oder Grundschuld erfolgt:

1) auf Antrag einer zuständigen Behörde, insbesondere bei der Zwangsvollstreckung Seitens des Prozeßrichters (§ 58 E. G., § 41 G. B. O.), und bei der Subhastation eines mitverhafteten Grundstücks, falls der Gläubiger dort befriedigt wird (Art. I Ges. vom 12. März 1869), insofern nicht diese Forderung vor dem 1. Juli 1869 eingetragen war (Art. V. VI. VII. ebenda);

2) auf Antrag des Eigenthümers, der beibringen muß die vom Gläubiger ertheilte Quittung, beziehungsweise Löschungsbewilligung (§ 64 E. G. § 58 ibid.), und das etwa vorhandene Dokument, resp. Amortisations-Urtel (§ 94 G. B. O.),

oder den Nachweis, daß der Gläubiger rechtskräftig verurtheilt ist, die Löschung zu bewilligen und das Dokument, resp. Amortisations-Urtel (§ 94 G. B. O.),

oder den Nachweis, daß die Forderung konfundirt oder durch Consolidation getilgt ist (§§ 63. 66 E. G.) und das Dokument, resp. Amortisations-Urtel (§ 94 G. B. O.),

oder das rechtskräftige Ausschlußerkenntniß nach erfolgtem Aufgebot der Post, § 103 G. B. O. §§ 104—114 A. G. O. I, 51 Anh. § 383 resp. § 104 fgg. G. B. O.,

oder die Bescheinigung des Prozeßrichters, daß den in § 106 G. B. O gestellten Anforderungen Genüge geschehen ist,

oder den Nachweis im Falle einer Correalhypothek, daß der Gläubiger aus einem anderen Grundstücke, d. i. im Wege der Subhastation befriedigt ist (§ 42 E. G.) (— kann wegen Art. I Ges. vom 12. März 1869 nur vorkommen, wenn der Subhastationsrichter säumig war —), falls nicht etwa die Correalhypothek vor dem 1. Juli 1869 eingetragen war;

3) auf den Antrag des Eigenthümers des Stammgrundstücks, von dessen Grundstück die Hypothek rc. zur Mithaft übertragen

ist, falls er den Gläubiger befriedigte (cf. John S. 63, dessen Ausführung durchweg beigetreten werden muß).

Was die Form betrifft, so hält John S. 25 einen formlosen Antrag für ausreichend. Bei der Wichtigkeit der Löschung ist dagegen diesseits stets der beglaubigte oder der beim Grundbuch-Amte gestellte Antrag erfordert worden, falls nur die Löschungsbewilligung oder Quittung des Gläubigers überreicht wurde; der Wortlaut des § 33 G. B. O. rechtfertigt diese strengere Auslegung, da der Betheiligte in diesem Falle auch der Eigenthümer ist. Diese Interpretation dürfte, abgesehen davon, ob es in casu aus anderen Gründen unzweifelhaft ist, daß nur die Löschung gewünscht werden kann, den Vorzug verdienen.

5. Die Löschung einer Vormerkung in Spalte 1 erfolgt:

1) auf Ersuchen der Behörde, auf deren Antrag diese eingetragen wurde (§ 59 E. G.);

2) auf Bewilligung dessen, für den sie vermerkt wurde (§ 59 E. G.). John S. 19 setzt hinzu, — natürlich auf Antrag desjenigen, gegen welchen die Vormerkung gerichtet war, d. h. des Grundstückseigenthümers. Dieser Zusatz erscheint indessen insofern ungenau, als die Bedingung im Gesetze nicht gestellt ist. Einem solchen Antrage würde jedenfalls zu entsprechen sein, — aber es muß doch auch die Löschung lediglich auf Antrag des Berechtigten zulässig sein, da das Gesetz keinen bezüglichen Zusatz hat, und der Eigenthümer einen Vortheil von der zu beseitigenden Vormerkung nicht ziehen kann.

6. Zu großen Zweifeln giebt die Frage Anlaß wie es zu halten, wenn der Gläubiger seinen Zinsenanspruch von 6 auf 5 Procent ermäßigt, und gleichzeitig die fünfprocentige Hypothek cedirt.

Daß das sechste Procent auf Antrag des Eigenthümers gelöscht werden kann, unterliegt zwar keinem Bedenken, wohl aber, was zu thun, wenn nur der Antrag des Cedenten vorliegt.

Beim Stadtgericht wurden folgende Fassungen vorgeschlagen:

a. abgetreten 2c. mit den auf fünf Procent herabgesetzten Zinsen 2c. Dagegen wurde erinnert, daß im Wort „herabgesetzten" die Löschung liegen könne.

b. abgetreten 2c. mit den auf fünf Procent ermäßigten Zinsen 2c.

c. abgetreten 2c. mit den auf fünf Procent zur Zeit ermäßigten Zinsen 2c.

d. abgetreten 2c. mit den Seitens des Gläubigers auf füuf Procent ermäßigten Zinsen 2c.

e. abgetreten ꝛc. mit den Zinsen, welche der Gläubiger auf fünf Procent ermäßigt hat.

Es scheint aber doch gleichgültig, welche Fassung man wählt, da in Fällen zu b. c. d. und e. das Recht des Schuldners, den Zinsfuß wieder zu erhöhen, gewahrt erscheint. Ganz korrekt wäre wohl nur eine Combination aus c. und d. dahin:

mit den Seitens des Gläubigers zur Zeit auf fünf Procent ermäßigten Zinsen,

da diese jenen Gedanken ganz klar aussprechen würde.

6a. In einem Falle, in welchem eine sechsprocentige Hypothek eingetragen war, erwarb B. durch Cession das sechste Zinsprocent, die Forderung selbst erwarb später der Grundstückseigenthümer A. Dieser brachte eine Erklärung des B. bei, daß Zinsen bis zum Tage der Konsolidation nicht rückständig seien. A. erlangte darauf die Löschung der Post, während die Erben des B. Umschreibung des sechsten Proceuts auf ihren Namen und Bildung eines Zweigdokuments noch nach der Löschung beanspruchten. Abgewiesen beschwerten sie sich; sie wurden jedoch auch mit der Beschwerde zurückgewiesen; und gewiß mit Recht, da mit der Forderung auch deren Accessorium untergegangen war.

VIII. Schlußbemerkungen.

1. Zweifelhaft ist die Anwendung des § 55 G.B.O., wenn mehrere Miterben vorhanden sind.

Es kann, wenn das Zwangsverfahren gegen einen Miterben gerichtet wird, da doch das Miteigenthum nur bei der Berichtigung für alle Erben eingetragen werden kann, dieser eine genöthigt werden, für alle die Kosten tragen zu müssen, und er kann nicht einmal wegen Geschäftsbesorgung einen Rückgriff machen, da bei einem beabsichtigten Verkauf die Eintragung der Erben nach § 5 Abs. 2 E. G. völlig überflüssig war.

2. Es kommt hier häufig vor, daß lediglich auf Grund mündlicher Abreden oder in Folge von Traktaten aufgelassen wird, und daß die Interessenten dann besondere Urkunden über rückständige Kaufgelder nicht vorlegen, vielmehr in der Auflassungsverhandlung ein Schuldschein zu Protokoll erklärt wird, mit dem Antrage, mit Ausfertigung dieser Verhandlung als Schuldurkunde den Hypothekenbrief zu bilden. Das Verfahren ist auch angezweifelt worden, allein gewiß mit Unrecht. Denn, wenn nach § 19 Abs. 2 E. G. jede beliebige Schuldurkunde — also der schlechteste Schuldschein — genügt, so ist nicht abzusehen, weshalb nicht die Ausfertigung einer Verhandlung des Grundbuchrichters diesen Schuldschein sollte ersetzen können, — natürlich, falls diese Verhandlung den vollständigen Inhalt eines Schuldscheins enthält. In diesen Fällen hat die Kasse hier neben dem Auflassungsstempel einen Obligationsstempel liquidirt. Die dieserhalb an den General-Direktor der Steuern gerichtete Anfrage hat ein Reskript des Justizministers vom 21. Mai 1873 — I. 1875 — zur Folge gehabt, in welchem es wörtlich heißt:

> „Im Einverständnisse mit dem Herrn Finanzminister kann der Justizminister diese Frage (ob der Obligationsstempel erforderlich)

nur bejahen, da in den bestehenden Gesetzen kein Grund zur Ausschließung dieses Stempels liegt. Wird zu den in den Kaufverträgen enthaltenen Schuldverschreibungen über rückständige Kaufgelder der Stempel für Schuldverschreibungen nicht verwandt, so kann doch die Verwendung zu Schuldverschreibungen über rückständige Kaufgelder nicht auch dann unterbleiben, wenn ein Kaufvertrag in stempelpflichtiger Form überhaupt nicht vorliegt. Daß die Erhebung des zu der Auflassungserklärung erforderlichen Stempels die Erhebung des Schuldverschreibungsstempels nicht ausschließt, ergiebt sich daraus, daß das Stempelgesetz vom 5. Mai 1872 in § 8 von der Besteuerung der Eintragungs-Anträge keine Ausnahme zu Gunsten der Anträge auf Eintragung rückständiger Kaufgelder zuläßt, vielmehr in § 11 den Ausschluß der Besteuerung von der Vorlegung der Schuldurkunde in stempelpflichtiger Form abhängig macht.

Die hieraus sich ergebenden Folgen für den Verkehr sind jedoch nicht so groß, wie sie in der mitgetheilten Anfrage aufgefaßt sind. Wenn bei der auf Grund mündlichen Vertrages erfolgenden Auflassung zugleich eine Hypothek für rückständige Kaufgelder eingetragen werden soll, so ist nach § 19 des Gesetzes über den Eigenthumserwerb vom 5. Mai 1872 eine Schuldurkunde erforderlich, für welche neben dem Stempel von $^1/_{12}$ Procent des verschriebenen Betrages, sofern nicht eine bloße Rekognition der Unterschriften erfolgt, die Kosten der Aufnahme nach § 16 des Tarifs zum Gesetz vom 10. Mai 1851 und Art. 16 des Gesetzes vom 9. Mai 1854 aufzuwenden sind. Diese Aufwendung kann durch die Aufnahme eines schriftlichen Kaufvertrages, welcher zugleich als Schuldurkunde dient, vermieden werden; aber auch diese Aufnahme verursacht Kosten neben dem unter allen Umständen erforderlichen Stempel von 1 Procent des Preises, welcher als mit dem Auflassungsstempel zusammenfallend gedacht werden kann. Eine Vergleichung dieser nach § 20 des Tarifs zum Gesetze vom 10. Mai 1851 zu berechnenden Vertragskosten einerseits mit den Kosten und dem Stempel der besonders aufzunehmenden Schuldurkunde andrerseits ergiebt, daß die Aufnahme des Kaufvertrages je nach der Höhe des bestimmten Preises erst dann eine Ersparniß herbeiführen kann, wenn die einzutragenden Kaufgelder über 9,600 bis 10,000 Thaler oder mehr als 11,400 Thaler beitragen, und daß die Kosten eines Vertrages, in welchem der Preis auf den höchsten der Kostenberechnung zu Grunde zu legenden Betrag von mehr als 20,000 Thaler bestimmt wird, immer noch den Kosten und Stempeln einer Schuldverschreibung über 18,600 Thaler gleichkommen. Noch günstiger stellt sich das Verhältniß, wenn die Kaufgelder als Grundschuld eingetragen werden sollen, so daß die

Aufnahme einer Schuldurkunde nicht erforderlich ist, und nur der Stempel nach § 8 des Gesetzes vom 5. Mai 1872 zur Hebung kommt. Dieser Stempel übersteigt die Kosten des Vertrages erst dann, wenn mehr als 30,000 Thaler eingetragen werden sollen.

Die Nothwendigkeit der Aufnahme des Vertrages im Interesse der Betheiligten liegt also keineswegs in allen Fällen vor, und in keinem Falle hätten die durch Unterlassung der Aufnahme veranlaßten anderweiten Kosten gänzlich vermieden werden können 2c.

Damit ist nun freilich über die diesseitige Auffassung, ob nicht intendirt sein möchte, eine dem § 10 des Gesetzes vom 24. Mai 1853,

> Inhalts dessen zum Kaufvertrage, wenn derselbe alle wesentlichen Bedingungen der besonders ausgestellten Schuld- und Verpfändungs-Urkunde enthält, zu der letzteren kein höherer Stempel als zu einem Neben-Exemplar des Vertrages erforderlich ist,

entsprechende Festsetzung zu treffen, nicht befunden.

Es hat wohl kaum in der Absicht gelegen, den Ertrag der Stempelsteuer in solcher Weise anderweit zu erhöhen. Aber auch der Grund daß die Interessenten bei einem Betrage bis zu 10,000 Thaler noch weniger zahlten, als wenn sie einen Kaufvertrag hätten aufnehmen lassen, erscheint insofern bedenklich, als hier Stempelsteuer und Gerichtskosten zusammengerechnet werden, welche doch in keinem inneren Zusammenhange zu einander stehen.

Jedenfalls empfiehlt es sich danach im Interesse der Betheiligten, wenn bei höheren Objekten stets Kaufverträge aufgenommen werden.

3. Nach § 2 Gesetz betreffend die Stempelabgaben 2c. vom 5. Mai 1872 ist die Auflassungserklärung dem Werthstempel nicht unterworfen, wenn die das Veräußerungsgeschäft enthaltende in an sich stempelpflichtiger Form ausgestellte Urkunde 2c. vorgelegt wird.

Danach empfiehlt es sich bei Auflassungen zwischen Descendenten und Ascedenten, um die Vortheile des Gesetzes vom 22. Juli 1861, Inhalts dessen bei Verträgen zwischen solchen nicht zu verstempeln sind:

a) die Schulden des Uebertragenden, welche der Erwerber übernimmt, sowie die auf den Grundstücken haftenden beständigen Lasten und Abgaben;

b) Altentheile, vorbehaltene Nutzungen, Leibrenten, sonstige lebenslängliche Natural- oder Geld-Prästationen, sowie zugesicherte Alimente für den Veräußerer und dessen Ehegatten,

c) Abfindungen, Alimente, Erziehungsgelder für andere Descendenten des Veräußerers,

d) der dem Uebernehmer als künftiges Erbtheil angewiesene Kaufgelder-Theil

zu erzielen, stets einen Kaufvertrag aufzunehmen.

4. Nach § 4 Ges. betr. die Stempelabgaben rc. soll der Antrag auf Eintragung einer Hypothek rc. einer Stempelabgabe von $^1/_{12}$ Procent der einzutragenden Summe unterliegen.

Gemeint ist damit nur der Fall, wenn nicht dem Antrage eine bezügliche stempelpflichtige Urkunde beiliegt (§ 11 ebenda).

Nun hat sich eine Schwierigkeit ergeben, wenn der Kaufvertrag der rückständigen Kaufgelder Erwähnung thut, aber in Betreff deren Eintragung Nichts festsetzt. Nach hiesiger Praxis ist auch dann der Stempel erfordert worden, doch scheint diese Praxis gegenüber dem Wortlaute des § 11, welcher die Werthstempelabgabe fortfallen läßt, sobald die in an sich stempelpflichtiger Form abgefaßte Urkunde über das dem Antrage zu Grunde liegende Rechtsgeschäft dargelegt wird, nicht gerechtfertigt.

5. §§ 20, 23 G. B. O. erklären den Grundbuchrichter für selbstständig, und nur unter der geschäftlichen Aufsicht der Direktoren stehend.

Daraus folgt, daß auch die Präsentation der eingehenden Sachen, falls solche an das Grundbuch-Amt gerichtet sind, lediglich dem Grundbuch-Amte zusteht, und dem Direktor nicht, wie hier angenommen ist, die Befugniß eingeräumt werden kann, eine Beschleunigung anzuordnen. Der Direktor kann höchstens den Richter auffordern, eine Beschleunignng anzuordnen, — seine Aufsicht giebt ihm dagegen nicht das Recht, selbst einzugreifen.

Vorzuziehen ist jedenfalls die Bestimmung der G. B. O. für Neuvorpommern vom 26. Mai 1873, welche dem Grundbuchrichter in § 4 für seine Beamten die Befugnisse eines Gerichtsdirektors beilegt.

Dazu gehört dann aber nothwendig, daß, — wie schon § 20 G.B.O. anordnet, jedem Amte seine Schreiber und Unterbeamten zugewiesen werden, was in Berlin noch nirgends geschehen ist.

6. Das Ministerial-Reskript vom 31. Januar 1873 (cf. J. M. B. für 1873) richtet sich nur gegen den Antrag verschiedener Grundbuch-Aemter, gestellt beim Kataster-Amte, ihnen Abschrift der Grundsteuer-Mutterrolle mitzutheilen, weil die Abschriften der Flurbücher nicht das zur Zurückführung der Grundbücher auf das Steuerbuch geeignete Material enthielten.

Daraus ist hier gefolgert worden, daß ein Zwang gegen Interessenten nicht gestattet ist, um zu dem Ziele zu gelangen, daß diese ihrerseits Abschriften der Grundsteuer-Mutterrolle beschaffen.

Das Kammergericht ist jedoch anderer Ansicht. Es führt aus: „Nach § 4 G. B. O. erfolgt die Zurückführung der bereits angelegten Grundbuchblätter auf die Grund- und Gebäudesteuerbücher nach den Bestimmungen der darüber zu erlassenden Ausführungsverfügung. Als eine solche ist unstreitig die allgemeine Verfügung des Herrn Justizministers vom 31. Januar d. J. zu erachten, und ist dadurch den Eigenthümern die Verpflichtung auferlegt worden, den darin gedachten beglaubigten Auszug aus der Grundsteuer-Mutterrolle auf Erfordern des Grundbuch-Amtes beizubringen. Genügt der Eigenthümer dieser Verpflichtung nicht, so ist das Grundbuchamt unbedenklich befugt, auf Kosten des Säumigen jenen Auszug direkt vom Katasteramte zu erfordern. Das Gegentheil kann aus § 10 des Kostentarifs für Grundbuchsachen nicht gefolgert werden. Denn dieser § spricht die Kostenfreiheit lediglich für die Eintragungen aus, welche zum Zweck der Zurückführung der bereits angelegten Grundbuchblätter auf die Grund- und Gebäudesteuerbücher erfolgen, befreit dagegen den Grundstückseigenthümer nicht von der Beibringung derjenigen Schriftstücke, welche zur Bewirkung der Zurückführung erforderlich sind, gleich wie der Eigenthümer sich nicht entbrechen kann, diejenigen Termine, welche zur Durchführung der Zurückführung nothwendig werden, wahrzunehmen. Es steht deshalb Nichts entgegen, daß von den Grundbuchämtern bei Einforderung des beglaubigten Auszugs der Grundsteuer-Mutterrolle den Eigenthümern das Präjudiz gestellt wird, daß bei unterbleibender rechtzeitiger Einrichtung die Einforderung vom Katasteramte auf Kosten des säumigen Eigenthümers erfordern würde." „Dabei" — so heißt es weiter — „kann es nicht gebilligt werden, wenn von einzelnen Grundbuchämtern bereits vor Eingang der Grund- und Gebäudesteuerbücher ortschaftsweise die Einforderung des beglaubigten Auszugs aus der Grundsteuer-Mutterrolle von den Eigenthümern erfolgt 2c. Diese 2c. Einforderung würde auch nicht die Gewähr bieten, daß der eingereichte Auszug dem Besitzstande zur Zeit des Eingangs der Steuerbücher entspricht." — B b 80/10 Reskript vom 20. Oktober 1873. —

Die Richtigkeit dieser Deduktion erscheint zwar nicht unbedenklich, indessen ist nur, wenn man dem Reskripte folgt, die Möglichkeit gegeben, der Instruktion zu genügen.

7. Nach der Ansicht von Achilles, Commentar zu § 14 Stempelgesetz sind die Grundbuchrichter nicht befugt, Stempelstrafresolute zu erlassen, — angeblich, weil sie keine juris dictio haben. Diesseits ist

aus § 20 Abs. 2 G.B.O., da nur zum Richteramte befähigte Personen Vorsteher der Grundbuchämter sein können, das Gegentheil gefolgert worden. In einem darauf ergangenen Reskript vom 29. November 1873 — III. 17. 244 — führt das Finanz-Ministerium Abtheilung der direkten Steuern wörtlich an:

> daß, nach dem Stempelgesetze vom 5. Mai 1872 (§ 14) — was auch der Herr Justizminister annimmt — die Festsetzung der Strafen nicht dem Grundbuchamte obliegt, daß die Straffestsetzung vielmehr Seitens des Königlichen Kreisgerichts erfolgen mußte.

Zweifellos ist, obschon die Annahme des Justizministers hier nicht bekannt geworden ist,*) die Frage damit entschieden, da kein Grundbuchrichter sich danach drängen wird, Strafresolute zu erlassen, falls er dazu nicht verpflichtet ist.

So lange noch zweite Abtheilungen bestehen, werden jedoch diese kompetent sein, den Strafbefehl zu erlassen, da diese Angelegenheiten nicht zu den ihnen durch die Grundbuch-Ordnung entzogenen gehören, und somit ihnen verblieben sind.

Wo nun, wie hier, die Grundbuchrichter zugleich Mitglieder der 2. Abtheilung des Collegiums sind, müssen sie die Resolute als Decernenten der zweiten Abtheilung abfassen, mit der Maßgabe also verfügen, daß ihre Verfügungen der Gegenzeichnung des Dirigenten bedürfen, und daß die Munda von letzterem zu zeichnen sind.

Dies Verfahren entspricht auch der Praxis des Stadtgerichts, bei welchem die Resolute von der Abtheilung für Civilsachen erlassen werden.

8. Zweifelhaft ist die Frage, ob Grundakten zu versenden sind nach der Ansicht einiger Grundbuchrichter. Erwägt man jedoch, daß § 48 Grundbuch-Ordnung vorschreibt, daß der Grundbuchrichter die Auflassungserklärung nur entgegennehmen darf, wenn er nach Prüfung der Sache dafürhält, daß der sofortigen Eintragung ein Hinderniß nicht entgegen steht, — und daß diese Prüfung ohne Akten nicht möglich ist, so scheint der Zweifel durchaus ungerechtfertigt.

Trotzdem hat das Königliche Kammergericht in einem Falle, in welchem obenein von den Parteien Niemand Eigenthümer des Grundstücks war, dessen Akten erfordert wurden, durch Plenar-Beschluß, ohne Angabe von Gründen, die Einsendung der Akten angeordnet.

Es kann wohl keinem Zweifel unterliegen, daß jeder vorsichtige

*) Anmerkung: siehe den Nachtrag S. 63.

Grundbuchrichter ohne eine solche Anweisung — und zwar eine solche, die in jedem einzelnen Fall zu ertheilen ist — die Akten nicht weggeben wird. Denn, gesetzt der Eigenthümer könnte in der Zwischenzeit eine Auflassung nicht erklären, weil die Akten nicht vorliegen, und verlöre dadurch die Gelegenheit, zu einem hohen Preise aufzulassen, so läge der Regreß zu Tage, gegen den ihn ein Plenarbeschluß des Obergerichts, ohne Gründe, nicht schützen könnte.

Das Kgl. Finanz-Ministerium spricht sich darüber in dem zu 7 mitgetheilten Reskripte vom 29. November 1873 dahin aus, daß die Frage, ob die Einsendung der Grundakten unzulässig sei, für den vorliegenden Fall auf sich beruhen könne, — bemerkt aber, daß andere Grundbuchämter, namentlich des Stadtgerichts, bisher Grundakten ohne Bedenken einsenden. Auch diese Mittheilung giebt also keine Gründe, sondern behauptet nur, daß Andere keine Bedenken haben. Daraus dürfte ein Motiv für Einsendung von Grundakten um so weniger zu entnehmen sein, als nach der zu 7 erörterten Ausführung Grundbuch-Aemter mit Stempelsachen nicht befaßt sind, und also nach § 24 bis 26 lediglich dem Appellationsgericht, bezw. dem Justizminister untergeordnet sind, und dem Finanzministerium so wenig, als irgend einer andern Behörde, untergeben sind, vielmehr auch von diesem nach § 35 G. B. O. unterschriebene und untersiegelte Anträge erfordern können.

Nachtrag.

Das zu VIII. 7. vorstehend in Bezug genommene Reskript des Justizministers vom 23. Juni 1873 — I. 2385 — ist inzwischen mitgetheilt worden. Dasselbe lautet:

„Auf den Bericht vom 15. Mai d. J. 2c. wird dem Königlichen Appellationsgericht (zu Glogau) im Einverständniß mit dem Herrn Finanzminister eröffnet, daß zwar die Grundbuchämter als solche nicht befugt sind, Stempelstrafen festzusetzen, daß aber, da die Grundbuchämter nur Theile der Kreisgerichte oder Gerichts-Commissionen in besonderer Funktion sind, diese Gerichte selbst durch die Kenntnißnahme der Grundbuchämter mit den begangenen Zuwiderhandlungen gegen die Stempelgesetze befaßt, und deshalb nach § 30 Ges. vom 7. März 1822, so befugt als verpflichtet sind, die verwirkten Stempelstrafen festzusetzen. Die in § 14 des Stempelgesetzes vom 5. Mai 1872 festgestellte Anzeigepflicht der Grundbuchämter beschränkt sich hiernach auf die Verpflichtung, eine Entscheidung des Gerichts als solchen herbeizuführen. Die allgemeine Fassung des § 14 entspricht nur der Absicht, das Gesetz auch in solchen Landestheilen einzuführen, in welchen die Festsetzung von Stempelstrafen den Gerichten nicht zusteht, vielmehr die Anzeige an die zuständige Steuerbehörde zu richten sein wird."

Bemerkt wird, daß das Reskript sich über die Frage der jurisdictio nicht ausspricht, vielmehr anscheinend voraussetzt, daß über diese Frage ein Zweifel gar nicht obwaltet.

Buchdruckerei Troitzsch & Ostertag in Berlin, Kommandantenstr. 44 a.

Die Grundbuchordnung

im

Lichte und Dunkel der Praxis.

Die

Grundbuchordnun

im

Lichte und Dunkel der Praxis.

Griesgramliche Herzensergießungen eines alten Praktikers.

„Grau, theurer Freund, ist alle Thei
Goeth

Berlin, 1874.

Vorwort.

Der Verfasser, indem er nach langem Besinnen schüchtern dies Büchlein in die juristische Welt entsendet, ist sich der mannigfachen Vorwürfe, welchen es begegnen wird, wohl bewußt. Wenn man nicht vorziehen wird, dasselbe vornehm und naserümpfend über die Achsel anzusehen oder als nicht cour- und salonfähig gänzlich zu ignoriren, so wird man es mindestens als unwissenschaftlich, oberflächlich und geschmacklos verurtheilen. Freilich erhebt das anfänglich gar nicht für die Oeffentlichkeit bestimmte, in Mußestunden flüchtig hingeworfene, in leicht geschürztem, ungelehrtem Deutsch gehaltene Schriftchen nicht im Geringsten den Anspruch auf Gründlichkeit und Wissenschaftlichkeit. Der Verfasser besitzt auch nicht die Vermessenheit, belehren zu wollen, auch wenn er hier und da einige kleine praktische Fingerzeige gibt. Er tröstet sich indessen über die Vorwürfe in seines juristischen Nichts durchbohrendem Gefühle mit dem Bewußtsein, daß seine griesgrämlichen Herzensergießungen und trotz eines zeitweiligen Anflugs von Bitterkeit immerhin harmlosen Gefühlsaussonderungen doch vielleicht hundert und aber hundert stillen Verbündeten aus der Seele geschrieben sind. Er glaubt, daß er, ohne neue Wahrheiten zu verkünden, nicht die Stimme des Predigers in der Wüste erhebt, sondern sich zum Dolmetscher der in den verschiedensten juristischen Kreisen herrschenden Meinung macht, in welchen zweifellos schon manche ähnliche Stoßseufzer privatim ausgehaucht sein mögen.

Obgleich ergraut in den Geschäften der zweiten Gerichtsabtheilung — einer Thätigkeit, welche bekanntlich nur juristische Hausmannskost bietet und dem nach feineren juristischen Speisen begehrlichen Gaumen wenig behagt, jedoch wohl dadurch eine gewisse innere Befriedigung zu gewähren vermag, daß sie Gelegenheit gibt, den wichtigsten Interessen und Angelegenheiten des Publikums warme und entgegenkommende Fürsorge zu widmen — hängt der Verfasser doch nicht am alten Schlendrian, sondern ist dem Fortschritt in der Gesetzgebung aufrichtig zugethan. Er schreckt auch nicht gerade vor dem Studium von Gesetzen zurück, die eine schärfere Verdauungskraft erfordern. Mit Ernst, Eifer und dem lebhaftesten juristischen Interesse ist er in das Studium der neuen Grundbuchgesetze eingestiegen; aber je mehr er sich in sie vertieft und eingelebt, desto mehr hat er sich auch, so zu sagen, hineingeärgert. Um seinem Aerger Luft zu machen, entschloß er sich, diese herbe Frucht seines Verdrusses seinen von gleichem Unmuth heimgesuchten Zunftgenossen bescheiden und anspruchslos zur wohlwollenden Aufnahme darzubieten. Daß er sich mit der Hülle der Anonymität umgeben hat, ist ihm wohl nicht zu verdenken und darf ihm nur als Bescheidenheit ausgelegt werden. Gern ist er bereit, jederzeit das Visir zu öffnen.

Wolkenkuckucksheim, im December 1873.*)

---

*) Der Druck der Schrift hat sich in Folge einiger Hindernisse um mehrere Monate verzögert.

Inhaltsübersicht.

I.

Einleitung.

„Den Bösen sind sie los, die Bösen sind geblieben."
Goethe.

Vor mehr als anderthalb Jahren haben die neuen Grundeigenthums- und Grundbuchgesetze das Licht der Welt erblickt; über ein Jahr ist bereits verflossen, seit sie mit der Gesetzeskraft gewissermaßen die Taufe zum Eintritt in das praktische Leben erhalten haben. In der Gestalt, in welcher sie uns vorliegen, sind sie freilich nicht, vollkommen gerüstet wie weiland Minerva, aus Jupiters Haupt entsprungen. Denn, wie männiglich bekannt, nicht ohne gewaltige Wehen ist der schwere Geburtsact von Statten gegangen. Geschickte und hochbegabte Geburtshelfer haben an ihrer Wiege gesessen. Gilt auch ein erlauchter Jurist ersten Ranges als der eigentliche Vater dieser seiner Lieblingskinder, so erhebt er doch selbst eine Art exceptio plurium insofern, als er manche ihnen jetzt anhaftende krankhafte Mängel und Gebrechen seinen Mitvätern beimißt und der wenig heilsamen Luft zuschreibt, welche die angeblich in ihrem Keim gesunden Sprößlinge bei dem nothwendigen Durchgang durch zwei Häuser von verschiedener Temperatur eingeathmet haben.

Mit hoffnungsvoller Erwartung hat man dem Erscheinen der neuen Gesetze entgegengesehen. Wenn es auch eitle Träumereien, thörichte Illusionen waren, in denen der kreditbedürftige Grundbesitz sich wiegte, der da wähnte, daß aus dem Schooße einer neuen Hypothekenordnung ein unerschöpflicher Segen in Gestalt goldglänzender Kapitalien auf ihn niederträufeln werde, so durfte man doch wenigstens die Hoffnung hegen, daß die vielfach schwerfälligen, verkehrslähmenden Formen der bisherigen Gesetzgebung gründlich beseitigt und für die wirklich gewährten Erleichterungen nicht neue Belästigungen und Hemmnisse des Verkehrs eingetauscht werden würden. Hat nun die neue Aera einerseits die Erwartungen der Praktiker, anderseits des meistbetheiligten Publikums erfüllt? Ist man den begründeten Forderungen des Verkehrs gerecht geworden oder hat man nicht vielmehr Steine statt Brot gegeben?

Die kurze Praxis eines einzigen Jahres dürfte bereits der Mängel und Lücken, der Zweifel und Bedenken in den Gesetzen, der Hemmnisse, Hindernisse und Erschwerungen für den Verkehr in so verschwenderischer Fülle an das Tageslicht gefördert haben, daß selbst die Bewunderung der Freunde der neuen Fleisch gewordenen Theorie sich ein wenig gedämpft haben mag. Könnte der Verfasser nur alle die lauten, gehämen und verschämten Verwünschungen hören, die aus dem Munde seiner Collegen sich über jene anfänglich vielbewunderte Schöpfung schon ergossen haben mögen. Und nun erst die aus den Kreisen des vorzugsweise interessirten Volks laut gewordenen Töne der Unzufriedenheit, sie dürften zweifellos ein wenig harmonisches Conzert liefern. Jedenfalls geziemt es sich, auch einmal gegen eine gewisse Ueberschätzung und Vergötzung der neuen Errungenschaft Front zu machen.

Der Prinzipienstreit, welcher Jahre hindurch vor dem Siege der neuen, in das alte System tief einschneidenden Grundsätze auf- und abgewogt, ist mit Publikation der Gesetze verstummt. Wozu auch den müßigen Streit von Neuem anfachen? Der Praktiker beugt sich vor jedem Paragraphen, der schwarz auf weiß in der Gesetzsammlung steht. Es bleibt ihm freilich das Recht, im Stillen ein wenig zu murren und allenfalls gutmüthig die Faust in der Tasche zu ballen. Aber, wenn das rechtsuchende Publikum seufzt und stöhnt und klagt, so ist das schlimmer. Gott behüte mich vor diesem meinem Freunde; vor meinem Feinde, der alten Hypothekenordnung, hätte ich mir noch lange zu helfen gewußt! So hat wohl schon Mancher ausgerufen, der als Laie das Vergnügen hatte, mit dem neuen Wohlthäter in unliebsamen Verkehr zu treten.

Es konnte wohl kaum als ein gutes, vielverheißendes Zeichen angesehen werden, daß bereits vor dem Inslebentreten der Gesetze am juristischen Horizont schwarze Wolken in Form ansehnlicher, umfangreicher Kommentare auftauchten mit dem ja an sich verdienstvollen Bestreben, einem vielleicht schon tief gefühlten Bedürfniß abzuhelfen, den Praktikern, welche oft zum eigenen Denken nicht genügende Muße und Lust haben, vorzudenken. Man merkt die Absicht und — man wird nicht gerade verstimmt, zumal das zur Interpretation erforderliche, aber häufig zerstreut liegende Material gewissermaßen auf dem Präsentirteller dargeboten wird. Man schärft ja auch wohl seine eigenen Gedanken am fremden Denken.

Unter jenen Wegweisern durch die terra incognita der Grundbuchordnung nebst Pertinenzien befanden sich übrigens, abgesehen von den flüchtigen Produkten der allzeit voran eilenden Zusammenstoppler, gar manche vortreffliche, dankenswerthe Werke in echt wissenschaftlichem Gewande, hin und wieder schon starrend von Gelehrsamkeit, die aber keineswegs die überall wie Pilze aufschießenden Zweifel lösten, welche sich dem Praktiker sofort aufdrängten. Sollte, so mußte man sich sagen, die gewaltig erwachte Interpretationslust anhalten, so werden wir ja bald eine speciell grundbücherliche Bibliothek zu füllen im Stande sein. Und wenn dann nach etlichen Monaten bereits die Geister aufeinander platzten, wenn die Kommentare schon in zweiter Auflage in respektabler Wohlbeleibtheit erschienen, strotzend von Citaten, gespickt mit Allegaten entgegenstehender Meinungen, neu entdeckten Zweifeln und Räthseln, so konnte den Praktiker wohl ein gelindes Grauen überschleichen ob dieses wirren Durcheinander bei diesen anscheinend so klaren Gesetzen von nur zweihundert funfzehn Paragraphen. Konnte man es ihnen, die so harmlos und unschuldsvoll aussehen, die in so schlichtem, züchtigem und zudem in erfreulich jungfräulich nationalem Gewande auftreten, nur im Entferntesten ansehen, daß sie Schlangen am Busen nährten, daß tückische Zweifel in erschreckender Zahl in dem knappen Faltenwurf lauerten!? Greift nur hinein in's volle Paragraphenleben, und wo Ihr's packt, da ist es — kontrovers.

Man hat, wie der Schöpfer der Gesetze bemerkt [1]), absichtlich das „Gängelband einer Instruktion" nicht angehangen, um von vornherein das Denken der Richter nicht zu binden, um ihnen zu geben, was ihnen gebührt, die freie und selbständige Auslegung des Gesetzes. Nun, das wird gewiß allerseits dankbar begrüßt sein. In solchen Instruktionen verengert sich der Sinn, es wächst ja der Jurist mit seinen größeren Zwecken. Aber ungeachtet der Hochachtung, welche man seinem Werke im großen Ganzen schuldig ist, kann man doch der unmaßgeblichen Meinung sein, daß ein Gesetz vor Allem für das rechtsuchende Publikum bestimmt ist und nicht den wenn auch unbeabsichtigten Zweck hat, ein Spielzeug für gelehrte Kinder, ein Tummelplatz hundertfältiger Meinungen zu sein, einen Wettlauf von Kommentatoren in Scene zu setzen, den Scharfsinn und eine halsbrechende Geistesgymnastik der Juristenzunft zu üben.

Niemals hat ein Gesetz, kaum vom Stapel gelassen, alsbald ein so unabiehbares Ungewitter von Zweifeln und Räthseln aufsteigen sehen. Kürze ist, wie es im Hamlet heißt, des Witzes Seele. Kürze

---

[1]) Förster, „Preuß. Grundbuchrecht", Vorrede.

und Knappheit der Sprache hat auch in der Gesetzgebung einen außerordentlich jugendfrischen Reiz. Aber allzugroße Wortkargheit kann doch auch oft vom Uebel sein, und die neuen Gesetze liefern jedenfalls den untrüglichen Beweis, wie schwer es eben ist, allgemein verständliche, möglichst zweifelsfreie Gesetze zu machen. Ja, wenn all die Zweifel nur feine Leckerbissen für richterliche Gourmands, juristische Nüsse für denkbedürftige und denkbeflissene Richter sein könnten. Selbstverständlich wirken sie aber, indem sie Unsicherheit schaffen, auch auf das meistbetheiligte Publikum zurück, und diese Zweifel wetteifern zugleich mit den Erschwerungen, Belästigungen, Plackereien und Scherereien, welche sie für dasselbe unmittelbar im Gefolge haben. Man wird gewiß gar manche Vereinfachungen und Erleichterungen nicht unterschätzen, aber das Facit ist: Erleichterungen, kaum fühlbar, im Kleinen, Erschwerungen dagegen in den allerwichtigsten Angelegenheiten. „Den Bösen sind sie los, die Bösen sind geblieben."

Jedoch der Worte sind genug nun wohl gewechselt, laßt mich jetzt endlich auch Beweise seh'n! Der Verfasser hat nach verschiedenen Richtungen hin sowohl nach Kontroversen als auch nach praktischen Belägen für besonders empfindliche Mängel gefahndet. Wenn er auch nicht die ganze Ausbeute seiner Jagd zu liefern beabsichtigt, so will er doch, um seiner von des Unmuths Blässe etwas angekränkelten Stimmung ein wenig Luft zu machen, einige der wesentlicheren Uebelstände Revue passiren lassen.

Wir lernen zuvörderst die neue Physiognomie der in „Grundbücher" umgetauften Hypothekenbücher kennen, betrachten sodann die „Grundbuchämter" aus der Vogelschau. Wir treten demjenigen Institut, welches gewissermaßen als Wahrzeichen der ganzen neuen Ordnung gelten kann, nämlich der „Auflassung", etwas näher. Demnächst betreten wir das dornenvolle Gebiet der „Anträge", halten flüchtige Umschau bei den altehrwürdigen „Hypotheken" und den neu erfundenen „Grundschulden" und widmen endlich noch einige Worte den „Urkunden".[2])

---

[2]) Nach Fertigstellung des Manuscripts ist der 3. Band des sehr empfehlenswerthen Werkes „Johow's Jahrbuch für endgültige Entscheidungen der Preuß. Appellationsgerichte" erschienen. Der Einblick ist freilich insofern nicht tröstlicher Natur, wenn man sieht, wie oft in ganz untergeordneten und nebensächlichen Dingen das Publikum drangsalirt und zu Beschwerden gezwungen worden ist, und wie weit die Meinungen der verschiedenen Appellationsgerichte in Bezug auf einzelne, zudem nicht unwichtige Fragen auseinander gehen.

II.

Die Grundbücher.

„Taut de bruit pour une omelette!"

Eine wesentliche Abweichung der neuen von der bisherigen Einrichtung besteht bekanntlich darin, daß man die Grundbuch- zu den Katasterämtern in Beziehung gesetzt, die Grund- und Gebäudesteuerbücher zur Grundlage für die Grundbücher gemacht hat, um dadurch eine konsequentere Durchführung des Specialitätsprincips zu erzielen.

Ist denn nun aber der Gewinn des Schweißes der Edlen werth? Steht die den Gerichten durch Umarbeitung der Grundbücher erwachsende Arbeitslast mit den gewonnenen Vortheilen im Verhältniß? Zweifel möchten um so mehr erlaubt sein, als die gegebenen Vorschriften schon selbst nicht einmal die Durchführung jenes Specialprincips erreichbar erscheinen lassen.

Behufs Zurückführung der Grundbücher auf die Steuerbücher soll den Grundbuchämtern eine Abschrift der Grund- nnd Gebäudesteuerbücher mitgetheilt werden.[1]) Wer aber jemals Gelegenheit genommen hat, von dem Inhalt der Flürbücher, dieser Verzeichnisse der Flächenabschnitte in der Gemarkung, Einsicht zu nehmen, möchte nicht die schüchterne Frage aufwerfen, ob man wirklich ursprünglich den Grundbuchämtern zuzumuthen die Absicht gehabt hat, daraus das Material zur Neubildung der Titelblätter zu schöpfen? Das wäre denn doch wahrlich eine Herkulesarbeit gewesen, welcher sich Niemand gewachsen gefühlt hätte. Man hat das glücklicherweise nur zu bald eingesehen und hat deshalb später[2]) die Auszüge aus der Grundsteuer-Mutterrolle für die geeignetere Grundlage erachtet, so daß also nunmehr die Flurbücher mehr oder weniger schätzbaren und kostspieligen Ballast für die Bureaus bilden. Aber, so muß man weiter fragen, dürfte es, da doch die Zurückführung der bereits angelegten

---

[1]) §. 4. G. B. Ord.

[2]) Rescr. v. 31. Januar 1873 (J. Minist. Bl. S. 46)

Grundbücher auf die Steuerbücher kostenfrei erfolgen sollte, gerechtfertigt sein, von den einzelnen Grundbesitzern die Einreichung jener Auszüge zu erfordern? Wäre es nicht vielleicht dem Gesetze mehr entsprechend gewesen, die Katasterämtern direkt zur Einreichung der Auszüge an die Grundbuchämter anzuweisen? Jetzt rüttelt man die sämmtlichen Grundeigenthümer des ganzen Gerichtsbezirks aus ihrer Ruhe auf, zwingt sie zu oft weiten Gängen und zu Ausgaben und zwar zu Zwecken, denen sie selbst ganz fern stehen, deren Erfüllung auch gar nicht auf ihrem Wollen und Antrag beruht und wovon sie auch meistens nur einen zweifelhaften Nutzen haben. Die Aufbürdung der für die Steuerauszüge zu bestreitenden Kosten steht zudem wohl nicht ganz mit der ursprünglichen Tendenz der Gesetzgeber im Einklang.

Grundbuch- und Katasteramt sind übrigens auch nur in eine Art Zwangsehe gebracht. Sie sollen in sich ergänzender Wechselwirkung stehen; aber sie verhalten sich, ohne Hausgemeinschaft, von Tisch und Bureau getrennt, zu einander wie geschiedene Eheleute. Der zuweilen in eine kleine Fehde ausartende Verkehr mit den Katasterämtern kann jeden noch so geduldigen, mit horazischem Gleichmuth ausgestatteten Grundbuchrichter oft in Verzweiflung bringen, die Milch der frommen Denkart ihm in gährend Drachengift verwandeln und ihm seine ohnedies so trockene und vielfach geisttödtende, mechanische Beschäftigung geradezu verleiden.

Ja, wenn die Herren Fortschreibungsbeamten und ihre Bücher unfehlbar wären! Als man sie ins Leben rief, dachte man herzlich wenig an eine künftige Lebensgemeinschaft mit den Grundbuchbehörden. Ihre Lebensbestimmung galt vielmehr in jener knappen, milliardenlosen, steuererfindungsreichen Zeit der Füllung des Staatssäckels. Legionen von Irrthümern steigen aus dem Herzen der Mutterrolle in dem unschuldsvollen Gewande der Steuerauszüge und schleichen sich so in die Grundbücher, wenn sie nicht etwa auf diesem Wege von einem vorsichtigen und gewissenhaften Richter oder von einem aufmerksamen und nicht blos mechanisch arbeitenden Grundbuchführer ertappt und entlarvt werden.

Da haben sich Hypothekennummern nach ganz fremden, jene Nummer gar nicht führenden Grundstücken vollständig verirrt. Häuser stehen auf Grund und Boden, welcher solche niemals getragen hat oder, wenn solche wirklich früher darauf existirt haben, so sind sie längst niedergerissen und auf andern selbstständigen Grundstücken wieder erbaut. Wehe dem, welcher so glücklich ist, mehrere Grundstücke sein eigen zu nennen; sicher darf er darauf rechnen, daß alle Flächenabschnitte, wenn sie auch selbstständigen und mit besonderen Nummern im Grundbuch verzeichneten Grundstücken angehören, in den Steuerauszügen ununterscheidbar miteinander verschlungen sind. Eine Vernehmung des Eigenthümers, auf welche der Katasterbeamte achselzuckend verweist, führt auch nicht immer zum Ziel, und man kann auch nicht gerade verlangen, daß jener Kenntniß davon hat, welche Grundbuchnummer der Scholle Landes, die sein Pflug durchfurcht, aufgeprägt ist. So ist oft die Umwandlung der einzelnen Titelblätter unmöglich gemacht. Der einzige Ausweg, die Zusammenschreibung der Grundstücke, empfiehlt sich aber zuweilen schon wegen der verschiedenen Belastung nicht. Sollte aber die Grundsteuer-Mutterrolle wirklich neben den Flächenabschnitten die Nummer des Grundbuchs aufweisen, und der Grundbuchrichter prüft nun den Flächeninhalt der verschiedenen Grundstücke nach seinen Erfahrungen über den Umfang derselben oder nach den auf dem bisherigen Titelblatt enthaltenen Angaben, so kommt er zu dem verzweiflungsvollen Ergebniß, daß der Steuerauszug den nicht selten sogar kaum heilbaren Fehler hat, daß er leider — unrichtig ist.

Der Einblick in die Geheimnisse der Gebäudesteuerrolle ist nicht ermuthigender. Durch einen versöhnlichen Bindestrich verbunden stehen dort friedlich unter Einem Dache wohnend Besitzer zusammen, deren Vorahnen bereits als feindliche Brüder sich getrennt, zwischen sich eine Giebelwand gezogen haben und dadurch zu der Gunst gelangt sind, mit einer besondern Hypotheken-Nummer begnadigt zu werden. Aber für die Steuerrolle ist die trennende Wand nicht vorhanden; sie kennt nur Ein Haus und daher auch nur Einen Gesammtnutzungswerth für die verschiedenen selbständigen, unter Einem Dache vereinigten Besitzungen. Ebenso findet man, insofern diese letzteren sich eines längst abgegränzten Gärtchens erfreuen sollten, doch nur einen einzigen Garten verzeichnet. Und so fort mit Grazie in infinitum.

Sollten die Erfahrungen desjenigen Grundbuchamts, dem der Verfasser nahesteht, vorzugsweise bitterer Natur sein, obgleich das Haupt des bezüglichen Katasteramts gewiß nicht zu den ungeschicktesten gehört! Uebrigens lassen sich, insofern der Grundbuchrichter am Sitze einer Katasterbehörde wohnt, mancherlei Dunkelheiten und Irrthümer durch persönliche und mündliche Rücksprache aufklären und berichtigen; bedauernswerth aber ist derjenige, der auf den lästigen Weg des schriftlichen Verkehrs verwiesen ist.

Und nun weiter. Wenn wirklich die Steuerauszüge acceptabel und unanfechtbar erscheinen, so steht man vor neuen Räthseln: In welches neumodische Gewand kleidet man nunmehr das Titelblatt? Nehmt, geehrte Collegen, so Ihr vom Baum der Erkenntniß noch nicht gekostet habt, so Ihr noch nicht eingebürgerte Fremdlinge in der Grundbuchordnung sein solltet — wer kann überhaupt bei der heutigen Tages mit Vollkraft arbeitenden Gesetzgebungsmaschine heimisch werden in allen Winkeln der Gesetze! — nehmt jenes officielle Formular zur Hand! Es gilt, muthig zwischen der Scylla des Gesetzestextes [3]) und der Charybdis der Titelblattschablone des Formulars I. hindurch zu segeln!

Soll man wirklich an der Spitze eines jeden Titels die „Ortschaft" und den „Kreis" prangen lassen oder könnte man nicht Beides vielmehr, unter ausnahmsweiser Geltung der Devise „superflua nocent", mittelst geschickter Escamotage ein für allemal auf die erste Seite eines jeden Grundbuchs versetzen? Mit wunderbarem Instinct hat für jene überflüssigen Dinge der Drucker der Formulare eines großen Appellationsgerichts nicht einmal Raum gelassen und ebensowenig auch für „Eigenschaft des Grundstücks", vielleicht ahnend, daß sich dieser Begriff mit dem der tiefer unten vertretenen „Bezeichnung des Grundstücks" meistens deckt. Man läßt also, geleitet von dem guten Geist des Druckers, alle jene Merkmale des Grundstücks verschwinden und steht nun plötzlich vor einem Hiatus, der bereits zum Erisapfel der Grundbuchrechtsgelehrten geworden ist.

Es ist nämlich der orakelhafte Zwischenraum zwischen **„Artikel"** und **„Nummer"** (Art. . . Nr. . .). Ein Hauptkommentator [4]) setzt die Lücke auf Conto einer Laune des Setzers, verwischt sie als Druckfehler. Ein andrer, mehr auf Lösung qualvoll interessanter praktischer Fragen ausgehender Praktiker [5]) vindicirt den „Art." dem Grundsteuerbuch und die „Nr." der Gebäudesteuer, weil es nicht üblich sei, von Nummern eines Artikels zu sprechen. Man möchte dem gern beitreten, wenn nicht die zur Hand genommenen Steuer-Auszüge, indem sie allerdings die Bezeichnung „Artikelnummer" enthalten, unser Sprachgefühl Lügen straften. So bleibt wohl also nichts übrig, als die gähnende Kluft durch einen nichtssagenden Bindestrich, etwa in der graziösen Form —— zu überbrücken und die überhaupt stiefmütterlich behandelte „Gebäudesteuerrolle" leer ausgehen zu lassen.

Wir stehen nunmehr vor dem Wichtigsten, der „Bezeichnung

---

[3]) §. 4. und §. 8. der G.B.O.

[4]) Bahlmann 1. Ausg. S. 149.

[5]) John, „Erörterung einiger praktischen Fragen ɛc." Aufs. V, dessen Lectüre sehr empfehlenswerth ist, auch wenn man den Winken nicht überall zu folgen vermag.

des Grundstücks" nebst seinen „Bestandtheilen". Vielleicht beschlich schon den Grundbuchrichter und seine Gefolgschaft, den Grundbuchführer — weilend Ingrossator — sowie die Kanzlei, das Aschenbrödel der Beamtenschaft, ein geheimes Grausen Angesichts der umfangreichen Steuer-Auszüge. Sollten wirklich alle die zahlreichen einzelnen Flächenabschnitte in dem Grundbuch, in der Actentabelle und in den Notificatorien vermerkt werden? Doch da winkt zum Trost die Bestimmung, daß bei Gutscomplexen die Eintragung der Gesammtfläche und des Gesammtreinertrages genügt.[6]) Der Ausdruck „Gutscomplex" hat etwas Einschmeichelndes und Verlockendes und reizt wie Sirenengesang den irrfahrenden Odysseus. Freilich hat der Ausdruck auch etwas Elastisches. Zur eigenen Erleichterung ist der Grundbuchrichter — der Grundbuchführer echo't schon im Voraus — gern geneigt, jenen Begriff in des Worts verwegenster d. h. weitester Bedeutung aufzufassen. Und warum auch nicht, da doch schon mehrere kleine Flächenabschnitte einen Gutscomplex bilden.

Ist man über diese Klippe glücklich hinweg, so steht man sinnend und grübelnd vor einer neuen räthselhaften Spalte, überschrieben „Grundsteuer-Mutterrolle". Dieselbe scheint fast die Mission zu haben, einen horror vacui aufzuweisen; denn warum sollte man sie ausfüllen, da ja die betreffende Nummer bereits einige Zeilen höher in der Ueberschrift figurirt. Sintemalen aber die Spalte doch nun einmal da ist, dagegen auffallender Weise eine Spalte „Gebäudesteuer-Rolle" fehlt, die Häuser in den Städten und also auch auf den Titeln der Grundbücher eine wichtige Rolle spielen, so könnte man ja Angesichts jener gesetzgeberischen Lücke die Nummer des Gebäudesteuerbuchs dort einschmuggeln, etwa mit der kurzen Bezeichnung „Gbdst. R." Daß schließlich für „Reinertrag" und „Nutzungswerth" nur Eine Spalte vorhanden, ist gleichfalls eine Uebelstand, da hierdurch Zweifeln und Vermuthungen Raum gegeben ist, zumal ja auch gebäudesteuerpflichtige Hausgärten existiren.

Ziehen wir die Bilanz zwischen dem „bisher" und „künftig." Die Titelblätter der städtischen Grundstücke erlangen eine Bereicherung, indem sich dem Wohnhaus hie und da ein Stall oder ein etwa sonst noch vorhandenes anonymes Institut hinzugesellt, daneben auch der bekanntlich wechselnde und unzuverlässige „Nutzungswerth" vermerkt wird und indem man endlich auch den schon so annähernd bekannten Umfang der Pertinenzien erfährt. Bei den ländlichen Grundstücken

---

6) §. 4. G. B. O.

tauscht man das zum Verschwinden verurtheilte und daher roth zu unterstreichende „Bauergut“ resp. „Kossäthengut“ u. s. w. gegen dieselbe Bezeichnung, nur auf einer andern Stelle des Titels, ein. Der Flächeninhalt, den viele Grundbuchblätter da, wo Separationen stattgefunden hatten, schon bisher enthielten und welcher wenigstens durch den Hinweis auf den betreffenden Rezeß leicht zu ermitteln war, wird künftig freilich überall vermerkt und noch dazu in für längere Zeit unverständlicher, annectirt-fremdländischer Zunge: Hektaren, Aren u. s. w. Als nicht unwichtige Zuthat gilt dann noch der Reinertrag. — Fürwahr, die Vortheile sollen nicht ganz geläugnet werden, zumal ja die wichtigeren Notizen aus dem Titel auch in die neuen Urkunden übergeführt werden. Aber dieser Vortheile ungeachtet darf man die Frage aufwerfen: Darum dieser Lärm, dieser Aufwand von Zeit, Mühe und Kosten?! Tant de bruit — —

Legen wir nun das an so mannigfachen Unklarheiten leidende Formular bei Seite und schließen wir dieses wenig erbauliche Kapitel mit der wohl nicht unbescheiden klingenden Bemerkung, daß „un po' più di luce“, um mit den Titelworten des Lamarmora'schen Pamphlets zu reden, durch eine kurze Instruktion gerade für einige der oben berührten Gegenstände von rein formeller Natur höchst erwünscht gewesen wäre, um allzugroßen Ungleichheiten in der praktischen Handhabung, die sich unzweifelhaft einstellen werden, einigermaßen vorzubeugen.

III.

Die Grundbuchämter.

„Lasciate ogni speranza, voi ch' entrate."

Dante.

Zwar lasset Ihr, arme Sterbliche, nicht gerade, wie jene erschreckenden Worte der Inschrift über der Eingangspforte zur Hölle lauten, jegliche Hoffnung zurück, sobald Ihr das mit dem Aushängeschild „Königl. Grundbuchamt" oder „Grundbuchrichter" bezeichnete Lokal betretet; aber Euch werden dort immerhin Quälgeister aller Art umschweben. Wehe Euch, wenn Ihr Erben seid; dreimal wehe, wenn Ihr als solche das aus der Zeit der Folter stammende, raffinirte Quäl- und Torturinstrument kennen lernt, welches man „Auflassung" benamset.

Man hat wunderbarer Weise die zur Erledigung der Grundbuchgeschäfte berufene Gerichtsabtheilung unter der neuen Firma „Königliches Grundbuchamt" — warum zerlegen so viele Richter der officiellen Schreibart zum Trotz das letztere Wort in „Grundbuch-Amt? — einzuführen beliebt. Diese Firma ruft bei Uneingeweihten die Täuschung hervor, als ob es sich um eine neue Behörde handle, obgleich dieselbe doch in Wirklichkeit von dem Gericht nicht losgelöst, sondern mit demselben im engsten Zusammenhang verblieben ist. Warum ist man, zumal auch für längere Zeit an eine Loslösung nicht gedacht wird, nicht einer naheliegenden Parallele, wie „Königliches Kreisgericht, Commission für Bagatellsachen" oder „Königliches Kreisgericht. Der Subhastationsrichter" gefolgt und hat etwa die Firma „Königliches Kreisgericht, Commission für Grundbuchsachen" oder „Königliches Kreisgericht. Der Grundbuchrichter" gewählt? Jene unberechtigte Eigenthümlichkeit nimmt sich um so seltsamer aus, als den unter der neuen Firma „Königliches Grundbuchamt" ausgefertigten Hypothekenbriefen bekanntlich Schuldurkunden angehängt werden, welche noch mit der alten, wohlconditionirten Firma „Königliches Kreisgericht, II. Abtheilung" gezeichnet sind.

Daß man die collegialische Behandlung der Grundbuchsachen beseitigt, den Grundbuchrichter mit einer Art Selbstherrlichkeit ausgestattet hat, ist gewiß ein Vortheil. Mit den neuen Gesetzen, zumal mit der Auflassung, würde ja auch die Mitwirkung des Collegiums unvereinbar sein. Es war schon bisher eine Anomalie, daß der Vorsteher einer Gerichts-Commission gänzlich unabhängig war, während man den Hypothekenrichtern der Kreisgerichte einen kontrollirenden Codecernenten an die Seite stellte. Derselbe zeichnete dann häufig wohl nur mechanisch und der bloßen Form wegen mit. Bisweilen mochte auch wohl das Geschäft einem ihm nicht sympathischen Richter gegenüber in etwas chikanöser und nergelnder, der Sache selbst keineswegs ersprießlicher Weise ausgeübt worden sein. Dennoch kann man nicht behaupten, daß eine erhöhte, gewissenhaft angewendete Prüfung nicht etwa den so wichtigen Hypothekensachen im großen Ganzen zum Vortheil gereicht hätte, auch wenn immerhin eine Verzögerung sich damit verknüpfte. Letztere fiel übrigens gar nicht so erheblich ins Gewicht. Dem Publikum liegt vor Allem daran, auf dem Gericht rasche und prompte Abfertigung bezüglich der Acte freiwilliger Gerichtsbarkeit und der das Grundbuch betreffenden Anträge zu finden. Die Gerichtsinsassen, zumal die Landleute, bringen dem humanen, entgegenkommenden Richter meistens ein unbeschränktes Vertrauen entgegen. Sie sprechen ihre Wünsche aus, der Richter bringt dieselben in die rechte Form, das Protokoll ist fertig — es ist besorgt und aufgehoben. Ob dann die Urkunde einige Tage früher oder später in die Hände der Betheiligten gelangt, macht ihnen weniger Sorge, da ja auch, wenn ein schleunigeres Tempo ausdrücklich gewünscht wurde, solchen Wünschen leicht genügt werden konnte.

Die Hauptklage in früherer Zeit galt dem übermäßigen Druck der Kosten. Die neuen Gesetze haben eine immerhin schon anerkennenswerthe Ermäßigung derselben gebracht. Sie schaffen auch anderweite dankbar begrüßte Vortheile in Bezug auf Kürze der Eintragungen, Vereinfachung und Uebersichtlichkeit der Urkunden; eine raschere Bildung der letzteren wird ermöglicht. Anderseits aber berührt die neue Ordnung die Betheiligten in ihren wichtigeren Wünschen oft sehr empfindlich, indem sie gerade bei Aufnahme der Acte und Anträge ganz unerträgliche Plackereien schafft und in der heutigen Zeit des „the time is money" nutzlose Gänge und Zeitvergeudung unabweislich im Gefolge hat. Die Illustrationen dazu werden unten folgen.

Nach der Geschäftseinrichtung der meisten Kreisgerichte — von den größeren Gerichten ist nicht die Rede, da in größeren Städten eine erheblichere Concurrenz der Notare mit den Gerichten bestand — waren bisher für bestimmte Ortschaften die Geschäfte der Hypothekensachen einerseits und der Nachlaß- und Vormundschaftssachen anderseits in derselben Hand vereinigt. Ganz abgesehen davon, daß in die mehr oder weniger eintönige richterliche Thätigkeit eine gewisse geisterfrischende Mannigfaltigkeit durch jene Geschäftseinrichtung getragen wurde, kam sie auch den Gerichtseingesessenen in hohem Grade zu Statten. Der Richter konnte, da alle diese Geschäfte bekanntlich häufig im Verkehr ineinander greifen, sich selbst in die Hände arbeiten. Die Erben eines Eigenthümers, eines Gläubigers konnten, um nur einige Beispiele anzuführen, vor demselben Richter verkaufen, cediren, quittiren u. s. w. und gleichzeitig sich als Erben legitimiren. Wie anders jetzt! Wollen unter der Diktatur der neuen Grundbuchordnung Erben ein Grundstück auflassen und sie überreichen nicht eine fix und fertige Erbbescheinigung, so weist sie der Grundbuchrichter unbarmherzig zurück und — mit Recht, mögen sie auch alle Kirchenzeugnisse zu ihrer Legitimation in der Tasche führen und zu allen ergänzenden eidesstattlichen Versicherungen bereit sein. Niemals! Niemals! Niemals! ertönt es ihnen auf ihre Bitten entgegen, und es ist ja deren Erfüllung unmöglich, denn mit dem Unglücksparagraphen Achtundvierzig kämpfen Götter selbst vergebens. Die Erben sind vielleicht meilenweit gewandert, haben wohl noch eine größere Reise zurückgelegt und — nun umsonst! Wohl ihnen, wenn sie sofort einen entgegenkommenden Nachlaßrichter finden, der nicht bloß competent ist, sondern auch augenblicklich Muße hat, um die Erbeserklärungen aufzunehmen, die Erbbescheinigung abzufassen und in Sturmeseile durch alle Stadien zu jagen, so daß die Ueberglücklichen noch vor Thoresschluß, die rettende Legitimationsurkunde in der Hand, vor dem Grundbuchrichter sich ihres Eigenthums entledigen können. Aber wenn nun dieses oder jenes für wichtig erachtete Kirchenzeugniß aus entschuldbarer Unkenntniß vergessen worden? — Der Menschheit ganzer Jammer packt mich an! Sammt und sonders, keine Gnade findend, müssen sie von dannen ziehen. Ein gerechter Schmerzensschrei mag sich da wohl ihrer Brust entringen, wenn nicht sogar ein aus dem Vatikanischen in harmloses Plattdeutsch übersetztes anathema sint die neuen Mai-Gesetze! In der guten alten Zeit der Besitztitelberichtigung konnte das Fehlende nachträglich eingereicht werden; der augenblicklich verhinderte Abwesende konnte nachträglich erscheinen. Jetzt gilt, wie in der klassischen französischen Tragödie, das unbeugsame, den Flug der Phantasie hemmende Gesetz der sogenannten drei aristotelischen Einheiten der Zeit, des Orts und der Handlung. Glücklicherweise gelten diese langweiligen drei Einheiten nicht bei den übrigen Rechtsgeschäften, der Quittung, der Cession u. s. w. Aber auch bei diesen Acten finden die Erben oft Hindernisse, werden hin- und hergeworfen, vom Grundbuchrichter an den Nachlaßrichter verwiesen. Hier kann der Erstere, wenn er nicht ein wenig spröde und widerwillig ist, wohl ganz unbedenklich die Quittung, die Cession selbst aufnehmen. Was sollte entgegenstehen, die Legitimationsurkunde demnächst sich einreichen zu lassen, um so mehr, wenn die Verwandschaftsverhältnisse klar vorliegen? Warum sollte nicht in solchen Fällen der Antrag darauf gerichtet werden können, auf Grund der binnen so und so viel Wochen einzureichenden Erbbescheinigung, resp. des Testaments oder der Vollmacht die Post zu löschen oder umzuschreiben? Ja selbst eine Ermächtigung für den Vormund möchte nachzuholen sein. Man vergegenwärtige sich den in der Praxis häufig vorkommenden Fall, daß gekündigte Mündelgelder zum gerichtlichen Depositorium eingezahlt werden. Der Schuldner zahlt aus fremden Mitteln, er gestellt den Vormund Behufs Ausstellung der Abtretungsurkunde, denn der miterscheinende neue Gläubiger wünscht die sofortige Cession. Der Vormundschaftsrichter, welcher sich durch die Depositalquittung von der erfolgten Einzahlung überzeugt hat und die Verhandlung über die Abtretung aufnehmen könnte, ist nicht zur Hand. Der Grundbuchrichter aber weist den Vormund, obgleich dieser die ja auch ganz unbedenkliche Ermächtigung nachzubringen verspricht, ab. Sollte eine solche absolute Abweisung für alle noch so einfachen Fälle gerechtfertigt, möchte nicht eine mildere Auffassung bezüglich der Forderung der sofortigen Legitimationsführung zulässig sein? Im Rechtsgebiete gilt nicht Tasso's Wort „Erlaubt ist, was gefällt," dagegen könnte man im obigen Fall mit der Prinzessin wohl entgegnen: „Erlaubt ist, was sich ziemt" d. h. juristisch übersetzt „was nicht verboten." Wenn dennoch sich das Herz des Grundbuchrichters nicht erweichen sollte, so kann man ähnlich wieder wie der Dichter sprechen: „Willst Du genau erfahren, was nunmehr sich ziemt, so frage nur bei edlen Rechtsanwälten und Notaren an" — der Notar bleibt in solchen Fällen der einzige rettende Engel.

Doch Scherz bei Seite! Es ist wahrlich nicht zu verkennen, daß jene neu geschaffene Arbeitstheilung dem Publikum nicht zu Statten kommt und auf dasselbe geradezu verwirrend wirkt. Es hört sich zwar nicht übel an, wenn man sagt, daß die neueren Gesetze einen erhöhten Anspruch an die Selbstthätigkeit und Selbständigkeit der Staatsbürger machen, sie von bevormundenden Beschränkungen emancipiren, sie mehr und mehr auf eigene Füße stellen wollen. Doch ultra posse nemo obligatur. Auf dem Gebiet der Selbstverwaltung hat jenes Wort wohl Sinn; da werden allerdings erhöhte Anstrengungen gefordert und Unbequemlichkeiten sind nicht abzuweisen. Aber für deren Nothwendigkeit in dem Rechtsverkehr ist ein Grund nicht abzusehen. Hier wird der Laie, der sich in den Rahmen der mannigfach verzweigten richterlichen Thätigkeiten natürlich nicht so leicht hineinfinden kann, stets mehr oder weniger hülflos bleiben, und verzeihlich ist es, wenn er sich in die oft seltsamen Grillen und Launen der Grundbuchordnung und des neu geschaffenen Grundbuchwesens überhaupt nur schwer zu finden weiß. Manche der in der Praxis aus der Trennung der Gewalten entspringenden Uebelstände fallen bei den Einzelrichtern weg oder finden künftig in einer anderweiten Gerichtsverfassung vielleicht Abhülfe. Es bleibt uns also der nicht gerade allzuberuhigende Trost, daß jeder Uebergang, wie aller Anfang, schwer ist.

Was ferner die Berufsthätigkeit des Grundbuchrichters anlangt, so ist dieselbe gegen früher eine keineswegs behaglichere geworden, ganz abgesehen von der einseitigeren Richtung, in welche er so gut wie der Nachlaß- und Vormundschaftsrichter versetzt ist. Es wird noch dahin kommen, daß man ausrufen wird: beatus ille qui procul negotiis i. e. (in schlechtem Latein) hypothecariis. Der Grundbuchrichter ist nicht mehr sui juris, nicht mehr Herr seiner Zeit und Kräfte. Die ihm zufließenden Geschäfte sind unberechenbar. Schon sieht er das Ende der Last und Mühe des Vormittages herannahen; inzwischen aber arbeitete für ihn der Notar und schickt ihm seine Interessenten zu, deren Wünsche dieser ja leider nur halb durch aufgenommenen Vertrag zu erfüllen vermochte. Die Unbehaglichkeit liegt ferner in dem lästigen Zwange zur sofortigen oder doch möglichst schleunigen Erledigung der in Folge der Auflassung nothwendigen Eintragungen. Umdrängt von einer großen Zahl abfertigungharrender Leute, gekeilt in drangvoll fürchterliche Enge, muß er sich nicht selten in wenn auch nicht immer allzu verwickelte, so doch auch oft nicht ganz einfache Prüfungen vertiefen, um die Pforten aufthun zu können, die zur sofortigen Auflassung führen, und um diejenigen für diesmal von hinnen zu verweisen, die, auf der Prüfungswage gewogen, zu leicht befunden worden sind. Man wendet zwar nicht ohne formelles Recht ein, daß der Richter nicht verpflichtet ist, in strepitu fori sich solchen Prüfungen zu unterziehen, daß ihm das Recht zusteht, die Parteien zu einem späteren Termin zu bestellen. Diesem aus der Ferne sich nicht so übel ausnehmenden Einwande zu gehorchen, ist der Geist des Grundbuchrichters nur zu willig, aber sein Fleisch ist schwach. Er fühlt ein menschliches Rühren, wenn er den Kreis der Bittenden überschaut und die Summe der von ihnen durchwanderten und durchfahrenen Meilen zusammenrechnet und vor Allem wenn er — ein Herz für das Volk hat.

Abgesehen von der Legitimationsprüfung fordert auch zuweilen der Inhalt des Vertrages zum aufmerksamen Durchlesen desselben auf. Der Vertrag kann selbstverständlich nach der neuen Theorie noch nicht die Eintragungsanträge selbst enthalten, da deren Aufnahme erst nach erfolgter Auflassung möglich ist. Die den Interessenten in den Mund zu legenden Eintragungsbewilligungen und Anträge müssen daher gewissermaßen erst aus dem Vertrage herausdestillirt werden; denn kein vernünftiger Richter wird wohl das Antragsystem in seiner ganzen Schärfe dahin auffassen, daß er nur vornehm auf hohem Kurulischen Stuhle zu sitzen und die ihm entgegengebrachten Anträge anzunehmen habe. Das sogenannte nobile officium des Richters, den unkundigen Parteien hülfreich und belehrend entgegenzukommen, ist durch die Grundbuchordnung keineswegs depossedirt worden. Manche Richter bürden sich übrigens in solchen Fällen eine zweifellos überflüssige Arbeit auf, indem sie, auf den Gesetzeswortlaut [1]) schwörend, die Eintragungsbewilligungen mit dem ganzen Schmuck aller aus der Schuldurkunde geschöpften Haupt- und Nebenbestimmungen ausstatten, also den gesammten bezüglichen Inhalt der Urkunde wiederholen, statt sich, was jedenfalls zulässig sein dürfte, auf die einfache Erklärung zu beschränken „er bewilligt und beantragt die Eintragung der rückständigen Kaufgelder nach Maßgabe des Vertrages" oder „er bewilligt und beantragt die Eintragung der Vatererbtheile nach Maßgabe des Erbrezesses" u. s. w., vorausgesetzt natürlich, daß die Urkunden alle die wesentlichen Punkte bereits enthalten.

Nicht minder belästigend für den Grundbuchamtsvorsteher ist die ihm durch die neue Ordnung aufgezwungene, zwar schon früher vorhanden gewesene, aber neuerdings viel schärfer ausgeprägte Doppelnatur — Zwei Seelen wohnen ach! in seiner Brust! Diese Zweiseelennatur — glücklicherweise „zwei Seelen und Ein Gedanke" — ist zwar für das Publikum nicht vom Uebel, ladet aber dem Richter in vielen Fällen die Last doppelter Verhandlungen auf. Viele Richter sind sich freilich ihrer Doppelköpfigkeit nicht stets bewußt. Man begegnet wenigstens in der Praxis den erheblichsten Schwankungen und einer sehr nüancenreichen Behandlung. Der Grundbuchrichter fungirt offenbar als solcher bei den grundbücherlichen Haupt- und Staatsactionen, den

[1]) §. 23. des Ges. und §. 43. G. B. O.

Auflassungen, sowie auch bei Aufnahme der beglaubigungsbedürftigen und beglaubigungswürdigen Anträge, während er bei den mannigfachen Gattungen der Acte freiwilliger Gerichtsbarkeit als instrumentirender Richter, als Quasinotar, handelt, um sich im nächsten Augenblick wieder proteusartig in den Grundbuchrichter zu verwandeln, das Protokoll mit den Eintragungsformeln und anderweiten Anweisungen für den Grundbuchführer bedeckend. Eine strenge Auseinanderhaltung der in verschiedener Eigenschaft zu Tage geförderten Verhandlungen dürfte in bestimmten Fällen geboten erscheinen und eine bunte Vermischung nicht unbedingt zulässig sein. Wenn sich Auflassung und Vertrag auch nicht wie Wasser und Feuer zu einander verhalten, so schließen sich doch beide Acte aus, und es nimmt sich recht seltsam aus, wenn sogar in einem „Leitfaden zum praktischen Gebrauch"[2]) ein Formular zu „Kaufvertrag und Auflassung" figurirt und darin den vorgängigen Vertragsparagraphen plötzlich ungenirt in einem Paragraphen eine sogenannte Auflassung sich anschließt, die sich natürlich in nichts von der früher üblichen Besitztitelberichtigungsbewilligungsclausel unterscheidet. Die Auflassungsverhandlung möchte auch mit andern Acten freiwilliger Gerichtsbarkeit unverträglich sein. Dennoch findet man sie vielfach mit Quittungen, bei Auflassungen von Parzellen auch mit Entpfändungserklärungen vermischt. Es ist das ja alles an sich meistens sehr bequem, widerstrebt aber doch, streng genommen, wohl der Natur jener Acte, zumal ja auch grundbuchrichterlichen Verhandlungen die Ehre der Ausfertigung nicht beschieden ist, während die Protokolle über die sonstigen Rechtsgeschäfte, als da sind Verträge, Quittungen, Schuldverschreibungen, Cessionen, Entpfändungserklärungen, Vorrechtseinräumungen u. s. w. nach wie vor unter der Firma „Königliches Kreisgericht, II. Abtheilung" auf den Markt des Lebens wandern. Anderseits finden die „Anträge", insofern sie nicht in einem besondern Protokoll ein selbständiges Leben führen oder unmittelbar der Auflassung angereiht sind, auch in allen Acten freiwilliger Gerichtsbarkeit ihren willkommnen und auch billigen Platz und dürften — einem irgendwo Seitens eines Departements-Rechnungsrevisors gezogenen Monitum zum Trotz sei es gesagt – dann wohl nicht mit dem für grundbuchrichterliche Anträge bestimmten Kostensatz belastet werden, vielmehr kostenleer ausgehen.

Jene Doppeleigenschaft anlangend, so hat man auch in dem schriftlichen Verkehr der Grundbuchämter mit andern Gerichten

[2]) „Der Grundbuchführer" Berlin 1873.

vielfache Schwankungen zu beobachten Gelegenheit, wenn man etwa als sogenannter Requisitionsrichter dafür ein aufmerksames Auge hat. Manche Grundbuchämter lassen unterschiedslos alle ihre Schreiben unter dieser ihrer neuen Flagge in die Welt hinaussegeln. Andre unterscheiden im Bewußtsein ihrer augenblicklichen Qualität etwas schärfer. Es ist wohl, wie früher, unbedenklich gestattet, zu urkundlichen Erklärungen, welche man aufgenommen hat, die Beitrittserklärung auswärtiger Interessenten durch Vermittlung ihrer Gerichte einzuholen. Manche requirirende Richter zeichnen in diesem Falle, und dem möchte beizutreten sein, unter der Firma „Königliches Kreisgericht, II. Abtheilung“ resp. „Königliche Kreisgerichts-Kommission“, wohl davon ausgehend, daß erst die Acte, wenn sie vollständig vorliegen, in die Domäne des „Grundbuchrichters“ fallen. Die größere Zahl der Requirirenden aber bedient sich auch in solchen Fällen — ob gedankenlos oder in wohlerwogener Absicht?, denn auch dafür läßt sich etwas sagen — der neuen Firma. Abgesehen von diesen praktisch sehr untergeordneten formellen Verschiedenheiten sind aber auch die materielleren Wünsche, welche an die requirirten Gerichte ergehen, grundsätzlich verschieden. Einige begnügen sich mit der aufgenommenen Originalverhandlung. Andere ersuchen um Uebersendung einer Ausfertigung der aufzunehmenden Verhandlung. Das Letztere möchte den strengeren Anforderungen der Grundbuchordnung mehr entsprechen. Uebrigens wird dann der requirirte Richter, wenn es sich lediglich um Beitrittserklärungen handelt, eine ausführlichere Fassung der Erklärungen wählen müssen. Insofern etwa die Erklärung eines beitretenden Vormundes der obervormundschaftlichen Genehmigung bedarf, findet jedenfalls der Originalbeschluß des Vormundschaftsgerichts auf dem Protokoll niemals Respect vor dem Grundbuchamt, und muß daher ausgefertigt unter Siegel und Unterschrift erscheinen. Ganz und gar verwerflich ist aber die schon früher hier und da mißbräuchlich geübte Praxis, in die von Erben aufgenommenen Acte eidesstattliche Versicherungen, zu ihrer Legitimation bestimmt, einzuschmuggeln, da solche Versicherungen, auch unter dem Geleitschein entsprechender Kirchenzeugnisse, niemals vor dem Grundrichter Gnade finden dürfen und die Erbbescheinigungen niemals ersetzen können. Wie viele Erbeserklärungen nebst Zubehör von Tauf- und Todtenscheinen sind, beiläufig gesagt, ehemals unter der Herrschaft einer leider vielverbreiteten laxen Praxis spurlos in den Grundacten verschwunden, statt in „Generalacten für Erbeslegitimationen“ wenigstens der Unsterblichkeit oder Nichtcassationsfähigkeit für etliche Säcula theilhaftig zu werden und für den Fall eines anderweiten Bedarfs bei anderen Rechtsgeschäften stets auffindbar zu sein.

Es mag noch schließlich der Belästigung des Grundbuchrichters gedacht werden, welche aus der Vorschrift entspringt, der zufolge jeder Eintragungsvermerk im Grundbuche vom Richter und Grundbuchführer unterschrieben und der Tag der Eintragung vermerkt werden muß. Als letzterer gilt nun zweifellos nicht der Tag, an welchem der Grundbuchführer den letzten Federstrich geführt, sondern an welchem der Richter durch seinen Namen den Vermerk vollendet und ihm die Weihe der Rechtsgültigkeit verleiht. (Es soll übrigens sogar einer dunklen Sage nach irgendwo das Curiosum vorgekommen sein, daß ein Richter, vielleicht nach der Formularschablone, seit dem 1. October 1872, statt wie bisher „eingetragen auf Verfügung" fortan „eingetragen am" und zwar unter sofortiger Einrückung des Datums verfügt hat, gleichgültig, ob die wirkliche Eintragung erst etliche Tage später erfolgte. Dieser Widerspruch mit der Wirklichkeit soll dem Decernenten erst durch ein Compliment des revidirenden Vorgesetzten über die wunderbare Promptheit des Geschäftsverkehrs zum Bewußtsein gekommen sein!) Jener Zwang gestattet natürlich nur die nachträgliche Eintragung des Eintragungstages in das Grundbuch und einen entsprechenden Vermerk bei der Verfügung in den Grundacten. Der Richter kann nun aber doch nicht bis zum Schluß der Bureaustunden verweilen, und so erwächst auch dem Grundbuchführer die Belästigung, am nächsten Tage alle die inzwischen mit Vermerken versehenen Folianten, die in früherer Zeit sofort nach der Eintragung seinerseits der Ruhe anheimfielen, von Neuem zu beunruhigen und hervorzuholen. Von dem Eintragungstage hängt wieder die Eintragung in die verschiedenen Tagebücher ab, mit welchen in fiskalischem und statistischem Interesse die Grundbuchbureaus beschert sind.

Vor dem Kapitelschluß seien noch einige Worte den übrigen lebendigen Ingredienzien des Grundbuchamts, den hülfreichen Genossen des Vorstehers gewidmet.

Der Grundbuchführer, dessen bereits nach einigen Richtungen hin Erwähnuug geschehen ist, hatte bisher gegen die übrigen Häupter der Bureaus eine verhältnißmäßig ruhige Stellung. In diese Ruhe greift das eine stete Schlagfertigkeit erfordernde Institut der Auflassung etwas störend ein, und ein flotter Verkehr kann auch zuweilen zu einer wilden verwegenen Hetzjagd werden. Für manche Unbehaglichkeiten trösten indessen nicht zu unterschätzende Annehmlichkeiten. Die früheren langathmigen Eintragungsvermerke sind durch kürzere ersetzt, die Urkundenbildung ist eine einfachere geworden u. s. w. Ist vielleicht bei ihm eine kleine Portion Eitelkeit vorhanden, so kitzelt ihn möglicher

Weise die avancirtere Stellung seines Namens unmittelbar neben dem des Richters unter den Urkunden und Vermerken, eine Vorschrift, die übrigens — welche Vorschriften wären wohl vor Mißverständnissen sicher! — sogar seltsamer Weise hie und da auch auf bloße Schreiben, Notifikatorien des Grundbuchamts ausgedehnt wird.

Der Uebergangszustand, die Ueberleitung der alten Titel in die neuen, ist noch ein dunkler Punkt im Leben des Grundbuchführers, wie ja auch des Richters. Aber es ist dafür gesorgt, daß die Bäume nicht in den Himmel wachsen. Unter dem Losungswort „eile mit Weile" wird auch jenes Ziel erreicht werden. Es ist schon viel gewonnen, wenn bei jeder Eigenthumsveränderung und jeder neuen Eintragung ein Schritt vorwärts gethan wird.

Das Grundbuchamt hat auch eine Gefolgschaft eigener Kanzleibeamten, deren Frohndienst bedauerlicher Weise, beiläufig gesagt, noch immer nur zu dürftig gelohnt wird. In Betreff der Schreiberei hat die Grundbuchordnung zweiffellos eine große Entlastung gebracht. Der Grundbuchrichter hat es auch in der Hand, den Umfang auf ein möglichst kleines Maaß zu beschränken, indem er wenig Verhandlungen ausfertigen läßt. Seinem Rath folgen in diesem Punkte die Klienten blindlings. Eine große Last bilden jedoch für die Kanzlei die umfangreichen Eigenthumsveränderungs-Benachrichtigungen, welche für das Katasteramt bestimmt sind, mit fünf und zwanzig Spalten, von denen zwei und zwanzig das Grundbuchamt auszufüllen hat und zwar mit demselben edlen Stoff, welchen das Katasteramt bereits in seinen Büchern hat. Könnte dieser Stoffwechsel nicht vielleicht in bescheidenere Gränzen eingedämmt werden?

Der Sportelrevisor oder Kontrolleur endlich gehört nicht mit seinem ganzen Sein dem Grundbuchamte an. Er gibt nur am Sitze desselben von Zeit zu Zeit Gastrollen und, wenn nicht Alles täuscht, hört man auch aus seinem Munde einige stille Seufzer; denn auch die kleinen Pertinenzien der Grundbuchordnung — Kosten-Tarif und Stempelabgabengesetz — sind nicht „so reinlich und so zweifelsohne."

IV.

Die Auflassung.

„Das eben ist der Fluch der bösen Theorie,
Daß sie, fortzeugend, Böses muß gebären."
Frei nach Schiller.

Auflassung! Nun, Du sprichst ein großes Wort gelassen aus, ahnst aber kaum, welch eine Legion Verdrießlichkeiten es im Schooße birgt!

Das obige Motto, an die Spitze gestellt, läßt fast vermuthen, als ob es noch auf einen nachträglichen kleinen theoretischen Feldzug gegen das ganze neue System abgesehen sei. Das liegt dem Verfasser fern. Der großen Masse des Volkes freilich, mag es auch von dem titulus und modus acquirendi nichts verstehen, sitzt doch die so vielfach getadelte, als unklar verurtheilte Traditionstheorie tief im Blute. Der Eigenthümer, welcher sein Eigenthum auf einen Andern übertragen will, wird sich noch für lange Zeit von der Meinung nicht lossagen können, daß er zu diesem Zweck das Grundstück zu verkaufen und zu übergeben habe. Die Auflassungtheorie wird nur langsam und allmählig in Fleisch und Blut übergehen. Mag auch die Uebergabe in vielen Fällen eine Fiction gewesen sein; immerhin, die Unzuträglichkeiten und Gefahren waren wohl keineswegs so groß als man gemeiniglich annimmt, und eine Zwangsbesitztitelberichtigung in den strengsten Formen unter gleichzeitiger erheblicher Ermäßigung der Kosten, deren Höhe früher ja einen Hauptanstoß bildete, hätte jene Gefahren wohl ungefährlicher gemacht.

Doch unsern Betrachtungen sei Halt geboten! Beinahe verirren wir uns unwillkührlich wieder in den theoretischen Meinungsstreit, der doch nun einmal abgethan ist. Betrachten wir nunmehr die viel gerühmte Auflassung — hätte man nicht wenigstens das einem längst unbekannt gewordenen, auch ganz anders gearteten Rechtsinstitut entnommene Wort schlafen lassen können?! — nicht aus der metropolitanischen Perspective, sondern unmittelbar an dem grünen Tische in dem provinzialen Tempel der Justiz oder, prosaischer ausgedrückt, in dem einfachen Terminszimmer, welches an der Außenseite durch ein Schild bereits darauf vorbereiten läßt, daß darinnen nicht mehr vom Hypothekenbuch, sondern vom Grundbuch geredet wird.

a. Sollte man sich etwa vorstellen, daß der große **Act der Auflassung** sich besonders feierlich und würdevoll, gar theatralisch abspielt, Angesichts des aufgeschlagenen Grundbuchs, so irrt man. Alles geht herzlich nüchtern vor sich. Die schweinsledernen Folianten läßt man im Archiv ruhen; die handlichen Grundaktentabellen, welche der Gesetzentwurf auf den Aussterbeetat setzen wollte, die aber das mitleidige Abgeordnetenhaus gerettet hat, thun nach wie vor ihre vortrefflichen Dienste.

Das Wort „Auflassung" hat natürlich im Munde des Volkes noch keinen Cours, und der Wunsch der sich Meldenden geht daher auf Aufnahme eines Vertrages über das Grundstück, dessen Uebergabe schon erfolgt ist. „Nichts von Verträgen! Nichts von Uebergabe!" So tönt's als ihres Wunsches Antwort ihnen räthselhaft entgegen. Zwar klingt's nicht so begeisterungsvoll wie aus Johanna's Munde, der edlen Jungfrau von Orleans. Der Richter spricht die Worte nüchtern und gelassen aus, erläutert sie, daß nicht Vertrag und auch Besitz allein nicht Eigenthum mehr schafft. Zwar könnte Schiller man mit Schiller schlagen, an Wallenstein's berühmtes Wort erinnernd „Sei im Besitze und Du wohnst im Recht." Doch weder dies noch das Horazische „beati possidentes" findet vor dem Richter Gnade. „Erbgang und andre wenige Fälle ausgenommen — nur durch Auflassung kann zum Eigenthum man kommen, es führt kein andrer Weg zum Eigenthum. In der Interessenten stillem Kreise murmelt's wie aus Preciosa leise: „Herrlich! Etwas dunkel zwar — Aber 's klingt recht wunderbar!" Sie unterwerfen willig nun und gläubig sich der neuen Lehre, die allein sie selig macht, dem Dogma der Unfehlbarkeit der neuen Theorie vom Eigenthum. Gern schlagen den Vertrag sie in die Schanze; denn was geradezu elektrisirend wirkt, ist, daß sie Kosten sparen — stets findet solches Wort auch ein empfänglich Herz. Mit wenig Worten füllt der Grundbuchrichter das Formular, das vor ihm liegt, nun aus — der Vorhang fällt, der Act ist nun vorüber. Dem Publikum hat sichtlich imponirt die kurze Zauberformel, doch vor Allem hat der Erlaß an Kosten wohl gefallen.

Das hier skizzirte Bild spiegelt wohl im Wesentlichen den Vorgang ab, wie er sich, abgesehen von den geflügelten Dichterworten, innerhalb der vier Wände zahlreicher Grundbuchamtslokale vollziehen wird. Die schablonenmäßige Kürze der Auflassungserklärung, die Ersparniß an Zeit durch Wegfall des Vertrages mag auch auf manchen Richter einen verführerischen Reiz ausüben, aber — Eines schickt sich nicht für Alle. Das Interesse für die Interessen des Volks erheischt denn doch häufig, dem natürlichen und menschlichen Hang nach Enthaltsamkeit von überflüssig erscheinender Mühe einen sanften Zügel anzulegen, sollte doch zuweilen zu einem Appell an seine Vorsicht führen, zumal den harmloseren, bevormundungsbedürftigeren, schlichten Menschenkindern vom Lande gegenüber, welche da meistens denken, was der Richter räth und thut, ist wohlgethan. Der Städter ist schon gewitzter, hat schon eher Wind von den Neuerungen erhalten, bringt schon hier und da seinen, wenn auch oft schlecht gefaßten, gar von schriftstellernden Bönhasen vulgo Winkelkonsulenten entworfenen Vertrag mit. Aber der Landmann geht directen Weges zum Richter.

Die Auflassung ohne Vertrag reicht ja hin, wo sich Alles hübsch glatt abwickelt, also wenn die Kaufgelder bereits bezahlt sind und besondre Bedingungen nicht verabredet werden. Werden Schulden in Anrechnung auf den Kaufpreis übernommen, so könnte etwa die Festsetzung des terminus a quo bezüglich der Zinsenübernahme die Aufnahme eines Vertrages rathsam erscheinen lassen. Aber das ist ein untergeordneter Punkt, der am Ende die Vertragskosten nicht lohnt. Etwas anderes ist es schon, wenn einige der eingetragenen Schulden überhaupt auf den Käufer nicht übergehen sollen, vielmehr der bisherige Eigenthümer deren Löschung binnen einer bestimmten Frist zu bewirken sich verpflichtet. Aber auch hier kann ein spekulativer Kopf, welcher den Vertrag möglichst sich vom Leibe zu halten sich bestrebt, schon allenfalls auf einen bequemen und zugleich das Interesse der Clienten sichernden Ausweg verfallen, indem er unmittelbar der Auflassungserklärung einen — übrigens nicht in die Form einer Verpflichtungsübernahme zu kleidenden — Antrag des bisherigen Eigenthümers anreiht, dahin gehend, die und die Posten auf Grund der innerhalb der Frist von . . . . . einzureichenden Quittungen auf seine Kosten zu löschen.

Sind rückständige Kaufgelder einzutragen, so wird einem Vertrage nicht auszuweichen sein, da ja bei einer Hypothek eine Schuldurkunde vorhanden sein muß. Manche seit dem ersten Oktober 1872 von einer Art Idiosynkrasie gegen Verträge beherrschte Richter suchen sich auch hier zu helfen, indem sie nach dem gedruckten Schuldverschreibungsformular greifen und an die Stelle von „Darlehn“ das Bekenntniß der Verschuldung von „Kaufgeld“ setzen. Sollte das aber richtig, sollte eine solche, nicht die wesentlichen Bestimmungen des

Vertrages enthaltende Urkunde eine Schuldurkunde über rückständige Kaufgelder sein? Dieser Frage soll weiter unten noch eine kurze Betrachtung gewidmet werden.

Gegenüber dem Wunsche nach Aufnahme eines Vertrages, auch wenn der Eigenthumsübergang erst etliche Monate später erfolgen soll, kann man eine große Verantwortung auf sich laden, wenn man, den Köder der Kostenersparniß auswerfend, von der Vertragschließung abräth. Was kann sich inzwischen ereignen! In einem dem Verfasser bekannt gewordenen Falle hatte sich eine Wittwe, die ihr Grundstück verkaufen und nach späterer Uebergabe zu ihren Kindern ziehen wollte, trotz vielfacher Bedenken überreden lassen, von der Vertragsaufnahme abzustehen, um ihrem Käufer die Kosten zu sparen. Nach Ablauf der Zeit jammerte sie, denn der Käufer hatte sich inzwischen anders besonnen; sie wurde ein Opfer der neubeliebten Auflassung, durch welche das frühere sichere Papier „Vertrag" an der Gerichtsbörse im Courswerth gesunken ist.

Eine unbedingte Nothwendigkeit ist die Existenz eines Vertrages neben der Auflassung bei dem Uebergang eines Grundstücks von Ascendenten auf Descendenten, insofern vorhandene Schulden auf das Kaufgeld übernommen, beziehungsweise die rückständigen Kaufgelder andern Descendenten auf ihr künftiges Erbtheil überwiesen werden. Als Illustration diene folgender vorgekommene Fall, welcher dem betreffenden Grundbuchrichter eine derbe und eindringliche Lection ertheilt hat. Eine Wittwe will ihr mit 3600 Thlr. belastetes Grundstück an ihren Sohn für 4000 Thlr. verkaufen. Letzterer hatte die Schulden in Anrechnung auf den Annahmepreis als Selbstschuldner zu übernehmen und die überschießenden 400 Thlr. später an seine beiden Brüder, denen sie auf ihr Muttererbe angewiesen, auszuzahlen. Man beschränkt sich auf eine bloße Auflassung, dem vielleicht nur aus falsch angebrachtem Humanitätseifer entsprungenen richterlichen Rathe folgend. Man sparte durch den Wegfall des Vertrages die Vertragskosten, den Receßstempel sowie den Protokollstempel von 15 Sgr., zusammen etwa acht Thaler — aber o Schrecken! Dafür wurde den Armen, deren Geldbeutel geschont werden sollte, der Auflassungsstempel mit vierzig Thaler angesetzt und zwar — mit Recht,[1]) denn die Begünstigung, welche dem Vertrage zu Theil geworden wäre,[2]) kam selbstverständlich der Auflassung nicht zu Statten. Durch einen wohlwollenden deus ex

---

[1]) §. 1. des Stempelges. vom 5. Mai 1872.

[2]) Ges. vom 22. Juli 1861.

machina inspirirt, reichten die aus ihrem beschaulichen Stillleben gerissenen Interessenten noch rasch einen außergerichtlichen Kaufvertrag ein, und aus Billigkeitsrücksichten brachte man jenen grausamen Stempelsatz in Wegfall, obwohl derselbe, strenge genommen, in Ermangelung einer bei der Auflassung nachgesuchten und bestimmten Frist endgültig verwirkt war. [1])

Und die Moral von alledem? Man übe weise Vorsicht im Gebrauch der Freiheit, den Vertrag zu perhorresciren.

b. Kühl bis an's Herz hinan berührt das neue Grundbuchwesen auch, wenn nicht Alles trügt, die Herren **Notare.** Hat auch das neue Rechtsinstitut der Auflassung nicht die ausgesprochene Tendenz, das für die Interessen des Publikums so überaus wohlthätige Notariat lahm zu legen, so wird es doch allmählig jene Wirkung haben. Denn wenn sich erst die traurige Wahrheit Bahn bricht, daß man gerade bei seinen allerwichtigsten Geschäften, den Eigenthumsveräußerungsgeschäften, vom Notar nur halb bedient werden kann, daß außerdem der saure und unbequeme Weg nach dem Gericht nicht erspart wird, so wird man mit der Zeit sich ganz von den Notaren entwöhnen und directen Weges nach dem Grundbuchamte wandern. Letzteres ist nun aber, auch wenn eine noch so coulante Geschäftsstundeneinrichtung besteht, nicht zu jeder Zeit zugänglich. Dem Geschäftsmanne, dem Landwirth, zumal den Auswärtigen muß doch aber Gelegenheit gegeben werden, an den Nachmittags- ja auch ausnahmsweise Abendstunden seine Verkehrs- und Rechtsbedürfnisse zu befriedigen. Diesem Bedürfnisse kommt das Notariat bestimmungsgemäß entgegen. Manche Rechtsgeschäfte lassen sich ja auch bei einem Notar gründlicher und sorgfältiger behandeln als bei dem Richter im Drange seiner Geschäfte und noch dazu vor den Augen und Ohren unberufener Zeugen, so da in dem Gerichtslokal versammelt sind. Zuweilen, wenn der Notar den Vertrag aufgenommen hat, wird vielleicht der Grundbuchrichter noch erreichbar sein, um von den Contrahenten die Auflassungserklärungen noch entgegen nehmen zu können, so daß sie mit nochmaliger Reise nach der Stadt verschont werden. Meistens wird ihnen der doppelte Weg nicht erspart. Sie müssen, wenn Kaufgelder einzutragen sind, doch schon die Vertragsausfertigung als Schuldurkunde vorlegen und eine solche Ausfertigung läßt sich nicht im Fluge herstellen.

Es kommt hinzu, daß, Dank der neuen Theorie, der vom Notar,

---

[1]) §. 2. des Stempelges.

also doch fast in allen Fällen vor der Auflassung aufgenommene Vertrag keine Eintragungsbewilligungen und Eintragungsanträge enthalten kann, welche von selbst und unmittelbar zur Eintragung führen. Alle die hübschen Verpfändungsklauseln geben nur eine Anweisung auf eine dem entsprechende Antragstellung nach erfolgter Auflassung. Die Contrahenten können diese Anträge erst vor dem Grundbuchrichter stellen resp. dieser muß sie aus dem Vertrage herausschälen und ihnen in den Mund legen. Mancher Notar wird deshalb, wenigstens an kleineren Orten, seinen Clienten dienstgefällig das Geleite nach dem Grundbuchamte geben und ihnen als guter Genius Behufs glücklicher Vollendung des in seiner Hand begonnenen Geschäfts zur Seite stehen.

Der Grundbuchrichter ist, um dies beiläufig zu erwähnen, in Bezug auf das Nebeneinander von Auflassung und Vertrag insofern in günstigerer Lage, als er die erstere vorangehen lassen kann. Er nimmt Auflassungserklärung und in zweiter Verhandlung den Vertrag auf, liest Beides vor und läßt nur die Auflassungsverhandlung zuerst unterschreiben. Dem Gesetz ist genügt, auch wenn es sich nur um eine Priorität von wenigen Minuten handelt. Auf diesem vielleicht nicht mehr ungewöhnlichen Wege kann der Richter in den Vertrag alle Eintragungsbewilligungen und Anträge bringen und erreicht zugleich den für die Interessenten günstigen Nebenzweck, daß diese Anträge nicht noch besonders besteuert werden. Diese Manipulation, auf welche wohl schon eine große Zahl von Grundbuchrichtern verfallen sein mag, hat auch nichts Gefährliches, wenn man seine Leute kennt, wenn man weiß, daß sie auch nach erfolgter Auflassung noch den Vertrag unterschreiben werden, daß also der neue Eigenthümer seinen Vorgänger durch nunmehrige Verweigerung der Eintragungsanträge nicht im Stiche läßt.

c. So wenig die Vertreter des Notariats der in Rede stehenden gesetzgeberischen Schöpfung ihre Gunst zuzuwenden vermögen, ebenso wenig ist es begreiflich, daß der **Vormundschafts- und Nachlaßrichter** sie mit seinen Sympathien umschließen kann. Die Auflassung zeigt sich ihm gewiß von ihrer grellsten und schlimmsten Seite. Die ihm selbst erwachsende Mehrarbeit kommt freilich nicht in Betracht gegen den für die Erbinteressenten daraus entspringenden unleidlichen Aufwand von Verdrießlichkeiten aller Art, von Mühe und Kosten.

Früher war die Nachlaßregulirung mit der Vollziehung des Erbrezesses für Erben und Vormund abgeschlossen. Die auf Besitztitelberichtigung und Eintragung der Erbtheile u. s. w. gerichteten Anträge fanden entweder im Erbreceß selbst ihren Platz oder wurden der Vollziehungsverhandlung einverleibt. Nach obervormundschaftlicher Bestätigung des Erbrezesses wanderte Ausfertigung desselben mit der Bestätigungsclausel unter Anschluß der Erbbescheinigung zu den betreffenden Grundakten Behufs Erledigung jener Anträge. Jetzt, wenn die Interessenten bei dem Unterschreiben des Erbvergleichs von allen ferneren Terminen erlöst zu sein glauben, ist der Vormundschaftsrichter in der übeln Lage, jene aus ihrem holden Wahn reißen zu müssen. Er hält ihnen eine kleine Vorlesung über die neu eingeführte Auflassung, und sie werden davon so dumm, so dumm, als ginge ihnen ein Mühlrad im Kopf herum. Aber was zu ihrem Verständniß gedrungen, das ist die böse Mähr, daß sie nun noch sammt und sonders vor einem andern, dem Grundbuchrichter, erscheinen müssen. Verstimmt ziehen die Erben ab, für den Reiz der Neuheit wenig empfänglich, und harren der Dinge, die da kommen werden. Der Vormundschaftsrichter hat nun, nachdem der Receß bestätigt worden ist, außer dessen Ausfertigung sowie Erbbescheinigung noch insbesondere eine Ermächtigung für den Vormund zur Auflassung zu verfügen, welche entweder speciell auszufertigen oder der Bestätigungsclausel der Receßausfertigung anzufügen ist. Die Ermächtigung kann aber, insofern Erbtheile u. s. w. einzutragen sind, nicht ganz unbedingt gefaßt werden, sondern muß eine Fassung etwa dahin enthalten, daß die Auflassung Zug um Zug gegen die Eintragungsbewilligung bezüglich der Erbtheile u. s. w. zu erfolgen habe. Es wird zweckmäßig in dem Uebersendungsschreiben an die Erben nochmals darauf hinzuweisen sein, daß sämmtliche Interessenten gleichzeitig vor dem Grundbuchrichter erscheinen und die übersandten Schriftstücke mitbringen müssen. Empfehlenswerther ist jedenfalls die gewiß bei vielen Gerichten eingeführte Praxis, die Auflassung nicht den Erbinteressenten zu überlassen, vielmehr obige Schriftstücke direkt an das Grundbuchamt abzugeben und bereits in die Receßvollziehungsverhandlung einen an dasselbe auf Anberaumung eines Termins zur Auflassung und Aufnahme der Eintragungsbewilligungen gerichteten Antrag der Erben aufzunehmen. Dem Grundbuchrichter muß ein derartiges Verfahren jedenfalls willkommen sein, da er auf diese Weise vorher Alles zu prüfen und die ganze Verhandlung nebst Verfügung zu entwerfen im Stande ist.

Man glaube aber ja nicht, daß damit alle Hindernisse überwunden sind. Die Erben harren des grundbuchamtlichen Winkes. Auswärtige können nicht mehr durch Vermittlung ihres Gerichts die zur Eigenthumseintragung führende Erklärung abgeben; sie müssen in eigner Person erscheinen oder eine Vollmacht ausstellen, die natürlich kostenpflichtig ist. Gerichtseingesessene und sonstige nicht zu fern wohnende

Betheiligte werden, um die fatalen Kosten der Vollmacht zu sparen, die Wanderung resp. Fahrt von einigen Meilen nicht scheuen, wenn sie sich augenblicklich gesund fühlen. Doch mit des Geschickes Mächten ist kein ewiger Bund zu flechten und die Krankheit schreitet schnell. Der Richter zählt die Häupter seiner Interessenten, und sieh! ihm fehlt ein theures Haupt! Jedes Haupt ist aber gleich wichtig. Wer konnte denken, daß im letzten Augenblick unerwartet eine Krankheit über eins jener Häupter hereinbrechen würde! Vielleicht kann des Fehlenden Erklärung nachgeholt werden? Ach nein, spricht da der Richter, Ihr sprecht von Zeiten, die vergangen sind. Sammt und sonders müssen sie heimwärts ziehen — ernst ist der Anblick der Nothwendigkeit. Wer weiß, ob es ihnen für den nächsten Termin glücken wird, ob nicht vielleicht voreilig ein junger Weltbürger zu seiner eigenen Mutter Ueberraschung sich hervorwagt, nichts ahnend von der bevorstehenden gerichtlichen Auflassung, die nunmehr ob dieser Ehehaften wiederum auf Wochen hinaus geschoben werden muß. Noch ein schlimmerer Fall kann eintreten und ein solcher ist dem Verfasser zur Kenntniß gekommen. Ein auflassungserklärungspflichtiger Miterbe stirbt vor dem Termin; er hinterläßt minderjährige Kinder, für welche ein Vormund bestellt wird, welcher wiederum — nach vorgängiger Erbeslegitimation zugleich auch Seitens der auswärtigen Großjährigen — der Auflassungsermächtigung bedarf. Und nun denke man an die armen Erben, für welche ihr Erbtheil erst mit der Auflassung fällig ist, man denke an den ungeduldigen Eigenthumsprätendenten, hangend und bangend in schwebender Pein. Vergeblich harrt er, der schon längst im Besitz, auf offizielle Bestätigung seines Eigenthums. Inzwischen gedachte er zur Erfüllung wichtiger Verpflichtungen Schulden eintragen zu lassen — unmöglich; ihm bot sich günstige Gelegenheit zur anderweiten Veräußerung — unmöglich; er wollte Löschungsanträge stellen — unmöglich. Man male sich dieses Bild eines Rennens mit Hindernissen weiter aus, aber nur mit möglichst grellen Farben, wie sie die Erfahrungen eines ergrauten Nachlaßrichters hinlänglich zu bieten vermögen. Daß zu einem Nachlaß mehrere Grundstücke gehören, von denen jedes der Souveränetät eines besonderen Grundbuchamts unterliegt, ist nichts Seltenes. Der Verfasser kann sogar von einer Sache berichten, bei welcher drei Grundstücke und dem entsprechend drei an drei verschiedenen Orten belegene Grundbuchämter betheiligt waren. Da stehen uns denn nach beendigter Nachlaßregulirung noch Terminstage bevor, von denen wir sagen, sie gefallen uns nicht!

Man denke sich weiter, daß mit der Auflassung Eintragungsbewilligungen bezüglich der Erbtheile verknüpft werden sollen, und mache sich dann eine Vorstellung von den in Bezug auf die Eintragungen entstehenden Weiterungen. Früher wo die Verpfändung im Vertrage ohne Weiteres zur wirklichen Eintragung gleichzeitig mit der Besitztitelberichtigung führte, konnte man getrost sogleich in die Eintragungsformel bei dem ersten Grundstück die Mithaft der auch einem andern Gericht unterworfenen Grundstücke aufnehmen und dann die Urkunde jenem andern Gericht zur gleichen Eintragung übersendeu. Jetzt wird man eine derartige Mithaft nicht vermerken können, weil ja die Mitverhaftung des zweiten resp. dritten Grundstücks erst von einer nach der Auflassung vor dem zweiten und drittten Grundbuchamt abgegebenen Eintragungsbewilligung abhängt. Auf diese Weise muß also die Hypotheken-Urkunde resp. der Grundschuldbrief von dem zuletzt in Thätigkeit tretenden Amt zu dem früheren wieder zurückwandern, damit bei dem früheren nachträglich in der Spalte „Veränderungen" die Mithaft der übrigen Grundstücke vermerkt und der früher geschriebene Brief mit dem Mithaftvermerk versehen wird. Und wenn eine Urkunde überhaupt nicht gebildet wird, so wird wenigstens eine beglaubigte Abschrift des Eintragungsvermerks zu den vorangegangenen Aemtern die Rückreise machen müssen. Also Erschwerungen an allen Ecken und Enden!!

Aber, so ertönt es auf diesen Klageruf von verschiedenen Seiten, und es sind darunter sonore und gewichtige Stimmen: „Warum in die Ferne schweifen, sieh, das Richtige liegt so nah!" Es bedarf ja gar keiner Auflassung, wenn vor Eintragung der Erben einer derselben das Alleineigenthum erhält. „Jeder einzelne Erbe — ipsissima verba eines vortrefflichen Kommentars [1]) — hat bereits durch den Erbanfall das Eigenthum an der Erbschaft mit der aus dem Rechte der übrigen folgenden Beschränkung erworben. Die Miterben, welche bei der Theilung einem unter ihnen das Grundstück aus der Erbschaft überlassen, thun daher im Grunde nichts weiter, als daß sie die Ansprüche, welche sie kraft des Erbrechts auf dieses Grundstück haben, aufgeben. Das führt dann zum Wegfall jener Beschränkung, zum Alleineigenthum des Erwerbers. Die Eintragung desselben kann daher auf Grund des Erbrezesses und des Nachweises der Erbeslegitimation erfolgen."

Nun ja: Die Botschaft hör' ich wohl, allein mir fehlt der Glaube! Man wird sich doch nur sehr schwer von der bisher allgemein gültigen Meinung lossagen können, daß die Auseinander-

---

[1]) Achilles, II. Ausg. S. 43.

setzung zwischen den Erben über ein Grundstück zu den freiwilligen Veräußerungen gehört. Alle Versuche, diese Natur wegzudeuten, erscheinen gewaltsam und gekünstelt. Jener Kommentar macht denn auch, ohne Prätension der Unfehlbarkeit, den Zusatz, daß jene Frage nicht zweifellos sei. Ein speciell dieser Frage gewidmeter Aufsatz[1]) unterscheidet die beiden Fälle, wo ein einzelnes Grundstück die ganze Erbschaft ausmacht und denjenigen, in welchem das Grundstück zu einem Inbegriff von Sachen und Rechten gehört und schließt für den ersten Fall die Auflassung aus, weil eine bloße Abtretungserklärung hinreiche, indem Miteigenthum an einem Grundstücke überhaupt kein wirkliches Eigenthum, sondern nur ein Recht an dem Grundstücke sei und Rechte jeder Art durch Cession erworben werden.

Wer weiß, ob nicht noch sonstige Meinungen bereits zu Tage gefördert sind oder noch etwa im Schooße gedankenschwangrer Rechtsgelehrten ruhen. Gern möchte man ja im Interesse der Erben die praktisch bequemere Ansicht adoptiren, wenn man nur sein juristisches Gewissen beruhigen könnte. Bei der Unklarheit und Zweifelhaftigkeit der Frage ist übrigens eine Eigenthumseintragung ohne Auflassung nicht ohne Gefahr, da die erstere, wenn eine Auflassung unterbleibt, obwohl sie nöthig gewesen, der Anfechtbarkeit unterliegt. Jedenfalls ist im Interesse aller Betheiligten eine möglichst schnelle gesetzgeberische Lösung dringend geboten. Man hat gut sagen, Wissenschaft nnd Praxis müssen den Stoff erst gründlich bearbeiten; inzwischen verschlingt die unglückselige Sphinx täglich ihre Opfer.[2])

d. Der Vormundschafts- und Nachlaßrichter hat noch sonstige Gelegenheit, die Auflassung von ihrer liebenswürdigsten Seite kennen zu lernen, insbesondere auch bei den innerhalb der Nachlaßregulirungen eine nicht unwesentliche Rolle spielenden **freiwilligen Subhastationen.** Der Zuschlag im Bietungstermin ist Seitens der Interessenten erfolgt, die obervormundschaftliche Genehmigung ausgesprochen, Kaufgelderbelegungs- resp. Uebergabetermin wird angesetzt. Früher konnte Zug um Zug gegen Zahlung der Kaufgelder die Uebergabe Seitens der Erben erklärt werden. Der Ersteher verpfändete für die etwa kreditirten Kaufgelder das erstandene Grundstück, bewilligte deren Ein-

---

[1]) John, Erörterungen ꝛc. I. 7.

[2]) Der inzwischen erschienene 3. Bd. von Johow liefert über diese Frage ein reichhaltiges Material. Die Divergenz der Entscheidungen bestätigt die obige Ansicht über die dringende Nothwendigkeit baldiger legislativer Lösung.

tragung nach Maßgabe des demnächst noch zu entwerfenden Erbrezesses, durch welchen die Antheile der einzelnen Erben an den Kaufgeldern noch näher festgestellt wurden, und, insofern er zum Zweck der Erfüllung der Kaufbedingungen Darlehne aufgenommen hatte, konnte er sofort, also vor der Besitztitelberichtigung, Schuldverschreibungen unter Bestimmung der Priorität ausstellen. Nach Eingang der Licitations- und Kaufgelderbelegungsverhandlung, der Erbbescheinigung und eines Erbrezeßauszuges berichtigte der Hypothekenrichter den Besitztitel und verfügte die Eintragung der rückständigen Kaufgelder resp. Erbtheile und gleichzeitig in der bestimmten Rangordnung auf Grund der inzwischen bei den Grundakten verwahrten Schuldverschreibungen die der Darlehne. Wie gestaltet sich das Verfahren nun jetzt? Der Ersteher, welcher sich seiner Verpflichtungen im Zahlungstermin entledigt, hat unzweifelhaft das Recht auf *sofortige* Auflassung. Erst dadurch kommt er rechtlich in die Lage, Schulden aufnehmen zu können. Seine neuen Gläubiger sind im Zahlungstermin mit ihrem gefüllten Beutel erschienen und sie öffnen ihn nur, wenn ihnen die sofortige Eintragungsbewilligung Seitens des Erstehers gewiß ist. Dieser kann auch erst nach resp. bei der Auflassung die Eintragung der rückständigen Kaufgelder bewilligen. Demselben muß also unter den obwaltenden Umständen die Möglichkeit gegeben werden, noch am Tage der Kaufgelderbelegung selbst auch vom Grundbuchrichter vollständige Abfertigung in Bezug auf alle seine obigen Wünsche zu erlangen. Vormundschafts- und Grundbuchrichter müssen sich demnach schon vorher in Beziehung setzen. Vor dem Letzteren müssen nun aber auch die Erbinteressenten — wehe — wenn auch nur ein Einziger fehlt, dann ist Alles vergebens! — legitimirt erscheinen, sie müssen die Erbbescheinigung, der Vormund seine Auflassungsermächtigung in der Hand tragen. Ausfertigung der Licitationsverhandlung muß gleichfalls bereit sein, wenn auch nicht gerade zur Wahrung des Stempelinteresses — dazu könnte sie binnen einer zu erbittenden Frist nachgebracht werden — sondern für den Fall der Eintragung von Restkaufgeldern als vorzulegende Schuldurkunde. Wie nun, wenn einzelne Erben überhaupt nicht auf die einzutragenden Kaufgelder angewiesen werden sollen? Eine vorläufige Eintragung für *sämmtliche* Erben wird wohl meistens kaum zu vermeiden sein, es müßte denn — wie dies in einer vom Verfasser bearbeiteten Nachlaßsache durchgeführt ist — mit der Kaufgelderbelegung sogleich die Entwerfung des Erbrezesses verbunden und schon vorher der Antheil jedes Erben, wenigstens der Minderjährigen an den Kaufgeldern festgestellt und obervormundschaftlich genehmigt sein. Als *Schuld*-

urkunde dient natürlich auch hier die Licitationsverhandlung, obwohl daraus die Anweisung der Erben nicht hervorgeht. Dies wird ja durch die Eintragungsbewilligung vor dem Grundbuchrichter ergänzt.

Man sieht aus alledem, daß man ohne Hindernisse, ohne ein Sichhinundherwinden, ohne Peinigung und Qual für Richter und Publikum nicht zum erwünschten Ziele gelangen kann. Die Richter der verschiedenen Rechtsdomänen müssen sich möglichst willig in die Hände arbeiten. Wie dies bei größeren Gerichten zu ermöglichen, ist ein Problem, mit dessen Lösung sich die davon näher berührten Collegen abfinden mögen.

e. Die **Parzellirungsgeschäfte** gestalten sich gegen früher durchaus nicht erheblich bequemer, abgesehen davon, daß der Zwang zur gerichtlichen Aufnahme des Vertrages weggefallen ist. Man brauchte durchaus keine Sympathie für die blutsaugerischen Vampyre, als welche leider Gottes nur zu häufig die sogenannten Gutsausschlächtermeister ihr Unwesen treiben, im Herzen zu haben und konnte doch Vereinfachung und Erleichterung jener volkswirthschaftlich werthvollen und unter den heutigen Verhältnissen nothwendigen Geschäfte wünschen.

Es vermehren und erhöhen sich nun aber in Folge der neuen Gesetze die Plackereien und Weiterungen selbst bei der unbedeutendsten Abzweigung dadurch, daß die Auflassung erst nach vollständiger Entpfändung des abzuschreibenden Trennstücks erfolgen kann, es müßte denn eine vollständige Uebertragung sämmtlicher Schulden auf das Trennstück gewünscht werden.

Früher beschränkte sich die ganze Mühe der Kontrahenten auf den Abschluß des Vertrages.' Verkäufer verpflichtete sich, die etwa eingetragenen Posten binnen einer bestimmten Frist zur Löschung zu bringen oder die Entpfändung zu bewirken; andernfalls wurde Seitens des Hypothekenrichters Termin zur Festsetzung des sogenannten Regulativs mit den Gläubigern anberaumt. War die Sache demnächst zur Abschreibung der Parzellen reif, so erfolgte dieselbe. Jetzt erhalten die Kontrahenten, nachdem sie vielleicht schon die erste Reise Behufs Beschaffung des Steuerauszugs und Situationsplans zurückgelegt hatten, die verdrießliche Eröffnung, daß sie vor dem Act der Eigenthumsübertragung erst jene oben angedeuteten Hindernisse aus dem Wege zu räumen haben, der neue Erwerber müßte sich denn die vorläufige Uebertragung aller eingetragenen Schulden auf sein Trennstück gefallen lassen. Oft wird man den letzteren Weg zur Ersparung künftiger eigenen Wege wählen. Daraus erwächst aber dem Richter und dem Grundbuchführer eine grausame Arbeitslast. Das Grundbuch wird mit Vermerken belastet, welche von vornherein nur zu einem kurzen Dasein bestimmt sind, um sodann gänzlich wieder vom Schauplatz zu verschwinden. Es kommt hinzu, daß der Verkäufer häufig gar nicht in der Lage ist, vor Ablauf einer geraumen Zeit eingetragene Posten aus der Welt zu schaffen, weil sie ihr zeitliches Dasein erst nach Ablauf des Kündigungszeitraums zu beschließen haben. Ohne doppelte und dreifache Gänge geht es niemals ab und deshalb auch wohl nicht ohne — stille Verwünschungen nnd Verdammungsurtheile gegen die neuen Gesetze.

Der Situationskarteneinreichungszwang möchte auch wohl über das Bedürfniß hinausgehen. Nach der allgemeinen Praxis sah man früher von einem Plan ab, wenn ein in sich abgeschlossener, mit dem Stammgrundstück nicht räumlich zusammenhängender Theil abgezweigt wurde. Von künftigen Grenzstreitigkeiten kann ja dann nicht die Rede sein. Die Identität geht aus dem beizubringenden Steuerauszug klar hervor. Eine wörtliche Befolgung der betreffenden Vorschrift [1]) führt zu den seltsamsten Konsequenzen. Wie, wenn Jemand sein städtisches Wohnhaus verkauft und die vor dem Thore belegenen Pertinenzien an Garten, Wiese, Acker zurückbehält oder auch umgekehrt? Wovon soll denn nun eigentlich eine Karte aufgenommen werden, mag nun das Haus oder mögen die Pertinenzien vom Grundbuchblatt abgeschrieben werden? Sollte man an derartige Fälle gedacht haben?

f. Der **Tausch** ist gewissermaßen ein doppelter Kaufvertrag und dennoch verursachte er früher nicht etwa doppelte Umstände. Ein und dieselbe Feder beurkundete in einem einzigen Act den doppelten Vorgang, auch wenn deren Objecte weit von einander getrennt lagen und der Botmäßigkeit verschiedener Gerichte unterworfen waren. Jetzt ist ein derartiges Geschäft für Wanderungs- und Reiselustige geeignet. Zwei verschiedene Grundbuchämter — zwei besondere Auflassungen, und wenn man sich beim Tausch vor Täuschungen bewahren, also nach der Auflassung seines Grundstücks nicht das leere Nachsehen haben will, insofern sich der Partner inzwischen besonnen haben sollte, so müßte Jeder sich von Jedem eine Auflassungsvormerkung zuvörderst eintragen lassen müssen. Will man das nicht aus der Ferne im Wege der Einsendung eines beglaubigten Antrags thun, vielmehr durch persönlichen Besuch der Grundbuchämter, so geht das ohne ein mehrmaliges Hin- und Herreisen nicht ab. Glücklicher Weise gehören derartige Tauschgeschäfte zu den selteneren praktischen Erscheinungen, aber sie bieten immer-

[1]) §. 58. G.B.O.

hin charakteristische Momente zur Beurtheilung der praktischen Tragweite der neu geschaffenen Eigenthumsübergangsform.

g. Nur menschliche Wesen mit Fleisch und Blut können auflassen und der Grundbuchamtsvorsteher muß sie oder ihre bevollmächtigten Vertreter von Angesicht sehen. Alle jene Institute, denen Behufs ihrer rechtlichen Existenz künstliches Leben eingehaucht ist, als da sind gewisse **Korporationen, Kirchen, Stadtgemeinden** u. s. w., vor Allem der gewaltige, vielköpfige und vielseitige **Fiskus**, deren Repräsentanten unter Autorität nach außen Urkunden auszustellen befugt, sind bezüglich der Eigenthumsübertragung in eine üblere Lage versetzt. Selbst das kolossale Amtssiegel der Königlichen Regierung qua Fiskus mit allen daneben stehenden unleserlichen Unterschriften flößt aus der Ferne nicht mehr den ausreichenden Respekt ein. Alle fiskalischen Grundstücke, die der Kirchen ꝛc. hatten und haben ja auch noch jetzt die Begünstigung der Grundbuchblattlosigkeit. Wurden früher derartige Grundstücke verkauft und zwar an Privatpersonen, so wurde für den Fall der Besitztitelberichtigung die Anlegung eines neuen Blattes erforderlich. Jetzt muß die Anlegung zum Zweck der Auflassung vorher gehen. Man hat freilich diese Bestimmungen angezweifelt. Wenn einmal eine allgemeine Zweifelsucht einreißt, so wagt sie sich ja selbst an die sonnenklarsten Bestimmungen. Greifen wir nun einen in der Praxis häufig vorkommenden Fall heraus. Der Fiskus verkauft in großer Zahl in Dörfern von der fiskalischen Dorfsaue kleinere Parzellen, zur Abrundung der Gehöfte bestimmt, zu meistens geringfügigen Preisen, zuweilen nur für wenige Thaler. Die Provinzialregierung sandte früher die vollständig ausgefertigten, mit Siegel und Unterschriften ausgestatteten Verträge in zwei Exemplaren dem betreffenden Gericht, um solche vom Käufer gerichtlich vollziehen, jedem Exemplar eine Ausfertigung der Vollziehungsverhandlung anhängen und das eine der Regierung, das andre dem Besitzer zukommen zu lassen. Damit nun aber nicht derartige Diminutiv-Grundstücke gewissermaßen in der Luft schweben blieben, handelte der Requisitionsrichter jedenfalls zweckmäßig, wenn er in die Vollziehungsverhandlung einen Antrag des Käufers dahin aufnahm, die erkaufte Parzelle seinem Hauptgut als Zubehör zuzuschreiben und zu diesem Behuf die für ihn bestimmte Ausfertigung direkt zu den bebetreffenden Grundakten hinüberzugeben. Jetzt muß die Regierung zuvörderst von der zu veräußernden Dorfsauparzelle ein besondres Grundbuchblatt, natürlich unter Uebersendung von Karte und Steuerauszug, anlegen lassen, da die Anlegung eines Blatts von der ganzen

Dorfsaue wohl in der Regel nicht thunlich erscheint, wie dies wenigstens Seitens einer Regierung in einem derartigen Falle auf eine grundbuchamtliche Hinweisung hin mitgetheilt ist. Dann muß ein Bevollmächtigter zur Auflassung bestellt werden. Wie nun, wenn in dem angesetzten Termin der Parzellenerwerber, der inzwischen das Trennstück bereits wieder verkauft hat, diesen seinen Besitznachfolger mitgestellt? Die Vollmacht lautet natürlich nur auf den ersten Käufer, und der Vertreter einer Behörde wird nicht leicht direct auf einen Dritten auflassen, abgesehen davon, daß auch dem der Inhalt der Vollmacht entgegenstehen würde. In einem wirklich so vorgekommenen Falle hatte der Grundbuchrichter, vielleicht inspirirt durch den vermeintlich humanen und auf Erleichterung und Vereinfachung hinstrebenden Geist der Grundbuchordnung, in einem einzigen Athem- und Federzuge eine Doppelauflassung aufgenommen. Es möchte dies jedenfalls eine grundsatzwidrige Concession an jene vermeintliche Tendenz sein und widerspricht einer wohl kaum anzuzweifelnden Bestimmung.[1] Die vorherige Eintragung des ersten Käufers vor der zweiten Auflassung war wohl kaum zu umgehen. Man muß sich nun einmal Angesichts der strengen Grundsätze den Umständlichkeiten fügen. Jene liebenswürdige Tendenz mag auf Seiten der Gesetzgeber im Allgemeinen vorhanden gewesen sein, aber leider spürt man in dem Gesetzestext nicht allzuviel davon.

h. Ist die Auflassung eine Plage für die Lebendigen, eine Peinigung für den Verstorbenen, wenigstens in seinen Erben, so versagt sie auch dem zwischen Leben und Tod Schwebenden, dem **Kranken** den letzten Trost, indem sie ihm in der Scheidestunde die Möglichkeit entzieht, seine Wünsche in vollem Umfang zu erfüllen. Sein anfänglicher, noch unklarer Wunsch ging auf Aufnahme seines letzten Willens. Die Testaments-Deputation erscheint am Krankenbett. Als Frucht erneuter Erwägung und richterlicher Belehrung ist nunmehr seine Bitte auf sofortige Eigenthumsübertragung gerichtet. Sofortige? Vergeblich! Kein Mittel in der Welt gibt es für ihn, sich in diesem Augenblick seines Eigenthums, sei es zu Gunsten seines Kindes, sei es eines Dritten zu entledigen. Nur eine unvollkommene Beruhigung kann es ihm gewähren, daß auf Grund des aufzunehmenden Vertrages seine Erben schlechterdings den letzten Act zu vollziehen verpflichtet sind. Schreckliche Weitläufigkeiten, denn die Erben müssen sich dann doch erst legitimiren! Beruhigender wirkt vielleicht die dem Vertrage an-

[1] § 48 G.B.O. und § 5 des Ges.

zureihende Aufnahme einer Vollmacht zur Auflassung. Aber noch über seinen Tod hinaus muß er der Vollmacht Kraft verlängern, damit dieselbe nicht bereits erloschen ist, wenn der Richter heimgekehrt ist und der Kranke inzwischen den letzten Athemzug gethan hat. Es sind das wahrlich höchst erbauliche Unzulänglichkeiten des Gesetzes! Man ist wohl hie und da der Sage nach auf den Ausweg verfallen, den Testamentsrichter gleich ein für allemal mit der Machtvollkommenheit eines stellvertretenden Grundbuchrichters zu bekleiden. Man hält es aber nicht für ganz unbedenklich. Es soll sogar die fast unbegreifliche Meinung bestehen, daß nicht einmal der Grundbuchrichter selbst außerhalb der geweihten vier Wände seines Amtslokals eine Auflassung vorzunehmen befugt sei, ja daß seine ganze grundbücherliche Thätigkeit an seinen grünbehangenen Tisch gefesselt sei!! Man hat ja auch sein Recht angezweifelt, eine Auflassung allein und ohne Zuziehung seines Adlatus — des Grundbuchführers — vorzunehmen!!? [1]) — — —

Eine Prämie für jede neu entdeckte Kontroverse! Es scheint fast, daß, da ja leider Gottes ein verschwenderisches Uebermaß von Zweifeln und Räthseln wuchert, nun eine förmlich krankhafte Zweifels- und Deutelungssucht sich entwickelt, welche fast ansteckend und epidemisch wirkt und selbst die kerngesundesten Paragraphen inficirt!

---

[1]) §. 2. Ges. und §. 48. G.B.O.

V.

Anträge.

„Ist dies schon Tollheit, hat es doch Methode."
Shakespeare.

Wir betreten nunmehr das schlüpfrigste, unheimlichste und dabei noch unerforschte Terrain des gesammten grundbuchamtlichen Herrschaftsgebietes. Vor den unbeugsamen Konsequenzen der Auflassung, hat man sie einmal adoptirt, muß man sich geduldig und demuthsvoll neigen; man muß sie hinnehmen mit Haut und Haaren, mit allen Unzulänglichkeiten und Unzuträglichkeiten. Jede Abweichung von dem der Auflassungstheorie inwohnenden Grundsatze, jede Concession an die auf Milderung der Härten gerichteten Ansprüche erschüttert ihren innersten Kern. Dagegen das Antragsystem, bezüglich der rein formalen Seite auf die Spitze getrieben, führt in der Praxis zu Monströsitäten und Ungeheuerlichkeiten, welche der gesunde Laienverstand nicht zu begreifen vermag. Dabei ist das ganze Terrain in mystisches Dunkel gehüllt. Alles tappt in Finsterniß, Publikum, Richter, Grundbuchführer, Sportelrevisor. Hier und da blitzen Irrlichter auf, welche recht eigentlich in unwegsame Pfade, bedenkliche Untiefen und Abgründe verlocken. Da weiß man nicht, wer den Antrag zu stellen hat; aber noch schlimmer ist die Frage nach dem Wie, wenn man ähnlich, wie Hamlet ausrufen möchte: „Beglaubigt — Sein oder Nichtsein, das ist hier die Frage."

Einige Bestimmungen [1]) über die Form reizen jede für sich schon zur Abfassung einer akademischen Preisschrift, haben bereits schon ganze Abhandlungen auf ihrem Gewissen. Wer weiß, wie viele Streitschriften noch im Verborgenen schlummern! Da herrscht denn nun auch unter den Deutelungslustigen die buntscheckigste Verwirrung, es wetteifern die geistreichsten Federn und gelangen, an Kühnheit sich überbieteud, schließlich — venia sit verbo — zu den barocksten und abenteuerlichsten Ansichten.

---

[1]) §. 31.—34. 36. G.B.O.

Der allerwichtigste Act, die Auflassung — sie muß hier noch einmal bezüglich der Form heraufbeschworen werden — wird gewissermaßen im Handumdrehen abgemacht. Da die Auflassungserklärung **mündlich**[1]) abgegeben werden soll, eine bestimmte Vorschrift über die Form der Fixirung der Erklärung nicht vorhanden ist, so reicht die denkbar kürzeste Form aus, um seine Grundstücke los zu werden. Der Grundbuchrichter braucht nur die mündliche Erklärung der Betheiligten entgegenzunehmen — punctum. Sie haben ihre Schuldigkeit gethan, sie können gehen. Ein **Protokoll**? — überflüssig; eine Unterschrift? — überwundener Standpunkt. Der Richter wird einiger Nebendinge halber (z. B. wegen der Kosten- und Stempelliquidation, Bezeichnung des zu Grunde liegenden Rechtsgeschäfts, Feststellung des Zeitpunktes der Erklärung) sich mit einer bloßen Registratur, ähnlich wie bei Beglaubigungen modernster Art, begnügen!!!

Nur wenige Praktiker werden sich voraussichtlich dieser durch ihre Kühnheit frappirenden Meinung anzuschließen vermögen, so geschickt und geistreich sie auch durchgeführt ist.[2]) Man sieht aber aus diesem einen Beispiel, wie ein selbst durch Knappheit und Gedrungenheit hervorragender Paragraph von nur elf Worten[3]) vor Mißverständnissen nicht sicher ist. Was übrigens von der Auflassung gilt, hat natürlich bei dem Verfechter jener Meinung auch für alle „mündliche Anträge" Geltung, denn was dem Einen recht, das ist dem Andern billig. Und folgte man erröthend seinen Spuren, so möchte es gar wundersam dem Laien wohl erscheinen, daß jetzt sich kurzer Hand das wichtigste Geschäft vollzieht, dagegen bei weniger wichtigen Acten, Quittung, Schuldverschreibung, Cession et ceteris die strengere Form mit Protokoll und Unterschrift verbleibt.

Stellen wir nunmehr den bekannten sogenannten **Beglaubigungsparagraphen**[4]) auf die praktische Probe. Er gehört vielleicht durch die Starrheit und Schroffheit des ihm zu Grunde liegenden Gedankens zu den kleinlichsten, chikanösesten und belästigendsten. Er gehört auch ferner, obwohl ihm bei unbefangener Betrachtung nichts Verdächtiges und Bedenkliches anzusehen ist, zu den von Zweifelsüchtigen vorzugsweise vielumworbenen. „Im Auslegen seid frisch und munter! Legt ihr's nicht aus, so legt was unter." — Greifen wir aus den am

---

[1]) §. 2. des Ges., §. 32. G.B.O.

[2]) **John**, Erörterungen I.

[3]) §. 32. G.B.O.

[4]) §. 33. G.B.O.

häufigsten auf der grundbuchrichterlichen Tagesordnung stehenden Anträgen einige heraus. Wappnet Euch mit Humor, wenn auch nur dem Humor der Verzweiflung.

Ein in juristischen Dingen nicht ganz unbewanderter, aber noch in vorsündfluthlichen, über den 1. Oktober 1872 nicht hinausgehenden Anschauungen befangener Gutsbesitzer will seine, verschiedenen Grundbuchämtern unterworfenen Grundstücke von den darauf haftenden, bereits berichtigten Schulden befreien. Er übersendet eine längst bereit gehaltene notarielle Quittung dem betreffenden Grundbuchamt und beantragt die Löschung der darin quittirten Post. Zu seinem nicht geringen Erstaunen erfährt er eine Abweisung, weil die Quittungsurkunde seinen Löschungsantrag nicht enthalte und der letztere deshalb der Beglaubigung bedürfe. Der Zurückgewiesene remonstrirt; er verweist durch das Medium einer sach- und fachverständigen Hand auf jene ihm zur Seite stehende, nicht zweifelhaft erscheinende Bestimmung, wonach ein schriftlicher Antrag einer besonderen Beglaubigung dann nicht bedürfe, wenn die beglaubigten Urkunden beiliegen, in denen die Betheiligten die beantragte Eintragung oder Löschung schon bewilligt haben. Vergebens! Er wird nun mit einem ausführlichen Bescheid bedacht, dessen Ausführungen sich im Wesentlichen jener zwar trefflich durchgeführten und bestechenden, aber doch nicht völlig überzeugenden Begründung eines praktischen Wegweisers [1]) anschließen und dessen Quintessenz darauf hinausläuft, daß der im Sinne jenes Paragraphen zu denkende Betheiligte bei der Löschung gar nicht der Gläubiger, sondern nur der Schuldner sei.

Der Doppeltabgewiesene schlägt zweifellos ein Kreuz vor dem — dem Rufe nach — erleichternden Gesetz, fügt aber sich in's Unvermeidliche und stellt den Löschungsantrag nun in eigener Person. Belehrt, erfahrungsreicher begiebt er sich demnächst zum selbigen Zwecke nach dem Sitze des zweiten Grundbuchamts, beantragt Löschung einer auf einem andern Grundstück eingetragenen Post, dabei entsprechende Quittung, notariell beglaubigt, überreichend. Der Richter wundert sich, daß er in eigener Person erscheint und spricht die Meinung aus, daß obiger Bescheid des andern Grundbuchamts gerechtfertigt nicht sei [2]) und deshalb auch die Kosten für den Antrag nicht zum Ansatz kommen konnten.

Wer hat nun Recht? Der Gutsbesitzer freut sich übrigens, vor-

---

[1]) Steiner, Anleitung 2c. Berlin 1873.

[2]) cfr. John. S. 21.

zugsweise mit dem coulanteren (weniger pedantischen?) Grundbuchamte zu thun zu haben. Er hat bei seiner letzten Anwesenheit auf diesem Grundbuchamt vergessen, auf Grund einer bereits bei den Grundakten vor längerer Zeit aufgenommenen, aber damals nicht ausgefertigten Quittung eines Gläubigers den Antrag auf Löschung dieser quittirten Post zu stellen. Doch diese Vergeßlichkeit schadet ja nichts. Dank der Belehrung dieses Grundbuchrichters läßt sich ja der Antrag nachholen. Er entsendet einen einfachen schriftlichen Antrag, in welchem er, unter Hinweisung auf jene in den Grundacten befindliche Quittung des Gläubigers, die Löschung der darin als berichtigt anerkannten Post, und gleichzeitig auch, unter Ueberreichung eines Todtenscheins einer vor einem Jahrzehnd verstorbenen Person, die Löschung des für sie noch eingetragenen Ausgedinges erbittet. Aber, o grausames Verhängniß! beide Anträge finden nicht Gnade. Der Antrag bedarf — einer Beglaubigung; denn — die Urkunde mit der Löschungsbewilligung liege nicht bei, sondern in den Grundakten; der Ausdruck „beiliegen" aber müsse wörtlich genommen werden, schon deshalb, weil der Besitz der Urkunde für die Identität des Antragstellers spreche![1]) Was den Löschungsantrag in Betreff des Ausgedinges anlange, so sei ein Kirchenzeugniß keine Löschungsbewilligungsurkunde und passe also jener Beglaubigungsparagraph nicht. Letzteres ist leider richtig und die Lückenhaftigkeit des Gesetzes in diesem Punkte gewiß sehr empfindlich. Aber sollte die erstere Meinung ob der wörtlichen Auffassung des Worts „beiliegen" bestehen können? Und was soll der Laie denken Angesichts der Spitzfindigkeiten oder, milder ausgedrückt, der Feinheiten solcher Gesetze! Wahrlich wer über gewisse Dinge den Verstand nicht verliert, der hat keinen zu verlieren. —

Aber es geschehen noch ganz andre Dinge zwischen Himmel und Erde, von denen sich Eure Laienweisheit nichts träumen läßt!

Ein Cessionar übersendet eine formgerechte, beglaubigte Urkunde, in welcher ein eingetragener Gläubiger seine Forderung an ihn — den Antragsteller — abgetreten hat, und wünscht Umschreibung auf seinen Namen — abgelehnt. Denn erstens ist sein Antrag nicht beglaubigt, zweitens enthält die Urkunde nur eine Abtretung, aber nicht die ausdrückliche Bewilligung der Umschreibung!!!

Man glaube nicht, daß der Verfasser seine Phantasie spielen lasse; mit Rabbi Ben Akiba darf er sagen: „— Alles schon dagewesen."

Ein Gutsbesitzer stellt eine gerichtliche Schuldverschreibung aus,

---

[1]) John, a. a. O. S. 31.

bewilligt darin die Eintragung eines Kapitals für Herrn Quidam, beantragt aber — jedenfalls aus einem ihm selbst wohlbekannten Grunde — nicht die sofortige Eintragung der Hypothek, sondern stellt den Antrag, Ausfertigung der Schuldurkunde seinem neuen Gläubiger Behufs demnächstiger Stellung seines Eintragungsantrags zukommen zu lassen. Als nun Herr Quidam die Schuldurkunde dem Grundbuchamt mittelst schriftlicher Eingabe Behufs Eintragung übersendet, wird er dahin belehrt, daß sein Antrag beglaubigt sein müsse. Kurzer Hand beantragt nun der Gutsbesitzer selbst die Eintragung. Aber auch sein unbeglaubigter Antrag flößt nicht mehr Respect ein. Man eröffnet ihm, daß die von ihm früher in beglaubigter Form abgegebene Eintragungsbewilligung nicht ausreichend gewesen sei und noch ein beglaubigter Eigenthumsantrag hinzukommen müsse![1]) Wäre das wirklich aus dem harmlosen Text[2]) herauszulesen und (man will es freilich aus den Motiven herauskonstruiren?!) wirklich richtig, so wäre es wenigstens — zum Verzweifeln!

Ein bisher nicht eingetragener Eigenthümer muß sich zum Zweck der Auflassung vorher eintragen lassen. Er übersendet demgemäß die beglaubigte, vor dem 1. October 1872 aufgenommene Erwerbungsurkunde mittelst unbeglaubigten Schreibens und — seinem Antrage wird mit Recht stattgegeben. Zwei andre Eigenthümer wünschen gleichfalls die Eintragung ihres Eigenthums, der eine auf Grund des ihn zum Universalerben ernennenden Testaments in Ausfertigung, der andre auf Grund der übersandten Erbbescheinigung, Inhalts deren er gleichfalls einziger Erbe des Eigenthümers desjenigen Grundstücks ist, bei welchem er als Eigenthümer nunmehr eingetragen zu werden die Absicht hat. Beide sind gegen Jenen in üblerer Lage. Man verlangt von ihnen — und gleichfalls nicht ohne Recht — persönliche Gestellung vor dem Grundbuchrichter, beziehungsweise Einreichung eines beglaubigten Antrags. Testament und Erbbescheinigung, trotz ihrer respekteinflößenden Autorität als Legitimationsurkunden, enthalten freilich keine Eintragungsbewilligung, welche der unglückselige, unübersteigliche Schranken ziehende Beglaubigungsparagraph gebieterisch erheischt. Aber dieses durch den Wortlaut begründete Recht der Abweisung verletzt das natürliche Rechts- und Billigkeitsgefühl, und der beschränkte Laienverstand lehnt sich dagegen auf.

Doch es sei genug des grausamen Spiels. Die wenigen, aus dem täglichen Verkehrsleben geschöpften, täglich im weiten Herrschafts-

---

[1]) John, a. a. O. S. 24; [2]) §. 19 des Ges.

reich der Grundbuchordnung in gleicher Melodie und mannigfachen Variationen sich abspielenden Fälle dürften denn doch zu der Ueberzeugung führen, daß es dringend nothwendig ist, auch hier die bessernde Hand anzulegen. Das unleidliche Halbdunkel, in welches dies ganze Kapitel gehüllt ist, muß verbannt und Licht hineingebracht werden. Es wirkt geradezu komisch und kann das ganze Gesetz in der öffentlichen Meinung diskreditiren, wenn überhaupt ein Zweifel darüber möglich, ob ein auf eine beglaubigte Löschungsbewilligung des Gläubigers gestützter Löschungsantrag des Schuldners formlos sein kann oder der Beglaubigung benöthigt ist. Aber gewiß ebenso dringend wie die bestimmte Lösung solcher störender Zweifel ist die Mäßigung in Bezug auf den Luxus der drakonischen Beglaubigungsgebote, ist die gänzliche Aufgabe des Anspruchs auf die strenge Beglaubigungsform überall da, wo deren Forderung keinen ersichtlichen Zweck hat. Selbstverständlich darf ohne urkundliche resp. erzwungene Einwilligung des Eigenthümers bei seinem Grundstück kein Recht gegen ihn eingetragen, und ebensowenig darf ohne beglaubigte Bewilligung des Berechtigten dessen Recht nicht wieder gelöscht werden. Aber in zahlreichen Fällen, wie beispielsweise bei Löschungen auf Grund von Todtenscheinen, bei Umschreibungen auf Grund von Legitimationsurkunden, sinnt und grübelt man vergeblich nach dem Wie und Warum der strengeren Form. Kann man Zweifel hinsichtlich der Identität des Antragstellers hegen? Kann man die Uebereinstimmung seines Willens mit dem Antrag in Zweifel ziehen? Kann man die Fälschung eines Namens, der Unterschrift, zudem Seitens eines ganz Unbetheiligten, vermuthen? Und, was vor Allem in Betracht kommt, führt die Ausführung des gestellten formlosen Antrags in allen jenen Fällen zu irgend welchem Schaden? —

Die Löschungsanträge bieten übrigens, abgesehen von der formellen Seite, noch andre erhebliche Schwierigkeiten in der Praxis.

Die Vorschrift, daß die Löschung der Eintragungen in der zweiten und dritten Abtheilung, insofern nicht die Löschung von Amtswegen vorgeschrieben ist, nur auf Antrag des im Grundbuch eingetragenen Eigenthümers des Grundstücks oder auf Ersuchen einer zuständigen Behörde erfolgen dürfe, erscheint als eine höchst unglückliche und ist die Quelle sehr verdrießlicher Weitläufigkeiten. Wie, wenn der bisher eingetragene Eigenthümer eines Grundstücks bei dessen Veräußerung dem neu einzutragenden Eigenthümer gegenüber sich verpflichtet hat, gewisse eingetragene Posten binnen einer bestimmten Frist zur Löschung zu bringen? Man sollte meinen, es wäre natürlich, daß ihm später das seiner übernommenen Verpflichtung entsprechende Recht zur Stellung des Löschungsantrages zustände? Und doch bildet der unerbittliche Text des Gesetzes [1]) eine fesselnde Schranke. Er ist ja dann nicht eingetragener Eigenthümer mehr. Die Mühe der Antragstellung fällt also wunderbarer Weise dem Berechtigten zu und dieser muß sich sogar, wenn etwa bei dem betreffenden Grundbuchamt das strenge Gebot der Beglaubignng von Löschungsanträgen besteht, in eigener Person dahin begeben oder den Weg zu einem andern beglaubigungsberechtigten Richter oder Notar machen. Wenn nun der Eigenthümer zögert? Freilich bleibt dann auf seinem Grundstück eine nicht übernommene Schuld. Der frühere Eigenthümer kann ja doch auch an der baldigen Löschung ein erhebliches Interesse haben, wenn etwa für ihn selbst hinter jener Post rückständige Kaufgelder eingetragen sind. Es kommt hinzu, daß der jetzt eingetragene Eigenthümer den Löschungsantrag gar nicht ohne das Dokument über die zu löschende Post zu stellen vermag. Dessen Herausgabe an ihn ist nicht so ganz ohne Risiko, da dieser ja auf Grund einer bloßen Löschungsbewilligung einen neuen Gläubiger einschieben kann. [2]) Einer solchen Löschungsbewilligung — und das ist das Gefährliche dieser Bestimmung — sieht man es auch gar nicht an, wer bezahlt hat. Eine Täuschung des instrumentirenden Richters und Notars ist mindestens möglich.

Man denke sich ferner den bei Parzellirungen nicht selten vorkommenden Fall, daß Hypotheken, deren Löschung vorläufig Hindernisse entgegenstehen oder bezüglich deren auch eine Entpfändung zur Zeit nicht möglich, für jetzt auf die abgezweigten Parzellen mit übertragen werden. Der Veräußerer hat natürlich die Verpflichtung, sie von den mitübertragenen Belastungen wieder zu befreien. Aber sobald ihm dies wirklich möglich ist, ist es ihm praktisch unmöglich, denn — er ist nicht eingetragener Eigenthümer. Welche peinliche Weitläufigkeiten!

Fast komisch ist die Verlegenheit mehrerer Erben, welche bei der Veräußerung des ererbten Grundstücks eingetragene Posten zur Löschung bringen wollen. Dies ist ihnen, Dank jener unbeugsamen Vorschrift, praktisch unmöglich gemacht. Während bekanntlich ein einziger Erbe Behufs Auflassung eines erbgangsweise erworbenen Grundstücks sich erst eintragen lassen muß, ist eine Mehrzahl von Erben dieser Zwangseintragung überhoben. Sie kommen mithin nie-

[1]) §. 92 G. B. O.

[2]) §. 64 des Ges.

mals in die Lage, eingetragene Eigenthümer zu sein. Durch jene ausnahmsweise Begünstigung — die einzige Concession an die Zweckmäßigkeit — verscherzen sie zugleich die andre Gunst, einen ganz winzigen Löschungsantrag stellen zu können. Sollten sie um Erlangung dieser Gunst willen erst den weitläufigen und unter Umständen doch auch kostspieligen Weg der Eigenthumseintragung wählen? Also müßte schon ihr Nachfolger im Eigenthum sich zur Stellung des Antrags bequemen und er könnte das noch nicht einmal unmittelbar im Anschluß an die Auflassung, sondern müßte sogar warten, bis er im Grundbuch verzeichnet steht!

Wie verhält sich nun der Praktiker gegenüber allen diesen Bedenken, Zweifeln, Räthseln, Hindernissen? Hand auf's Herz, meine geehrten Herren Collegen, die Sie zur grundbücherlichen Thätigkeit verurtheilt sind! Haben Sie sich überall ein klarbestimmtes Bild über die Rollenvertheilung hinsichtlich der Personen der Antragsteller und ferner über das Maß Ihrer Ansprüche bezüglich der Form der Anträge entworfen? Man wird nicht irren, wenn man behauptet, daß im Großen und Ganzen gewiß, so zu sagen, viel Gefühlspolitik getrieben und eine Art gemüthlicher Interpretationskunst vorwalten wird. Mancher wird vielleicht, den Eingebungen des Augenblicks folgend, leichten Herzens an Bedenken vorübergleiten, welche einen Andern stutzig machen. Mancher wird wohl sogar, wenn der Text gar zu unbequem ist, sich mittelst eines salto mortale kühn über die Schranke hinwegschwingen, um schließlich zu dem scheitelrechten Gegentheil zu gelangen. Ein eigentlicher Schaden — und das ist ein trostreicher Gedanke — wird für das Publikum durch eine derartige Weitherzigkeit in der Methode des Interpretirens jedenfalls nicht hervorgerufen.

Andre freilich werden der Devise folgen „ein Grundbuchwort soll man nicht dreh'n und deuteln" und werden sich bescheiden müssen, als Pedanten zu gelten. Aber wenn man es auch nicht über's Herz bringen kann, dem impertinent klaren Gesetzwortlaut gegenüber einen Grundsatz auf den Kopf zu stellen, so hat man doch vielfach Gelegenheit, in der Praxis die grausamen Härten einiger Antragsparagraphen mit dem Interesse des Publikums zu versöhnen. Man muß nur vorsorglich alle künftigen Anträge gleich bei passender Gelegenheit vorweg nehmen. Beispielsweise kann man schon bei der Auflassung eines Grundstücks, auf welchem Posten eingetragen sind, welche der Erwerber nicht übernimmt, dem Veräußerer, also dem dann noch eingetragenen Eigenthümer den Antrag in den Mund legen, auf Grund der seiner Zeit eingehenden oder aufzunehmenden Quittung diese Post auf seine Kosten zu löschen. Geht dann später die Quittungsurkunde ein, so erfolgt die Löschung und es wird also künftig Niemand weiter belästigt. Man hat, da der Zweifel nun einmal gern an Allem nagt, auch dieser von einem Richter gehandhabten Methode den Einwand entgegengesetzt, daß ja dann der Antragsteller nicht mehr eingetragen sei. Es kommt ja aber nur auf die Zeit der Antragstellung, nicht auf die Zeit der Löschung an. Wäre Letzteres richtig, so wäre unter Umständen die Möglichkeit des Antrags gänzlich ausgeschlossen.

Für den oben angedeuteten Fall der mehreren Erben ist allerdings ein erleichternder Ausweg kaum zu finden und es verlohnt sich vielleicht, eine Prämie auf ein zweckmäßiges Recept auszusetzen! — —

Noch einige Worte seien zum Schluß dieses Kapitels einem nur halb in das Gebiet der „Anträge", halb in die Domäne des Nachlaß- und Vormundschaftsrichters gehörenden Punkt gewidmet. Es ist dies die sich als höchst willkommene Erleichterung präsentirende Bestimmung, der zufolge zur Umschreibung von getheilten Nachlaßforderungen eine Bescheinigung des Nachlaßrichters genügt dahin, daß die Forderung bei der Theilung des Nachlasses dem Erben oder Vermächtnißnehmer übereignet worden sei [1]). Aber die Kürze dieser Form wird wieder illusorisch durch die in Alles erschwerend eingreifende famose Antragsbeglaubigungstheorie. Die Umschreibung bei bloßen Attesten erfordert doch einen Antrag und ein formloser kann gewiß nicht ausreichend sein. Der Verfasser hat als Vormundschaftsrichter mehremal, einen Fühler ausstreckend, direct unter Uebersendung derartiger Atteste auswärtige Grundbuchämter um Umschreibung ersucht und — dieselben sind in gutmüthiger Weise auf das Gesuch eingegangen. Aber richtig ist es jedenfalls nicht. Der Antrag der Erbinteressenten selbst, beziehungsweise des Vormundes mit der obermundschaftlichen Genehmigung muß zweifellos mit übersandt werden. Es ist daher nicht zweckmäßig, die verschiedenen Anträge in dem Erbrezeß zu verstecken, da dann ja ein großer Theil des Erbrezesses mit ausgefertigt werden müßte, sondern es empfiehlt sich, sämmtliche auf den Erbrezeß gestützten Anträge zusammenfassend in die Vollziehungsverhandlung aufzunehmen und dann nur die letztere auszufertigen, um sie als beglaubigten Antrag gelten zu lassen. Man sieht auch hier, daß nicht gerade allzuviel Arbeit erspart wird. Kein Lichtpunkt ohne Schatten!

Wenn nun einmal dem Nachlaßrichter hinsichtlich der obigen Bescheinigungen ein gewisser Spielraum gegeben ist, so möchte er vielleicht,

---

[1]) §. 40 G.B.O.

ohne den Genius des Gesetzgebers zu Hülfe zu rufen, die ihm gestellte Gränze eigenmächtig erweitern können. Man denke sich, daß bei und während einer Nachlaßregulirung, bei welcher zahlreiche Erben betheiligt sind, eine ausstehende Forderung zum gerichtlichen Depositorium eingezahlt ist. Die Erben sind zwar Testamentserben, aber sie sind im Testament nicht sammt und sonders genannt und es ist daher zur Ergänzung desselben noch eine Erbeslegitimation nöthig geworden. Da würde nun, strenge genommen, der von den Erben ausgestellten Quittung eine Ausfertigung des Testaments, wenigstens im Auszuge mit allem Zubehör, ferner jene ergänzende Erbbescheinigung beizulegen sein. Dürfte es nun nicht in der Machtvollkommenheit des Nachlaßrichters liegen, eine Bescheinigung dahin auszustellen, daß sämmtliche Erben (welche namhaft zu machen) die betreffende Forderung überkommen haben? Eine Theilung derselben war, da die Einzahlung vor Abschluß des Erbrezesses erfolgte, überhaupt unnöthig. Sollte ein Grundbuchrichter ein solches Attest von seiner Schwelle zurückweisen können?

Das Attest ist wohl noch in andern Variationen möglich. Wenn die Frage für würdig einer besondern Abhandlung befunden werden sollte, so erbarmt sich wohl derselben zur Bereicherung der Grundbuchrechtskontroversenliteratur ein schreiblustiger College! An noch ungelösten Doktorfragen fehlt es wahrlich nicht!

VI.

Grundschulden, Hypotheken und Urkunden.

1. „Wer erklärt mir, Oerindur,
Diesen Zwiespalt der Natur?"
Müllner.

2. „Das sieht schon besser aus! Man sieht doch wo und wie!"
Goethe.

1. Zwiespältig ist bekanntlich jetzt — ob zum Nutzen und Frommen der vorzugsweise Betheiligten, muß die Erfahrung lehren — die Natur der der dritten Abtheilung des Grundbuchs geweihten kündbaren Eigenthumsbelastungen.

a. Die neu in's Leben gerufenen **Grundschulden** gehören zu den problematischen Naturen — in's Innere der Natur dringt kein erschaffner Geist. Dem dilettantischen Verfasser liegt es fern, sich mit ihrer wissenschaftlichen Diagnose zu befassen. Es mag dies den schriftstellernden Fachgelehrten überlassen bleiben, bei welchen es auch schon bis jetzt an Versuchen nicht gefehlt hat. Hier ist noch ein ergiebiges Feld für die Mystik und für die analytische Experimentalchemie in der Jurisprudenz.

Dem Verfasser stehen über die Beliebtheit des neuen Papiers Erfahrungen nicht zur Seite; er ist aber wohl mit Vielen seiner Collegen der Meinung, daß die Grundschuld noch für längere Zeit als „Caviar für's Volk" zu erachten ist, wenigstens für die ländlichen Kreise und die kleineren Städte. Dieser und jener Beutelschneider und Bauernfänger höherer Gattung mag die Grundschuld mit Vorliebe für sich annectiren, weil vielleicht eine dunkle Ahnung über ihn gekommen ist, daß jene Eintragungsform eine bessere und sicherere Deckung gegen Einwände aus verdächtigen und tückischen Geschäften gewähren möge. Hier und da mag sich auch ein bequemlichkeitsliebender Grundbuchrichter der Grundschuld bemächtigen, obwohl das um so gefährlicher ist, je weniger das Wesen derselben dem laienhaften Sterblichen enthüllt ist. So lange es noch zwei Gattungen kündbarer Belastungen gibt, von denen die eine dem Gläubiger mehr Rechte überträgt als die andre, ist der richterliche Rath zur Wahl der minder günstigen mit einer gewissen Verantwortlichkeit verknüpft. Wie viel Leute wünschen denn, unbearbeitet und aus freien Stücken, die Eintragung einer „Grundschuld"? Sie haben Geld dargeliehen und — wollen dasselbe eingetragen haben; der Käufer ist soviel an Kaufgeld schuldig geblieben — dasselbe soll sicher gestellt werden. Wenn der Schuldgrund klar und durchsichtig ist, auch ganz offen angegeben wird, warum ihnen, den Vertrauensvollen, ein mysteriöses Ding aufzwingen?

Und nun die von den Erfindern allerdings wohlgemeinten Zinsquittungen? Es dürfte ihnen wohl kaum ein hoher Grad von Lebensfähigkeit zuzusprechen sein; an kleineren Gerichten ist ihr Schicksal zweifellos — Makulatur.

b. Der Geist der **Hypothek** ist leicht zu fassen,
Ihn durchstudirt daher auch nicht die Juristenwelt,
Weil es dem Herrenhaus beliebte, es gehen zu lassen,
Wie's unserm Landrecht schon gefällt.

Da es nun aber auf keinem Gebiete der Grundbuchordnung ganz ohne einige Zweifel und Räthsel abgeht, so hat man auch dafür gesorgt, in jenes bekannte Institut der Hypothek etwas hinein zu geheimnissen. Es geschieht dies durch die Bestimmung wegen der Vorlegung der Schuldurkunde[1]), eine Bestimmung, welche zu Mißverständnissen zu verführen sehr geeignet ist. Wir begegnen daher hier sowohl auf dem Felde der grauen Theorie als der grünen Praxis einem überschwänglichen Reichthum von Meinungen in allen Schattirungen und durchlaufen die ganze Scala von den form- und inhaltslosesten bis zum formgerechtesten und inhaltsvollsten Schriftstück.[2])

Einige Richter glauben selbst den Beglaubigungsparagraphen nicht respektiren zu sollen, tragen auf Grund respektwidriger unbeglaubigter Kaufverträge, welche bei der Auflassung und der sich daran anschließenden Eintragungsbewilligung überreicht werden, Kaufgelder ein. Andre verstehen sich in diesem Falle nur zur Eintragung, wenn ein Dokument nicht gebildet wird, als ob die Urkunde nur die Mission hätte, dem Hypothekenbrief angehängt zu werden. Ja dem Verfasser ist sogar schon das Curiosum aufgestoßen, daß ein bei der Eintragung von Kaufgeldern unbeglaubigt gebliebener bloßer Privatvertrag später zum Zweck der erst nachträglich erbetenen Bildung einer Hypotheken-Urkunde ausgefertigt worden ist.

---

[1]) §. 19. Ges.

[2]) Siehe auch Achilles II. zu §. 46. G.B.O.

Manche Richter, welche hinsichtlich des äußeren Ansehens der Urkunde der absolutesten Formlosigkeit huldigen, lassen dagegen bei der Prüfung des Inhalts die äußerste Strenge walten. Erbrezesse werden zurückgewiesen, weil für die Zahlung der Erbtheile eine Bestimmung fehlt. Als ob dies nicht bei der Eintragungsbewilligung gelegentlich der Auflassung nachgeholt werden könnte! Oder, wenn auch nicht die schnöde Zurückweisung des Erbrezesses erfolgt, so unterbleibt die Eintragung der Kündigungszeit und es gelangt die feierliche Mittheilung zu den Vormundschafts-Akten, daß Mangels einer entsprechenden Bestimmung im Erbrezesse über jene Kündigung auch von der Eintragung einer solchen habe abgesehen werden müssen. Als ob nicht jene Lücke bei der Eintragungsbewilligung, auf die es doch vorzugsweise ankommt, auszufüllen war!

Bei der Auflassung wird ein Kaufvertrag überreicht, Inhalts dessen beispielsweise ein Kaufpreis von zweitausend Thaler festgesetzt war. Davon sollen bei der Auflassung eintausend Thaler berichtigt und ebensoviel eingetragen werden. Wie nun, wenn, etwa auf Grund inzwischen beiderseits getroffener Bestimmung, der Erwerber des Grundstücks die Eintragungsbewilligung sogar auf die Summe von funfzehnhundert Thaler richtet? Sollte deshalb die Schuldurkunde wegen angeblichen Widerspruchs mit der Eintragungsbewilligung zurückgewiesen werden können? Gewiß ebensowenig, wie in dem umgekehrten Falle, wenn die bei der Eintragungsbewilligung angegebene Summe eine niedrigere ist, als der vertragsmäßigen Verabredung gemäß eigentlich eingetragen werden sollte. In beiden Fällen ist zwischen Eintragungsbewilligung und dem Inhalt des Vertrages nicht bloß Fühlung, sondern sogar noch Deckung vorhanden. Anders läge allerdings der Fall, wenn der neue Eigenthümer bei der Auflassung eine über den Kaufpreis von zweitausend Thaler hinausgehende Summe eintragen ließe.

Es ist schon im Kapitel der Auflassung die Zulässigkeit einer zur Ersparung einer Vertragsaufnahme beobachteten Praxis in Frage gestellt, darin bestehend, daß in dem Schuldverschreibungs-Formular statt „Darlehn“ der Schuldgrund „rückständiges Kaufgeld“ oder „Kaufgeld“ eingerückt wird. Eine solche Urkunde möchte denn doch, wenigstens ohne ausdrückliche Bezugnahme auf einen mündlichen Vertrag und ohne Erwähnung der wesentlichen Bestimmungen desselben, den Stempel der Unvollkommenheit an sich tragen.

Schließlich mag noch auf den gleichfalls oben schon bei der Beschäftigung mit der „freiwilligen Subhastation“ angedeuteten Fall zurückgegangen werden. Dem Kaufgelderbelegungstermin folgt unmittelbar im Grundbuchamtslokal die Auflassung des Grundstücks an den Ersteher. Die Antheile der Wittwe und ihrer Kinder an den kreditirten Kaufgeldern waren bereits mit obervormundschaftlicher Genehmigung festgestellt, damit deren Eintragung nicht auf sämmtliche Erben bewirkt zu werden und später eine Umschreibung einzutreten brauchte, sondern damit sofort die Eintragung der einzelnen Antheile erfolgen könne. Der Ersteher beantragt nun auch, unter Vorlegung der ausgefertigten Licitationsverhandlung, die Eintragung der Antheile für die einzelnen Erben. Aber — der Grundbuchrichter beanstandet jene Schuldurkunde, weil — was selbstverständlich unmöglich ist — dieselbe die Anweisung der einzelnen Erben auf jene Kaufgelder nicht enthalte. Er setzt daher selbst in der Gestalt der obigen Schuldverschreibungen einige Urkunden für Wittwe und Kinder in die Welt und der arme Ersteher, der bereits die Kosten der Licitation, also die sämmtlichen Vertragstempel und Kosten gezahlt hat, büßt die Existenz einer Grundbuchrechtskontroverse mit einem Mehr an Kosten von ungefähr — vierundzwanzig Thaler! Sollte wirklich eine so eklatante Vermögensbeschädigung nothwendig gewesen sein? Warum sollte jene Licitationsverhandlung nicht als die Urkunde gelten können? Man stelle sich einen ganz ähnlichen Fall vor. Zwei gemeinschaftliche Eigenthümer eines Grundstücks haben dasselbe verkauft. In dem darüber abgeschlossenen Vertrage sind eintausend Thaler kreditirt, deren Eintragung erfolgen soll, ohne daß vertragsmäßig bestimmt ist, in welcher Höhe jeder der beiden Verkäufer an den Kaufgeldern Antheil hat. Bei der Auflassung bewilligt nun der Käufer die Eintragung jenes Kaufgeldes und zwar für den einen Verkäufer mit zweihundert, für den andern mit achthundert Thalern. Der vorgelegte Vertrag ist zweifellos die Schuldurkunde im gesetzlichen Sinne. —

2. Widmen wir noch wenige Schlußworte — die Feder erlahmt allmählig — der **Form der neuen Urkunden.** „Das sieht schon besser aus! Man sieht doch wo und wie?" Auf diesem Terrain wuchern nicht so zahlreiche Zweifel wie auf den übrigen Gebieten der Grundbuchordnung.

Entschieden aber zu bedauern ist, daß man nicht einige Bestimmungen gegeben hat, um die alten Urkunden mit den neuen Vorschriften in Einklang zu setzen, sowie auch ferner, um die nach altem Rechte gebildeten, häufig durch ihre Unförmigkeit den ästhetischen Sinn beleidigenden Dokumente von kanonischem Alter in die neuste, geschmackvolle Mode zu kleiden. Die Möglichkeit der Umwandlung ist zwar zuzugeben, aber die praktische Ausführbarkeit ist dadurch sehr erschwert, daß jene antiken Denkmäler der alten Hypothekenordnung mit allen möglichen Ingrossationsnoten und sonstigen Hieroglyphen bedeckt sind. Hier hätte ein kühner Griff des Gesetzgebers, ein knotenlösendes Alexanderschwert wahrlich Noth gethan. Warum aber Behufs Umwandlung der alten in neue Urkunden die Genehmigung des Eigenthümers und der nacheingetragenen Gläubiger einzuholen sein dürfte,[1] ist nicht abzusehen. Wenn auch die Motive ein solches Gebot für die Eintauschung eines Hypothekenbriefes enthalten, so ist doch der Hypothekenbrief der Motive nicht mit dem des Gesetzes identisch, sondern mit dem Grundschuldbrief. Daß für die Bildung des letzteren jene Genehmigung erforderlich, unterliegt keinem Zweifel. Unter allen Umständen ist die Umwandlung eine höchst schwerfällige.

Auf diesem ganzen rein formalen Gebiet wäre zur Erzielung einer gewissen Uniformirung jedenfalls ein bischen „Instruction" doch ganz wunderschön gewesen. Der richterlichen Denkthätigkeit wäre dadurch keineswegs zu nahe getreten.

Nachwort.

Der Verfasser hätte zwar eigentlich noch Manches auf dem Herzen; er gedachte sogar noch eine bunte Musterkarte diverser in den Rahmen vorstehender Kapitel sich nicht recht fügender Kleinigkeiten anzuhängen. Indessen hegt er die Besorgniß, die Geduld der werthen Herren vom juristischen Handwerk zu ermüden. Hoffentlich hat er keinen der gewiß zahlreich vertretenen feurigen oder auch nur platonischen Liebhaber des neuen Grundbuchrechts in ihren innersten Neigungen und Gefühlen verletzt. Manche werden wohl hier und da das catonische Haupt geschüttelt haben, Manche gar die zu diesem Schriftchen verwendete Druckerschwärze bedauern. Aber sicher werden auch nicht Wenige diesem ersten, wenn auch immerhin ungeschickten Versuche, in freimüthiger Weise eine Lanze gegen die Grundbuchordnung einzulegen, stillen Beifall zollen. Dieser ketzerische Versuch — spät kommt er, doch er kommt. Die Bahn ist gebrochen — Vivat sequens!

[1]) Förster S. 180.

Druck von Troitzsch & Ostertag in Berlin.

Dr. C. F. Koch. **Formularbuch und Kommentar zum Notariatsgesetz,** für instrumentirende Gerichtspersonen u. Notarien. 8. Ausgabe. 1870. gr. 8°. XIV u. 440 S. 2⅓ Thlr.

— — **Prozeßordnung nach ihrer heutigen Geltung.** Unter Weglassung der obsoleten oder aufgehobenen Vorschriften und Einschaltung der jüngeren noch geltenden Bestimmungen mit den Präjudizien des höchsten Gerichts sowie mit nachweisenden und erläuternden Anmerkungen. Sechste vermehrte und verbesserte Auflage. 1871. 6 Thlr.

Dr. W. T. Kraut, ord. Prof. zu Göttingen. Grundriß zu Vorlesungen über das **Deutsche Privatrecht** mit Einschluß des Lehn- und Handelsrechtes nebst beigefügten Quellen. 5. Aufl. 1872. 2⅔ Thlr.

Dr. P. Laband, Professor in Straßburg. **Das Budgetrecht** nach den Bestimmungen der Preuß. Verfassungs-Urkunde unter Berücksichtigung der Verfassung des Norddeutschen Bundes. 1871. gr. 8. 12 Sgr.

Lex Salica herausgegeben von J. Fr. Behrend nebst den Capitularien zur Lex Salica bearbeitet von A. Boretius. 1874. gr. 8°.. XXIV. u. 164 S. 1 Thlr. 15 Sgr.

H. Makower, Rechtsanwalt. **Das allgemeine Deutsche Handelsgesetzbuch,** herausgegeben mit Kommentar in Anmerkungen. Fünfte Auflage. 1873. 4 Thlr., gebdn. 4⅓ Thlr.

Meves, Staatsanwalt. **Das Gewerbe im Umherziehen** nach der Bundes- u. Preuß. Landesgesetzgebung bearbeitet 1872. gr. 8. 28 Sgr.

L. Parisius. **Das Preuß. Gesetz, betreffend die privatrechtliche Stellung der Erwerbs- und Wirthschaftsgenossenschaften** nebst den Einführungs-Verordnungen und den Ministerial-Instructionen. Mit Einleitung und Erläuterungen zum praktischen Gebrauche für Juristen und Genossenschafter. 1868. 14 Bogen. gr. 8. 1 Thlr.

— — **Das Genossenschaftsgesetz für den Norddeutschen Bund vom 4. Juli 1868.** Ergänzungsschrift zu vorstehendem Buche. 10 Sgr.

H. Rüdorff, Obergerichtsrath und Schriftführer der Bundes-Commission. **Strafgesetzbuch für das Deutsche Reich.** Mit Kommentar. 1871. 2 Thlr.

G. v. Wilmowski, Justizrath. **Lübisches Recht in Pommern.** 1867. XII und 299 S. gr. 8. Geheftet. 1 Thlr. 15 Sgr.

— — **Beiträge zum Pommerschen Lehnrecht.** 1870. gr. 8. VIII u. 156 S. 24 Sgr.

Zeitschrift für die Deutsche Gesetzgebung und für einheitliches Deutsches Recht. Herausgegeben von Dr. J. Fr. Behrend u. Dr. F. Dahn. VIII Jahrgang. 1874. 8 Hefte 4 Thlr.

Inhalt des 1. u. 2. Heftes: Ueber das Belgische Gesetz, die Handelsgesellschaften betreffend, vom 18. Mai 1873. Von Geh. Finanzrath **R. Koch** zu Berlin. Der Entwurf einer deutschen Gemeinschuldordnung. Von **M. Eccius,** Kreisgerichtsrath zu Greifswald. Der Entwurf einer deutschen Gemeinschuldordnung. Von Appellationsgerichtsrath **v. Krämel** zu Naumburg a. S. Ein zwischen mehreren Miterben oder dem überlebenden gütergemeinschaftlichen Ehegatten und den Erben abgeschlossener Erbvergleich, durch welchen einem derselben ein Nachlaßgrundstück übereignet wird, ist ein Akt der freiwilligen Veräußerung im Sinne des § 1 des Gesetzes vom 5. Mai 1872 über Eigenthumserwerb an Grundstücken. Von Kreisrichter **Förster** in Preuß.-Stargardt.

Sammlung von Erörterungen über das Preuß. Grundbuchrecht.
Nr. 4.

Studien

zur

Grundbuch-Ordnung.

Von

Loebell
Kreisgerichtsrath und Abtheilungs-Dirigent.

Berlin, 1875.
Verlag von J. Guttentag
(D. Collin).

Vorwort.

Veranlassung zur Veröffentlichung der nachstehenden Erörterungen gab das dankenswerthe Unternehmen der Verlagshandlung, dem Grundbuchrecht eine besondere Sammlung zu widmen, in der, wie es bis jetzt den Anschein hat, vorzugsweise der Praktiker zum Praktiker spricht. Als solcher darf ich einige Erfahrung für mich in Anspruch nehmen, da ich schon 1863/64 der Hypotheken-Deputation des Stadtgerichts zu Berlin angehörte, dann $8^1/_2$ Jahr lang Einzelrichter war, und nun hier seit länger als zwei Jahren Grundbuchrichter bin.

Entstanden sind die kleinen Arbeiten in den knappen Mußestunden, die amtliche und außeramtliche Pflichten mir lassen. Sie halten sich an das Gesetz und seine Motive, an die Erfahrungen und Bedürfnisse der Praxis, konnten dagegen in durchaus nicht erschöpfender Weise auf die allmälig doch wachsende Literatur eingehen.

Von diesem Standpunkt aus darf ich hoffen, bei meinen Collegen im Grundbuchamt eine freundliche Aufnahme für diese Blätter, in der Kritik eine nachsichtige Beurtheilung zu finden.

Luckau, im März 1875.

Loebell.

Inhalt:

Abkürzungen:

Gr. B. O. = Grundbuchordnung vom 5. Mai 1872.
Gesetz = Gesetz über den Eigenthumserwerb ꝛc. vom 5. Mai 1872.
Stempelgesetz = Gesetz betr. die Stempelabgaben vom 5. Mai 1872.
Drucksachen (des Hauses der Abgeordneten):
Nr. 85. 122. Entwürfe von 1868.
Nr. 212. Kommissionsbericht über das Gesetz vom 15. December 1869.
Nr. 234. Kommissionsbericht über die Grundbuchordnung vom 8. Januar 1870.
Nr. 235. Kommissionsbericht über den Kostentarif vom 8. Januar 1870.
Nr. 252. Kommissionsberich über das Stempelgesetz vom 14. Januar 1870.

Literatur:

Förster, Grundbuchrecht. 1872.

Achilles, Die Preußischen Gesetze über Grundeigenthum und Hypothekenrecht. II. Ausgabe. 1873.

Bahlmann, Preußisches Grundbuchrecht, II. Ausgabe. 1872.

Turnau, Grundbuchordnung. 1874.

John, Erörterung einiger praktischen Fragen aus dem Preußischen Grundbuchrecht. 1873.

Neubauer, Controversen aus dem Preußischen Grundbuchrecht. 1874.

Die Grundbuchordnung im Licht und Dunkel der Praxis. Griesgrämliche Herzens-Ergießungen eines alten Praktikers. 1874.

Gruchot, Beiträge. 17. und 18. Band. 1873. 1874.

I.

Die Form der Beglaubigung nach § 33 der Grundbuchordnung.

Für schriftliche zu einer Eintragung oder Löschung erforderliche Anträge und Urkunden erfordert § 33 der Grundbuchordnung die Form der gerichtlichen oder notariellen Aufnahme oder Beglaubigung. Während für die gerichtliche oder notarielle Aufnahme die Vorschriften des zweiten Theils der Allgemeinen Gerichtsordnung resp. der Notariats-Ordnung maaßgebend bleiben, giebt das Gesetz für die wesentlich neue Form der gerichtlichen oder notariellen Beglaubigung keine positiven Vorschriften, beschränkt sich vielmehr auf den negativen Satz, daß es der Aufnahme eines besonderen Protokolls und der Zuziehung von Zeugen nicht bedarf.

Es liegt auf der Hand, daß die Findung einer festen Form von der größten Wichtigkeit ist, weil durch Rückgabe der für formell mangelhaft erachteten Anträge Seitens des Grundbuchrichters leicht die Priorität geschädigt werden kann. Es möchte nun zunächst außer Zweifel sein, daß der knappste Ausdruck durch das Wort: „Beglaubigt" mit Beifügung des Datums, der Unterschrift und des Amtssiegels dem Gesetze, das keine speziellen Erfordernisse aufstellt, genügt. Ich behaupte aber weiter, daß jeder Zusatz von Uebel sei, weil er die Beglaubigung einschränkt und dadurch ihre formelle Gültigkeit in Frage stellt. Zur Rechtfertigung dieser Ansicht halte ich mich zunächst an die vorliegende Gesetzesstelle. Dieselbe verlangt die Beglaubigung des Antrages oder der Urkunde. Es mag vorläufig dahin gestellt bleiben, welche Prüfung dieser Beglaubigung voranzugehen hat, jedenfalls erscheint die Beglaubigung der Urkunde etwas Anderes, und zwar etwas Mehreres, als die Beglaubigung der Unterschrift, und erscheint letztere deshalb — worin ich mit Neubauer (S. 25) übereinstimme — nicht ausreichend.

Die Commentatoren bemühen sich nun zwar, die Voraussetzungen der Beglaubigung zu präcisiren und sind darüber einig, daß der beglaubigende Beamte die Aechtheit der Unterschrift, die Identität und Geschäftsfähigkeit des Ausstellers zu prüfen habe, und manche vorsichtigen Notare drücken demgemäß das Resultat dieser Prüfung in ihren Beglaubigungsvermerken vollständig aus. Allein wer bürgt dafür, daß das Gesetz nicht dennoch eine weitergehende Prüfung, etwa der Ernstlichkeit des Willens oder der Deutlichkeit der Urkunde voraussetzt? Identität und Geschäftsfähigkeit des Ausstellers mußten auch bei der alten Form der Anerkennung der Unterschrift geprüft werden; ihre ausdrückliche Erwähnung in dem Beglaubigungsvermerke giebt also doch nichts weiter, als Beglaubigung der Unterschrift. „Beglaubigung der Unterschrift" mit der im Absatz 2 des § 33 gewährten Erleichterung wäre aber keine neue Form der Beurkundung, sondern nur eine Vereinfachung der bisherigen Form der Anerkennung der Unterschrift. Wollte der Gesetzgeber blos diese sowohl in den alten Provinzen Preußens als in dem übrigen Staatsgebiete gebräuchliche Form — mit einer gewissen Erleichterung — festhalten, so hätte er sie sicher mit dem alten Ausdrucke bezeichnet, im Gegensatz von „gerichtlich oder notariell aufgenommen" also: (der Unterschrift nach) „anerkannt" statt „beglaubigt" gesetzt. Wenn dem gegenüber geltend gemacht wird, daß die Absicht des Gesetzgebers dahin gegangen, die Formen zu vereinfachen, so kann dies insoweit zugegeben werden, als die neue Form gerade auch bei der von mir vertretenen Ansicht in der That eine einfachere ist, namentlich überflüssiges Schreibwerk spart. Dadurch wird indeß nicht ausgeschlossen, einmal daß diese einfachere Form einen schwereren Inhalt hat, ferner, daß sie gerade ihrer Einfachheit wegen desto strenger beobachtet werden muß.

Sollten einerseits die instrumentirenden Richter und Notare von weitläufigem inhaltsleeren Formelwerk befreit werden, so sollte auch andererseits dem prüfendem Grundbuchrichter, vor Allem aber dem betheiligten Laien die formelle Prüfung erleichtert werden.*)

Dieser doppelten Rücksicht entspricht gerade die Kürze und Knappheit der Form, unbeschadet der dadurch ausgedrückten, vielleicht größeren Verantwortlichkeit der beglaubigenden Beamten.

Indem ich die Form der Beglaubigung im Eingang dieser Erörterung eine wesentlich neue nannte, möchte ich zunächst der Ansicht Neubauers an der schon citirten Stelle entgegentreten, als ob die Gerichte schon nach der Gerichtsordnung Beglaubigungen ertheilt hätten, so daß die Neuerung für sie nur in dem Wegfall des Protokolls zu

*) Anmerkung. Dieser Gesichtspunkt gewinnt an Bedeutung, wenn die von Neubauer im Vorwort ausgesprochene Hoffnung, daß die Leitung der Grundbuchämter künftig Subalternbeamten übertragen werden wird, sich verwirklichen sollte.

finden wäre. Der von ihm angezogene § 26 der allgemeinen Gerichtsordnung Theil II. Tit. 3 beschreibt nur das Verfahren für gerichtliche Anerkennung der Unterschrift, wie § 21 der Notariatsordnung das Verfahren bei notarieller Anerkennung der Unterschrift. Daß aber die neu eingeführte Form etwas Anderes ist, als die bisherige Anerkennung der Unterschrift, habe ich schon ausgeführt.

Die Beglaubigung tritt nun allerdings in der Grundbuchordnung vom 5. Mai 1872 nicht zum ersten Male auf, sondern schon deren Vorläufer, das Hypothekengesetz für Neu-Vorpommern vom 21. März 1868 führt in § 46 neben der gerichtlichen oder notariellen Aufnahme der Anträge die Beglaubigung ein. Dieses Gesetz spricht zwar nur von der Beglaubigung „in Betreff der Unterschrift", würde also scheinbar die von mir bekämpfte Ansicht bestätigen. Allein abgesehen davon, daß schon durch die Weglassung des Zusatzes „in Betreff der Unterschrift" in dem § 33 der Grundbuchordnung der Gegensatz seinen redaktionellen Ausdruck gefunden hat, besteht auch ein sachlicher Unterschied zwischen der Beglaubigung in Neuvorpommern und im Gebiete der Grundbuchordnung vom 5. Mai 1872, der zur Erklärung dafür dienen mag, daß dort nur die Beglaubigung der Unterschrift erfordert wird. Während dort nämlich die leichtere Form der Beglaubigung nur für Gesuche und Vollmachten gegeben ist, gewährt die Grundbuchordnung sie auch für die zu einer Eintragung oder Löschung erforderlichen Urkunden; während nach der Grundbuchordnung nur Richter und Notare die Befugniß zur Beglaubigung haben, ist diese Befugniß für Neuvorpommern in den Städten auch den Bürgermeistern und auf dem Lande andern dazu zu delegirenden Beamten beigelegt. Gerade wegen der Wichtigkeit des Aktes der Beglaubignng hat man von dieser Ausdehnung des Kreises der befähigten Personen in dem späteren Gesetze Abstand genommen.

Ein Spezialgesetz endlich führte noch früher die Form der notariellen Beglaubigung schriftlicher Anträge für einen engeren Kreis von Fällen ein, nämlich für die Uebersendung von Geldern aus den Depositorien an die Empfänger durch die Post. Dieses Gesetz — vom 8. Juli 1865 — schreibt in seinem § 3 die Form der Beglaubigung genau so vor, wie ich sie auch für Grundbuchsachen für die allein richtige halte. Wenn nun zwar § 4 den beglaubigenden Notar nur für die Prüfung der Identität und Dispositionsfähigkeit des Erklärenden und die Richtigkeit der Unterschrift desselben verantwortlich macht, so ist doch zu erwägen, daß diese Anträge auf Geldsendung durch die Post — namentlich im Vergleich mit den Urkuuden des Grundbuch-

Verkehrs — sehr kurz und einfach sind, und daß dennoch der Notar zu einer Prüfung des Inhalts gezwungen ist, um sich zu überzeugen, daß der Antrag gerade diesen Gegenstand betrifft, auch ein Interesse hat, die Hauptsache, nämlich die Höhe des Geldbetrages, genau anzusehen, weil sich das Maaß seiner Gebühren danach richtet.

Weiteren Anhalt für Form und Bedeutung der Beglaubigung geben unsere älteren Gesetze meines Wissens nicht.

Die Motive der jetzigen Grundbuchordnung, soweit sie mir gerade vorliegen, bringen auch nur dürftiges Material für die hier besprochene Frage. Nur gelegentlich des Kostentarifs läßt sich ein Seitenblick auf die Bedeutung der Beglaubigung werfen. Während nämlich die früheren Regierungsvorlagen (cfr. Entwürfe von 1868 und 1869 § 10 Absatz 2 des Kostentarifs) die Aufnahme und Beglaubigung von Anträgen in Grundbuchsachen mit demselben Kostensatze belegen wollten, dem andere Akte freiwilliger Gerichtsbarkeit nach dem Tarif zum Kostengesetze vom 10. Mai 1851 unterliegen, drückte die Commission des Abgeordnetenhauses schon in dem Bericht vom 8. Januar 1870 (Nr. 235 der Drucksachen) den Wunsch aus, das Maximum der Sätze für die erleichterte Form der Beglaubigungen etwa auf 15 Sgr. oder 1 Thlr. zu fixiren und bezog sich dabei auf die gleich hohen Sätze für Beglaubigungen nach dem Gesetze vom 8. Juli 1865 (s. o.). Wenn das Endergebniß nun dahin geht, (§ 8 Nr. 3 des Kostentarifs zur Grundbuchordnung), daß für die Aufnahme und für die Beglaubigung von Anträgen dieselben Kostenansätze, aber höhere als nach dem Gesetz vom 8. Juli 1865, nämlich bis zu einem Maximum von 3 Thlr. 7 Sgr. 6 Pf. vorgeschrieben sind, so könnte man auch hieraus schließen, daß der Gesetzgeber der Beglaubigung eine höhere Bedeutung beilegt, als der bloßen Anerkennung der Unterschriften.*) Dem steht auch nicht entgegen, daß der Kostenansatz hinter dem des §. 18 des alten Tarifs für Anerkennung der Unterschrift zurückbleibt, und zwar — nach den Motiven — weil die jetzige Beglaubigung in Folge des Wegfalls besonderer Protokollaufnahmen geringere Mühwaltung verursacht: denn durch die geringere Mühwaltung in den Formen wird größere Zuverlässigkeit in der Sache nicht ausgeschlossen.

Was endlich am Meisten für die Richtigkeit der von mir vertretenen Ansicht spricht, ist der Entwurf eines Hypothekengesetzes nebst

---

*) John (S. 58) will diese neue Tarif-Position allerdings nur auf Anträge, nicht auf Urkunden beziehen; vergleiche indeß Bahlmann, Anm. 73 c. zu § 33. der Gr.B.O. und Anm. 78 c. zum Kostentarif.

Motiven aus dem Jahre 1864. Hier wird, soweit ich ermittelt, zum ersten Mal diese Form der Beglaubigung vorgeschlagen. Wenn nun auch dieser Entwurf den Factoren der Gesetzgebung gar nicht vorgelegt ist, wenn auch die materiellen Prinzipien des nun Gesetz gewordenen Grundbuchrechts von denen jenes Entwurfs weitaus verschieden sind, so liegt doch kein Grund vor, die Form und Bedeutung der Beglaubigung, die aus jenem Entwurfe beibehalten und in demselben positiv ausgedrückt, im jetzigen Gesetz aber in keiner Weise näher bestimmt ist, jetzt anders zu fassen. Ich lasse deshalb den § 16 des gedachten Gesetz-Entwurfes hier wörtlich folgen:

„Die Beglaubigung hat in dem Fall zu 3. (Beglaubigung durch den Gerichtsvorstand oder Notar) nur mit dem Worte „beglaubigt" unter Beifügung des Orts, Datums, Unterschrift der Beglaubigenden und Beidrückung des Amtssiegels zu geschehen.

Die Beglaubigenden sind aber für die erforderliche Prüfung der Identität und Dispositionsfähigkeit der Erklärenden sowie der Richtigkeit der Unterschriften und der Aechtheit der zu beglaubigenden Anträge verantwortlich."

Nach den Motiven sollte der Kreis der zu Beglaubigungen Berechtigten auf Bürgermeister ꝛc. nicht ausgedehnt werden, weil die Beglaubigenden unter andern sich auch vergewissern sollten, daß die Erklärenden die Anträge selbst wollen, weil sie ferner bei ganz unstatthaften Anträgen im Stande sein sollten, die Erklärenden zu belehren.

Von den Gesetzen betreffend die Einführung der Grundbuchordnung in die davon ursprünglich ausgenommenen Landestheile spricht sich nur das für Neuvorpommern vom 26. Mai 1873 (Ges. S. S. 229) über die Beglaubigung aus. Dieses widerlegt nun allerdings anscheinend meine Ansicht auf das Deutlichste, indem sein § 28 ausdrücklich von „Beglaubigung von Unterschriften" handelt und dabei den § 33 der Grundbuch-Ordnung allegirt. Indeß einmal behält § 28 für den kleinen, in seinem Geschäftsverkehr ziemlich abgeschlossenen Bezirk des Appellationsgerichts in Greifswald auch den schon vorher erwähnten Unterschied bei, daß auch Bürgermeistern und andern amtlichen Personen die Befugniß zur Beglaubigung beigelegt ist, und dann hat das neuere für einen gewissen Bezirk bestimmte Gesetz nicht die Absicht und Kraft einer authentischen Interpretation des älteren für ein größeres Gebiet geltenden Gesetzes. Es ist vielmehr nur ein Zeugniß dafür, wie der Gesetzgeber des Jahres 1873 die fragliche Bestimmung des Gesetzes von 1872 verstanden hat, ein Zeugniß von einer gewissen Autorität, aber nicht von bindender Kraft. Zum Schluß dieser Erörterung fasse ich das Ergebniß derselben dahin zusammen:

1. Für die Beglaubigung nach § 33 der Grundbuch-Ordnung genügt das Wort „Beglaubigt" unter Beifügung von Datum, Unterschrift und Siegel.

2. Wortlaut und Vorgeschichte des Gesetzes sprechen dafür, daß mehr als die Beglaubigung der Unterschrift gefordert wird, obgleich das Gesetz die Voraussetzungen der Beglaubigung nicht näher bestimmt.

3. Nach Satz 2 und, weil je kürzer die Form, desto leichter deren Prüfung, empfiehlt es sich, die Beglaubigung, so wie in Satz 1 angegeben zu fassen, durch Zusätze weder zu beschränken, noch in — möglichenfalls nicht erschöpfender — Weise zu vervollständigen.

4. Welche Prüfung im einzelnen Falle der Beglaubigung voranzugehen hat, bleibt dem Gewissen des beglaubigenden Beamten überlassen.

Nachtrag.

In der Grundsache des Rittergutes E. beantragte der Notar T. verschiedene zusammenhängende Eintragungen auf Grund beglaubigter Urkunden. Die beantragten Eintragungen wurden beanstandet, weil § 33 Gr.B.O. die Beglaubigung der Urkunden uneingeschränkt verlange, nicht bloße Beglaubigung der Unterschrift mit Feststellung anderer beliebig herausgegriffener Momente. Seine darüber geführte Beschwerde wurde durch Bescheid des K. Appellationsgerichts zu Frankfurt a./O. vom 17. April 1874 für begründet erachtet, weil in der Grundbuchordnung weder ein besonderer Begriff noch eine besondere Form festgestellt sei, und deshalb, abgesehen von dem Fortfall des Protokolls und der Zeugen, die bisherigen Vorschriften maaßgebend seien. Danach genüge einerseits die Beglaubigung der Unterschriften, während andererseits die Identität und Verfügungsfähigkeit der Betheiligten nicht blos festzustellen, sondern auch zu beurkunden sei.

Die Urkunden, auf Grund deren die beantragten Eintragungen erfolgen sollten, waren von verschiedenen Notaren in verschiedener Form beglaubigt. Namentlich fehlte in einer von dem Notar H. bewirkten Beglaubigung die vom Appellationsgericht für erforderlich erachtete Beurkundung der Identität und Verfügungsfähigkeit. Die Eintragungen wurden deshalb anderweit beanstandet; der Notar T. führte abermals Beschwerde, wurde aber nun mit derselben kostenpflichtig zurückgewiesen.

Da der Notar H. inzwischen verstorben war, mußte die mangelhafte Beglaubigung vor einem andern Notar nachgeholt werden.

Dieser Fall dürfte lebhaft dafür sprechen, wie nothwendig es ist, daß wenn Praxis und Wissenschaft sich über die Form der Beglaubigung nicht zu einigen vermögen, der Gesetzgeber sie durch authentische Interpretation feststelle. Dennoch waren in diesem Falle blos Zeit und Kosten verloren. Wäre aber statt des Notars der Aussteller der Urkunde verstorben, wäre diese, etwa eine Cession, inzwischen ohne ein Grundbuchamt zu berühren, von Hand zu Hand gegangen:' welche Fülle von Schwierigkeiten böte sich da dem Betheiligten!

Nach der bei Turnau (S. 133. 134) gemachten Zusammenstellung haben die Appellationsgerichte zu Stettin und Posen in den im dritten Bande der Johow'schen Jahrbücher mitgetheilten Verfügungen entgegengesetzt entschieden. Von den Commentatoren scheint nur Werner die ausdrückliche Beurkundung der Identität und Verfügungsfähigkeit für erforderlich zu erachten, während Turnau selbst a. a. O. und nach seinem Citate Achilles und Philler ebenfalls nur die nackte Thatsache der Beglaubigung in den Vermerk aufgenommen wissen wollen.

Auffallend ist es, wie wenig Gebrauch noch von der erleichterten Form der Beglaubigung gemacht wird. Die Notare namentlich sollten es den Parteien schuldig sein, überall da, wo es statthaft, die Anträge und Urkunden zu entwerfen und zu beglaubigen. Denn wenn sie selbst auch mit Rücksicht auf § 11 ihres Gebührengesetzes vom 11. Mai 1851 (Ges. S. S. 651) dieselben Gebühren wie für Aufnahme ansetzen, so werden doch der Stempel zum Notariats-Protokoll und die Zeugengebühren erspart. Statt dessen werden oft, namentlich auch in Berlin, selbst bei Vollziehung fertiger Entwürfe Anerkennungsverhandlungen aufgenommen und dadurch nicht nur ein höherer Gebührensatz, sondern auch Stempel verursacht. Vielleicht hat dieser — zum Nachtheil des Publikums — seltene Gebrauch der Beglaubigung seinen Grund auch in der streitigen Form derselben.

II.

Erfordernisse der Auflassung rücksichtlich der Form, der Zeit und des Orts.

So wichtig für das ganze System des Immobiliar-Rechts die trotz ihrer Ableitung aus dem älteren deutschen Rechte wesentlich neue Form der Auflassung ist, so kurz und knapp sind andrerseits die gesetzlichen Bestimmungen über die Modalitäten derselben. Der ausführenden Praxis, der auslegenden Wissenschaft ist ein großer Spielraum gelassen. Nachfolgende Ausführungen sollen nun lediglich innerhalb der §§ 2 des materiellen Gesetzes und 48 der Grundbuchordnung, ohne auf die Genesis der Auflassungstheorie speciell einzugehen, und mit möglichster Fernhaltung der Fragen des materiellen Rechts, die Auflassung nach den in der Ueberschrift angedeuteten drei Richtungen erörtern:

I. Hinsichtlich der Form verlangt § 2 des Gesetzes über den Eigenthumserwerb die mündlich und gleichzeitig vor dem Grundbuchamt abzugebenden Erklärungen des eingetragenen Eigenthümers, daß er die Eintragung des neuen Erwerbers bewillige, und des letzteren, daß er diese Eintragung beantrage.

§ 48 Gr.B.O. bezeichnet die Thätigkeit des Grundbuchrichters dabei mit dem Ausdruck „Entgegennahme der Auflassungs-Erklärung."

John (S. 3.) erachtet nun — und zwar nicht blos für Auflassungen, sondern für alle bei dem Grundbuchamt mündlich anzubringenden Anträge — die mündliche Erklärung für das Wesentliche, die schriftliche Fixirung derselben für nicht erforderlich, für gleichgültig. Ich schließe mich seinen aus § 2 des Gesetzes gezogenen Folgerungen für die Auflassung an, und lasse es hier dahingestellt, ob dieselben auch für sonstige Anträge zutreffen. John, der sich auf §§ 31. 33 Gr.B.O. stützt, übergeht dabei den dazwischen liegenden § 32:

> „Mündliche Anträge auf Eintragungen oder Löschungen sind von dem Grundbuchrichter aufzunehmen."

Man könnte nun meines Erachtens der von John lediglich aus § 2 des Gesetzes gefolgerten Entbehrlichkeit der schriftlichen Fixirung den Einwand entgegensetzen, daß für formelle Fragen nicht das Eigenthumsgesetz, sondern die Grundbuchordnung sedes materiae sei. Dann könnte es allerdings fraglich erscheinen, ob die §§ 31 ff. Gr. B. O., die als allgemeine Bestimmungen dem Abschnitt von der Eintragung des Eigenthümers vorangestellt sind, nicht auch auf Auflassungen Anwendung finden. Ich verneine indeß diese Frage, weil unter Anträgen einmal blos einseitige Erklärungen zu verstehen sind, dann weil die Auflassung sich aus einer Bewilligungs-Erklärung und einem Antrage zusammensetzt. Darum folgere ich aber für die Auflassungs-Erklärung besonders und zwar aus dem Gegensatz des vorher mitgetheilten § 32 und des § 48 Gr. B. O., daß es der Aufnahme (und darunter verstehe ich allerdings die protokollarische) nicht bedarf, daß vielmehr die (mündliche) Entgegennahme genügt.

Damit betrete ich freilich, obgleich in Beantwortung der vorliegenden Frage mit ihm einig, einen andern Weg als John, der nach dem Grundsatze „in majore et minus" die für die Auflassung gewonnenen Resultate auch für andere mündliche Anträge gelten lassen will, und es mag auffallend erscheinen, daß ich für die soviel wichtigere Auflassung die leichtere Form für zulässig erachte. Allein die praktische Lösung dafür bringt der dritte Absatz des § 48. Wenn, wie dort vorgeschrieben, die Eintragung des Eigenthumsüberganges sich stets sofort — und wo möglich in Gegenwart der Betheiligten — der Auflassung anschließt, so erfolgt ja damit die zuverlässigste Fixirung der mündlichen Erklärung. Dieses Argument trifft aber für andere Anträge, die aus Geschäftshäufung oder weil noch irgend welche Erfordernisse nachzubringen, (was bei der Auflassung wiederum nicht denkbar) wochen- oder monatelang der Eintragung harren, möglicher Weise auch gar nicht zu einer Eintragung führen, nicht zu.

Neubauer (S. 23) findet die John'sche Ansicht „mehr als bedenklich, aber praktisch unschädlich." Letzteres „weil die Interessenten nicht selbst die im Gesetz gebrauchten Ausdrücke vorzubringen pflegen, sondern in der Regel Einer die Absicht des Erscheinens angiebt und der Andere erst auf Befragen die Richtigkeit der Angaben bestätigt." Allein abgesehen davon, daß allmälig die Kenntniß der vorgeschriebenen Worte und ihrer wesentlichen Bedeutung immer mehr in das Volk dringt, so erachtet doch Neubauer selbst (S. 19 Nr. 13) die Worte nicht für unbedingt feierlich, und warum sollte es denn nicht vorkommen, daß ein Grundstücksbesitzer eintritt und auf die Frage des Richters nach seinem Begehr etwa erklärt, daß er sein Grundstück an den Mitanwesenden veräußert habe und denselben als Eigenthümer eintragen lassen wolle, und der Andere sodann wieder auf Befragen des Richters dies auch als sein

Verlangen bestätigt? Die Zwischenfragen des Richters würden die Gültigkeit der Erklärungen nicht in Frage stellen, denn es ist nirgends vorgeschrieben, daß sich dieselben unmittelbar an einander anschließen sollen, wie eine auswendig gelernte Rolle dem Stichwort.

Das „Bedenkliche" soll aber darin liegen, daß mitunter „die Interessenten nach Mittheilung des Inhalts des Grundbuchs von der Auflassung abstehen, was, wenn jene Ansicht richtig wäre, nicht mehr zulässig gewesen." Ich halte dieses Bedenken für unbegründet. Außer den Erklärenden gehört zur Auflassung auch der Grundbuchrichter, der sie, wenn nicht aufzunehmen, so doch entgegenzunehmen hat, und zwar erst nach Prüfung der Sache (§ 48 Gr.=B.=O.). Bei dieser Sachprüfung wird der Richter einmal den Inhalt des Grundbuchs zu prüfen und nach Befinden den Betheiligten mitzutheilen haben, dann aber unter Andern auch auf die Ernstlichkeit des Willens der Betheiligten sehen müssen. Bemerkt er nun dabei, daß nach Kenntnißnahme des Grundbuchblattes beide Theile oder auch nur ein Theil seinen Willen geändert hat, so wird er die Auflassungs=Erklärung nicht entgegennehmen.

Ganz unbedenklich ist dies, wenn beide Theile von der Auflassung abstehen. Steht nur ein Theil ab, so ist dies entweder der Veräußerer, was jedoch selten vorkommen wird, da dieser den Inhalt des Grundbuchs voraussichtlich kennt, oder der Erwerber. Letzterer würde ja aber durch die bloße Auflassung und seine Eintragung als Eigenthümer kaum einen Schaden leiden, die Möglichkeit einer Schädigung für ihn liegt auf der andern Seite des Geschäfts. Ist er hier schon contractlich verpflichtet oder hat er gar vorgeleistet, so wird er durch Annahme der Auflassung in den seltensten Fällen schlechter gestellt; soll aber der Veräußerungsvertrag erst errichtet werden, so fällt mit der Willensübereinstimmung für diesen auch die Auflassung; soll der Erwerber Zug um Zug gegenleisten, Kaufgeld zahlen oder Eintragungen bewilligen, so würde er diese, der Veräußerer dann aber die Auflassung verweigern und der Fall liegt dann wieder so, daß beide von der Auflassung abstehen.

Turnau (S. 130) bezeichnet die Ansicht John's als bis jetzt alleinstehend und geradezu unbegreiflich. Seine Gegenausführung gipfelt — abgesehen von der Berufung auf die Ausführungs=Verfügungen des Ministers und auf die Stellung des Grundbuchrichters als eines Mitgliedes der bisherigen Gerichte, für den die üblichen Formen maaßgebend seien — in der Betonung und Auslegung des Wortes Aufnahme im Gegensatz der „bloßen Entgegennahme mündlicher Erklärungen" und trifft deshalb meine gerade in dieser Beziehung von John abweichende und auf die Auflaſſung beſchränkte Ausführung nicht.

Im Gegentheil ſpricht das bei Turnau angezogene Beiſpiel aus früherer Geſetzgebung ebenfalls für mich. Wie in der Subhaſtations-Ordnung vom 15. März 1869 „gleichſam als ein Aequivalent der fehlenden Unterſchrift der Betheiligten die Zuziehung eines Protokollführers vorgeſchrieben iſt,“ ſo ſoll auch die Auflaſſung ſofort durch Richter und Buchführer im Grundbuch ſelbſt beurkundet werden.

Wenn ich nun auch nach Alledem die mündliche Erklärung der Auflaſſung nach Wort und Abſicht des Geſetzes für genügend, die Protokollirung derſelben für entbehrlich halte, ſo verkenne ich doch keineswegs, daß vielfach praktiſche Rückſichten die Aufnahme einer Auflaſſungsverhandlung zweckmäßig erſcheinen laſſen.

Außer den durch das Geſetz ſelbſt gegebenen Rückſichten des Koſten- und Stempel-Intereſſes, der Angabe des Rechtsgeſchäfts, der Präſentation des Akts, wirkt hier namentlich entſcheidend der Umſtand, daß — dem Willen des Geſetzgebers entgegen — die Eintragung nicht ſtets unmittelbar der Auflaſſung ſich anſchließt. (Siehe Punkt II.) Für letzteren Fall dürfte dann aber doch die von John für genügend erachtete Regiſtratur nicht ausreichen, ſondern eine Urkunde in beweiſender Form nothwendig ſein.

Wird nun einmal eine ſchriftliche Verhandlung aufgenommen, ſo bin ich mit Neubauer (S. 19. Nr. 12) darin einverſtanden, daß Kaufvertrag und Auflaſſung in einer und derſelben Verhandlung verbunden werden können. (A. M. Dalcke in Gruchot Bd. 17. S. 455.)

Sollte die am Schluß folgende Auflaſſung, die zwar ein beſonderes Geſchäft, zugleich aber doch Erfüllung des Kaufvertrages iſt, die obligatoriſche Kraft des Letzteren mindern? Oder ſoll die Eintragung des Eigenthums unwirkſam oder anfechtbar ſein, weil vor der ihr zu Grunde liegenden Auflaſſung noch andere ſachlich damit zuſammenhängende Erklärungen der Betheiligten protokollirt ſind?

Wenn man, wie mir nicht zweifelhaft, dieſe beide Fragen verneinen muß, ſo handelt es ſich nur noch um praktiſch geſchäftliche Rückſichten. Da nun der Grundbuchrichter zur Aufnahme der Akte freiwilliger Gerichtsbarkeit, aus welchen Eintragungen hervorgehen, ein für alle Mal delegirt iſt, da dieſe Akte ebenfalls zu den betreffenden Grundakten gelangen (Allg. Verf. v. 1. Septbr. 1872 Nr. III. u. v. 14. Novbr 1872 S. 12 J.M.Bl. S. 176 302), ſo empfiehlt es ſich entſchieden, zur Erſparung von Richterkraft und Schreibmaterial Vertrag und Auflaſſung in eine Verhandlung zuſammenzufaſſen. Daß die

Auflassung dann mit ausgefertigt wird, erscheint gleichgültig. Ausdrücklich verboten ist dies nicht, sonst könnte man sich durch extraktweise Ausfertigung helfen. Das Bedenken, daß nach Nr. III. der Instruktion vom 1. September 1872 die Ausfertigungen unter der Firma des Kreisgerichts ergehen, wodurch leicht Collisionen zwischen dem Grundbuchrichter und dem etwa von ihm verschiedenen Decernenten oder Dirigenten entstehen könnten (s. Neubauer S. 27. Nr. 5 a.), gilt gleichmäßig auch von andern vom Grundbuchrichter als Gerichtsdeputirten aufgenommenen Akten. Es ließe sich dadurch beseitigen, daß dem Grundbuchrichter auch für die von ihm aufzunehmenden Akte nicht die Stellung eines Deputirten, sondern die eines Commissars (gleich dem Subhastationsrichter) beigelegt würde.

Wie der Kaufvertrag, so können aber auch andere Akte freiwilliger Gerichtsbarkeit oder Anträge in Grundbuchsachen mit der Auflassung verbunden werden.

Der „alte Praktiker" (S. 25. 29. seiner „griesgrämlichen Herzensergießungen") hat nun freilich das Bedenken, daß Eintragungsanträge des neuen Eigenthümers erst nach erfolgter Auflassung statthaft seien; allein für die Eintragung sowohl dinglicher Rechte als auch des Rechts der Hypothek und Grundschuld genügt der Antrag resp. die Bewilligung „des eingetragenen oder seine Eintragung gleichzeitig erlangenden Eigenthümers" (§§ 13. 19 des Ges. Förster S. 159). Gerade für solche Fälle würde es sich also empfehlen, Vertrag und Auflassung zusammenzufassen, da anders eine absolute Gleichzeitigkeit nicht herzustellen ist, und es nicht darauf ankommen zu lassen, ob Erwerber nach vollzogener Auflassung ehrlich genug ist, auch den seine Gegenleistungen bestimmenden Vertrag oder Eintragungsantrag zu vollziehen.

Uebrigens ist es immerhin streitig, mag hier aber unerörtert bleiben, ob sich die Gleichzeitigkeit auf die Ausstellung der Eintragungsbewilligung oder ihre Präsentation oder auf die Eintragung selbst bezieht (siehe Bahlmann Anm. 97 zu § 19 des Gesetzes und den dort citirten Achilles). Gegenüber dieser Controverse bleibt die Aufnahme der Eintragungs-Anträge in die Auflassungsverhandlung der sicherste Weg. Auch dürfte es genügen, wenn Vertrag oder Erbrezeß zu dieser Verhandlung unter ausdrücklicher Hinweisung auf die darin gestellten Anträge überreicht werden.

Die auch noch zur Form der Auflassung gehörige Frage, ob der Grundbuchrichter allein — ohne Mitwirkung des Grundbuchführers — zur Entgegennahme der Auflassung zuständig ist, nehme ich als im bejahenden Sinne ausgetragen an. (John S. 1. Neubauer S. 21 Nr. 19. Dalcke S. 456 a. a. O.)

II. Bezüglich der bei der Auflassung in Betracht kommenden Zeitfragen stellt der letzte Absatz des § 48 Gr.B.O:

„die Eintragung des Eigenthums-Ueberganges muß sich unmittelbar an die Auflassung anschließen"

eine schwere Aufgabe. Zum Glück gesteht schon Förster (S. 89) die Möglichkeit von Ausnahmen, z. B. bei verwickelten Parzellirungen, zu. Bahlmann (Anm. 98 zu diesem §) hält die Vorschrift für „nur instructioneller Art." Neubauer (S. 19 Nr. 14) hält deren genaue Befolgung nicht für ausführbar. Dalcke meint, daß die Ausnahme in der Praxis zur Regel geworden sei (Gruchot Beitr. Bd. 17 S. 462)

Als Ideal muß man sich die Auflassung allerdings so vorstellen, daß nach Meldung der Betheiligten der Richter das Grundbuch aufschlägt, die Sache prüft, die Auflassungserklärung entgegennimmt, die Eintragung noch in Gegenwart der Betheiligten unter Zuziehung des Grundbuchführers bewirkt, etwa in der Art, daß er den Eintragungsvermerk in Form der Verfügung (oder auch als Theil des Auflassungsprotokolls) laut dictirend schreibt, während der Grundbuchführer denselben gleichzeitig einträgt. So gestaltet sich, wie Förster (S. 81) es ausdrückt, die Eintragung als die „befestigende gerichtliche Form" für die Auflassungserklärung. Allein der Richter ist schwerlich in der Lage, diesem Ideal zu Liebe die Betheiligten länger festzuhalten, sobald diese das Ihrige gethan, nämlich ihre Erklärungen abgegeben und sich von der Entgegennahme Seitens des Richters überzeugt haben. Und der Richter wird ferner — ganz abgesehen von verwickelten Parzellirungen — an den sogenannten Anmeldetagen, an denen er dem Publikum nicht blos zu Auflassungen, sondern auch zu andern Akten der freiwilligen Gerichtsbarkeit zugänglich sein soll, es kaum über sich gewinnen, dem Ideal oder auch der Instruction zu Liebe namentlich dann, wenn er eine Auflassungsverhandlung aufgenommen, die folgenden Parteien noch warten zu lassen, bis er die Verfügung abgesetzt hat.

Wesentlich erscheint denn in der That auch nicht die unmittelbare Aufeinanderfolge von Auflassung und Eintragung. Nach § 1 des Gesetzes wird das Eigenthum erworben durch die auf Grund einer Auflassung erfolgte Eintragung. Ist die Eintragung überhaupt erfolgt, so ist das Eigenthum damit erworben, gleichgültig ob sie unmittelbar nach der Auflassung oder vielleicht erst Monate nachher erfolgt ist. Ist aber ein mehr oder minder langer Zeitraum zwischen Auflassung und Eintragung überhaupt denkbar, so ist die Feststellung des Rechtsverhältnisses während dieses Zwischenraumes von in die Augen springender Wichtigkeit.

Grundlegend für die Entscheidung der sich hieran knüpfenden Einzelfragen scheint mir der von Förster (S. 80) dahin präcisirte Satz:

„Die Auflassung und Eintragung sind zusammen ein ungetrennter, ein einheitlicher Rechtsact."

Dieser Satz muß seiner rechtlichen Bedeutung nach festgehalten werden, wenn auch durch äußere Zufälligkeiten der ungetrennte zeitliche Zusammenhang gestört ist. Es beginnt nun der einheitliche Rechtsact der Auflassung und Eintragung mit der Entgegennahme der Auflassung Seitens des Richters, also bei vorheriger Aufnahme eines Protokolls mit dem Abschluß dieses Protokolls. Man wird ohne Widerspruch behaupten können, daß nach Entgegennahme der Auflassung Seitens des Richters die Partheien nicht mehr in der Lage sind, die Eintragung zu verhindern, denn diese ist nun nothwendige Handlung des Richters. Ebensowenig wird der Veräußerer zwischen der entgegengenommenen Auflassung, und der erfolgten Eintragung des neuen Erwerbers andere Verfügungen bei dem Grundbuch treffen können. Daraus ergiebt sich für die Praxis die Nothwendigkeit, um Zweifel hinsichtlich der Zeitfolge zu vermeiden, die Auflassungs-Verhandlungen, falls die Eintragung nicht unmittelbar sich anschließt, zu präsentiren. Letzteres empfiehlt sich auch deshalb, weil der Eintragungsvermerk nur den Tag der Eintragung enthält, durch das Präsentatum aber auch die Stunde, event. noch kürzere Zeitabschnitte, zunächst für die Auflassung (siehe jedoch unten) festgestellt werden.

Wenn nun aber auch durch den am Eingang aufgestellten Satz die Gefahr von Eintragungen zum Nachtheil des neuen Erwerbers nach der Auflassung ausgeschlossen ist, so wird doch bis zur Eintragung des Letzteren der Veräußerer Dritten gegenüber als Eigenthümer gelten und solche von ihm in der Zwischenzeit eingeräumte dingliche Rechte, welche der Eintragung nicht bedürfen (§ 12 Abs. 2 des Ges.) mit Wirksamkeit auch gegen den neuen Erwerber einräumen können (cfr. Bahlmann Anm. 21 zu § 2 des Ges.). Nach der andern Seite bleibt dem bisherigen Eigenthümer die Gefahr, die mit dem Eigenthume übergeht, Mangels einer besonderen Abrede, bis zur Eintragung des neuen Eigenthümers. Jedenfalls übernehmen also die Grundbuchbeamten mit einer Verzögerung der Eintragung eine schwer wiegende Verantwortlichkeit.

Wie schon aus dem Vorstehenden hervorgeht, dehne ich den Grundsatz der Einheit des Actes der Auflassung und Eintragung nicht so weit aus, wie Dernburg, (nach dem Citat bei Bahlmann Anm. 20), daß der Eigenthumsübergang auf die Zeit der vollzogenen Auflassung zurück zu datiren. Dem widerspricht m. E. § 1 des Gesetzes, Inhalts deſſen das Eigenthum durch die (auf Grund einer Auflaſſung erfolgte) Eintragung erworben wird, und die — bei Auflaſſungen ſonſt zweckloſe — Nothwendigkeit, den Tag der Eintragung anzugeben. Dagegen entſteht die Frage, wann iſt die Eintragung für vollendet zu erachten? § 44 Gr.B.O. ſchreibt vor, daß die Einſchreibungen von dem Grundbuchrichter und dem Buchführer zu unterzeichnen. Verſchiedene Bearbeiter der Grundbuchordnung halten dieſe Vorſchrift für inſtructioneller Natur (Bahlmann Anm. 87 c. zu dieſem §. und die dort citirten; ferner Neubauer S. 20 Nr. 15). Mir ſcheint ſie weſentlich insbeſondere deshalb, weil der Eintragung in mehreren Beziehungen eine über das Acceſſorium hinausgehende rechtsbegründende Wirkung beigelegt iſt, die ſie früher nicht hatte, z. B. für den Eigenthums-Uebergang, für die Grundſchuld. Namentlich aber wenn man die protokollariſche Form der Auflaſſung im Einklang mit John und meiner Ausführung zu I. für entbehrlich hält, kann ein nicht unterſchriebener Eintragungsvermerk nicht als gerichtliche Fixirung der Auflaſſung angeſehen werden. Sind hiernach beide Unterſchriften zur Perfection der Eintragung erforderlich, ſo würde ich dennoch die Wirkung der perfect gewordenen Eintragung auf den Augenblick der eigentlichen Einſchreibung durch den Buchführer zurückdatiren, denn in dieſem Augenblick decken ſich Verfügung und Ausführung (§ 43 Gr.B.O. Abſ. 1), Wille und That. Andernfalls müßte, wie der Richter in der Verfügung, ſo auch der Buchführer im Grundbuch den Tag der Einſchreibung, den er doch einzuſchreiben hat, offen laſſen, bis der Richter zur Unterzeichnung des Vermerks erſcheint. Dritten kann durch dieſe Zurückdatirung kein Schaden erwachſen; wenn ſie bei Einſicht des Grundbuchs die — auch vom Richter noch nicht vollzogene — Eintragung geſehen haben, werden ſie auf Gutgläubigkeit kaum noch Anſpruch machen können. Darum wird es aber auch erforderlich ſein, daß der Buchführer den Tag, an welchem er einſchreibt, ſofort einrückt.

III. Wenn § 2 des Geſetzes die Abgabe der Auflaſſungserklärungen vor dem zuſtändigen Grundbuchamt verlangt, ſo iſt damit zunächſt nicht der Ort des Geſchäfts, ſondern die Perſon des Beamten bezeichnet. Weder das Geſetz noch auch § 48 Gr.B.O. ſchließen die Entgegennahme der Auflaſſung an einem andern Orte aus. Ich würde daher auch hier den Satz gelten laſſen, daß, wo ſich der Richter befindet, auch das Gericht iſt, und im Einklange mit Dalcke (Gruchot Beiträge Bd. 17 S. 457), Neubauer (S. 20 Nr. 17) und Turnau (S. 190) annehmen, daß die Auflaſſung auch an anderen Orten als im Geschäftslocal des Grundbuchamts aufgenommen werden kann. Trägt der Grundbuchrichter auf Grund der von ihm auswärts aufgenommenen Auflassung den Erwerber als Eigenthümer ein, so wird Niemand den Eigenthumserwerb mit Erfolg anfechten können.

Allerdings wird nur der Grundbuchrichter, nicht ein von diesem verschiedener Testamentsdeputirter (siehe die „griesgrämlichen Herzensergießungen" S. 35. 36), die Auflassung entgegennehmen können, und auch dieser erst, wenn er nach Prüfung der Sache dafür hält, daß der sofortigen Eintragung als Eigenthümer ein Hinderniß nicht entgegensteht (§ 48 Gr.B.O.). Dazu genügt nicht, daß er sich, wie Turnau (S. 190. 191) verlangt, vorher (d. h. vor Antritt der Reise) aus dem Grundbuch darüber informirt. Ich halte es vielmehr in einem solchen Falle für unerläßlich, daß der Richter den Buchführer und das Grundbuch mit hinausnimmt. Er soll sich überzeugen, daß der sofortigen Eintragung Nichts entgegensteht, dies kann er doch nur durch Einsicht des Grundbuchs unmittelbar vor Entgegennahme der Auflassung. Man setze folgenden Fall: der Grundbuchrichter reist nach Einsicht des Grundbuchs nach einem mehrere Meilen entfernten Ort; inzwischen kommen Partheien und verlangen die Aufnahme eines Actes; der Director bestellt einen Vertreter, dieser nimmt den Act auf und läßt die daraus hervorgehende Eintragung in das Grundbuch bewirken. Oder es geht in Abwesenheit des Richters ein Ersuchen des Prozeßrichters ein und wird vom Buchführer präsentirt. Die hieraus hervorgehenden Weiterungen und Zweifel lassen sich nur vermeiden, wenn Buchführer und Grundbuch mitreisen. Der Mitnahme des Ersteren steht höchstens die Obèr-Rechnungskammer entgegen, welche seine Reisekosten moniren wird; der Mitnahme des Buches die heilige Scheu, ein Grundbuch aus seinem Schrein zu nehmen. Ein ausdrückliches Verbot enthält die Grundbuchordnung nicht; geschützt von beiden Grundbuchbeamten halte ich die Gefährdung des Buchs für geringer als den möglichen Nachtheil des Zuhauselassens.

Neuerdings hat sich Brettner in einer besonderen Abhandlung gegen die Zulässigkeit, Auflassungen extra forum entgegenzunehmen, ausgesprochen (Gruchot Bd. 18 S. 579). Der Haupttheil seiner Ausführungen richtet sich indeß gegen die eben vorgetragenen praktischen Schwierigkeiten, welche meines Erachtens durch Mitnahme des Grundbuchführers und des Grundbuchs wirksam beseitigt werden.

III.

Grundschuldbrief und Zinsquittungsschein als Inhaber-Papiere.

Der Gedanke der selbstständigen Real-Obligation macht einen so tiefen Riß in das dem Juristen von Fach anerzogene Rechtssystem, daß es ihm nicht gelungen ist, die diesem System angehörige accessorische Hypothek zu verdrängen, daß er sich vielmehr bescheiden mußte, als Grundschuld einen Platz neben ihr zu erringen. Einen eben so tiefen Riß in die uns geläufigen Formen des Credits hätte es vielleicht gemacht, wenn die Verkörperung dieser neuen Real-Obligation, der Grundschuldbrief, sich als ebenbürtiges Inhaber-Papier auf dem Markt gedrängt hätte. Mit einer gewissen Schüchternheit widersteht denn auch die Grundbuchgesetzgebung der Versuchung, diesen Weg zu betreten, und knüpft mit ihrer Neuerung an das schon bestehende, freilich höchst fragwürdige Institut der Hypothek des Eigenthümers an. Während nach der Theorie der letzteren die Hypothek nicht bei ihrer Begründung, sondern nur durch gewisse zufällige oder gewollte Begegnungen auf ihrem weiteren Laufe in die Hand des Eigenthümers kommen kann, und in dieser gewissermaßen nur schläft (oder scheintodt ist,) gestattet § 27 des Gesetzes dem Eigenthümer,

> „auf seinen Namen Grundschulden eintragen und sich Grundschuldbriefe ausfertigen zu lassen,"

mit der Wirkung, daß er

> „bei der Vertheilung der Kaufgelder in Folge einer gerichtlichen Zwangsversteigerung die Grundschuld für sich geltend machen kann."

Das Gesetz thut endlich einen Schritt weiter, indem sein § 55 zuläßt, daß

> „Grundschulden ohne Benennung des Erwerbers abgetreten werden (Blankoabtretung)"

und dem Inhaber das Recht beilegt

> „die Blankoabtretung durch einen Namen auszufüllen, die Grundschuld auch ohne diese Ausfüllung abzutreten und die dingliche Klage anzustellen."

Ich bin nun entfernt davon, dem in Blanko abgetretenen Grundschuldbriefe die rechtliche Bedeutung eines Inhaber-Papiers (also z. B. hinsichtlich der Vindikation) beizulegen, halte vielmehr nur dafür, daß das Gesetz auf einem Umwege den Grundschuldbriefen die Verkehrsfähigkeit, d. h. nach einer Richtung hin die wirthschaftliche Bedeutung der Inhaber-Papiere verschafft. Der in Blanko abgetretene Grundschuldbrief wird rechtlich nicht mehr und nicht minder ein Inhaber-Papier als der in Blanko indossirte Wechsel. (Motive der Vorlage von 1868 Drucks. Nr. 85 S. 61).

Er ist zu einem marktgängigen Papier an sich ebenso geeignet, wie dieser; ob er wirthschaftlich als solcher zu betrachten ist, hängt bei dem Einen wie bei dem Andern von Faktoren ab, die sich der juristischen Kritik entziehen, eben weil sie wirthschaftlicher Natur sind. Ein Wechsel mit ersten kaufmännischen Unterschriften ist Gegenstand des Börsenhandels gleich Staatspapieren oder Actien; ein Wechsel von demselben äußeren Ansehen, von derselben rechtlichen Bedeutung, aber nur die Unterschriften Unbekannter tragend, findet nimmer Zugang zur Börse, bleibt schließlich nur Beweisurkunde über eine individuelle Forderung.

Wie beim Wechsel die allgemeine Bekanntschaft und die Güte der darauf stehenden Firmen wirthschaftlich seine Verkehrsfähigkeit bedingt, so würden der Werth des Pfandgrundstücks und die allgemeine Bekanntschaft desselben wesentliche Voraussetzungen für die Verkehrsfähigkeit des Grundschuldbriefes sein.

Letztere Voraussetzung ist nun zwar dadurch gegeben, daß das Grundbuch in Uebereinstimmung mit dem Grundsteuerbuch gesetzt ist, der Werthschätzung also ein allgemein anerkannter Maaßstab zu Grunde gelegt ist. Allein obgleich — bei dem gänzlichen Ausscheiden des persönlichen Schuldverhältnisses — für die Grundschuld dieser im ganzen preußischen Staate gleiche Maaßstab als alleiniger Werthmesser gilt, und obgleich Form und Umfang des Grundschuldbriefes in anerkennenswerther Weise vereinfacht ist, wird doch, wenigstens nach meiner provinziellen Erfahrung, von den Grundschuldbriefen vorerst noch ein verschwindend geringer Gebrauch gemacht, und wo sie verlangt werden, dienen sie meistens entweder dem Schwindel, oder — dem Experiment.*) Es müssen ihnen doch also noch Eigenschaften mangeln, welche für den Verkehr wünschenswerth sind.

---

*) Auch bei den 14 Grundbuchämtern der Stadt Berlin sind im Geschäftsjahre 1873 neben 6689 Hypotheken nur 182 Grundschuldposten eingetragen, worunter nicht ganz der dritte Theil mit Zinsquittungen (J.M.Bl. 1874 S. 50). Die Grundschuld des Regierungs-Entwurfes, als alleinige Form der Hypothek, hätte Eingang finden müssen; die neue Grundschuld neben der alten Hypothek erweist sich in ihrer jetzigen Form als nicht lebensfähig.

Ohne erschöpfend zu sein, möchte ich als solche hervorheben:

a) Abrundung der Stücke auf dem Verkehr geläufige Beträge (100, 500, 1000 Thlr. oder Mark).

b) Leichtere Erkennbarkeit der gewährten Sicherheit. Diese läßt sich ja für den erfahrenen Geschäftsmann leicht berechnen, wenn nicht etwa in der II. Abtheilung Lasten eingetragen sind, die zwar nicht nach Gelde zu schätzen, aber doch geldwerth sind. Es fragt sich, ob man nicht etwa da, wo solche Lasten nicht hinderlich dazwischen stehen, an in die Augen fallender Stelle bemerken könnte:

„Innerhalb des 10 fachen (15 fachen, 20 fachen) Grundsteuer-Reinertrages.“

c) Bestimmung des Fälligkeitstermins in einer von persönlichen Handlungen des Gläubigers und Schuldners unabhängigen Weise („zahlbar Michaelis 1880“) ohne vorherige Kündigung, deren Kundmachung oft beiden Theilen unmöglich sein wird, dem Schuldner, weil er Person und Aufenthalt des jeweiligen Inhabers des Grundschuldbriefes nicht kennt, dem Gläubiger, weil dem dem Grundbuchamt unbekannten Inhaber keine Besitzveränderungs-Nachrichten zugehen.

d) Eine bequeme Einrichtung der Zinsquittungsscheine, deren Wesen und Mängel ich in Folgendem erörtern will.

Ich möchte es der weiteren Erörterung unterstellen, ob es sich empfiehlt, oder welche Bedenken entgegenstehen, unter den angegebenen oder etwaigen anderen Normen dem Grundbesitzer zu gestatten, die Grundschulden gleich für den Inhaber eintragen zu lassen. Da wo die Absicht besteht, ein umlauffähiges Papier zu schaffen, würde der nach dem Gesetz erforderliche Umweg erspart. Es würde ferner erspart ein Theil der Thätigkeit unserer Credit-Institute, die eben darin besteht, die Hypothek fungibel zu machen. Den Credit-Instituten bliebe daneben Raum genug zur wohlthätigen Wirksamkeit: Amortisation, Zins- und Kapitalszahlungsvermittelung u. s. w.

Die Motive fertigen zwar das Bestreben, die Einzel-Hypothek als Inhaber-Papier auszustellen, sehr kurz ab (Nr. 85, S. 59 Nr. 212, S. 74), allein dieselben Gründe, welche gegen dieses Bestreben sprechen, dürften auch gegen die Einführung der Inhaber-Hypothek auf dem Umwege der Blanko-Abtretung sprechen.

Die Beifügung der Zinsquittungsscheine zu den Grundschuldbriefen entspricht deren Verkehrs-Eigenschaft als Inhaber-Papier. Bleibt der Grundschuldbrief in der Hand eines bestimmten Gläubigers, so bedarf es nicht nur nicht der Zinsquittungsscheine, vielmehr gestaltet sich diese Zuthat als eine Unbequemlichkeit, weil der Eigenthümer mit Sicherheit nur gegen Aushändigung der Zinsquittungsscheine Zinsen zahlen kann, und die Scheine bis zum Ablauf der Verjährungsfrist aufbewahren und bei der Löschung zur Vernichtung übergeben muß. (§ 39 des Gesetzes, §§ 95. 115 der Gr. B. O.).

Ich kann mich eben deßhalb der Ansicht Förster's (S. 145), daß die nur facultative Beigabe von Zinsquittungsbogen ein Mangel des Gesetzes sei, nicht anschließen. So lange Grundschulden auf den Inhaber gewissermaaßen nur durch eine Hinterthür Eingang finden, liegt m. E. keine Veranlassung vor, ihnen Zinsscheine mit der Eigenschaft von Inhaber-Papieren von Amtswegen beizugeben.. Sollte dagegen der vorher angeregte Gedanke, Grundschuldbriefe sofort auf den Inhaber lautend auszugeben, gesetzlich verwirklicht werden, so müßten diese allerdings auch mit auf den Inhaber lautenden Zinsscheinen ausgestattet werden. Daß der durch den zweiten Absatz des § 39 Ges. facultativ eingeführte Zinsquittungsschein rechtlich als Inhaber-Papier anzusehen ist, scheint nach dem Wortlaut des Gesetzes, wonach

> „nur der Inhaber des fälligen Zinsquittungsscheins gegen Aushändigung desselben zur Empfangnahme der Zinsen berechtigt ist",

unzweifelhaft. Der Widerspruch, der darin liegt, daß die Mutterurkunde auf einen bestimmten Gläubiger gestellt ist, die Tochterurkunden aber auf den Inhaber, daß die fructus civiles der Grundschuld ihr unreif, als Embryonen, beigegeben werden, um im Augenblick der Reife nicht geerndtet zu werden, sondern einen eigenen selbstständigen Lebenslauf anzufangen: dieser Widerspruch mag sich daraus zur Genüge erklären, daß das Institut der Zinsquittungsscheine dem in sich geschlossenen System des Entwurfs erst durch einen Zusatzantrag des Abgeordneten von Behr beigefügt ist, offenbar im Interesse des Verkehrs.

Es reiht sich hier die Frage an, ob denn die rechtlich als Inhaber-Papiere gekennzeichneten Zinsquittungsscheine wirthschaftlich als solche geeignet sind.

Für das der Grundbuchordnung beigegebene gesetzliche Formular (bei Anlage D.) muß diese Frage verneint werden. Dasselbe lautet:

> „Die am — fälligen Zinsen von der Abth. 3 Nr. 9 in dem Grundbuch von Schlebach Band I. Bl. 1 auf dem Rittergut Schlebach, Kreis Liebstadt, eingetragenen Grundschuld von 5000 Mark sind bezahlt."

Zunächst vermisse ich die Angabe des Zinsbetrages, dessen Einrückung doch dem Grundbuchamt aus den ihm vorliegenden Faktoren des Kapitals, des Zinsfußes und der Zinstermine, keine Schwierigkeit machen würde. Wie soll aber der Zinsschein ohne Angabe seines Geldbetrages seinen mehr oder minder langen selbstständigen Umlauf machen? Welche Bedenken stehen entgegen, ihn in dieser Beziehung ebenso auszustatten als seinen Verwandten, den Zinscoupon? Auf den ferner stehenden Dividendenscheinen fehlt zwar die Angabe des Betrages, allein das liegt bei diesen in der Natur der Sache; außerdem ergiebt jedes Zeitungsblatt, allenfalls eine Erkundigung bei dem ersten besten Banquier die Höhe der für das betreffende Jahr festgestellten Dividende, während über die Höhe des Zinsbetrages nur das Grundbuchamt Auskunft geben kann. Entstehen, was doch zuweilen der Fall, zwischen dem Eigenthümer und dem Hypotheken-Gläubiger Meinungsverschiedenheiten über die Höhe des Zinsfußes, so können diese durch Einsicht des Hypothekenbriefes leicht beseitigt werden; nicht so gegenüber dem Vorzeiger des Zinsquittungsscheines, es sei denn, daß der Eigenthümer eine Abschrift des Grundbuchblattes zur Hand habe. Die Fassung des Formulars entspricht im Uebrigen zwar dem ihm im Gesetz gegebenen Namen: „Zinsquittungsschein." In der That stellt doch aber der Zinsschein ein Zahlungsversprechen dar, wenigstens bedarf es eines solchen resp. der gesonderten Beurkundung desselben. Bei einer etwaigen Revision der Grundbuchgesetze — da das Formular als Anlage des Gesetzes diesem gleich gelten muß — möchte eine Abänderung in diesem Sinne zu erwägen sein. Während durch dieselbe der Zinsschein für die Dauer seines Umlaufs eine seiner Bedeutung entsprechende Fassung erhalten würde, würde statt Quittung die Ausantwortung des Zinsscheins genügen.

Dem Hauptmangel der Zinsquittung wird aber das Gesetz nicht abhelfen können, weil er in der Einrichtung selbst liegt. Dem gesetzlichen Quittungsformular fehlt die Angabe des Zahlungsleistenden, dem von mir gewünschten Zinsversprechen würde ebenso die Angabe des Zahlungspflichtigen fehlen, weil der Anspruch aus der Grundschuld eben ein dinglicher ist. Dadurch fällt aber der eine der von Bahlmann (Anm. 162 § 39 des Ges.) hervorgehobenen Vortheile, daß dem Gläubiger die Einziehung der Zinsen — durch dritte Person, durch Postmandat — erleichtert wird, wenigstens für den vom Inhaber des Grundschuldbriefes verschiedenen Inhaber des Zinsscheines fort. Bei dem gesetzlichen Formular könnte man sich allenfalls durch Addressirung „an die Gutsherrschaft zu Schlebach" helfen; dagegen würde die Post trotz der Vollkommenheit ihrer Einrichtungen wohl Bedenken tragen, einen Brief „an den Eigenthümer des im Grundbuche von N. Band I. Nr. 1 verzeichneten Grundstücks" anzunehmen. Ohne Angabe eines Zahlungspflichtigen oder einer Zahlstelle erscheinen deshalb die Zinsscheine für den Verkehr nicht geeignet.

Bei der Unmöglichkeit gesetzlicher Abhülfe verweist Förster (S. 145) auf den richtigen Weg: „Auch wird der Verkehr," sagt er, „sich selbst durch Einrichtung von Zinszahlungsstellen helfen müssen." Diese Einrichtung von Zinszahlungsstellen, wie sie bei anderen lokalen Papieren, z. B. Kreisobligationen, schon gebräuchlich ist, würde sich der Domicilirung des Wechsels ähnlich gestalten, nur daß der etwa auf die Rückseite zu setzende Vermerk „zahlbar bei ...." die verbindliche Unterschrift des zahlenden Instituts tragen müßte.

Würden hierin einerseits die Hypothekenbanken einen Geschäftszweig finden, so möchte es sich andererseits unseren Kreisvertretungen empfehlen, den Credit der Grundbesitzer ihres Kreises durch Vermittelung der Zinszahlung zu befördern.

Inwiefern diese Institute ihre Thätigkeit auf Bürgschaft für Zinsen und Kapital ausdehnen könnten, in welcher Form dies in naher Verbindung mit den Grundschuldbriefen oder Zinsscheinen zu beurkunden, geht über die Grenzen dieser Erörterung hinaus.

IV.

Praktisches.

1. Die Grundbuchordnung schreibt nur vor, daß die Eintragungen im Grundbuch von dem Grundbuchrichter und dem Buchführer zu unterzeichnen sind. Allein in der Praxis wird wohl fast überall der Richter auch die Einschreibungen in der Tabelle mitunterzeichnen. Ich halte es ferner für sachgemäß und empfehlenswerth, daß der Richter auch den unter die Verfügung zu setzenden Eintragungsvermerk mitvollzieht. Abgesehen davon, daß ja jetzt beide Beamte die Eintragung bewirken, die doppelte Vollziehung des Befolgungs-Vermerks also dem Sachverhältniß entspricht, kann die Unterschrift des Richters zugleich als Controlle für die ihm obliegende Vergleichung dienen.

2. Da die Zuschreibung „als Zubehör" sich durch ihre materiellen Folgen von der blos äußerlichen Verbindung zweier Grundstücke auf demselben Grundbuchblatt unterscheidet, so bedarf es nicht blos der ausdrücklichen Angabe „als Zubehör" im Eintragungsvermerke, sondern es empfiehlt sich auch, diese Worte durch Unterstreichen hervorzuheben.

3. Für Capitalien, welche zinslos oder mit Zinsen unter dem Zinssatz von fünf vom Hundert eingetragen sind, kann der Eigenthümer des Grundstücks einen Zinssatz bis fünf vom Hundert mit der Rangordnung des Capitals eintragen lassen. Da das Gesetz hiernach die Bewilligung der Rangordnung in die Willkür des Eigenthümers stellt, so ist es unbedenklich erforderlich — wird aber doch bei Aufnahme von Urkunden häufig übersehen — bei Bewilligung der Eintragung einer Zinserhöhung ausdrücklich zu erklären, daß die Zinsen mit dem Capital gleiche Rangordnung haben sollen.

4. Da im Zusammenhang mit der vorerwähnten Vorschrift des materiellen Gesetzes nur die Zinssätze über Fünf vom Hundert in den Hypotheken- und Grundschuldbriefen angegeben werden sollen, erscheint es praktisch, um sich gegen ein Uebersehen zu schützen, höhere Zinssätze gleich bei der Eintragung sowohl im Grundbuch als auch in der Tabelle (und zu diesem Behufe auch in der Verfügung) durch Unterstreichen oder sonst in geeigneter Weise hervorzuheben.

5. Die bei Darlehnen von Credit-Instituten üblichen Amortisationszahlungen müssen, damit sie hypothekarisch geltend gemacht werden können, eingetragen werden. Werden dieselben erst nach der Eintragung des Capitals verabredet und ihre Eintragung bewilligt, so erfolgt diese nicht unter neuer Nummer, sondern Spalte Veränderungen zu gleicher Rangordnung mit dem Capital, denn es handelt sich nur um eine Nebenbestimmung hinsichtlich der Fälligkeit des Capitals, durch welche eine Mehrbelastung des Grundstücks nicht eintritt. Amortisationszahlungen sind nicht den Zinsen hinzuzurechnen, wenn sie auch in Zinsform (nach Procenten) und in den Zinsterminen abgeführt werden, auch nicht in die Nachrichten der Hypotheken- und Grundschuldbriefe aufzunehmen.

6. Während früher dem Hypothekenrichter die Verpflichtung oblag, bei Zerstückelungen von Gütern von Amtswegen das sog. Regulativ mit den Realberechtigten zu versuchen, ist es jetzt Sache der Betheiligten, die Entlassungserklärungen der Berechtigten zu beschaffen. Da einerseits die Mitwirkung des Realrichters zur Herstellung eines verbindlichen Vertrages nicht mehr erforderlich, da andererseits der Grundbuchrichter, wenn er einmal die Auflassung entgegengenommen, sofort zur Abschreibung schreitet, haben die Betheiligten Zeit und Veranlassung genug, vor und bis zur Auflassung die Entlassungserklärungen der Gläubiger zu beschaffen. Diese Erklärungen, selbstverständlich in beglaubigter Form, werden zu den Grundacten genommen, die Entlassung dagegen auf den zu diesem Behufe vorzulegenden Hypothekenurkunden und Grundschuldbriefen vermerkt. Offenbar geht die Gr. B. O. bei diesen Vorschriften davon aus, daß die Pfandentlassungen bei der Auflassung vorgelegt werden. Eine Eintragung in das Grundbuch ist deshalb nicht vorgeschrieben und kann in diesem gewöhnlichen Falle um so eher unterbleiben, als nach § 33 des Gesetzes die Trennstücke durch ihre Abschreibung von den Belastungen des Stammgutes frei werden. Hierbei können indeß folgende zweifelhafte Fälle vorkommen:

a) es ist kein Hypothekenbrief gebildet:

Wird keine Veränderung Abth. III. eingetragen (Siehe jedoch zu c.), so bedarf es auch nicht der im § 129 Gr. B. O. vorgeschriebenen nachträglichen Bildung eines Hypothekenbriefes.

Selbst wenn aber ein Vermerk Spalte Veränderungen eingetragen würde, würde ich mich der Meinung derer anschließen, welche den zweiten Absatz des § 129 nicht auf alle Veränderungen beziehen (John S. 76. Turnau S. 585), würde namentlich in diesem Falle die Bildung eines Hypothekenbriefes nicht für erforderlich erachten.

b) es handelt sich um Belastungen, über welche keine Hypothekenbriefe ertheilt werden:

Ein Vermerk auf den Hypothekenurkunden ist nicht möglich; ein Vermerk im Grundbuch selbst ist nicht vorgeschrieben und auch nicht erforderlich, wenn die Abschreibung gleichzeitig erfolgt, da, soweit die betreffenden Rechte überhaupt abtretbar sind, es Sache der Betheiligten ist, sich durch Einsicht des Grundbuchs zu unterrichten.

c) es liegt ein längerer Zwischenraum zwischen der Pfandentlassung und der Abschreibung:

Gehen die Entlassungserklärungen mit den Documenten vor der Auflassung ein, ist diese aber bald zu erwarten, so liegt kaum ein Bedenken vor, Documente und Erklärungen bis zur Auflassung bei den Acten zu behalten. Ist die Auflassung noch weitaussehend, oder drängen die Gläubiger wegen Rückgabe ihrer Documente, so geschieht dem Gesetze Genüge, wenn die Entlassung auf den zurückzugebenden Documenten der Erklärung entsprechend vermerkt, diese aber zur Berücksichtigung bei der Auflassung zurückbehalten wird. Ist nun aber kein Document gebildet (Fall a.) oder die Bildung eines solchen ausgeschlossen (Fall b.), so ist zunächst auch für diese Fälle die Eintragung eines vorläufigen Vermerks bei der betreffenden Post Spalte Veränderungen im Gesetz nicht vorgeschrieben. Die Eintragung könnte, falls zulässig, jedenfalls nur auf besonderen Antrag erfolgen. Ich halte sie aber für unzulässig, weil für die Forderung das ganze Grundstück mit allen seinen zur Zeit der Eintragung nicht abgeschriebenen Theilen haftet und nur die Abschreibung von den Lasten und Schulden befreit (§§ 30. 33 des Gesetzes). Neubauer (S. 42 Nr. 14) erachtet eine andere Verabredung der Contrahenten für statthaft. Sicher, d. h. die Entpfändungserklärung bindet den Aussteller persönlich; die dingliche Wirkung tritt aber erst mit der Abschreibung ein.

7. Werden Hypotheken „ohne Hypothekenbrief" eingetragen, so empfiehlt es sich, wie auch früher an vielen Orten üblich war, diese Worte in den Eintragungsvermerk aufzunehmen. Künftige Zweifel werden dadurch kurz abgeschnitten. Einen Anhalt für die Zulässigkeit derartiger Vermerke bietet § 112 Gr. B. O. Wird später ein Hypothekenbrief gebildet, so muß auch dies eingetragen werden. Ich lasse dann den gegenstandslos gewordenen ersten Vermerk und den neuen roth unterstreichen.

V.

Kosten- und Stempelfragen.

Kosten- und Stempelfragen werden von dem gelehrten Juristen als ein undankbares, unfruchtbares Gebiet behandelt. Selbst die Praxis betrachtet dieses Gebiet als die Domäne des Sportel-Revisors, des Departements-Revisors, des Stempel-Fiskals. Dem entsprechend hat die Weiterentwickelung dieses Rechtsgebietes — von einigen einschneidenden Gesetzen abgesehen — ihre Quelle hauptsächlich in Rescripten des Finanz- und Justizministers. Wenn ich mich nun zum Schluß des vorliegenden Heftchens in dieses Gebiet wage, so mag mir in den Augen meiner Collegen und Leser zur Entschuldigung gereichen, daß ich nicht blos Grundbuchrichter, sondern auch Kassen-Curator bin. Uebrigens beschränke ich mich hier auf solche Fragen, die mit der Grundbuchgesetzgebung eng zusammenhängen. Ich weiß, daß meine Ansichten gerade in den nachstehenden Punkten der herrschenden Praxis der Obergerichte und Regierungen widersprechen; dennoch will ich die Hoffnung nicht aufgeben, einige meiner Leser zu überzeugen. Und sollte man mir de lege lata nicht beitreten können, so führt vielleicht die Schilderung praktischer Mißstände die Hülfe des Gesetzgebers oder der zum Erlaß von Instructionen befugten höchsten Verwaltungsstellen herbei.

1. Die Kosten für Beglaubigung von Urkunden.
(§ 8 Nr. 3 des Kostentarifs zur Gr.B.O.)

Während § 33 Gr.B.O. die neue Form der Beglaubigung für „zu einer Eintragung oder Löschung erforderliche Anträge und Urkunden" einführt, enthält der gleichzeitig gegebene Kostentarif unter H. 3 nur einen Ansatz für „Aufnahme von mündlichen Anträgen" oder „für die gerichtliche Beglaubigung solcher Anträge", übergeht also die im § 33 gleichgestellten Urkunden mit Stillschweigen. Nach diesem Wortlaut des Tarifs nehmen Urkunden an der Wohlthat der billigeren Beglaubigung nicht Theil. Folgt daraus nun aber weiter, wie nach mir vorliegenden Bescheiden das Kammergericht sowohl als das Appellationsgericht zu Frankfurt a. O. annehmen, daß die einfache Beglaubigung nach § 33 Gr.B.O. bei Urkunden dem höheren Satze des § 18 des Kostengesetzes vom 10. Mai 1851 unterliegt? Wenn man die von mir in der ersten Abhandlung dieses Heftes vertheidigte Auffassung der Beglaubigung theilt, daß dieselbe nämlich etwas Anderes sei als die Anerkennung der Unterschrift, so wird man diese Frage verneinen müssen. Dann hätte also das Kostengesetz eine Lücke, wenn man dieselbe nicht mit Bahlmann (S. 217) für einen Redactionsfehler ansehen und nach der muthmaßlichen Absicht des Gesetzgebers dahin ausfüllen will, daß die betreffenden Urkunden wie in der Form, so auch im Kostenpunkt den Anträgen gleichgestellt werden. In der That ist ja in Folge des Wegfalls besonderer Protokoll-Aufnahmen die Mühewaltung des Gerichts bei den neuen Beglaubigungen eine geringere, als bei der Anerkennung der Unterschriften nach dem bisherigen Verfahren, und zwar gleichmäßig bei Anträgen und bei Urkunden, und gerade dieser Umstand ist in den Motiven als Grund für die Einführung des billigeren Kostensatzes aufgestellt.

Die entgegenstehende Praxis beruft sich auf Nr. 8 der Instruction des Justizministers vom 3. Juli 1872. Dieselbe entscheidet jedoch m. E. die vorliegende Frage überhaupt nicht, wenn man nicht schon darin, daß auch sie, sich an die Worte des Tarifs anschmiegend, nur von Anträgen spricht, eine Entscheidung finden will. Sie schließt nämlich die Anwendung des neuen Kostensatzes aus

a) bei Auflassungs-Erklärungen,
   welche nach § 1 des Tarifs mit der Eintragung zugleich abgegolten werden;

b) bei solchen Anträgen, welche keiner Beglaubigung bedürfen,
   denen deshalb die früher eingeräumte Kostenfreiheit auch ferner gewährleistet wird;

c) bei der **Aufnahme** von Handlungen der freiwilligen Gerichtsbarkeit,
   für welche die Sätze des alten Tarifs auch ferner in Anwendung zu bringen sind.

Für die Beglaubigung der unter c. gedachten Acte ist die Anwendung des neuen Kostensatzes nicht ausgeschlossen; der Schluß e contrario für die Anwendbarkeit erscheint also nicht unberechtigt. Der Schlußsatz der Instruction endlich, indem er beiläufig wiederholt den neuen Kostensatz als einen Zusatz zu § 18 des alten Tarifs bezeichnet, folgert daraus nur die Anwendbarkeit der Nebenbestimmungen im § 24 des letzteren, über Stempel, Schreibgebühren und Mehrkosten im Fall der Aufnahme von Verhandlungen außerhalb der Gerichtsstelle. Die Frage nach der Stempelpflicht ist inzwischen vom Gesetzgeber dahin entschieden, daß Beglaubigungen nach § 33 Gr.B.O. stempelfrei sind (§ 2 Nr. 6 des Gesetzes vom 26. März 1873), und zwar ohne zwischen Urkunden und Anträgen zu unterscheiden. Bei der sonst beobachteten Congruenz unserer Stempel- und Kostenvorschriften spricht auch dieser Umstand dafür, daß der Kostensatz H. 3 gleichmäßig auf Anträge und auf Urkunden angewendet werde.

2. Die Verwendung von Naturalstempeln bei den Grundbuchämtern.

Nach der früheren Hypothekengesetzgebung lag der Schwerpunkt in den der Eintragung zu Grunde liegenden Rechtsgeschäften; diese mußten deshalb in urkundlicher Form errichtet werden und war dadurch die Verwendung der Stempel gesichert. Für den heutigen Grundbuchverkehr liegt der Schwerpunkt in den Auflassungen, Eintragungs-Bewilligungen und Anträgen, denen die Urkunden über die zu Grunde liegenden Rechtsgeschäfte theils überhaupt nicht (bei der Grundschuld), theils nicht in beglaubter Form (bei der Hypothekbestellung), theils nach Belieben der Betheiligten (bei der Auflassung) beigelegt werden. Daraus ergiebt sich einerseits die Nothwendigkeit einer besonderen Besteuerung gewisser beim Grundbuchamt anzubringender Anträge, andererseits eine Befreiung von dieser Stempelsteuer für den Fall, daß über die betreffenden Geschäfte stempelpflichtige Urkunden aufgenommen sind. Dies der Hauptzweck des zur Grundbuchordnung ergangenen Stempelgesetzes vom 5. Mai 1872, dessen §§ 14. 15 übrigens Folgendes bestimmen:

„Die Grundbuchämter sind verpflichtet auf die Befolgung der Stempelgesetze in Betreff der bei ihnen vorkommenden Urkunden zu halten und alle bei ihrer Amtsverwaltung zu ihrer Kenntniß kommenden Zuwiderhandlungen gegen die Stempelgesetze von Amtswegen behufs Einleitung des Strafverfahrens zur Anzeige zu bringen.

In Betreff der nach diesem Gesetze zu versteuernden Gegenstände haben die Grundbuchämter außerdem die Nachbringung beziehungsweise Einziehung des etwa fehlenden Stempelbetrages zu veranlassen.

Wegen der verwirkten Stempelstrafe und in allen übrigen Beziehungen kommen die Bestimmungen der Gesetze über den Urkundenstempel auch bei den nach Vorschrift dieses Gesetzes zu versteuernden Gegenständen zur Anwendung."

Die zu diesem Gesetze vom Finanzminister unterm 19. September 1872 erlassene Anweisung verweist unter Nr. 4 auf die bestehenden allgemeinen Bestimmungen, insbesondere auch wegen „der

Nothwendigkeit der Verwendung von Stempelmaterialien beziehungsweise der Einziehung der Stempelbeträge als Gerichtskosten."

Aus der Entstehungsgeschichte des Gesetzes mag hierbei nachgetragen werden, daß, während nach § 16 des Gerichtskostengesetzes vom 10. Mai 1851 der Verbrauch des Stempelpapieres bei den Gerichten aufgehört hatte und die beibehaltenen Stempel wie Gerichtskosten verrechnet wurden, der Entwurf von 1869 die Nachbringung der Stempel beziehungsweise deren Beschaffung für den einzuziehenden Betrag in Aussicht genommen hatte, die Commission des Abgeordnetenhauses aber dieses Verfahren verworfen und deshalb die Worte „beziehungsweise Einziehung" eingeschaltet hat (Drucks. Nr. 252 S. 16). Nach diesem Commissionsbericht ging die Regierung davon aus, daß die Grundbuchämter, wie in Neu-Vorpommern und Schleswig-Holstein, überall von den Gerichten getrennt sein würden, und hatte ferner den Nebengedanken, die seit 1851 verlorene, im Interesse der dringend verlangten Stempelreform nothwendige Uebersicht über die Stempelerträge des Immobiliarverkehrs zu gewinnen. Dem gegenüber hielt die Mehrheit der Commission, so lange die Grundbuchämter im Zusammenhang mit den Gerichten bleiben, an dem Grundsatz des § 16 fest. Für Herbeiführung der statistischen Uebersicht ist inzwischen durch eine bei den Gerichten eingeführte specielle Controlle der verschiedenen Stempel anderweit Fürsorge getroffen (Rescript vom 19. August 1873 J.M.Bl. S. 222).

Hiernach liegt die Sache so, daß die Grundbuchämter, wie früher die Gerichte, zu den von ihnen aufgenommenen Urkunden und Anträgen die Stempel als Gerichtsgebühren in Ansatz bringen, bei den ihnen vorgelegten Urkunden aber auf Beibringung der Naturalstempel zu halten haben. In letzterer Beziehung war allerdings schon früher eine Ausnahme dahin gestattet, daß die Stempelbeträge bei privatschriftlich geschlossenen, aber innerhalb 14 Tagen mit dem Antrage auf gerichtliche Vollziehung eingereichten Verträgen als Gerichtsgebühr verrechnet werden durften (Justiz-Ministerial-Rescript vom 19. März 1858. J.M.Bl. S. 122). Wie schon Eingangs angedeutet, hat aber diese — durch ein neuerdings mit dem Finanzminister anderweit getroffenes Uebereinkommen auf die Fälle der Anerkennung dem Inhalte nach beschränkte (Rescript vom 5. März 1874. J.M.Bl. S. 63) — Ausnahme praktisch ganz und gar an Bedeutung verloren, weil die gerichtliche Vollziehung der Verträge, oder gar die Bekennung zum Inhalt, selbst Ausnahme geworden ist. Ist nun an Stelle der gerichtlichen Vollziehung und der gerichtlichen Aufnahme die für den Grundbuchverkehr wahlweise zugelassene

Form der Beglaubigung (Gr. B. O. § 33) ihrer Kürze und ihrer Billigkeit wegen in den Vordergrund getreten, so erscheint das Verlangen gerechtfertigt, auch bei gerichtlich beglaubigten Verträgen den Ansatz der Stempel als Gerichtsgebühr zu gestatten.

Hinsichtlich der Veräußerungsverträge glaube ich aber noch einen Schritt weiter gehen zu können. Die durch die Gesetze vom 5. Mai 1872 neu eingeführte Auflassung ist nicht blos der wesentliche Faktor für den Eigenthumsübergang der Grundstücke, sondern heilt auch die mangelnde Form des ihr zu Grunde liegenden Rechtsgeschäftes (§ 10 des Ges.), und zwar nach den Motiven mit der Bedeutung, daß der Erwerber nicht etwa blos gegen civilrechtliche Ansprüche aus der formellen Ungültigkeit des Geschäfts geschützt, sondern auch seinerseits dem Veräußerer gegenüber persönlich aus dem bis dahin formell ungültigen Vertrage unbedingt verpflichtet ist. Die Auflassung hat danach in vollem Maaße die Wirkung der gerichtlichen Vollziehung und füglich könnte deshalb auch zu den bei der Auflassung vorgelegten privatschriftlichen Verträgen — selbstverständlich innerhalb der 14tägigen Frist — der etwa fehlende Stempel als Gerichtsgebühr verrechnet werden.

Wer mitten in der Praxis, namentlich bei einem Grundbuchamt in der Provinz, steht, dem werden diese Ausführungen nicht als müßige Principienfragen über an sich gleichgültige Dinge erscheinen. Es handelt sich vielmehr darum, sowohl den Parteien doppelte Gänge und sonstige Weiterungen als auch den Behörden unnütze Arbeit zu sparen. Bei den Gerichten und Grundbuchämtern werden die Stempel gleichzeitig mit den Kosten berechnet, verursachen also dem damit betrauten, in diesem Geschäftskreise erfahrenen Beamten keine besondere Arbeit; die Ansätze unterliegen dann der Revision durch einen dazu speciell befähigten Beamten (den Sportel-Revisor) und schließlich der Superrevision des Richters. Bei den Local-Steuerbehörden beschränken sich die Beamten entweder darauf, den von der unkundigen Partei geforderten Stempelbetrag zu kassiren, oder sie unterwerfen die vorgelegte Urkunde selbst ihrer Prüfung, die aber der Regel nach keine zuverlässige ist, theils weil die Bürgschaft der Revision und Superrevision fehlt, theils und vornehmlich, weil die bisher mit diesen Geschäften nur selten befaßten Beamten weder juristische Befähigung zur Prüfung der oft verwickelten Rechtsgeschäfte, noch auch eine eingehende Kenntniß der zur Anwendung kommenden Stempelvorschriften haben. Von den zahlreichen Belegen hierfür, die mir actenmäßig vorliegen, mögen zwei hier Platz finden. Der Steuereinnehmer einer nahe gelegenen kleinen

Stadt verwendete zu einer Punctation über eine für 1700 Thaler verkaufte Wiese nur 15 Groschen Stempel und blieb dabei, obgleich den Betheiligten dies zu wenig erschien, „weil er zu einer Punctation nicht mehr als 15 Groschen Stempel nehmen dürfte." Ein Berliner Stempel-Distributeur, dem wohl viel Miethsverträge, aber wohl kaum je Grundstücks-Kaufverträge vorkommen mögen, verwendete zu einem solchen statt 29 Thaler 10 Groschen nur 8 Thaler 15 Groschen Stempel. Der Steuereinnehmer meines Amtssitzes hilft sich dadurch, daß er die Parteien erst an das Grundbuchamt weist, um sich den Stempelbetrag dort berechnen zu lassen. Abgesehen davon, daß dieser Gefälligkeitsdienst — gewöhnlich an den lebhaftesten Geschäftstagen — den Gerichtsbeamten Zeit raubt, ist solcher Ausweg doch blos am Sitze eines Grundbuchamts möglich. Die von den Steuerbehörden gemachten Fehler finden ihre Berichtigung nun allerdings nach den Eingangs mitgetheilten Vorschriften des Stempelgesetzes: die Arbeit des Steueramtes ist dann unnütz gewesen, die Arbeit des Grundbuchamts aber größer, als wenn es Kosten und Stempel in derselben Weise berechnete und erhöbe. Während die Kosten zum Soll gestellt und durch die gewöhnlichen Kassen-Operationen eingezogen werden, wird der fehlende Stempel in Natur durch besondere Verfügung eingefordert, der Eingang durch Actenvorlegung controllirt, der eingegangene Stempel kassirt, wegen des nicht eingegangenen Execution verfügt. Dabei wird das Vertrauen des Publikums geschädigt, das seine Schuldigkeit gethan zu haben glaubt, wenn es die steuerpflichtigen Gegenstände behufs der Versteuerung einer Staatsstelle vorgelegt hat, und dann durch eine Nachforderung von einer anderen Staatsstelle überrascht wird.

Meines Erachtens erfordert es das Verkehrsinteresse und die Stellung der Staatsbehörden zu einander und dem Publikum gegenüber, die *Grundbuchämter zu ermächtigen, daß sie von allen bei ihnen vorkommenden Urkunden die Stempel als Gerichtsgebühr berechnen.* Nach dem oben mitgetheilten neueren Uebereinkommen der beiden betheiligten Minister hat an entscheidender Stelle allerdings die entgegengesetzte Richtung gesiegt.

3. Werthsangabe, Ermittelung und Beanstandung bei Auflassungen.

Nach der bisherigen Gesetzgebung mußte behufs Eintragung des Eigenthümers die Erwerbsurkunde in beglaubter Form beigebracht werden. Diese Urkunde — als der eigentliche Veräußerungsact — unterlag dem Werthstempel und die Verwendung desselben wurde durch die Nothwendigkeit der Vorlegung der Urkunde sicher controllirt. Ist nun auch der Werthstempel der dem Eigenthumserwerb zu Grunde liegenden Verträge unverändert beibehalten, so geht doch einerseits das Eigenthum erst durch die auf Grund der Auflassung erfolgende Eintragung über (§ 1 des Gesetzes), und ist andererseits die Vorlegung der das Veräußerungsgeschäft enthaltenden Urkunden in die Willkür der Betheiligten gestellt (Gr.B.O. § 48 Abs. 2), die nicht einmal gezwungen sind, einen schriftlichen Vertrag zu errichten. Diesen Aenderungen des materiellen und formellen Rechtes gegenüber erforderte einerseits das fiscalische Interesse, daß der Werthstempel von der Auflassung erhoben wird (§ 1 des Stempelges.), während andererseits die Betheiligten gegen doppelte Stempelerhebung, zur Auflassung und zum Veräußerungsvertrage, geschützt werden mußten (§§ 2. 12 des Stempelges.). Da hiernach der Fall, wo ein schriftlicher Vertrag geschlossen ist und von den Betheiligten vorgelegt wird, auch ferner nach dem alten Stempelgesetz behandelt wird (siehe auch die vorhergehende Erörterung), soll hier nur das Verfahren bei solchen Auflassungen besprochen werden, bei denen die Betheiligten den Veräußerungs-Vertrag weder vorlegen noch nachbringen.

In diesem Fall nun verpflichtet das Gesetz den Veräußerer sowohl als den Erwerber, den Werth anzugeben. Diese Werthsangabe wird Seitens des Grundbuchamts erfordert, und zwar entweder von beiden Betheiligten, oder nach Beschaffenheit der Umstände nur von einem oder dem anderen Theile. Die Unterlassung der Werthsangabe hat nur die Folge, daß der Säumige die Kosten der dann eintretenden amtlichen Werthsermittelung zu tragen hat (§ 3 des Gesetzes, Nr. 7 a. b. der Anweisung). Erfolgt dagegen die Werthsangabe binnen der gestellten Frist von beiden Theilen übereinstimmend, oder ist sie nur von einem Theile gefordert und erstattet, so wird der Stempel zur Auflassung nach dieser Werthangabe berechnet. Das Gesetz macht nur zwei Ausnahmen:

a. eine absolute:

Es darf kein geringerer Werth angegeben werden, als der Betrag der von dem Erwerber übernommenen Lasten und Leistungen mit Einschluß des Preises und der vorbehaltenen Nutzungen.

Die Angabe eines geringeren Werthes wird als Stempelsteuerdefraudation geahndet (§ 4 des Stempelges.).

Die Anwendung dieser Vorschrift setzt den Nachweis der getroffenen Verabredungen voraus, welcher, wenn die Betheiligten diese nicht vorlegen, in der Regel erst im Untersuchungsverfahren wird geführt werden

zwar die Analogie der der Subhastationsordnung zu Grunde liegenden Werthsannahmen, doch steht ihm die anerkannte Thatsache entgegen, daß Gebäude auf dem Lande in der Regel keinen Ertrag bringen, ihre Erhaltung vielmehr nur als Last in Ansatz kommt. Man mag über diese Einzelfrage streiten. Allein der Gedanke tritt dabei nahe, ob es sich nicht empfiehlt, ehe man starre Principien in jedem Regierungsbezirk groß werden läßt, durch das Gesetz einen Minimalwerth festzusetzen, der bei jeder Veräußerung versteuert werden muß, falls nicht die Erwerbsurkunde vorgelegt wird. Bei der Beziehung der Grundbücher zu den Steuerbüchern wird es sich von selbst ergeben, daß dieser Minimalwerth nur in einem Vielfachen des Reinertrages beziehungsweise Nutzungswerthes bestehen kann.

Verschieden von dem Fall der Werthsangabe und deren Beanstandung gestaltet sich die Werthsermittelung, welche eintritt, wenn die Betheiligten die Werthsangabe verweigern. Die Werthsermittelung, die Festsetzung des Stempelbetrages und die Einziehung desselben liegt in diesen Fällen dem Grundbuchamte ob (§§ 3. 7 des Gesetzes, Nr. 7 Abs. 1. und b. der Anweisung). Abgesehen davon, daß der gemeine Werth des Gegenstandes zur Zeit des Eigenthumswechsels ermittelt werden soll, sind Vorschriften über die Art und das Verfahren der Ermittelung nicht gegeben. Aus den Motiven ergiebt sich, daß eine besondere Abschätzung zu diesem Behufe nicht erforderlich ist, daß vielmehr frühere Erwerbspreise und Schätzungen und die Steuer-Veranlagung als Grundlage der Ermittelung dienen können. Den Steuerbehörden räumt weder das Gesetz noch die Anweisung eine besondere Einwirkung auf diese Fälle der grundbuchamtlichen Werthsermittelung ein. Wenn diese dennoch von den Regierungen beansprucht wird, so kann sie sich nur auf die allgemeine Aufsicht über das Stempelwesen gründen, welche sonst den Gerichten gegenüber durch die periodischen Revisionen des Stempel-Fiscals geübt wird, bezüglich der Auflassungen nun aber durch die Mittheilungen aus dem Tagebuch des Grundbuchführers erleichtert wird. Je sorgfältiger das Grundbuchamt verfährt, desto mehr Stoff zur Beanstandung geben seine Mittheilungen der Regierung. Es entsteht dadurch ein Verkehr zwischen Letzterer und dem Grundbuchamt, der viel Schreibwerk verursacht, dessen Ergebnisse für die Betheiligten und für die Stellung der Staatsbehörden zu einander den in der vorigen Erörterung geschilderten ähnlich sind.

Es scheint deshalb auch von diesem Gesichtspunct aus dringend wünschenswerth, das ganze Immobiliar-Stempel-Wesen entweder in eine Hand zu legen, sei es in die der Regierungen oder der Grundbuchämter, oder es unter beiden sachlich der Art zu theilen, daß da, wo es auf juristische Beurtheilung ankommt, also bei Vorlegung der Erwerbsurkunden, die Grundbuchämter, da, wo es auf Werthsangabe oder Werthsermittelung ankommt, die Steuerbehörden unter Aufsicht der Regierungen den Stempel erheben. Die dazu erforderlichen Mittheilungen würden ihnen natürlich von den Grundbuchämtern zu machen sein.

Druck von Troitzsch & Ostertag in Berlin, Kommandantenstr. 44a.

Drei Fragen

aus dem

Preußischen Grundbuchrecht

nach den

Gesetzen vom 5. Mai 1872.

Von

Max Schultzenstein,
Kreisrichter.

Berlin, 1876.
Verlag von J. Guttentag (D. Collin).

Vorwort.

Zu der nachstehenden Abhandlung ist der Unterzeichnete durch Zweifel, welche ihm in der Praxis über den ersten Satz des §. 44 der Grundbuchordnung entstanden und die Erkenntniß, daß diese Zweifel sich ohne Feststellung des Zeitpunkts, von welchem ab die Einschreibungen im Grundbuch ihre Wirkungen äußern, nicht in befriedigender Weise lösen ließen, veranlaßt worden. Er übergiebt das Resultat seiner Untersuchungen der Oeffentlichkeit in der Hoffnung, dadurch zu weiterer Forschung anzuregen und mit der Bitte, die Mängel der Arbeit zum Theil wenigstens damit entschuldigen zu wollen, daß er an seinem Wohnort ganz allein auf sich angewiesen ist und ebenso jeden kollegialischen Verkehr wie alle litterarischen Hülfsmittel entbehrt.

Trebbin im April 1876.

Max Schultzenstein.

Inhalt.

Erklärung der Abkürzungen.

E. E. G. = Gesetz über den Eigenthumserwerb und die dingliche Belastung der Grundstücke, Bergwerke und selbständigen Gerechtigkeiten vom 5. Mai 1872.

G. B. O. = Grundbuch-Ordnung vom 5. Mai 1872.

Achilles = Achilles: Die Preußischen Gesetze über Grundeigenthum und Hypothekenrecht vom 5. Mai 1872. 2. Ausgabe 1873.

Bahlmann = Bahlmann: Das Preußische Grundbuchrecht. 2. Ausgabe 1873.

Bähr, Gesetzentwürfe = Bähr: Die Preußischen Gesetzentwürfe über die Rechte am Grundvermögen 1870. Auch in den Jahrbüchern für die Dogmatik des heutigen römischen und deutschen Privatrechts von Jhering und Unger Bd. XI Heft 1.

Behrend, Zeitschrift = Zeitschrift für Gesetzgebung und Rechtspflege in Preußen, später unter dem Titel: Zeitschrift für die deutsche Gesetzgebung und für einheitliches deutsches Recht, begründet von Hinschius, später herausgegeben von Behrend, zuletzt von Behrend und Dahn.

Dernburg = Dernburg: Lehrbuch des Preußischen Privatrechts Bd. I 1875.

Förster, Grundbuchrecht = Förster: Preußisches Grundbuchrecht 1872.

Förster, Privatrecht = Förster: Theorie und Praxis des heutigen gemeinen Preußischen Privatrechts. 3. Auflage Bd. I 1873, Bd. III 1874.

Gruchot Beiträge = Beiträge zur Erläuterung des Preußischen (jetzt des Deutschen) Rechts, herausgegeben von Gruchot.

Heidenfeld = Heidenfeld: Das Preußische Immobiliarrecht nach den Gesetzen vom 5. Mai 1872. 1873. Im Wesentlichen unveränderter Abdruck der unter gleichem Titel in der Juristischen Wochenschrift, Organ des deutschen Anwalt-Vereins in den Jahrgängen 1872 und 1873 erschienenen Arbeit.

Johow, Jahrbuch = Jahrbuch für endgültige Entscheidungen der Preußischen Appellationsgerichte, redigirt und herausgegeben von Johow.

Koch Kommentar = Koch: Allgemeines Landrecht für die Preußischen Staaten mit Kommentar in Anmerkungen. 5/4. Auflage Thl. I Bd. 1 u. 2. 1870.

Koch-Achilles = Die Bestimmungen des Allgemeinen Landrechts Thl. I Titel 19 und 20. Separatabdruck aus der 6/5. Ausgabe des Koch'schen Landrechts, herausgegeben von Achilles 1875.

v. Meibom, Hypothekenrecht = v. Meibom: Das Mecklenburgische Hypothekenrecht 1871.

Turnau = Turnau: Die Grundbuch-Ordnung vom 5. Mai 1872. 1874. Nachtragsheft von 1876.

Werner = Werner: Die Preußischen Grundbuch- und Hypotheken-Gesetze vom 5. Mai 1872 Thl. I: Die Gesetze und Ausführungs-Verfügungen. Thl. II: Materialien. 1872.

I.

Die Einschreibungen im Grundbuch haben ebenso wichtige als verschiedenartige Wirkungen. Soweit sie aus der Verbindung des Grundbuchs mit dem Kataster hervorgehen oder die Bezeichnung und Eigenschaft des Grundstücks, den Erwerbspreis und Erwerbsgrund oder eine Taxe oder die Feuerversicherungssumme betreffen, stellen sie im Interesse des Realkredits die Identität und Individualität des Grundstücks fest und erleichtern die Beurtheilung seines Werths und seiner Sicherheit. Auf dem Gebiet des Eigenthumsrechts übertragen sie bei freiwilliger Veräußerung das Eigenthum, außerhalb derselben verschaffen sie dem Eigenthümer das Recht der Auflassung und Belastung des Grundstücks und bringen Dritten gegenüber das Eigenthum zur öffentlichen Kenntniß; in dem einen wie in dem andern Falle sichern sie außerdem den als Eigenthümer Eingetragenen gegen Ersitzung und begründen für ihn das Recht und die Pflicht, als Eigenthümer des Grundstücks klagen zu können und sich verklagen zu lassen. Als Zuschreibungen bringen sie verschiedene Grundstücke in dauernde rechtliche Verbindung mit einander und beseitigen als Abschreibungen die bestehende Gemeinschaftlichkeit der Rechtsverhältnisse.

In der zweiten und dritten Abtheilung des Grundbuchs geben die Einschreibungen den dinglichen Rechten an fremden Grundstücken Wirksamkeit gegen Dritte und bringen die Hypotheken und Grundschulden zur Existenz, indem sie gleichzeitig sowohl bei den ersteren als bei den letzteren den an einer frühern Stelle bezw. zu einer frühern Zeit eingetragenen Rechten den Vorzug vor den an späterer Stelle oder zu späterer Zeit eingetragenen verleihen und die Berechtigten in derselben Weise, wie beim Eigenthümer der Fall ist, vor dem Verlust des Rechts durch Verjährung und vor der Ersitzung eines entgegenstehenden Rechts schützen, auch bewirken, daß denselben von allen sie interessirenden Veränderungen in der Rechtslage des Grundstücks durch das Grundbuchamt

Kenntniß gegeben wird. Abtretungen, Vererbungen und Verpfändungen eingetragener Rechte bekleiden sie mit öffentlichem Glauben und begründen für den Erwerber die dingliche Klage gegen den Eigenthümer; andere Veränderungen, wie die Einräumung von Vorrechten machen sie gegen jeden Dritten wirksam. In der Form von Vormerkungen, Beschränkungen (Arresten) und Vermerken sichern sie das Recht auf Auflassung oder Eintragung des Eigenthums gegen Belastungen des Grundstücks und sonstige den Erwerb desselben, sei es des ganzen oder eines Theils, gefährdende Verfügungen seitens des als Eigenthümer Eingetragenen, erhalten demjenigen, der ein Recht auf Eintragung eines dinglichen Rechts am Grundstück, einer Hypothek oder einer Grundschuld hat, für die endgültige Eintragung die Stelle in der Reihenfolge der Eintragungen, bewahren den dinglichen Anspruch auf rückständige Leistungen von persönlichen unvererblichen Einschränkungen des Eigenthums vor verfrühter Löschung (§. 102 G. B. O.), sichern die dem Eigenthümer gegen den eingetragenen Gläubiger zustehenden Einreden und damit das Eigenthum selbst (§. 60 E. E. G. §. 88 Abs. 2 G. B. O.), hindern den Eigenthümer oder den Gläubiger in mehr oder minder weitem Umfange an der freien Ausübung ihrer Rechte oder bringen gewisse Ereignisse wie die Einleitung einer Subhastation, eines Konkurses, einer Gemeinheitstheilung, die Ausstellung einer neuen Urkunde an Stelle einer abhanden gekommenen und für kraftlos erklärten u. s. w. behufs Beachtung und Warnung im Interesse aller Betheiligten zur öffentlichen Kenntniß. Als Löschungen endlich heben sie frühere Eintragungen wieder auf.

Die Wirkungen der Einschreibungen sind hiernach theils blos beurkundend theils rechtbegründend, rechterhaltend und rechtverändernd theils rechtvernichtend [1]).

Es entsteht dabei die Frage, von welchem Zeitpunkt ab diese Wirkungen eintreten. Dieselbe ist nur bei den blos beurkundenden Einschreibungen von geringerer Bedeutung, bei allen andern aber in gleicher Weise sowohl von theoretischem wie praktischem Interesse. Sie wird namentlich dann wichtig, wenn eingeschriebene Rechte unter einander oder mit andern Rechten in Kollision gerathen. Von ihr hängt es z. B. ab, ob und in welcher Weise der als Eigenthümer Eingetragene von einem über seinen Verkäufer ausbrechenden Konkurse betroffen wird (§. 15 ff. der Konkurs-Ordnung vom 8. Mai 1855), welche Hypothekenrechte als

1) v. Meibom, Hypothekenrecht §. 10 S. 83; Förster, Grundbuchrecht S. 64 u. 65 und Privatrecht Bd. I §. 23 S. 131.

vor der Konkurseröffnung erlangt angesehen und deshalb andern Gläubigern gegenüber unbeschränkt geltend gemacht werden können (§. 10 daselbst), an wen bei der Subhastation wegen einer Realforderung die Behändigung der Klage erfolgt sein muß, um für eine an den zur Zeit, als die Forderung rechtshängig wurde, eingetragenen Eigenthümer geschehene zu gelten und die Subhastation auch gegen den neuen Erwerber zur Folge zu haben (§. 6 Abs. 2 der Subhastations-Ordnung vom 15. März 1869 und §. 44 E. E. G.), ob die gegen einen nicht eingetragenen Eigenthümer angefangene Ersitzung durch die nachträgliche Eintragung desselben noch rechtzeitig unterbrochen worden oder bereits zur Zeit der Eintragung vollendet gewesen ist und dergleichen mehr.

Eine ausdrückliche allgemeine Bestimmung über den Anfangszeitpunkt der Wirkungen der Einschreibungen ist in den Gesetzen vom 5. Mai 1872 nicht enthalten. Es war eine solche zwar von Kurlbaum[2]) wenigstens für die Fälle, wo es sich um die Entstehung eines Rechts durch die Eintragung handelt, also für die rechtbegründenden Einschreibungen und zwar dahin empfohlen worden, daß die Wirkung der Eintragung auf den Zeitpunkt zurückbezogen würde, in welchem der Antrag auf deren Vornahme bei dem Grundbuchamt eingegangen ist. Der Vorschlag hat aber keine Beachtung gefunden.

An sich sind fünf verschiedene Zeitpunkte denkbar, von welchen ab die Einschreibungen ihre Wirkungen äußern könnten. Erstens derjenige, an welchem der Antrag, in Folge dessen demnächst die Einschreibung erfolgt ist, beim Grundbuchamt eingegangen ist, welchem Zeitpunkt im Fall eines Ersuchens und bei von dem Grundbuchamt selbst aufgenommenen Anträgen sowie der Eintragung des Eigenthums auf Grund einer vorherigen Auflassung die Zeit des Abschlusses der den Antrag bezw. die Auflassung enthaltenden Verhandlung entsprechen würde. Zweitens derjenige, wo der Antrag, das Ersuchen bezw. die Verhandlung und die etwa beiliegenden Urkunden in Gemäßheit des §. 42 G. B. O. vom Grundbuchrichter oder Buchführer mit dem Zeitpunkt des Eingangs bezeichnet worden sind. Ferner derjenige, wo der Grundbuchrichter die die Einschreibung anordnende Verfügung erlassen hat. Sodann derjenige, wo die verfügte Einschreibung im Grundbuch ausgeführt worden ist. Endlich derjenige, wo die nach §. 57, 121, 122 und 123 G. B. O. zu gebenden

---

[2]) Die Preußischen Gesetzentwürfe über Grundeigenthum und Hypothekenrecht in Behrend, Zeitschrift Bd. III (1869) Nr. XXVIII S. 739 a. E. und 740. Vgl. hierzu Ziebarth: Die Reform des Grundbuchrechts (1870) §. XIV S. 53.

Benachrichtigungen von der Einschreibung den betreffenden Betheiligten oder Behörden zugestellt worden sind.

Speziell bei Hypotheken und Grundschulden kommen mit Rücksicht darauf, daß bei diesen über die Eintragungen nicht blos Benachrichtigungen ergehen, sondern förmliche Urkunden in Gestalt von Hypotheken- und Grundschuldbriefen gebildet werden können oder müssen, welche von dem Grundbuchamte nicht den Gläubigern sondern dem Eigenthümer des Grundstücks oder der Behörde, welche die Eintragung nachgesucht hat, eingehändigt werden, noch drei weitere Momente in Betracht, nämlich die Zeit, wo der Hypotheken- oder Grundschuldbrief ausgefertigt worden ist, die, wo er von dem Grundbuchamt dem Eigenthümer bezw. der Behörde zugestellt worden ist und diejenige, wo die Behörde oder der Eigenthümer ihn ihrerseits dem Gläubiger ausgehändigt haben.

Von allen diesen Zeitpunkten liegen nur zwei und zwar der zuerst erwähnte des Eingangs der Anträge auf Einschreibung und der zuletzt gedachte der Aushändigung des Hypotheken- oder Grundschuldbriefs seitens des Eigenthümers an den Gläubiger innerhalb der Machtsphäre der Betheiligten. Alle übrigen sind dem Willen derselben entzogen und haben den Parteien gegenüber mehr oder weniger den Charakter von Zufälligkeiten, indem sie theils von dem Willen der Grundbuchbeamten, deren Fleiß und Fähigkeiten theils sogar von Umständen, welche auch nicht einmal in dem Willen der letztern liegen, wie den bestehenden Geschäftseinrichtungen, dem Einfallen von Sonn-, Fest- und Ferien-Tagen u. dgl. abhängig sind.

Anlangend zunächst die Zeit, wo der Grundbuchrichter oder der Buchführer die eingegangenen Anträge und Urkunden mit dem Zeitpunkt des Eingangs bezeichnen, so hat dieses Präsentiren lediglich den Zweck, den in mehrfacher Beziehung wichtigen Zeitpunkt des Eingangs in beweisender Form festzustellen. Es kann natürlich erst nach dem Eingang des Antrags erfolgen und hat thunlichst bald nach demselben stattzufinden. Im übrigen ist aber die Zeit, wann es geschieht, ganz gleichgültig und kann deshalb keinen Einfluß auf den Beginn der Wirksamkeit der Einschreibungen haben.

Dasselbe gilt unzweifelhaft von der Zeit, wo die die Einschreibung anordnende Verfügung vom Grundbuchrichter erlassen worden ist. Denn gerichtliche Verfügungen und Entscheidungen sind, so lange sie nicht durch Verkündigung oder Aushändigung an die Interessenten aus dem innern Gerichtsbereich herausgetreten und zu äußerlich erkennbarem Dasein gelangt sind, lediglich interna des Gerichts. Sie geben weder Rechte noch

Pflichten, haben überhaupt noch keine rechtliche Bedeutung und Wirkung, sind vielmehr nur als Entwürfe zu betrachten, welche jeder Zeit ohne Weiteres abgeändert und selbst ganz zurückgenommen werden können[3]). Auch die Einschreibungs=Verfügung ist weiter nichts als eine Anweisung des Grundbuchrichters an den Buchführer, die, bis sie von diesem ausgeführt worden, der beliebigen Aenderung und Aufhebung unterliegt. Sie stellt sich, für sich allein betrachtet, als eine auf den Kreis des Grundbuchamts beschränkte Maßregel dar und äußert über denselben hinaus keine Wirkungen[4]).

Ebenso unbedenklich wird dann auch noch der Zeitpunkt der Zustellung der Benachrichtigungen auszuscheiden sein. Diese Benachrichtigungen sind, weil es eben bloße Benachrichtigungen sind, überhaupt nicht wesentlich[5]). Die Einschreibungen sind und bleiben wirksam, selbst wenn die Benachrichtigungen nicht erfolgt sein sollten und können die letztern daher auch nicht durch die Zeit, wo sie erfolgt sind, einen bestimmenden Einfluß auf jene Wirksamkeit und deren Beginn ausüben. Im entgegengesetzten Falle würde außerdem, da über eine Einschreibung fast immer mehrere Benachrichtigungen ergehen und die Zustellung dieser sämmtlichen Benachrichtigungen kaum jemals zu gleicher Zeit stattfinden wird, die Einschreibung den verschiedenen Betheiligten gegenüber zu verschiedenen Zeiten zu wirken anfangen, ein Resultat, welches mit dem Wesen der Dinglichkeit, mit der man es auf dem Gebiet des Grundbuchrechts zu thun hat und die ihrem Begriff nach einem Jeden gegenüber in gleicher Weise und von dem gleichen Moment ab vorhanden sein muß, in di=

---

[3]) Erkenntnisse des Ober=Tribunals vom 25. Februar 1843 (Entsch. Bd. 8 Nr. 21 S. 388—390), 7. Oktober 1862 (Arch. Bd. 46 Nr. 47 S. 256 ff.), 20. Juni 1864 (Arch. Bd. 55 Nr. 28 S. 161) und 5. Dezember 1872 (Arch. Bd. 87 Nr. 26 S. 151) und des Reichs=Oberhandelsgerichts vom 15. Juni 1872 (Entsch. desselben Bd. 6 Nr. 72 S. 318 u. 319). Das der Allg. Gerichts=Ordnung angehängte allgemeine Registratur= und Kanzlei=Reglement hebt im §. 147 ausdrücklich die Möglichkeit, noch nicht ausgeführte Verfügungen wegen nachträglich beigefallener Bedenken abzuändern, hervor.

[4]) Vgl. v. Meibom, Hypothekenrecht §. 20 S. 148, wo die Frage, zu welchem Zeitpunkt das hypothekarische Recht entstehe, dahin beantwortet wird, daß dasselbe jedenfalls nicht schon durch das Dekret der Buchbehörde, welches die Eintragung verfügt, entsteht.

[5]) In den Motiven zur G. B. O. werden die Benachrichtigungen des Eigenthümers und der Realberechtigten nach §. 57 ausdrücklich blos für zweckmäßig erklärt und wird hinsichtlich der Benachrichtigungen nach §. 121—123 direkt ausgesprochen, daß dieselben nur zur Auskunft dienen und keine Rechte begründen (Werner Thl. II S. 156 u. 159).

rektem Widerspruch stände. Allerdings kann es geschehen, daß derjenige, zu dessen Gunsten eine Einschreibung erfolgt ist, durch die Benachrichtigung nicht bloß davon, daß die Einschreibung erfolgt ist, sondern überhaupt erst davon, daß eine solche für ihn bewilligt worden ist, Kenntniß erhält. Allein das ist ja grade der formale Charakter des jetzigen Grundbuchrechts, daß die Einschreibungen nur die ausdrücklich ertheilte oder durch eine rechtskräftige Verurtheilung bezw. das Ersuchen einer zuständigen Behörde ersetzte Bewilligung dessen, gegen den sie wirken sollen, erfordern und unabhängig sind von dem Wissen und Willen dessen, für den sie stattfinden, die Kenntniß des letztern also nicht Bedingung oder Voraussetzung der Einschreibung ist. Nicht einmal für das Rechtsgeschäft, welches der Einschreibungs-Bewilligung zu Grunde liegt oder dieselbe veranlaßt hat, und welches selbst wiederum an sich ja auch noch nicht von Einfluß auf die Einschreibung ist, hat die Benachrichtigung Bedeutung. Denn für dieses Rechtsgeschäft kommt es nicht sowohl auf die durch die Zustellung der Benachrichtigung allein erlangte Kenntniß als vielmehr auf die wesentlich davon verschiedene Einwilligung und Annahme des andern Theils an. Für den Zeitpunkt der Zustellung läßt sich schließlich auch nicht geltend machen, daß letztere der Publikation eines gerichtlichen Erkenntnisses, von der ab die rechtliche Existenz des Erkenntnisses datire, gleichstehe und also von ihm ab jenes Requisit vorhanden sei, wegen dessen Mangels vorhin der Zeit des Erlasses der Einschreibungs-Verfügung die Bedeutung abgesprochen worden ist[6]). Bei einem Erkenntniß sind allein betheiligt die Prozeßparteien und wird durch die Verkündigung an diese das Urtheil in der That zur Kenntniß Aller gebracht, welche es angeht. Bei den Einschreibungen sind aber diejenigen, welche in Gemäßheit der §§. 57 und 121—123 G. B. O. eine Benachrichtigung zu erhalten haben, durchaus nicht die allein Interessirten. Interessirt ist dabei vielmehr wegen der dinglichen Natur der in Betracht kommenden Rechte ein Jeder, der über das Grundstück in Rechtsverhältnisse tritt oder auch nur treten kann. Will man daher etwas der Publikation eines Erkenntnisses gleichstellen, so kann es nicht dasjenige sein, was, wie die Benachrichtigungen die Einschreibung nur zur Kenntniß einiger Wenigen, nämlich solcher bringt, deren unmittelbares Interesse an der Einschreibung bei dem Grundbuchamt bekannt

[6]) Aus diesem Grunde will anscheinend v. Meibom a. a. O. §. 20 S. 149 das hypothekarische Recht von da ab datiren, wo von der Buchbehörde den Betheiligten, dem Grundeigenthümer und dem Hypothekengläubiger, die Eintragung eröffnet worden ist.

ist und die deshalb und um ihnen die Nothwendigkeit sich anderweit Kenntniß von der Ausführung der Einschreibung zu verschaffen, zu ersparen, theils auch um zu kontroliren, daß es wirklich die Berechtigten waren, welche die Erklärungen beim Grundbuchamt abgegeben haben, eine spezielle Benachrichtigung erhalten, sondern es muß etwas sein, was die Einschreibung zu allgemeiner Kenntniß bringt. Das aber ist, wie später noch näher dargelegt werden wird, bereits die Ausführung der Einschreibung im Grundbuch selbst.

Es bleiben sonach, wenn man zunächst von den Hypotheken und Grundschulden absieht, nur die beiden Zeitpunkte übrig, wo der Antrag beim Grundbuchamt eingegangen ist und wo die Einschreibung im Grundbuch erfolgt ist. Zwischen diesen ist nunmehr die Entscheidung zu treffen.

Die Wirkungen einer Einschreibung können selbstredend nur dann eintreten, wenn die Einschreibung überhaupt erfolgt ist. Die logische Konsequenz davon ist, daß sie auch erst von da ab eintreten, wo die Einschreibung erfolgt ist. Der Eingang eines Antrags auf Einschreibung hat der demnächstigen Ausführung der Einschreibung gegenüber lediglich die Bedeutung einer bloßen Veranlassung. Er ist die Ursache zu der aus mehrfachen Handlungen sich zusammensetzenden, mit dem Präsentiren des Antrags beginnenden und in der Ausführung der Einschreibung gipfelnden Thätigkeit des Grundbuchamts. Diese mehrfachen Handlungen bis zur letzten, der Ausführung der Einschreibung, müssen geschehen sein, ehe von den Wirkungen einer Einschreibung die Rede sein kann. Ist aber ein Erfolg an mehrere Voraussetzungen geknüpft, so tritt er der Natur der Sache gemäß erst von da ab ein, wo die letzte Voraussetzung erfüllt ist. So ist es ausdrücklich in dem §. 110 Thl. I. Tit. 7 des Allgemeinen Landrechts vorgeschrieben, nach welchem, wenn mehrere Handlungen zur Besitzergreifung erforderlich sind, diejenige Handlung, wodurch sie vollendet wird — also die letzte — den Anfang des Besitzes bestimmt. Diesem gesetzlichen Ausspruche darf umsomehr Gewicht beigelegt werden, als die Verbindung so bedeutender Wirkungen mit den Einschreibungen ihren Grund grade darin hat, daß die Einschreibung in derselben Weise, wie es die Besitzergreifung thut, allgemeine Erkennbarkeit gewährt, die Vorschrift des §. 110 daher den Werth einer Analogie hat.

Es ist ferner in Erwägung zu ziehen, daß es Fälle giebt, in denen Einschreibungen ohne den Antrag einer Partei oder das Ersuchen einer Behörde stattfinden. Dieselben sind zwar nicht zahlreich, sie sind aber immerhin nicht unwichtig und umfassen fast alle Arten von Einschreibungen, indem die Uebertragung des Flächeninhalts und des Reinertrages oder jährlichen Nutzungswerths auf die Titel der Grundbuchblätter (§. 4 G. B. O. und Art. 7 der Ausführungs-Verfügung vom 2. September 1872), die Vermerkung der Ausstellung einer neuen Hypothekenurkunde oder eines neuen Grundschuldbriefs (§. 112 G. B. O.) und die Eintragung einer Vormerkung über das eingeleitete Enteignungsverfahren (§. 24 des Gesetzes über die Enteignung von Grundeigenthum vom 11. Juni 1874) beurkundend, die Wiedereintragung einer aus Versehen gelöschten oder nicht übertragenen Post (§. 118 G. B. O.) rechtbegründend, die Uebertragung der Lasten und Schulden auf ein nicht aus der Mithaft mit dem Hauptgut ausscheidendes Trennstück (§. 66 G. B. O.) rechterhaltend und die bei Abschreibung eines Trennstücks stattfindende Löschung des vorläufigen Vermerks der erfolgten Veräußerung (§. 64 G. B. O.), sowie die Löschung der im §. 97 G. B. O. genannten Beschränkungen rechtvernichtend wirken. Für alle diese Einschreibungen müßte, wenn die Wirkungen der Einschreibungen überhaupt von dem Eingang der Anträge und Ersuchen zu datiren wären, ein anderer Anfangszeitpunkt der Wirksamkeit bestimmt werden. Für eine solche Verschiedenheit aber fehlt es an jedem innern Grunde. Denn der Umstand, daß von Amtswegen und nicht wie sonst auf Antrag oder Ersuchen verfahren wird, hat auf die Natur und Wirkung der Einschreibung gar keinen Einfluß und kann ihn noch weniger auf den Zeitpunkt haben, von welchem ab diese Wirkung eintritt. Daß es solchergestalt nicht möglich ist, bei allen Einschreibungen der gleichen Art den Beginn ihrer Wirksamkeit in gleicher Weise auf den Zeitpunkt des Eingangs zu stellen und zwar aus einem rein äußerlichen Grunde nicht möglich ist, beweist, daß dieser Anfangszeitpunkt eben nicht der richtige sein kann.

Am evidentesten aber spricht für die Zeit, wo die Einschreibung im Grundbuch erfolgt ist und gegen die Zeit des Eingangs des Antrags oder Ersuchens auf Einschreibung die Bedeutung, welche gegenwärtig das Grundbuch selbst hat und nach welcher dasselbe vor Allem mit zwei Eigenschaften bekleidet ist, der der Oeffentlichkeit und der der Vollständigkeit.

Das Grundbuch ist öffentlich[7]). Es ist nicht blos für den zeitigen Eigenthümer oder die bereits eingetragenen Berechtigten, sondern es ist

---

[7]) Förster, Grundbuchrecht S. 34 u. 42; Derselbe Privatrecht Bd. I §. 23 S. 127; Turnau Anm. 1 zu §. 19 S. 104.

für Jedermann vorhanden, der sich in Rechtsgeschäfte über das Grundstück einlassen will. Dieser ist gleichmäßig berechtigt und verpflichtet, es einzusehen und sich über die Rechtslage des Grundstücks aus ihm zu unterrichten. Sein Inhalt gilt für Jeden und gegen Jeden. Die Ausführung der Einschreibung bringt diese daher zur allgemeinen Kenntniß aller Interessenten und enthält eine Verkündigung der Einschreibung, welche die Einschreibung in einer dem Wesen der auf allseitiger Erkennbarkeit beruhenden Dinglichkeit allein entsprechenden, gleichzeitig aber auch in der dem Wesen der Dinglichkeit entsprechendsten Weise zur äußern Existenz bringt. Es ist deshalb ebenso sachgemäß wie gerechtfertigt, von ihr ab als demjenigen Zeitpunkt, wo die Einschreibung nach außen hin zum Dasein gelangt ist und rechtliche Bedeutung gewinnt, den Beginn ihrer Wirksamkeit zu rechnen.

Das Grundbuch hat außerdem die Eigenschaft der Vollständigkeit und soll zufolge dieser die ausschließliche und ausreichende Erkenntnißquelle für die Rechtsverhältnisse des Grundstücks sein[8]). Hiervon giebt es zwar einzelne Ausnahmen, indessen das Princip der Vollständigkeit besteht doch und bleibt maßgebend. Es bleibt jedenfalls nach der Richtung hin maßgebend, daß sich diejenigen Rechtsverhältnisse des Grundstücks, welche sich aus dem Grundbuch ergeben und nur aus dem Grundbuch ergeben können, weil sie außerhalb desselben gar nicht entstehen können, auch vollständig aus dem Grundbuch ergeben müssen. Es liegt auf der Hand, daß es dabei in vielen Fällen für eine Partei ebenso vortheilhaft und auf der andern Seite ebenso nachtheilig sein kann, zu wissen oder nicht zu wissen, von wann ab eine Einschreibung im Grundbuch wirkt, als es vortheilhaft oder nachtheilig ist, zu wissen oder nicht zu wissen, ob die Einschreibung erfolgt ist. Wäre nun für den Anfang der Wirksamkeit der Einschreibungen die Zeit des Eingangs der Anträge oder Ersuchen entscheidend, so würde hierüber das Grundbuch keine Auskunft geben, diese vielmehr nur aus den Grundakten, in welchen sich die Anträge und Ersuchen mit dem die Zeit ihres Eingangs feststellenden Präsentatum des Grundbuchrichters oder des Buchführers befinden, zu erlangen sein[9]). Die Grundakten aber sind kein integrirender

---

[8]) Förster, Grundbuchrecht S. 43 u. 49 und Privatrecht Bd. I §. 23 S. 127, 130 u. 131; Bahlmann Anm. 59 zu §. 11 E. E. G. S. 49; vgl. auch die Einleitung der Motive zum E. E. G. und die Motive zu den §§. 12—17 E. E. G. a. E. bei Werner Thl. II S. 9, 10 u. 21 sowie die Materialien daselbst S. 69 u. 78.

[9]) Daß überdies die Anträge und Ersuchen meist nicht sofort nach dem Eingange zu den Grundakten gebracht werden, sondern, bis dies geschieht, nach dem

Theil des Grundbuchs oder sind es höchstens doch nur soweit, als was bekanntlich nur ausnahmsweise zulässig ist (früher §. 1 und 2 der Hypotheken-Novelle vom 24. Mai 1853, jetzt §. 76 G. B. O.), im Grundbuch ausdrücklich auf sie bezw. die in ihnen enthaltenen Urkunden Bezug genommen ist. Ihr Zweck ist lediglich der, die eine Einschreibung betreffenden Schriftstücke, namentlich die Verhandlungen, welche zu der Einschreibung geführt haben, zusammenzufassen und in sich aufzunehmen. Sie sind daher von großer Bedeutung, wenn es sich darum handelt, ob das Grundbuchamt richtig verfahren hat, ob eine Einschreibung anfechtbar ist u. s. w. Aber sie sollen und können durch ihren Inhalt die Einschreibungen im Grundbuche nicht ergänzen[10]). Sie einzusehen hat deswegen der Interessent nur ein Recht (§. 19 G. B. O.), aber keine Pflicht. Eine solche ist abgesehen von der singulären Bestimmung der §§. 260 und 665 I. 18 des Allgemeinen Landrechts weder früher vorgeschrieben gewesen[11]), noch ist sie nach den Gesetzen vom 5. Mai 1872 in denen der Grundakten nicht weiter als in den §§. 18, 19, 76, 82 90 und 130 G. B. O. Erwähnung gethan wird, vorhanden[12]). Unter-

---

regelmäßigen Geschäftsbetriebe noch eine längere oder kürzere Zeit vergeht (vgl. hierüber Koch-Achilles Anm. 33 zu §. 501 I. 20 S. 153 u. 154), die Einsicht der Grundakten allein mithin auch noch nicht genügen würde, der Interessent vielmehr, um vollständig sicher zu gehen, eine amtliche Erklärung der sämmtlichen Grundbuchbeamten darüber, ob nicht in dem Augenblick der Einsicht der Grundakten schon Einschreibungs-Anträge oder Ersuchen und welche eingegangen sind, einholen müßte, das soll noch nicht einmal betont werden.

[10]) v. Meibom, Hypothekenrecht §. 8 S. 62.

[11]) Erkenntnisse des Ober-Tribunals vom 20. Juni 1851 (Arch. Bd. 3 Nr. 47 S. 231), 11. Mai 1857 (Entsch. Bd. 35 Nr. 55 S. 426 a. E.), 1. November 1859 (Arch. Bd. 50 Nr. 1 S. 4 u. 5), 29. November 1859 (Arch. Bd. 35 Nr. 67 S. 320 u. 321), 23. Juni 1863 (Entsch. Bd. 51 Nr. 22 S. 207 u. 208) und 26. Oktober 1868 (Entsch. Bd. 60 Nr. 1 S. 7).

[12]) Förster, Grundbuchrecht S. 34; Bahlmann Anm. 55g zu §. 19 G. B. O. S. 199; Dernburg §. 202 S. 421; Turnau Anm. 4 zu §. 19 S. 105; Brettner in Gruchot, Beiträge Bd. XIX (1875) S. 193.

Diesen Mangel jeder Pflicht, die Grundakten einzusehen, läßt Kurlbaum außer Acht, wenn er zur Motivirung seines oben bei Anm. 2 erwähnten Vorschlags anführt, daß demselben der Grundsatz der Publicität des Grundbuchs nicht werde entgegenstehen können, da die Grundakten jedem Interessenten in derselben Weise zugänglich seien, wie das Grundbuch selbst, und man hiernach auch werde fordern dürfen, daß die bereits vorliegenden, aber noch nicht erledigten Eintragungsanträge von demjenigen mit in Betracht gezogen werden, der sich auf den Glauben des Grundbuchs berufen wolle. Dies kann man wegen des Mangels einer Pflicht zur Einsicht der Grundakten eben nicht fordern.

läßt der Interessent daher die Einsicht der Grundakten, so würde er es sich zwar selbst zuzuschreiben haben, wenn ihm die Wissenschaft des Zeitpunkts, wo eine Einschreibung wirksam geworden ist, vortheilhafter gewesen wäre. Aber man würde aus der mangelnden oder unrichtigen Kenntniß dieses Zeitpunkts keine Nachtheile für ihn herleiten dürfen. Es wäre sonach, immer den Beginn der Wirksamkeit der Einschreibungen von der Zeit des Eingangs der Anträge und Ersuchen ab vorausgesetzt, das Grundbuch keine ausreichende Erkenntnißquelle für den Interessenten und dieser in der Lage, einen für die rechtlichen Verhältnisse des Grundstücks wichtigen Umstand für sich nutzen zu können, aber nicht gegen sich gelten lassen zu brauchen.

Diese Inkonsequenz wird vermieden, wenn der Anfang der Wirkungen der Einschreibungen auf den Zeitpunkt, wo die letzteren im Grundbuch erfolgt sind, gestellt wird. Nach §. 44 G. B. O. wird zwar im Grundbuch bei den Einschreibungen blos der Tag der Einschreibung angegeben, ein kleinerer Zeittheil aber nicht ausgedrückt. Indessen die Fälle, in denen ein solcher kleinerer Zeittheil von Bedeutung ist, sind faktisch schon sehr selten und werden rechtlich noch seltener sein, da auf dem Rechtsgebiet die Regel gilt, daß nur nach ganzen Tagen gezählt wird und kleinere Zeitabschnitte außer Betracht bleiben[13]). Ueber das, worauf es im Wesentlichen ankommt, giebt hier also das Grundbuch ausreichende Auskunft und es giebt dieselbe in gleicher Weise zum Vortheil wie zum Nachtheil des Interessenten.

Aus den vorstehenden Gründen ist demnach anzunehmen, daß die Wirkungen der Einschreibungen erst von da ab eintreten, wo diese selbst im Grundbuch erfolgt sind[14]). Da die angeführten Gründe ganz allgemeiner Natur sind und nicht bloß bei einzelnen Arten von Einschreibungen, sondern bei allen Einschreibungen gleichmäßig zutreffen, so muß die gezogene Folgerung auch für alle Einschreibungen gelten und dürfen

---

[13]) §. 45 Thl. I Tit. 3 des Allg. Landrechts; Erkenntniß des Ober-Tribunals vom 6. Mai 1870 (Arch. Bd. 78 Nr. 40 S. 212 ff.); Dernburg §. 69 S. 120.

[14]) Trotz der Wichtigkeit der Sache und der sonstigen Reichhaltigkeit der Grundbuchrechts-Literatur haben sich bis jetzt auffallender Weise nur Zwei, nämlich Förster, Grundbuchrecht S. 65 und Privatrecht Bd. I §. 23 S. 132, und Kindel: das formelle und materielle Recht in Gruchot, Beiträge Bd. XX (1876) §. 13 S. 98 u. 99, in allgemeiner Weise über die in Rede stehende Frage ausgelassen, und hat sich dabei der Erstere zu Gunsten des Zeitpunkts der Ausführung der Einschreibung, der Letztere dagegen für den Moment des Eingangs, und zwar beide für alle Einschreibungen ohne Ausnahme, jedoch ohne speziellere Begründung ihrer Ansichten entschieden.

Ausnahmen davon nur soweit gemacht werden, als gesetzliche Vorschriften im Einzelnen dies mit zwingender Nothwendigkeit erheischen. Letzteres gilt für drei Fälle. Erstens nämlich folgt daraus, daß die Rangordnung der dinglichen Rechte in der zweiten Abtheilung und der Hypotheken und Grundschulden sich nach der Reihenfolge bezw. dem Datum der Eintragung bestimmt (§. 17, 34 u. 36 E. E. G.), daß für diese Wirkung der Einschreibung nicht die Zeit der Einschreibung im Grundbuche, mit welcher Zeit auch das Datum der Eintragung nicht identificirt werden kann, maßgebend ist. Zweitens erlangt der eingetragene Gläubiger nach §. 20 E. E. G. das Verfügungsrecht über die Grundschuld erst durch die Aushändigung des Grundschuldbriefs an ihn, hat daher unzweifelhaft dieses Recht nicht von der Ausführung der Einschreibung im Grundbuch ab. Drittens ergiebt sich aus der Vorschrift der §§. 38 und 49 E. E. G., wonach Einreden bei den Klagen aus einer Grundschuld gegen einen Kläger, gegen den sie nicht unmittelbar zustehen oder dem sie beim Erwerb der Grundschuld nicht bekannt waren, nur zulässig sind und Beschränkungen des eingetragenen Grundschuldgläubigers in der Verfügung über die Grundschuld Rechtswirkung gegen Dritte, denen sie bei Erwerb ihres Rechts an dem Grundstück nicht bekannt waren, nur erlangen, wenn sie auf dem Grundschuldbrief vermerkt sind, daß auch diese Einreden und Beschränkungen nicht von dem Moment ab, wo sie in das Grundbuch eingeschrieben worden sind, wirken. Hiermit ist aber der Kreis der Ausnahmen, für welche ein anderer Anfangszeitpunkt der Wirksamkeit der Einschreibungen anzunehmen ist, als geschlossen zu betrachten. Insonderheit giebt auch bei den Hypotheken und Grundschulden, auf welche nunmehr zurückzukommen ist, die Bildung von Urkunden keine Veranlassung, den Beginn jener Wirksamkeit auf einen der oben gedachten spätern Zeitpunkte der Ausfertigung der Urkunde, der Zustellung derselben an den Eigenthümer des Grundstücks bezw. die Behörde, welche die Eintragung nachgesucht hat oder der Aushändigung an den Gläubiger hinauszuschieben.

Die Hypothek der Gesetze vom 5. Mai 1872 ist die im Wesentlichen unveränderte, accessorisch zur Sicherung eines persönlichen Anspruchs dienende Hypothek des früheren Rechts, nur daß die in diesem bereits im Keim enthaltene Selbstständigkeit und Unabhängigkeit der Hypothek von der durch sie gesicherten Forderung eine weitere Entwicklung erfahren hat[15]). Die über sie ausgefertigte Urkunde ist aus

---

[15]) Vgl. die Materialien bei Werner Thl. II S. 21 ff. und 53 ff., so-

dem Hypothekenbrief und der damit verbundenen Schuldurkunde zusammengesetzt. Der Hypothekenbrief besteht abgesehen von der Ueberschrift und der Unterschrift aus Nachrichten über den Inhalt des Grundbuch-Blattes oder Artikels und dem Eintragungsvermerk derjenigen Post, für welche er ausgefertigt ist. Er ist eine auszugsweise Abschrift des Grundbuchs und stellt sich also blos als ein documentum referens dar. Die Schuldurkunde, welche überhaupt nebensächlich ist[16]), dient zum Nachweise des principalen Forderungsrechts, unter Umständen auch wohl noch zur nähern Bestimmung des Inhalts und Umfangs der Eintragung. Weder der eine noch die andere hat dem Grundbuch gegenüber selbständige Bedeutung, bei Widersprüchen ist lediglich das letztere maßgebend[17]). Auch bedarf es zur Entstehung der Hypothek eines Hypothekenbriefs gar nicht; vielmehr kann auf denselben ausnahmslos verzichtet werden. Daraus folgt, daß er für die Entstehung des Hypothekenrechts durchaus nicht wesentlich und für diese nichts weiter als ein amtliches Beweiszeugniß des Grundbuchamts über die erfolgte Eintragung der Hypothek ist. In andern Beziehungen hat der Hypothekenbrief zwar größere Bedeutung, indem er namentlich zur Benutzung der privilegirten Form des Mandatsprozesses erforderlich ist[18]), zur Eintragung von Veränderungen bei der Hypothek es seiner Vorlegung oder nachträglichen Bildung bedarf (§. 79 und 129 G. B. O.), eine Theilabtretung mittelst einer beglaubigten Abschrift der Hypothekenurkunde erfolgt (§. 83 G. B. O.), die Löschung nicht ohne den Hypothekenbrief oder ein denselben für kraftlos erklärendes Erkenntniß stattfinden kann (§. 94 G. B. O.) und die Ausfertigung einer neuen Hypothekenurkunde an Stelle der abhanden gekommenen die vorherige Amortisation der letztern voraussetzt (§. 111 G. B. O.). Indessen alle diese Bestimmungen betreffen nicht die Entstehung der Hypothek, sondern die Geltendmachung, Uebertragung und Löschung der bereits entstandenen Hypothek. Sie machen den weitern Verkehr mit dieser von der

---

wie Förster, Grundbuchrecht S. 146 u. 147 und Privatrecht Bd. III §. 190 S. 382.

16) Brettner, Unterschiede der Grundschuld und der Hypothek nach den Gesetzen vom 5. Mai 1872 in Gruchot, Beiträge Bd. XVII (1873) S. 164, und Turnau Anm. 4 zu §. 77 S. 373, Anm. 3 zu §. 110 S. 558 und Anm. 3 zu §. 122 S. 577 u. 578.

17) Dernburg §. 202 S. 421 u. 422.

18) Nach Mecklenburgischem Recht zur Anstellung der Klage überhaupt, weshalb die Klage des Hypothekengläubigers mit geflissentlicher Vermeidung des Ausdrucks Hypothekenklage auch stets als Klage aus dem Hypothekenschein bezeichnet wird, vgl. v. Meibom, Hypothekenrecht §. 22 S. 165 u. 166.

Hypothekenurkunde in der Art abhängig, daß demselben der Mangel einer solchen hinderlich ist, aber auf das Hypothekenrecht selbst und dessen Entstehung hat der Hypothekenbrief keinen Einfluß. Für diese, auf welche es hier allein ankommt, ist und bleibt er bloßes Beweismittel[19]). Sonst könnte auf ihn eben nicht ganz verzichtet werden. Ist aber der Hypothekenbrief bloßes Beweismittel und nicht wesentlich für die Entstehung des Hypothekenrechts, so kann auch der Beginn des Hypothekenrechts nicht an ihn und seine Ausfertigung oder Aushändigung gebunden werden. Und selbst wenn der betreffende Gläubiger vor der Aushändigung des Briefs noch gar keine Kenntniß von der Bewilligung der Hypothek seitens des Grundstückseigenthümers haben sollte, so gibt doch auch dies keinen Grund, das Hypothekenrecht nicht von der Zeit der Eintragung ab zu datiren. Es gilt hier lediglich das, was früher hinsichtlich der Zustellung der Benachrichtigungen gesagt ist und ist es insbesondere nicht richtig, wenigstens für das jetzige Recht nicht richtig, in dem gedachten Falle die Eintragung der Hypothek bis zur Aushändigung der Urkunde an den Gläubiger blos als eine nicht zur Erscheinung nach außen und zur Kenntniß des Gläubigers gelangte, stets revokable Erklärung des Schuldners anzusehen und deshalb anzunehmen, daß der Gläubiger vor der Aushändigung der Schuldurkunde kein Hypothekenrecht habe[20]). Die Hypothek kann in gar keiner bessern Weise mehr zur Erscheinung nach außen gelangen, als sie bereits durch die Eintragung im Grundbuch gelangt ist, von dessen Inhalt ohne Rücksicht darauf, ob dies mit der Wirklichkeit übereinstimmt und ohne Zulassung irgend welchen Gegenbeweises fingirt wird, daß es Jedermann bekannt sei. Sie kommt durch die Eintragung auch zur Kenntniß des Gläubigers, denn auch diesem gegenüber gilt der Grundsatz von dem allgemeinen Bekanntsein des Inhalts des Grundbuchs. Wäre die Hypothek bis zur Aushändigung der Urkunde noch beliebig revokabel, so müßte sie es an sich auch noch nach der Aushändigung sein, da die

---

[19]) Heidenfeld S. 102 u. 121. Ebenso hinsichtlich der Hypothekenscheine des Mecklenburgischen Rechts trotz deren größerer Wichtigkeit (s. vorige Anmerkung) v. Meibom a. a. O. §. 19 S. 144 u. 145. Auch das allgemeine Grundbuchsgesetz für die westöstreichischen Länder vom 25. Juli 1871 kennt hypothekarische Dokumente, die mehr als Beweismittel wären, nicht, vgl. Exner: Die Reform des Hypothekenrechts in Oestreich in Behrend, Zeitschrift Bd. VI (1872) S. 589.

[20]) Wie in dem Erkenntnisse des Ober-Tribunals vom 16. Mai 1873 (Arch. Bd. 90 Nr. 21 S. 179 u. 180) ausgeführt wird. Vgl. Koch-Achilles Anm. 36 zu §. 422 S. 128.

Aushändigung weiter nichts als die specielle Kenntniß des Gläubigers begründen kann, diese aber selbst für das der Hypothek zu Grunde liegende Rechtsgeschäft unerheblich ist. Für dieses hat nicht die Kenntniß sondern allein die Acceptation des Gläubigers Bedeutung und ist allerdings, so lange es an der letztern fehlt, ein gültiger Verpfändungs-Vertrag nicht vorhanden. Die Hypothek ist aber von dem Verpfändungs-Vertrage nicht in dem Maße abhängig, daß die Ungültigkeit oder der Mangel dieses die Entstehung jener ohne Weiteres ganz hinderten. Vielmehr entsteht die Hypothek wegen des auch für sie geltenden Konsensprincips[21]), vermöge dessen nicht das Schuldverhältniß, sondern allein die Bewilligung des Eigenthümers den Rechtsgrund zur Eintragung der Hypothek bildet[22]), trotz des Mangels oder der Ungültigkeit des Verpfändungsvertrages und sie besteht so lange, bis der Mangel und die Ungültigkeit, die nur eine Einrede gegen die Hypothek und ein Recht auf Löschung derselben geben, geltend gemacht sind und die Eintragung aus diesem Grunde entkräftet ist. Der Zeitpunkt ihrer Entstehung ist daher auch nicht von dem Zeitpunkt des Zustandekommens des Verpfändungs-Vertrages abhängig, sondern ist selbständig für sich zu bestimmen und wird durch den Moment der Eintragung bestimmt.

So ist es denn auch mit klaren Worten vorgeschrieben. Denn wenn der §. 18 E. E. G. sagt: Das Recht der Hypothek entsteht durch die Eintragung im Grundbuch und §. 37: Durch die Eintragung der Hypothek wird für den Gläubiger die dingliche Klage gegen den Eigenthümer begründet, so ist damit direkt ausgesprochen, daß es die Eintragung ist, welche das Hypothekenrecht und dessen wichtigste Wirkung, die dingliche Klage zur Existenz bringt, Hypothekenrecht und Klage bereits mit der Eintragung und von der Eintragung ab vorhanden sind. Wenn ferner der §. 30 E. E. G. die Frage, was für die Hypothek haftet, in Ansehung des Grundstücks selbst, also der Hauptsache ausdrücklich nach der Zeit der Eintragung entscheidet, so läßt sich dies ebenfalls nur dadurch erklären, daß das Gesetz die Zeit der Eintragung als die für den Beginn des Hypothekenrechts überhaupt maßgebende ansieht. Und das Gleiche ergiebt sich auch noch daraus, daß zur Löschung der Hypothek schon vor der Aushändigung der Hypothekenurkunde an den Gläubiger dessen freiwillig ertheilte oder durch Erkenntniß ergänzte Zustimmung nothwendig ist. Es ist letzteres zwar

---

[21]) Förster, Grundbuchrecht S. 147.

[22]) Turnau zu §. 19 E. E. G. S. 374.

sowohl nach dem früheren als dem jetzigen Recht bestritten und die Zulässigkeit der Löschung auf den einseitigen Antrag des Eigenthümers behauptet worden[23]), allein für das jetzige Recht gewiß zu Unrecht. Der §. 94 G. B. O. verlangt zur Löschung, wenn nicht eine Konfusion oder Konsolidation eingetreten oder ein Ausschluß-Erkenntniß ergangen ist oder der Fall des §. 106 vorliegt, die Quittung oder Löschungsbewilligung des Gläubigers. Die Bestimmung ist ganz allgemein und unterscheidet nicht, ob der Hypothekenbrief dem Gläubiger bereits ausgehändigt war oder nicht. Wo aber das Gesetz nicht scheidet, nec nostrum est distinguere. Auch müßte, ehe allein auf den Autrag des Eigenthümers hin die Löschung erfolgen könnte, die Thatsache, daß der Gläubiger noch nicht in den Besitz der Urkunde gelangt war, die außer dem singulären Falle, wo die Urkunde sich noch bei den Grundakten befindet und noch nicht einmal dem Eigenthümer zugestellt worden ist, nicht ohne Weiteres angenommen und namentlich nicht schon aus der bei dem Löschungsantrage erfolgten Vorlegung der Urkunde seitens des Eigenthümers gefolgert werden kann, doch irgendwie festgestellt werden. Zu einer solchen Feststellung aber fehlt es dem Grundbuchamt sowohl an jedem Mittel wie an jeder Form. Daß sonach schon vor der Aushändigung des Hypothekenbriefs die Einwilligung des Gläubigers zur Löschung nöthig ist[24]), beweist wohl am besten, daß das Hypothekenrecht auch schon vorher vorhanden ist, daß es mit der Zeit der Eintragung und nicht erst mit der Ausfertigung oder Aushändigung der Hypothekenurkunde beginnt. Nur bei dieser Auffassung läßt sich der innere Widerspruch vermeiden, welcher mit Rücksicht auf die Zulässigkeit des Verzichts auf einen Hypothekenbrief und da man doch nur, wenn von vornherein ein Hypothekenbrief gebildet worden ist, den Anfang des Hypothekenrechts von diesem abhängig machen könnte, unbedingt darin liegen würde, daß sogar bei einem und demselben Rechtsinstitut verschiedene Anfangszeitpunkte der Wirksamkeit bestehen können und noch dazu ohne daß die Interessenten außer dem Eigenthümer und dem

---

[23]) Rescript des Justizministers vom 15. Juni 1833, abgedruckt in Hiersemenzel, Ergänzungen und Erläuterungen der Preuß. Rechtsbücher zum Allg. Landrecht Thl. II (1854) zu den §§. 422—426 I. 20 S. 425, und in v. Rönne, Ergänzungen und Erläuterungen Bd. II (6. Aufl. 1875) zu §. 422 I. 20 Allg. Landrechts S. 410; Koch, Kommentar Anm. 58a zu §. 422 I. 20 Thl. I Bd. 2 S. 710. Für das neue Recht Förster, Privatrecht Bd. III §. 198 Anm. 41 S. 464, und Koch-Achilles Anm. 36 zu §. 422 S. 128.

[24]) Dieser Ansicht sind auch Dernburg §. 318 S. 702 und Turnau, Nachtragsheft S. 71 u. 72.

Gläubiger in der Lage sind, sich Gewißheit zu verschaffen, welches denn im einzelnen Fall der richtige Anfangszeitpunkt ist. Denn darüber, ob überhaupt eine Urkunde gebildet worden ist oder ob die vorhandene nicht erst später gebildet worden ist, giebt das allein maßgebende Grundbuch abgesehen von dem Fall des §. 112 Abs. 2 G. B. O. keine Auskunft[25]). Nur bei dieser Auffassung endlich wird die Art und Weise, wie der Hypothekenbrief in den Gesetzen vom 5. Mai 1872 behandelt ist, erklärlich. Wäre derselbe wirklich von Einfluß auf die Zeit der Entstehung des Hypothekenrechts, so hätte dieser wichtigen materiellen Funktion doch in der Art Rechnung getragen werden müssen, daß er in dem materiellen E. E. G. wenigstens erwähnt wurde. In dem ganzen E. E. G. wird aber seiner mit keiner Silbe gedacht. Daß es Hypothekenbriefe giebt, erfährt man überhaupt erst aus dem formellen Gesetz der G. B. O. und auch hier wird von den Hypothekenbriefen anfangs nur bei Gelegenheit anderer Vorschriften (vgl. §. 70, 79, 82 u. s. w.) gesprochen und erst ganz am Ende (§. 122) bestimmt, daß für eine jede Hypothek, sofern nicht ausdrücklich darauf verzichtet wird, ein Hypothekenbrief auszufertigen ist.

Gilt nun die Annahme, daß die Hypothek schon mit der Eintragung und nicht erst von der Ausfertigung oder Aushändigung des Hypothekenbriefs ab beginnt[26]), in gleicher Weise auch von der Grundschuld und dem Grundschuldbrief? Die Frage wird zu bejahen sein und sie wird bejaht werden können, ohne daß das schlüpfrige Thema von der juristischen Natur der Grundschuld näher berührt zu werden braucht. Mag die letztere als Realobligation[27]) oder Realschuld[28]), als Werthaneignungsrecht, d. i. das Recht, das Grundstück, auf welchem die Grundschuld haftet, zu verwerthen und sich einen bestimmten Theil des Grund-

---

[25]) Turnau Anm. 1 zu §. 123 S. 579.

[26]) Diese Ansicht wird getheilt von Heidenfeld S. 121 und Bahlmann Anm. 106 zu §. 20 E. E. G. S. 78.

[27]) §. 23 des Entwurfs eines Gesetzes über das Hypothekenwesen von 1864; v. Meibom, Hypothekenrecht §. 5 S. 39 u. §. 23 S. 99 ff.; Bahlmann Anm. 91 zum dritten Abschnitt des E. E. G. S. 69. Vgl. auch Bähr, Gesetzentwürfe S. 52 u. 96 ff. und v. Bahr: Ueber den sog. selbständigen Charakter der Hypothek (Realobligation) im neuern Hypothekenrecht in dem Archiv für die civilistische Praxis Bd. 53 (1870) Nr. XIV S. 362 ff.

[28]) v. Meibom: Ueber Realschuld und Reallasten in Becker und Muther's Jahrbuch des gemeinen deutschen Rechts Bd. IV (1860) Nr. XV S. 442 ff. u. 510.

stückswerths anzueignen[29]) oder als Werthantheilsrecht d. i. ein Recht, welches in der Aneignung eines Werthantheils besteht und dessen Zweck ist, dem Erwerber den Werth in Zukunft zu verschaffen[30]), aufzufassen sein, mag sie ein durch den Werth eines Grundstücks gesichertes Summenversprechen ohne Rücksicht auf eine sog. cautio discreta[31]) und das Recht aus ihr ein Formalrecht auf die Leistung einer Summe, welche dem Eigenthümer desjenigen Grundstücks obliegt, dessen Werth zur Sicherung der Leistung eingesetzt ist[32]), sein oder mag die Grundschuld das dingliche Recht an einem Grundstück, vermöge dessen die Erfüllung eines in der Grundschuldbestellung konstituirten Summenversprechens des Grundstücksbesitzers gefordert werden kann[33]) oder endlich ein dingliches Sicherungsrecht sein, nicht für die Obligation aus dem Kauf-, Darlehns- oder sonstigem Rechtsgeschäft, welches zur Bestellung der Grundschuld die Veranlassung gegeben hat, sondern für eine Obligation, welche auf Leistung der eingetragenen Geldsumme nebst ihren Zubehörungen — Zinsen und Kosten — geht und als Zustandsobligation aktiv an das Grundschuldrecht im subjektiven Sinne, passiv an das grundbuchmäßige Eigenthum des verhafteten Grundstücks kraft Rechtssatzes in der Art geknüpft ist, daß der eingetragene Grundschuldgläubiger und der eingetragene Eigenthümer nur der mögliche Gläubiger und der mögliche Schuldner sind und die Fixirung der Obligation für die Haupt- und die Zins-Verbindlichkeit zwischen einem bestimmten Gläubiger und einem bestimmten Schuldner erst durch besondere zur Eintragung hinzukommende Thatsachen (Zahlungsaufforderung und Angebot, Zahlung und Annahme, Kündigung, Einleitung der Subhastation) eintritt[34]): die nachstehenden Gründe für den Zeitpunkt der Eintragung und gegen den Zeitpunkt der Ausfertigung oder Aushändigung des Grundschuldbriefs bleiben in allen Fällen in Kraft.

Als man neben der der jetzigen Grundschuld entsprechenden selbständigen Hypothek der Regierungsentwürfe zu den Gesetzen vom 5. Mai

---

29) Bremer: Hypothek und Grundschuld (1869) S. 54 ff. u. 95 ff; Windscheid: Lehrbuch des Pandektenrechts Bd. I 3. Aufl. (1873) §. 225 a. E. S. 656.

30) Stüler: Werthantheile in Behrend, Zeitschrift Bd. VII (1874) S. 267 ff. u. 276 ff.

31) Förster, Privatrecht Bd. III §. 190 S. 383.

32) Förster, Grundbuchrecht S. 139.

33) Jaeckel: Die Selbständigkeit der Grundschuld in Gruchot, Beiträge Bd. XVIII (1874) S. 551 ff.

34) Voß: zur Theorie der Grundschuld in Behrend, Zeitschrift Bd. VIII (1875) S. 477 ff.

1872 die accessorische Hypothek wieder aufnahm, hat man allerdings zwei ihrem Begriff und Wesen nach völlig verschiedene Rechtsinstitute schaffen wollen[35]). Diese Absicht ist aber nach der Gestaltung, welche Grundschuld und Hypothek in der schließlichen Fassung der Gesetze vom 5. Mai 1872 erhalten haben, nicht zum Ausdruck gelangt. Die durch die Selbständigkeit auf der einen und die Nicht-Selbständigkeit auf der andern Seite gegebene begriffliche Verschiedenheit ist dadurch, daß theils die Selbständigkeit der Grundschuld nicht streng durchgeführt worden ist[36]), theils und besonders dadurch, daß die Hypothek ihren accessorischen Charakter in vielen Beziehungen mehr oder weniger abgestreift hat, wesentlich verwischt worden und sind die im Einzelnen vorhandenen Abweichungen[37]) von untergeordneter Bedeutung[38]). Es gilt dies selbst von den Einreden gegen die Klage des Gläubigers, bei denen die grundsätzliche Verschiedenheit grade am ersten und am meisten hätte hervortreten müssen, indem der ganze Unterschied hier darauf hinausläuft, daß in den seltenen Fällen einer Schenkung Einreden aus der Person des ursprünglichen Gläubigers bei den Hypotheken unbeschränkt, bei den Grundschulden aber nur unter der Beschränkung der Kenntniß entgegengesetzt werden können und die aus dem Grundbuch sich ergebenden Einreden bei den Hypotheken stets, dagegen bei den Grundschulden dann nicht zulässig sind, wenn sie, was ebenfalls nur höchst selten der Fall sein wird, nicht auch aus dem Grundschuldbrief hervorgehen[39]). Jedenfalls überwiegt das Gemeinsame. Beide Rechte sind insbesondere im Gesetz unter demselben Abschnitt behandelt und werden im Grundbuch in derselben Abtheilung

---

[35]) Vgl. den Bericht der Kommission des Herrenhauses bei Werner Thl. II S. 54.

[36]) Was namentlich deshalb nicht der Fall ist, weil gegen die Grundschuld Einreden aus dem ihr zu Grunde liegenden Schuldverhältniß, welche bei der Hypothek der Entwürfe unbedingt ausgeschlossen waren (§. 34 des Entwurfs des E. E. G.) wieder zugelassen worden sind, wenn sie gegen den jedesmaligen Kläger unmittelbar zustehen, vgl. die Materialien bei Werner Thl. II S. 58 und Förster, Grundbuchrecht S. 192 ff.

[37]) Vgl. die Zusammenstellung derselben von Brettner in Gruchot, Beiträge Bd. XVII S. 161 ff., und von Turnau Anm. 3 zu §. 18 E. E. G. S. 371.

[38]) Werner Thl. II S. 131 (Langerhans); Dernburg §. 316 S. 697 u. 698; Boß a. a. O. S. 486; Koch-Achilles Anm. 29 zu §. 19 E. E. G. a. E. S. 98 u. 99.

[39]) Bemerkungen von Bähr bei Werner Thl. II S. 132; Förster, Grundbuchrecht S. 201 und Privatrecht Bd. III §. 194 S. 436; Dernburg §. 342 S. 762; Brettner a. a. O. S. 165 a. E. u. 166; Koch-Achilles Anm. 75 zu §. 38 E. E. G. S. 111.

und in abwechselnder Reihenfolge eingetragen. Die Voraussetzungen ihrer Eintragung sind ebenso wie die der Löschung dieselben. Bei beiden sind Umfang und Rang vollkommen gleichmäßig normirt. Sie unterliegen in gleicher Weise der Kündigung, geben das nämliche Recht auf gerichtliche Zwangsverwaltung und gerichtliche Zwangsversteigerung und begründen die nämliche dingliche Klage gegen den Eigenthümer. Beide dienen zur Sicherung der Zahlung einer Summe Geldes[40]) und kann endlich sogar eine Hypothek in eine Grundschuld umgewandelt werden. Grundschuld und Hypothek erscheinen nach Alle dem nur theoretisch als Gegensätze, praktisch aber sind sie nicht blos verwandte, sondern in allen wesentlichen Beziehungen gleichartig gestaltete Rechte und spricht schon diese Gleichartigkeit in ganz erheblichem Maße dafür, die Anfangszeit ihrer Wirksamkeit auch gleichmäßig zu bestimmen, d. h. die Grundschuld ebenso wie die Hypothek von der Zeit der Eintragung ab beginnen zu lassen[41]). Es kommt hinzu, daß grade diejenigen positiven Bestimmungen der Gesetze vom 5. Mai 1872, welche in unzweideutiger Weise den Anfang der Hypothek auf die Zeit der Eintragung stellen, in ganz gleicher Weise, ja sogar mit denselben Worten und im unmittelbaren Zusammenhange auch für die Grundschuld vorgeschrieben sind. Auch für die Grundschuld ist vorgeschrieben, daß das Recht derselben durch die Eintragung im Grundbuch entsteht (§. 18 E. E. G.), sowie daß durch die Eintragung für den Grundschuldgläubiger die dingliche Klage gegen den Eigenthümer begründet wird (§. 37 daselbst) und lassen sich beide Vorschriften hier ebensowenig als dies für Hypotheken möglich sein würde, blos dahin verstehen, daß sie nur ausdrückten, daß die Eintragung der alleinige modus für die Entstehung der Grundschuld und der Eintragungsvermerk das alleinige und ausschließliche Fundament des dinglichen Rechts in seinem objektiven Bestande sei[42]). Gewiß drücken sie aus, daß die Eintragung die conditio sine qua non des Grundschuldrechts und der Grundschuldklage ist, sie drücken aber noch mehr aus

---

[40]) Förster, Grundbuchrecht S. 138 und Privatrecht Bd. III §. 190 S. 383 u. 384; Voß a. a. O. S. 490 ff.; Koch-Achilles Anm. 29 zu §. 19 E. E. G. S. 97.

[41]) Auch für das Mecklenburgische Recht, in welchem die ritterschaftlichen Hypotheken-Ordnungen und die Stadtbuch-Ordnungen eine unserer Grundschuld entsprechende selbständige Hypothek angenommen, die übrigen Hypotheken-Ordnungen aber eine unserer Hypothek entsprechende accessorische Hypothek beibehalten haben (v. Meibom, Hypothekenrecht §. 13 S. 99 ff. u. 103 ff.) wird in Bezug auf den Anfang der Wirksamkeit dieser beiden Rechte kein Unterschied zwischen denselben gemacht (v. Meibom a. a. O. §. 20 S. 148 ff.).

[42]) Wie Heidenfeld S. 133 annimmt.

und besagen außerdem, daß die Eintragung die causa efficiens für das Recht und die Klage ist und daß um das Eine und die Andere zur Existenz zu bringen, es etwas Weiteren als der Eintragung nicht bedarf. Auch für die Grundschuld ist ferner hinsichtlich des Umfangs, in welchem das Pfandgrundstück haftet, ausdrücklich die Zeit der Eintragung für entscheidend erklärt (§. 30 E. E. G.). Und endlich ist auch bei der Grundschuld aus den bei der Hypothek ausgeführten und hier eben so gut zutreffenden Gründen schon vor der Aushändigung des Grundschuldbriefs die Einwilligung des Gläubigers zur Löschung nothwendig[43]), also offenbar die Grundschuld selbst schon vorher entstanden. Besonderes Gewicht ist sodann darauf zu legen, daß die Grundschuld noch mehr als andere Einschreibungen von dem sie veranlassenden oder ihr zu Grunde liegenden Rechtsgeschäft unabhängig ist. Sie kann ganz ohne ein obligatorisches Verhältniß begründet werden und wenn ein persönlicher Anspruch vorhanden ist, so ist doch weder die Aufdeckung desselben noch die Eintragung des Schuldgrundes erforderlich, vielmehr auch hier der Bestand der Grundschuld nicht durch die Gültigkeit der persönlichen Forderung bedingt. In dem einen wie in dem andern Fall ist die auf Grund der Bewilligung des Eigenthümers erfolgte Eintragung im Grundbuche der alleinige Rechtsgrund der Grundschuld. Die Eintragung hat also bei der Grundschuld eine ganz besonders gesteigerte Bedeutung. Die Zeit wo sie erfolgt ist, ist daher in noch höherm Maße als bei den übrigen Einschreibungen berufen, für den Anfang der Wirksamkeit des Rechts entscheidend zu sein.

Hierin ändert nun auch die eigenartige Natur des Grundschuldbriefs nichts. Derselbe ist zunächst auch nur Abschrift des Grundbuchs und Beweismittel wie der Hypothekenbrief. Ebenso unzweifelhaft ist allerdings, daß er noch weitere Bedeutung als diejenige, welche dem Hypothekenbrief für die Hypothek beiwohnt, hat. Die Frage ist jedoch die, ob diese Bedeutung sich nach der Richtung hin geltend macht, daß die Existenz der Grundschuld an die Existenz des Briefs geknüpft werden muß und vor der letztern, also vor der Ausfertigung oder Aushändigung des Briefs, die erstere nicht angenommen werden kann. Will man hierbei nicht zu einem schiefen Resultat kommen und namentlich nicht Gefahr laufen, statt dessen, was ist, Etwas zu setzen, was sein könnte oder

[43]) Dernburg §. 318 S. 702, welche Stelle die Grundschulden mitumfaßt; Bahlmann abweichend jedoch ohne Gründe Anm. 107 zu §. 20 E. E. G. S. 78 u. 79, dagegen übereinstimmend Anm. 122a zu §. 28 E. E. G. S. 91; Turnau Anm. 3 a. E. zu §. 94 S. 509.

sein möchte, so muß man von den vielfach, selbst in den für das Zustandekommen der Gesetze vom 5. Mai 1875 maßgebend gewesenen Kreisen[44]) gebrauchten bildlichen Ausdrücken, „daß das Recht der Grundschuld sich in dem Grundschuldbriefe verkörpere, daß der Grundschuldbrief der Träger des Rechts sei" u. s. w., welche Ausdrücke viel zu unklar und phrasenhaft sind, um aus ihnen etwas herleiten zu können, ganz absehen und sich eng an dasjenige halten, was die Gesetze selbst über den Grundschuldbrief sagen. Thut man dies, so findet sich, daß es überhaupt nur drei Vorschriften sind, durch welche der Grundschuldbrief von dem Hypothekenbrief wesentlich unterschieden ist, nämlich daß der eingetragene Gläubiger das Verfügungsrecht über die Grundschuld erst durch die Aushändigung des Grundschuldbriefs an ihn erlangt (§. 20 E. E. G.), daß auf die Ausfertigung des Grundschuldbriefs nicht verzichtet werden darf (§. 122 G. B. O.) und daß es bei den Einreden gegen die Klage aus der Grundschuld und den Beschränkungen des eingetragenen Gläubigers in der Verfügung über die Grundschuld statt auf den Inhalt des Grundbuchs auf den Inhalt des Grundschuldbriefs ankommt (§. 38 und 49 E. E. G.)[45]). Dabei ist aber zunächst nicht außer Acht zu lassen, daß wenngleich der Grundschuldbrief abweichend von dem Hypothekenbrief bereits im E. E. G. erwähnt wird, dies doch stets nur beiläufig geschieht und die Hauptsache, daß über die Eintragung der Grundschulden stets Grundschuldbriefe zu bilden sind, auch erst am Schlusse der G. B. O. ausgesprochen ist und daß speziell die Bestimmung des §. 20 noch in dem Regierungsentwurfe von 1869 und die der §§. 38 und 49 sogar noch in dem letzten Entwurfe von 1871 ganz fehlten, während doch an der Hypothek dieser Entwürfe das Charakteristische der Grundschuld, die Selbständigkeit, bereits nicht nur vollständig, sondern sogar noch mehr als jetzt (s. Anm. 36) entwickelt war. Schon dies weist darauf hin, daß der Grundschuldbrief wohl kaum einen materiellen Einfluß auf

---

[44]) Z. B. Werner Thl. II S. 55; Bähr, Gesetzentwürfe S. 91 u. 92.

[45]) Ob außer diesen drei Unterschieden noch ein vierter dahin, daß der Grundschuldbrief sich durch Blankoabtretung zu einem Inhaberpapier machen lasse, anzunehmen ist, was streitig ist (Heidenfeld S. 134; Achilles Anm. 101 zu §. 55 E. E. G. S. 115; Dernburg §. 326 S. 723; Koch-Achilles Anm. 5 zu §. 55 E. E. G. S. 119 u. 120 gegen v. Meibom, Hypothekenrecht §. 29 S. 240; Bahlmann Anm. 197 zu §. 55 E. E. G. S. 142 ff.; Förster, Privatrecht Bd. I §. 64 S. 367; Löbell: Studien zur Grundbuchordnung (1875) S. 17 u. 18) kann dahingestellt bleiben. Denn es liegt auf der Hand, daß diese erst nachträglich eintretende Besonderheit des Grundschuldbriefs nicht rückwirkend von Einfluß auf die Entstehung der Grundschuld sein kann.

die Entstehung der Grundschuld haben und den gedachten Vorschriften wohl nicht wesentliche Bedeutung beiwohnen kann. Abgesehen hiervon ist festzuhalten, daß es allein das Verfügungsrecht über die Grundschuld d. i. das Recht, die Grundschuld auf Andere zu übertragen[46]), ist, welches der §. 20 vor der Aushändigung des Briefs ausschließt. Die Existenz eines Rechts und das Verfügungsrecht in dem vorstehenden Sinne sind aber zwei verschiedene Dinge. Man kann sehr wohl ein Recht haben, ohne dasselbe weiter übertragen zu dürfen und folgt aus dem bloßen Mangel dieser einen im Gläubigerthum enthaltenen Befugniß in keiner Weise, daß das ganze Recht noch nicht zur Existenz gekommen ist. In den Regierungs=Motiven zum E. E. G. wird unter der ausdrücklichen Hervorhebung, daß die Hypothek, jetzige Grundschuld, bereits durch die Eintragung entstehe und der Gläubiger aus der Eintragung möglicher Weise eine Klage gegen den Eigenthümer auf Aushändigung des Briefs habe, die Vorschrift des §. 20 lediglich damit gerechtfertigt, daß der (Hypotheken=) Grundschuldbrief im Gebiete des Realverkehrs ähnlich wie der Wechsel im Gebiete des persönlichen Verkehrs der Ausdruck einer sogenannten cautio indiscreta sei, die nur in dem Verpflichtungswillen des Eigenthümers des Grundstücks ihren Rechtsgrund habe, daß solange der Eigenthümer den (Hypotheken=) Grundschuldbrief an sich behalte, dieser Verpflichtungswille dem Gläubiger gegenüber noch nicht seinen vollen Ausdruck erlangt habe und daß die Uebertragung der (Hypothek) Grundschuld von der des Briefes nicht zu trennen sei[47]). Dem gegenüber wurde in dem Bericht der Kommission des Herrenhauses geltend gemacht, daß die Analogie mit dem Wechsel nicht zu passen scheine, weil das Recht des Grundschuldgläubigers schon durch die Eintragung entstanden und durch die Publicität des Grundbuchs sogar zur öffentlichen Kenntniß gebracht sei und die Bestimmung des §. 20 anderweit damit begründet, daß die Sicherheit des Verkehrs verlange, daß das Recht der Grundschuld im Grundschuldbrief sich verkörpere und von dessen Besitz untrennbar sei[48]). Etwas Weiteres ist in der in Rede stehenden Beziehung über den §. 20 nicht verhandelt worden. Dabei ist nun gewiß richtig, daß die Aehnlichkeit des Grundschuldbriefs mit dem Wechsel nicht vorhanden ist. Eine solche besteht überhaupt nicht[49]),

---

[46]) Brettner a. a. O. in Gruchot, Beiträge Bd. XVII S. 165.

[47]) Werner Thl. II S. 30.

[48]) Daselbst S. 55.

[49]) Heidenfeld S. 122; Voß a. a. O. in Behrend, Zeitschrift Bd. VIII S. 509; Förster, Privatrecht Thl. I §. 23 S. 127.

schon aus dem Grunde nicht, weil der Grundschuldbrief nur den Eintragungsvermerk im Grundbuch wiedergiebt und nicht wie der Wechsel den Verpflichtungswillen des Schuldners direkt und unmittelbar enthält, auch der Verkehr mit der Grundschuld sich nicht, wie der mit der Wechselforderung durch Vermerke auf dem Wechsel, so durch Vermerke auf dem Grundschuldbrief vollzieht, sondern nach dem klaren Wortlaut des Gesetzes („vorgelegte Abtretungserklärungen" in dem ausdrücklich auch für Grundschulden gegebenen §. 82 G. B. O.) in abgesonderten Urkunden erfolgt[50]), und sie besteht insbesondere nicht nach der in den Motiven behaupteten Richtung hin. Denn so lange der Wechsel noch nicht ausgehändigt ist, ermangelt wohl der in demselben niedergelegte Verpflichtungswille der äußern Existenz und ist rechtlich noch nichts vorhanden. Die Grundschuld aber ist schon mit der Eintragung zum Dasein nach außen und sowohl zur Kenntniß des Gläubigers als jedes andern Betheiligten gelangt (oben Seite 9). Ebensowenig ist die Untrennbarkeit der Uebertragung der Grundschuld von der des Briefs anzuerkennen. Es ist nirgends vorgeschrieben, daß die Cession der Grundschuld ohne Ueberlieferung des Grundschuldbriefs ungültig sei und hat es daher bei dem für die Hypothek zweifellos geltenden Satze, daß die Aushändigung des Hypothekendokuments zur Rechtsbeständigkeit der Abtretung nicht erforderlich ist[51]), auch für die Grundschuld zu bewenden[52]). Ob was dann sonst noch an Gründen übrig bleibt, von denen übrigens die Ausführung, daß solange der Eigenthümer den Grundschuldbrief an sich behalte, sein Verpflichtungswille dem Gläubiger gegenüber noch nicht seinen vollen Ausdruck erlangt habe, auch bei der hier vertretenen Ansicht zutrifft, weil, wie oben hervorgehoben, der Mangel des Hypotheken- und Grundschuldbriefs ein Hinderniß in der vollen Geltendmachung der Hypothek und Grundschuld ist, und ob namentlich die Bemerkung von dem im Grundschuldbrief sich verkörpernden Recht der Grundschuld, welche die Grundschuld schließlich ganz zu Papier macht, ausreicht, um die Vorschrift des §. 20 zu rechtfertigen, mag auf sich beruhen. Jedenfalls ergiebt die Entstehungsgeschichte dieses Paragraphen nichts, was dafür spräche, mehr als das ausdrücklich genannte Verfügungsrecht und gar die ganze Ent-

---

[50]) Turnau Anm. 3 zu §. 82 S. 474.

[51]) Vgl. z. B. die Erkenntnisse des Ober-Tribunals vom 25. März 1837, 5. Mai 1838 und 14. Februar 1870 (Entsch. Bd. 2 Nr. 34 S. 332, Bd. 4 Nr. 7 S. 70 und Bd. 63 Nr. 8 S. 91).

[52]) Ebenso, für die selbständige Hypothek des Mecklenburgischen Rechts v. Meibom, Hypothekenrecht §. 29 S. 238.

stehung der Grundschuld von dem Besitz des Grundschuldbriefs abhängig zu machen. Im Gegentheil, daß allein das Verfügungsrecht bis zur Aushändigung des Briefs hinausgeschoben ist, führt argumento e contrario dazu, daß im übrigen das Recht der Grundschuld schon früher beginnt und daß dasselbe an sich schon mit und von der Eintragung ab vorhanden ist[53]).

Daß sodann auf die Ausfertigung eines Grundschuldbriefs nicht verzichtet werden kann, hat nach den Regierungs-Motiven zum §. 122 G. B. O., die bei diesem Punkte von keiner Seite Widerspruch erfahren haben und denen daher maßgebendes Gewicht beigelegt werden darf[54]), seinen Grund darin, daß „das Unterbleiben der Ausfertigung doch immer nur als eine Unregelmäßigkeit erscheinen würde und nicht allein den Gläubigern die Möglichkeit der weitern Begebung der (Hypothek) Grundschuld entgeht, sondern auch deren Gläubigern es erschwert wird, Rechte auf die Post vermerken zu lassen[55]).“ Die Ausschließung des Verzichts ist hiernach weiter nichts als eine Zweckmäßigkeitsmaßregel und hauptsächlich durch die Bestimmung der Grundschuld, nicht bei dem ersten Gläubiger zu bleiben, sondern in raschem Verkehr von Hand zu Hand zu gehen[56]), veranlaßt. In Folge dieser Bestimmung wird, da der Gläubiger ohne Brief die Grundschuld überhaupt nicht begeben kann, in den überwiegend meisten Fällen die Ausfertigung eines Briefs nothwendig. Muß diese aber doch regelmäßig geschehen, so empfiehlt es sich, da sie nachträglich nicht ohne mancherlei Inkonvenienzen geschehen kann, sie

---

[53]) Weil lediglich das Verfügungsrecht von der Aushändigung des Briefs abhängig ist, sind für die Frage, ob, wenn der Grundschuldgläubiger vor dem Empfang des Briefes über die Grundschuld durch Cession verfügt, diese Verfügung durch die Aushändigung des Briefs konvalescirt, welche Frage von Heidenfeld S. 131 a. E. u. 132 aufgeworfen und, soweit das Rechtsverhältniß zwischen Cedenten und Cessionar in Betracht kommt, im Sinn einer Konvalescenz mit auf den Zeitpunkt der Verfügung rückwirkender Kraft entschieden wird, nicht die von Heidenfeld zur Anwendung gebrachten Grundsätze von der Verfügung über ein noch nicht existirendes Recht und der bedingten Unmöglichkeit nach §. 57 I. 5 Allg. Landrechts maßgebend. Vielmehr sind die Bestimmungen, welche für die Disposition über ein zwar vorhandenes Recht aber bei mangelnder Dispositionsbefugniß gelten, anzuwenden, und nach diesen dürfte die Entscheidung wesentlich anders ausfallen.

[54]) Erkenntniß des Ober-Tribunals vom 27. September 1867 (Arch. Bd. 68 Nr. 34 S. 208), daß, soweit eine Regierungs-Vorlage von den übrigen Faktoren der Gesetzgebung genehmigt worden sei, man ihren Motiven ein Gewicht nicht versagen könne.

[55]) Werner Thl. II S. 159.

[56]) Daselbst S. 53.

gleich sofort bei der Eintragung der Grundschuld vorzunehmen. Deshalb und nicht etwa weil die Grundschuld ohne und vor dem Brief nicht entstehen und bestehen könnte, ist der Verzicht auf den Brief von vornherein und allgemein ausgeschlossen.

In gleicher Weise sind auch die noch bleibenden Vorschriften der §§. 38 und 49 E. E. G., von denen die letztere eine Konsequenz der erstern ist, nur aus Zweckmäßigkeits-Rücksichten hervorgegangen. Dieselben sind, nachdem zuerst Bähr es den Entwürfen von 1868 und 1869 gegenüber als „ein entschieden praktisches Bedürfniß" hingestellt hatte, daß Einreden nicht blos, wenn sie sich aus dem Grundbuch ergeben, zulässig seien, sondern auch auf dem Hypothekenbrief beurkundete Einreden Wirksamkeit gegen Dritte gewinnen mußten[57]), durch die Kommission des Herrenhauses in das Gesetz aufgenommen und ist dabei zu ihrer Rechtfertigung lediglich geltend gemacht worden, daß sich ohne sie ein lebhafter Verkehr mit Grundschuldbriefen nicht entwickeln werde, weil es doch nicht möglich sei, daß der Erwerber sich durch Einsicht des Grundbuchs eines vielleicht weit entfernten Grundbuchamts vor dem Erwerbe erst versichere, ob darin etwas eingetragen sei, was nicht aus dem Grundschuldbrief sich ergäbe[58]). Sie sind auch praktisch von sehr geringer Bedeutung, da wesentliche Veränderungen einer Grundschuld ohne Beibringung des Briefs nicht im Grundbuch eingetragen werden können und die in diesem vorgenommene Einschreibung auch auf Jenem vermerkt werden muß (§. 129 G. B. O.), der Grundschuldbrief daher außer dem Fall eines Versehens des Grundbuchamts stets mit dem Grundbuch in Uebereinstimmung ist und bleibt[59]), der §. 38 außerdem nur das Verhältniß zwischen dem Eigenthümer als Beklagtem und dem Gläubiger als Kläger betrifft und darüber hinaus, also z. B. bei Subhastationen keine Anwendung findet[60]). Soweit ihre Tragweite reicht, stellen sie allerdings den Grundschuldbrief dem Grundbuche gleich. Aber weil ihnen jede principielle Grundlage abgeht, muß dies auf ihren eigentlichen engen Wirkungskreis beschränkt bleiben und sind sie daher weder im Stande, dem Brief im allgemeinen die Bedeutung des Grundbuchs

[57]) Gesetzentwürfe S. 93 Anm. 50.

[58]) Werner Thl. II S. 58 u. 61.

[59]) Förster, Grundbuchrecht S. 141 und Privatrecht Thl. III §. 194 S. 437; Brettner a. a. O. in Gruchot, Beiträge Bd. XVII S. 166 II.

[60]) Bahlmann Anm. 158 zu §. 38 E. E. G. S. 111; Achilles Anm. 61c zu demselben §. S. 93 und Förster, Privatrecht Thl. III §. 194 Anm. 144 S. 438 gegen Dernburg §. 202 Anm. 6 S. 422.

zu geben, noch auch können sie ihm namentlich die Bedeutung geben, daß er auf die Entstehung der Grundschuld einen Einfluß hätte.

Es hat also, um es zusammenzufassen, keine der Vorschriften, durch welche der Grundschuldbrief von dem Hypothekenbrief unterschieden ist, ihren Grund darin, daß die Grundschuld erst von der Ausfertigung oder Aushändigung des Briefs ihren Anfang nähme und keine hat den Zweck, den Beginn der Grundschuld von dem Brief abhängig zu machen. Sie können daher weder einzeln noch zusammen zu dem letztern Resultat führen, vielmehr ist festzuhalten, daß die Grundschuld ebenso wie die Hypothek schon von der Zeit der Eintragung ab datirt[61]).

Eine Ansicht ist noch speziell hervorzuheben. Nach dem Vorgange von Bähr, welcher bei Besprechung der selbständigen Hypothek der Entwürfe von 1868 und 1869 ausführte, daß der Eintrag als solcher noch gar kein Recht sondern nur die Möglichkeit eines Rechts gebe und die wirkliche Bestellung der Hypothek erst durch die Hingabe und Annahme des Hypothekenbriefs erfolge, wenn es aber durch diese Hingabe und Annahme zur Bestellung gekommen sei, die Hypothek dann vom Eintrag ab datire[62]), hat Heidenfeld für die Grundschuld der Gesetze vom 5. Mai 1872 behauptet, daß die Eintragung einer Grundschuld an und für sich nur die Absicht zum Ausdruck bringe, das Recht einem Dritten einzuräumen und die Einräumung des Rechts selbst erst mit der Aushändigung des Grundschuldbriefs geschehe, nach erfolgter Tradition der Urkunde jedoch das Recht der Grundschuld auf die Zeit der Eintragung zurückwirke[63]). Diese Ansicht geht also zwar von dem bekämpften Satze, daß die Entstehung der Grundschuld von der Aushändigung des Briefs abhängig sei, aus, kommt indessen auf einem Umwege, der von Heidenfeld als Rechtsbehelf der Konvalescenz bezeichnet wird[64]) doch zu demselben Resultat, das vorstehend angenommen worden ist. Die rückwirkende Konvalescenz wird dabei[65]) darauf gestützt, daß in der Aushändigung des Briefs an einen Dritten der Wille ausgesprochen sei, daß dem

---

[61]) Anderer Ansicht sind und nehmen an, daß die Grundschuld erst mit der Aushändigung des Briefs beginne, Bahlmann Anm. 106 zu §. 20 E. E. G. S. 78; Achilles Anm. 8 zu §. 20 E. E. G. S. 67 u. Anm. 61 zu §. 38 daselbst S. 92 und mit Bezug auf die Entwürfe von 1868 und 1869 Ziebarth: Die Reform des Grundbuchrechts (1870) §. XXII S. 71.

[62]) Gesetzentwürfe S. 89 u. 90.

[63]) Immobiliarrecht S. 131 ff.

[64]) Daselbst S. 133.

[65]) von Heidenfeld S. 131—133; Bähr motivirt sie nicht weiter.

Empfänger das Recht so übertragen sein solle, wie der Eintrag es bezeichne, also mit den rechtlichen Folgen, welche eingetreten wären, wenn zur Zeit der Eintragung das Recht existent gewesen wäre, namentlich mit den Zinsen schon seit dem im Eintragungsvermerk angegebenen Anfangstage der Verzinsung und mit der Priorität, welche der Eintrag ergebe. Es wird mithin Alles auf den Willen des den Brief aushändigenden Eigenthümers gestellt und ist damit die Möglichkeit gegeben, daß der Eigenthümer auch einmal einen andern Willen haben und bei der Aushändigung des Grundschuldbriefs bestimmen könnte, daß der Empfänger die Grundschuld nicht so als ob sie mit der Eintragung existent geworden wäre, sondern ausdrücklich als erst von der Aushändigung des Briefs oder einem andern beliebigen Zeitpunkt zwischen Eintragung und Aushändigung ab wirkend erlangen solle, eine Möglichkeit, die Heidenfeld selbst anerkennt, indem er bemerkt, daß der Empfänger das Recht auf die im Eintrag verbrieften Zinsen dann nicht geltend machen könne, wenn dem Schuldner aus §. 39 E. E. G. die Einrede der Tilgung zustehe oder die exceptio doli aus einer Vereinbarung mit dem Gläubiger, daß er die Zinsen erst von einem spätern, als dem im Eintragungsvermerk angegebenen Tage ab beziehen solle, zu begründen sei. Eine nähere Betrachtung ergiebt aber, daß die gedachte Möglichkeit theils gar nicht besteht theils der abweichende Wille des Eigenthümers wenigstens nicht die Kraft hat, die Erlangung der Grundschuld mit der Wirksamkeit von der Zeit der Eintragung ab für den Empfänger des Briefs direkt und unmittelbar auszuschließen.

Der Eigenthümer kann gar keinen andern Willen haben z. B. in Bezug auf die Priorität. Die Rangordnung ist ein Rechtsverhältniß lediglich unter den eingetragenen Gläubigern selbst und der einseitigen Disposition des Eigenthümers entzogen, sobald sie einmal durch die Eintragung und nach deren Ort und Datum bestimmt worden ist. Trotz des bei der Aushändigung des Briefs erklärten andern Willens des Eigenthümers würde daher ein dritter Gläubiger weder eine bessere Priorität oder auch nur ein Recht auf Einräumung einer solchen erlangen, noch der Empfänger des Grundschuldbriefs das Vorrecht, welches die Eintragung ergiebt, nicht erlangen. Das Einzige, was höchstens bewirkt werden könnte, würde eine persönliche Verpflichtung des Empfängers des Grundschuldbriefs dem Eigenthümer gegenüber sein, durch besondere Rechtsgeschäfte die durch den Ort oder das Datum der Eintragung festgestellte Priorität nachträglich zu ändern, wodurch selbstredend die Erlangung der Grundschuld mit dieser Priorität nicht betroffen wird.

In andern Beziehungen hat zwar der Wille des Eigenthümers mehr Wirkung, z. B. bei dem zweiten von Heidenfeld hervorgehobenen Punkte, dem Zinsenbezuge. Hier kann der Eigenthümer freilich unbeschränkt bestimmen, daß der Empfänger des Briefs die Zinsen erst von dem Tage der Aushändigung des Briefs ab beziehen solle. Aber diese Disposition begründet nur ein obligatorisches Verhältniß zwischen ihm und dem Gläubiger, welches in derselbeu Weise und unter denselben Voraussetzungen, wie sonst das Schuldverhältniß zwischen Grundschuldgläubiger und Eigenthümer eine Einrede gegen die Klage geben kann, aber mit der Eintragung selbst und deren Wirkungen direkt nichts zu thun hat. Es ist eine Einrede im eigentlichen Sinne des Worts, welche nicht die gültige Entstehung der Grundschuld noch die Aufhebung derselben zum Gegenstande hat, sondern das Recht der Grundschuld an sich bestehen läßt und ihm nur ein anderes selbständiges Recht des Beklagten entgegenstellt, welche daher die Entstehung der Grundschuld durch die Eintragung und deren Erlangung so, wie die Eintragung sie bezeichnet, nicht ausschließen bezw. nicht wieder beseitigen kann. Die Grundschuld ist als solche eben nach allen Richtungen hin unabhängig von dem persönlichen Verhältniß. Heidenfeld spricht deshalb auch sehr richtig nur von einer Einrede der Tilgung und von einer exceptio doli.

Ist es sonach nicht möglich bei der Ansicht, daß die Grundschuld vor der Aushändigung des Briefs nicht bestehe, zu einer durch die Aushändigung eintretenden Konvalescenz zu gelangen, so bleibt, wenn man, wie Bähr und Heidenfeld thun, dafür hält, daß nach der Aushändigung des Briefs der Grundschuldgläubiger die Grundschuld mit Wirksamkeit von der Zeit der Eintragung ab haben müsse, nichts andres übrig als anzunehmen, daß der Grundschuldgläubiger auch schon vorher die Grundschuld in dieser Weise gehabt hat. Und das ist denn auch das allein Richtige.

Es war bisher nur von der Grundschuld im allgemeinen die Rede, ohne der Grundschnld, welche ein Eigenthümer auf seinen eigenen Namen hat eintragen lassen, besonders zu gedenken. Für letztere ist nun gewiß, daß dem Eigenthümer die wesentlichsten Rechte eines Grundschuldgläubigers fehlen, er namentlich weder Zinsen von sich fordern noch auf Subhastation gegen sich antragen kann und eine wirkliche Grundschuld nicht besteht[66]). Was besteht ist im §. 27 E. E. G. genau angegeben,

[66]) Vgl. die Regierungs-Motive zum §. 27 E. E. G. bei Werner Thl. II S. 27; Achilles Anm. 20 zu §. 27 E. E. G. S. 76; auch Voß a. a. O. in Behrend, Zeitschrift Bd. VIII S. 498 ff.

nämlich das Recht über die Grundschuld zu verfügen und auf dritte Personen die vollen Rechte eines Grundschuldgläubigers zu übertragen, sowie das Recht, bei der Vertheilung der Kaufgelder in Folge einer gerichtlichen Zwangsversteigerung die Grundschuld für sich geltend zu machen. Diese Rechte entstehen aber gleichfalls durch die Eintragung und da der Grundschuldbrief hier natürlich keine größere Bedeutung wie bei den auf den Namen eines Dritten eingetragenen Grundschulden haben und daher ebensowenig wie dort einen Grund bilden kann, die Wirksamkeit der Eintragung bis zur Ausfertigung oder Aushändigung des Briefs hinauszuschieben, auch bereits von der Eintragung ab und gilt dies auch für das Recht, über die Grundschuld zu verfügen, weil §. 20 E. E. G. nach seinem Zweck und Wortlaut nur für einen eingetragenen Gläubiger und nicht für den Eigenthümer gegeben ist. Daß es im §. 7 cit. heißt:

> Der Eigenthümer kann auf seinen Namen Grundschulden eintragen und sich Grundschuldbriefe ausfertigen lassen. Er erlangt dadurch das Recht, über diese Grundschuld zu verfügen und auf dritte Personen die vollen Rechte eines Grundschuldgläubigers zu übertragen,

steht nicht entgegen. Denn es hat damit offenbar nicht ausgedrückt werden sollen, daß der Eigenthümer seine Rechte nicht schon durch die Eintragung, sondern erst durch die Eintragung und die Ausfertigung des Grundschuldbriefes erlange. Es ergiebt sich dies nicht blos daraus, daß nur das Recht der Verfügung und Uebertragung in dieser Weise anscheinend an die Ausfertigung geknüpft, das völlig gleichstehende Recht der Liquidirung der Grundschuld bei der Kaufgeldervertheilung dagegen nach dem Wortlaut nicht an die Aushändigung gebunden ist, sondern auch aus der Entstehungsgeschichte des Paragraphen. Derselbe lautete nämlich in der Regierungsvorlage:

> Der Eigenthümer kann auf seinen Namen Hypothek eintragen lassen. Er erlangt dadurch das Recht, über diese Hypothek zu verfügen u. s. w. wie im Gesetz, nur daß es statt Grundschuldgläubiger und Grundschuld, Hypothekengläubiger und Hypothek hieß[67]),

gab also zu Zweifeln keine Veranlassung und hat seine jetzige Fassung in der Kommission des Herrenhauses mit Rücksicht darauf erhalten, daß nach dem Beschluß derselben über die Aufrechterhaltung des Begriffs der Hypothek im bisherigen Sinne die Bestimmung des Entwurfs nur

---

[67]) Werner Thl. I S. 17.

auf Grundschulden, über welche stets Grundschuldbriefe auszufertigen sind, Anwendung finden könne[68]). Es hat daher vollständig fern gelegen, durch die Aenderung eine Bestimmung über den Zeitpunkt, von welchem ab die dem Eigenthümer zustehenden Rechte ihren Anfang nehmen, zu treffen[69]).

Soviel über die Unzulässigkeit von der allgemeinen Regel, daß die Einschreibungen von da ab, wo sie im Grundbuch erfolgt sind, wirken, für Hypotheken und Grundschulden eine Ausnahme dahin zu machen, daß bei diesen der Beginn der Wirksamkeit der Einschreibung erst von einem spätern Zeitpunkt ab datirt wird.

Auf der andern Seite ist für drei Fälle ein früherer Anfangszeitpunkt der Wirksamkeit der Einschreibung behauptet worden, nämlich für die Eintragung des Eigenthumsüberganges im Fall einer freiwilligen Veräußerung des Eigenthums, sodann wiederum für die Hypotheken und drittens für begründete Arreste wegen persönlicher Forderungen auf Grundstücke. Hierauf ist nunmehr näher einzugehen. Die Widerlegung der hierbei geltend gemachten speziellen Gründe, die theilweise eine über den Kreis der betreffenden Einschreibung hinausgehende Tragweite haben, wird zugleich dazu dienen, die vorher versuchte allgemeine Ausführung gegen einen solchen frühern Anfangszeitpunkt und für die Zeit der Eintragung noch wesentlich zu unterstützen.

Im Fall einer freiwilligen Veräußerung des Eigenthums ist der Eigenthumsübergang nach Ansicht der Einen[70]) überhaupt nicht und

---

[68]) Daselbst Thl. II S. 56.

[69]) Die weitere Frage, von welchem Zeitpunkte ab, wenn der Eigenthümer von dem Recht, über die Grundschuld zu verfügen, durch Abtretung derselben an einen Dritten Gebrauch macht oder er durch die Abtretung des Eigenthums am Grundstück nach §. 28 E. E. G. an der auf seinen Namen eingetragenen Grundschuld selbst alle Rechte eines Grundschuldgläubigers erlangt, die Gläubigerrechte für den Dritten bezw. den Eigenthümer beginnen, gehört theils nicht hierher, weil es sich dabei nicht um die Wirkungen einer Einschreibung handelt, theils soweit die Abtretung des Eigenthums durch Auflassung und die auf Grund derselben erfolgte Eintragung des Eigenthumsüberganges stattfindet, bietet sie nichts Eigenthümliches, weil die Eintragung des Eigenthumsüberganges von demselben Momente, von dem ab sie das Eigenthum auf den Erwerber überträgt, nothwendig dem bisherigen Eigenthümer die Rechte als Grundschuldgläubiger geben muß.

Wird im erstern Fall die Abtretung der Grundschuld nachher im Grundbuch vermerkt, so unterliegt es keinem Zweifel, daß auch diese Eintragung ihre Wirkungen dann von demselben Zeitpunkt, wie sonst die Eintragung einer Abtretung, äußert.

[70]) Bahlmann Anm. 20 zu §. 2 E. E. G. S. 29 und de lege ferenda Bähr, Gesetzentwürfe S. 129.

nach anderer Ansicht[71]) wenigstens nicht in dem Verhältniß zwischen dem Erwerber und dem Veräußerer von der Eintragung ab zu rechnen, sondern rückwärts vom Augenblick der Auflassung an zu datiren.

Für das Verhältniß zwischen dem Erwerber und Veräußerer dürfte die Frage, ob eine Rückziehung stattfindet, mit Rücksicht darauf, daß der Uebergang der Nutzungen und Lasten des Eigenthums von Diesem auf Jenen sich mit der Uebergabe oder dem anderweit festgesetzten Zeitpunkte, jedenfalls aber außerhalb des Grundbuchs vollzieht und der Veräußerer nach Abgabe der Auflassungserklärung, wenngleich die Eintragung noch nicht erfolgt ist, wohl nicht mehr vor dem Grundbuchamt über das Grundstück zum Nachtheil des Erwerbers verfügen kann, von geringer Bedeutung und höchstens dann erheblich sein, wenn es sich um eine Verfügung, welche der Veräußerer gültig ohne Eintragung treffen konnte, also z. B. die Konstituirung einer Grundgerechtigkeit, eine Vermiethung oder Verpachtung und darum handelt, ob diese Verfügung dem Erwerber gegenüber ungültig ist oder ob der Letztere sie auch gegen sich gelten lassen muß und auf eine bloße Entschädigungsklage gegen den Veräußerer beschränkt ist[72]). Doch ganz abgesehen hiervon würde es unbedingt von der Hand gewiesen werden müssen, eine Unterscheidung zwischen dem Veräußerer und dritten Personen zu machen und das Eigenthum des Erwerbers im Verhältniß zu Jenem bereits von der Auflassung, im Verhältniß zu Diesen aber erst von der Eintragung ab beginnen zu lassen. Denn wäre dies richtig, so würde in der Zwischenzeit zwischen der Auflassung und der Eintragung, die nach der Absicht der Regierungs-Entwürfe zwar nicht vorhanden sein sollte[73]), thatsächlich in der Praxis aber nicht blos nach Tagen, sondern bei den größern Grundbuchämtern selbst nach Wochen zählt, dem Veräußerer gegenüber der Erwerber, jedem Andern gegenüber aber der Veräußerer Eigenthümer, also in dieser Zeit eine Zwiespältigkeit des Eigenthümers vorhanden sein, wie sie mit dem Begriff des Eigenthumsrechts durchaus im Widerspruch stände und nicht

---

[71]) Dernburg §. 240 S. 515; Achilles Anm. 2 zu §. 1 E. E. G. S. 35.

[72]) Förster Privatrecht Bd. III §. 178 S. 229.

[73]) Motive zum E. E. G. Einleitung: „Die Auflassung und Eintragung sind zusammen ein ungetrennter, ein einheitlicher Rechtsakt", „Um scharf und bestimmt diesen innigen Zusammenhang der Auflassung und Eintragung zum Ausdruck zu bringen und dem Mißverständniß vorzubeugen, als ob beide Akte zeitlich auseinanderfallen könnten oder dürften, ist" u. s. w. (Werner Thl. II S. 15). S. auch Förster, Grundbuchrecht S. 88 und Dalcke: Studien im Preußischen Grundbuchrecht in Gruchot, Beiträge Bd. XVII S. 462.

minder gegen den Geist und die Tendenz der Gesetze vom 5. Mai 1872 wäre, zu deren Hauptzwecken es ja gehört hat, die Duplicität des Eigenthums zu beseitigen[74]). Würde daher der Eigenthumserwerb dem Veräußerer gegenüber auf den Zeitpunkt der Auflassung zurückzuziehen sein, so müßte er auch jedem Andern gegenüber und allgemein auf diesen Zeitpunkt zurückgezogen werden. Die ganze Zurückziehung, von der selbst gegnerischerseits zugegeben wird, daß sie die Rechtskonsequenz nicht für sich hat[75]), ist aber überhaupt nicht begründet[76]).

Für dieselbe ist in erster Linie geltend gemacht worden[77]), daß der Zweck der Eintragung nur darin bestehe, den in der Auflassung erklärten Uebertragungswillen zu bekunden und damit zur Wirksamkeit zu bringen. Allein diese Ansicht über das Verhältniß von Auflassung und Eintragung zu einander ist nicht richtig. Es ist zwar de lege ferenda von mehreren Seiten dafür eingetreten worden, daß der Schwerpunkt des Eigenthumserwerbs in die Auflassung gelegt werde[78]), jedoch ohne Erfolg. Wäre in der That die Auflassung das für den Erwerb des Eigenthums Entscheidende, so würde der Fall der freiwilligen Veräußerung dem der nichtfreiwilligen im Wesentlichen gleichstehen. Bei Beiden würde der Eigenthumserwerb in gleicher Weise außerhalb des Grundbuchs nach dem bestehenden Recht mit der alleinigen Modifikation, daß an die Stelle der außergerichtlichen Tradition die gerichtliche Auflassung getreten wäre, geschehen und die Eintragung nur die Bedeutung haben, das bereits erworbene Eigenthum nach außen hin kundbar zu machen und den Erwerber Dritten gegenüber ohne Weiteres zur Verfügung über das Grundstück und zu dessen prozessualischer Vertretung aktiv und passiv zu legitimiren. So ist aber der Standpunkt der Gesetze vom 5. Mai 1872 nicht. In diesen wird vielmehr zwischen nicht freiwilliger und freiwilliger Veräußerung streng geschieden. Nur für die Erstere ist der Erwerb nach dem bisherigen Recht geblieben und hat die Eintragung

---

[74]) Förster, Privatrecht Bd. I §. 23 S. 125 u. Bd. III §. 172 S. 166; Erkenntniß des Ober-Tribunals vom 15. Dezember 1873 (Entsch. Bd. 71 Nr. 38 S. 252).

[75]) Dernburg a. a. O.

[76]) Letzterer Ansicht sind auch Heidenfeld S. 17; Dalcke a. a. O. in Gruchot, Beiträge Bd. XVII S. 462 u. 463; Turnau, Anm. 4 zu §. 48 G. B. O. S. 197; Förster, Privatrecht Bd. III §. 178 S. 228 u. 229; Neubauer: Controversen aus dem Preußischen Grundbuchrecht (1874) S. 20 Nr. 15 und Loebell: Studium zur Grundbuch-Ordnung (1875) S. 14 u. 15.

[77]) Von Dernburg a. a. O.

[78]) Von Bähr, Gesetzentwürfe S. 71 ff. u. 75—84 und Behrend in seiner Zeitschrift Bd. V S. 680.

den Charakter einer Berichtigung des Legitimationspunktes. Bei der freiwilligen Veräußerung dagegen ist mit dem frühern Recht vollständig gebrochen und eine ganz neue Lehre vom Eigenthumserwerb aufgestellt. §. 1 E. E. G. heißt: „Im Fall einer freiwilligen Veräußerung wird das Eigenthum an einem Grundstück nur durch die auf Grund einer Auflassung erfolgte Eintragung des Eigenthumsüberganges im Grundbuch erworben" und nicht wie es heißen müßte und heißen würde, wenn die Auflassung das Entscheidende sein und die Eintragung nur dieselbe Bedeutung wie bei der nicht freiwilligen Veräußerung haben sollte: „Im Fall einer freiwilligen Veräußerung wird das Eigenthum durch gerichtliche Auflassung erworben und auf Grund dieser Auflassung der Erwerber als Eigenthümer im Grundbuch eingetragen." Der Erwerb erfolgt also nicht durch die Auflassung, sondern durch die Auflassung und Eintragung. Diese beiden Rechtsakte zusammen entsprechen der frühern Tradition. Sie sind von gleicher Wichtigkeit und gehören und tragen gleichmäßig zum Eigenthumserwerb bei. Es wird deshalb die neue Theorie auch nicht Auflassungs- sondern Auflassungs- und Eintragungs-Theorie genannt[79]) und steht es damit im besten Einklange, wenn die Motive des Regierungs-Entwurfs sagen, daß wie eine Auflassung ohne Eintragung den Eigenthumserwerb nicht vollende, weil dem Inhalt die Form fehle, so auch eine Eintragung ohne vorangegangene Auflassung kein Eigenthum gebe, weil der Form der Inhalt fehle und die Ansicht, als ob die Auflassung für sich oder die Eintragung für sich der eigentliche Akt des Eigenthumsüberganges sei, als Mißverständniß bezeichnen[80]). Darnach kann von einer größern Bedeutung der Auflassung nicht die Rede sein[81]) und in einer solchen auch kein Grund gefunden werden, von ihr ab den Eigenthumserwerb zu datiren.

Wenn ferner darauf hingewiesen wird, daß der Grundbuchrichter nur die Auflassung zu prüfen habe und die zwischen der Auflassung und der Eintragung liegenden Aenderungen z. B. durch Tod, Verlust der Verfügungs- oder Erwerbsfähigkeit u. dgl. ohne Einfluß blieben[82]), so ist dies nach §. 46 und 48 G. B. O. zwar richtig[83]), der daraus gezogene

---

79) Z. B. Werner Thl. II S. 11, 16, 17, 19 und sonst.

80) Daselbst S. 15.

81) Dieser Ansicht sind auch Heidenfeld S. 16; Achilles Anm. 3 zu §. 2 E. E. G. S. 38; Dalcke a. a. O. bei Gruchot S. 462.

82) Bahlmann a. a. O. S. 29 und Achilles a. a. O. S. 35.

83) Turnau Anm. 4 zu §. 48 S. 197; Förster, Privatrecht Bd. III §. 178 Anm. 47 S. 229.

Schluß, daß deswegen der Eigenthumsübergang von dem Zeitpunkt, in welchem die zur Eintragung gelangte Auflassung vollzogen ist, gerechnet werden müsse, geht aber zu weit. Aus der Auflassung entsteht für den Auflassenden die Pflicht, die Uebertragung seines Eigenthums durch die demnächstige Eintragung sich gefallen zu lassen und für den Andern, an welchen die Auflassung geschah, das Recht, durch diese Eintragung das Eigenthum zu erwerben. Diese Pflicht und dieses Recht sind mit dem Moment der vollzogenen Auflassung fest begründet bezw. wohl erworben und deshalb späteren Begebenheiten ebenso wie dem einseitigen Widerruf eines Theils entzogen. Mit Rücksicht hierauf und nicht etwa weil die Auflassung den Anfangspunkt für den Eigenthumserwerb durch die spätere Eintragung bildet, ist die richterliche Prüfung auf die Auflassung und deren Zeit beschränkt und kann alles Spätere für die lediglich das Grundbuchamt angehende Thätigkeit der Eintragung unberücksichtigt bleiben.

Der letzte für die Zurückziehung angeführte Grund ist darin gefunden worden, daß der Zeitpunkt der Eintragung der unmittelbaren Einwirkung der Parteien entzogen sei und deshalb billiger Weise nicht dazu bestimmt sein könne, das durch die Veräußerung begründete Rechtsverhältniß zu beeinflussen[84]), ist also aus der Billigkeit und Zweckmäßigkeit oder vielmehr dem Mangel derselben hergenommen. Es soll nun zwar nicht geleugnet werden, daß die Rücksicht auf den innern Werth oder Unwerth eines Gesetzes an sich ein zulässiges Interpretationsmittel ist. Aber sie ist unter allen Umständen ein sehr gefährliches Interpretationsmittel, weil die Ansichten über Billigkeit und Zweckmäßigkeit mehr oder weniger Sache des schwankenden Gefühls sind und jene Rücksicht leicht irre und zur Willkür und Parteilichkeit führen kann[85]). Jedenfalls genügt sie nicht, um einen Ausdruck, der klar und unmittelbar einen bestimmten und anwendbaren Gedanken darstellt, als unrichtig und mit dem wahren Gedanken des Gesetzes nicht in Uebereinstimmung befindlich anzusehen und von ihm abzuweichen[86]). Sie hierzu anwenden, hieße

---

[84]) Achilles a. a. O.

[85]) L. 91 §. 3 D. de V. O. (45,1): in quo genere (scil. in quaestionibus de bono et aequo) plerumque sub auctoritate juris scientiae perniciose erratur.

[86]) Glück: Ausführliche Erläuterung der Pandekten nach Hellfeld Bd. I 2. Aufl. (1797) §. 30 S. 208 u. 209; v. Savigny: System des heutigen römischen Rechts Bd. I (1840) §. 37 S. 240; Bornemann: Systematische Darstellung des Preuß. Civilrechts 2. Aufl. Bd. I (1842) §. 6 S. 68; l. 12 §. 1 D. qui et a quibus manumissi (40, 9): quod quidem perquam durum est, sed ita lex scripta est.

nicht mehr den Gedanken des Gesetzes entwickeln, sondern seine eigenen Gedanken in dasselbe hineintragen, nicht das Gesetz auslegen, sondern es verändern und fortbilden. Die Härte oder Unzweckmäßigkeit eines Gesetzes kann vielmehr nur dann zur Auslegung benutzt werden, wenn der gesetzgeberische Ausdruck sei es wegen Unvollständigkeit sei es wegen Mehrdeutigkeit keinen in sich vollendeten Gedanken ergiebt, sondern unbestimmt ist[87]). Ein solcher unbestimmter Ausdruck liegt hier nicht vor. Im Gegentheil, wenn das Gesetz sagt: „das Eigenthum wird durch die auf Grund einer Auflassung erfolgte Eintragung des Eigenthumsüberganges erworben", so ist damit vom Standpunkt des gewöhnlichen, ungekünstelten Sprachgebrauchs und bei unbefangener Betrachtung der Gesetzesworte in durchaus bestimmter und verständlicher Weise der Gedanke ausgesprochen, daß der Eigenthumserwerb ganz allgemein, also auch in Bezug auf den Anfang an die Eintragung geknüpft sein soll. Um diesen klaren und unzweideutigen Ausdruck als mangelhaft und unrichtig darzuthun, ist der vorliegende Billigkeitsgrund in der Gestalt, wie er geltend gemacht ist, um so weniger hinreichend, als grade die Fälle, wo von dem Willen der Parteien unabhängige Umstände auf deren Rechte Wirkungen ausüben, im Rechtsleben eben nicht selten sind. Man denke nur an die vielen und wichtigen Folgen, die ein Prozeß für das eingeklagte Recht in seinen weitern Stadien der Einleitung, Behändigung, Beantwortung der Klage u. s. w. mit sich führt und doch hat der Kläger auf alle diese Akte und auf den Fortgang des Prozesses überall keinen Einfluß, sondern allein den Zeitpunkt der Anbringung der Klage in seiner Gewalt.

Um gleich einem möglichen, bis jetzt allerdings nicht gemachten Einwurfe zu begegnen, sei hierbei noch bemerkt, daß auch die Vorschrift des §. 10 G. B. O., nach welcher außer dem Datum der Eintragung auch das Datum der Auflassung im Eintragungsvermerk angegeben werden soll, nicht im Stande ist, die diesseits verfochtene Ansicht zu erschüttern. Sowohl nach den früheren Entwürfen als auch noch nach dem letzten 1871er Entwurf zur G. B. O. fand die Angabe des Datums der Auflassung im Grundbuche nicht statt und ist die Aenderung erst in der Kommission des Herrenhauses, in welcher der Entwurf von 1871

---

[87]) Savigny a. a. O. §. 35 S. 225 u. §. 36 S. 229, wie denn auch die zahlreichen Stellen des Corpus juris, die von der aequitas als Interpretationsmittel sprechen, die Existenz eines unbestimmten Ausdrucks fast immer ausdrücklich hervorheben, z. B. l. 19 D. de leg. (1,3), l. 3 D. de his, quae in testamento (28,4), l. 56, 67 u. 192 §. 1 D. de div. reg. jur. (50,17) und sonst.

berathen wurde, angeregt worden. In diesem Entwurf lautete nämlich das zweite Alinea des §. 10: es ist einzutragen „in die zweite Spalte: die Zeit der Eintragung, die Vermerke über Zuschreibungen und auf den Antrag des Eigenthümers der Erwerbsgrund[88]).“ In der Herrenhaus-Kommission wurde hierzu das Amendement gestellt, das Alinea 2 folgendermaßen zu fassen: „in die zweite Spalte: das Datum der vorgelegten Urkunde, der Auflassung und Eintragung, der Erwerbsgrund und die Vermerke über Zuschreibungen“ und zur Motivirung desselben bemerkt: „Nachdem bei §. 2 des Grunderwerbsgesetzes beschlossen sei, daß bei der Auflassung stets die Urkunde über das Veräußerungsgeschäft zum Nachweise, daß ein solches vorhanden, vorgelegt werden müsse, so sei es eine unerläßliche Konsequenz auch stets das Datum der Urkunde und der Auflassung, sowie den Erwerbsgrund, wie solches die Formulare I. und II. bereits richtig exemplificirten, einzutragen, ohne daß es dazu des ausdrücklichen Antrags des Eigenthümers bedürfe. Dies gehöre zur Vollständigkeit der durch das Grundbuchamt vorzunehmenden Beurkundung und sei für den Verkehr und viele Interessen von unzweifelhafter Wichtigkeit.“ Der Regierungs-Kommissar fand zwar in dem Zusatz „das Datum der Auflassung“ eine Verbesserung der Vorlage, widersprach jedoch im Uebrigen dem Amendement als Konsequenz eines frühern Beschlusses der Kommission, mit welchem die Staatsregierung sich nicht habe einverstanden erklären können. Auch aus der Mitte der Kommission wurde widersprochen, indem von mehreren Mitgliedern die Vorlegung der Erwerbsurkunde nur zur Sicherung der Anfechtbarkeit der Auflassung und im Interesse der historischen Beurkundung der Geschäfte über Grundstücke für erforderlich erachtet sei, man daher die Eintragung des Erwerbsgrundes dem Antrage des Eigenthümers überlassen könne. Bei der Abstimmung wurde jedoch das ganze Amendement in der Kommission[89]) und sodann auch von dem Plenum des Herrenhauses und zwar in letzterem ohne weitere Debatte[90]) angenommen. In der Kommission des Hauses der Abgeordneten, an welche die Vorlage demnächst gelangte, wurde darauf „in Berücksichtigung der zu §. 2 des Gesetzes über den Eigenthumserwerb angenommenen Aenderung“ — Ablehnung der vom Herrenhause beschlossenen Nothwendigkeit der Vorlegung der Veräußerungsurkunde — beschlossen, in die zweite Spalte das Datum

---

88) Werner Thl. I S. 37.
89) Werner Thl. II S. 164.
90) Daselbst S. 178.

der Auflassung und der Eintragung, die Vermerke über Zuschreibungen und auf den Antrag des Eigenthümers den Erwerbsgrund einzutragen und hiernach der Pharagraph abgeändert[91]). Dies wurde von dem Plenum des Abgeordnetenhauses ohne weitere Diskussion genehmigt[92]) und dabei ist es dann bei der Schlußberathung im andern Hause lediglich verblieben[93]).

Aus dieser Redaktionsgeschichte der in Rede stehenden Vorschrift des §. 10 G. B. O. erhellt, daß man in keiner Weise beabsichtigt hat, durch dieselbe dem Entwurf gegenüber eine Aenderung des materiellen Rechts, wie es die Zurückziehung des Anfangs des Eigenthumserwerbs auf den Zeitpunkt der Auflassung sein würde, zu treffen — wozu das formelle Gesetz der G. B. O. überhaupt nicht der geeignete Ort gewesen wäre — und daß man ebenso wenig von der Ansicht ausgegangen ist, als ob die Auflassung für den Eigenthumserwerb als der Hauptakt, nach dem sich der Anfang desselben bestimme, anzusehen sei und deswegen ihr Datum angegeben werden müsse. Wie vielmehr die Zusammenstellung mit dem Erwerbsgrunde, der Veräußerungsurkunde und deren Datum, sowie die ausdrückliche Bezeichnung der getroffenen Aenderung als einer Konsequenz der Beschlüsse über die Vorlegung der Veräußerungsurkunde klar ergeben, ist die Angabe des Datums der Auflassung blos im Interesse des Verkehrs und der Vollständigkeit des Grundbuchs für zweckmäßig befunden worden, weil die Eintragung nur dann das Eigenthum überträgt, wenn sie auf Grund einer gültigen Auflassung erfolgt ist und um die Rechtsbeständigkeit dieser Auflassung besser prüfen zu können und eventuell ihre Anfechtung zu erleichtern[94]), welche Prüfung und Anfechtbarkeit für die vom Herrenhause für nothwendig, vom Abgeordnetenhause und im Gesetz wenigstens für zulässig erachtete Vorlegung der Veräußerungsurkunde der ausgesprochene Grund ist[95]). Eine weitergehende Bedeutung und namentlich eine Bedeutung für den Anfangszeitpunkt des Eigenthumserwerbs hat die Angabe des Datums der Auflassung nicht.

Der zweite zu erörternde Fall ist, wie bemerkt, der der Hypothek.

Auf Grund des frühern Rechts ist zuerst in einem Plenar-Be-

---

91) Werner Thl. II S. 186.

92) Daselbst S. 191.

93) Daselbst S. 196.

94) Achilles Anm. 41 zu §. 10 G. B. O. S. 150.

95) Werner Thl. II S. 48, 66, 109, 121 u. 122, 194 u. 195; Achilles Anm. 34 zu §. 48 G. B. O. S. 181 und Bahlmann Anm. 25 zu §. 2 E. E. G. S. 31.

schluß des Ober-Tribunals vom 21. Januar 1850[96]) und dann auch anderweit[97]) ausgeführt worden, daß, wenn der eingetragene Besitzer eine Hypothek bestellt und nachdem diese Hypotheken-Bestellung dem Hypothekenrichter zur Eintragung vorgelegt worden, jedoch bevor die Eintragung erfolgt ist, einem Andern sein Grundstück veräußert und übergiebt, das Recht des Hypothekengläubigers dem Erwerber gegenüber mit dem Zeitpunkt beginne, wo das Gesuch, welches die Eintragung der Hypothek zur Folge gehabt hat, dem Hypothekenrichter zur Eintragung vorgelegt worden ist. Das Gleiche ist sodann bei Anwendung des §. 10 der Konkurs-Ordnung vom 8. Mai 1855 auch einer nach der Einreichung des Eintragungsgesuchs aber vor der Eintragung der Hypothek geschehenen Konkurs-Eröffnung gegenüber angenommen worden[98]). Und endlich ist ganz allgemein behauptet worden, daß das Recht der Hypothek mit dem Moment des Eingangs des begründeten Eintragungsgesuchs beginne[99, 100]). Diese Ansicht, welche also die Wirksamkeit der Ein-

---

96) Präj. Nr. 2190 (Entsch. Bd. 19 Nr. 3 S. 28 u. 29, Justiz-Ministerialblatt von 1850 S. 183).

97) Plenarbeschluß des Ober-Tribunals vom 4. November 1850 (Entsch. Bd. 20 Nr. 4 S. 34 u. 35) und die Erkenntnisse desselben vom 21. März 1851 (Arch. Bd. 1 Nr. 72 S. 328 u. 329) und vom 2. Dezember 1870 (Entsch. Bd. 64 Nr. 18 S. 133 u. 134), sowie Evelt: Systematische Darstellung des Vormundschafts- und Hypothekenrechts (1859) §. 27 S. 247—252.

98) Verfügung eines ungenannten Hypothekenrichters vom Jahre 1859 bei Gruchot Beiträge Bd. VI (1862) S. 230 ff.; das daselbst Bd. XI (1867) S. 349 u. 350 mitgetheilte Erkenntniß zweiter Instanz, sowie die Erkenntnisse des Ober-Tribunals vom 23. Dezember 1861 (Entsch. Bd. 47 Nr. 21 S. 183 u. 184), 27. November 1863 (Arch. Bd. 52 Nr. 32 S. 132), 16. November 1866 (Arch. Bd. 66 Nr. 32 S. 166—168 und Gruchot Beiträge Bd. XI S. 351), 14. Juni 1867 (Entsch. Bd. 58 Nr. 25 S. 198 ff.), 8. September 1868 (Gruchot Beiträge Bd. XIV (1870) S. 127 ff.), 4. November 1870 (Arch. Bd. 79 Nr. 57 S. 362) und 4. November 1872 (Arch. Bd. 86 Nr. 69 S. 335).

99) K., Studie zu §. 10 der Konkurs-Ordnung, in Gruchot Beiträge Bd. XI S. 348 ff. u. S. 621 ff.; Förster, Privatrecht Bd. III 1. Aufl. (1868) §. 198 Anm. 16 S. 430 und 2. Aufl. (1870) §. 198 Anm. 16 S. 435 und Koch Kommentar §. 48a zu §. 411 I 20 S. 706.

100) In den vorstehenden Citaten ist zwar vielfach als der maßgebende Zeitpunkt der der Präsentation des Eintragungsgesuchs bezeichnet. Es ergiebt sich jedoch überall klar, daß nicht der Zeipunkt der eigentlichen Präsentation, wie er am Anfang der Abhandlung gedacht worden ist, also der Zeitpunkt, wo das Gesuch mit dem Vermerk der Zeit seines Eingangs versehen worden, sondern dieser letztere Zeitpunkt selbst gemeint ist. Um jedes Mißverständniß zu vermeiden, wird im Folgenden stets nicht von der Zeit der Präsentation, sondern von der Zeit des Eingangs oder der Anmeldung gesprochen werden.

tragung einer Hypothek auf den Zeitpunkt der Anbringung des Eintragungsgesuchs zurückzieht und für welche, wie ausdrücklich anerkannt wird[101]), eine direkte gesetzliche Bestimmung sich nicht anziehen läßt, wird folgendermaßen motivirt[102]):

Nach §. 30 Tit. II. der Hypotheken-Ordnung von 1783 entscheide über die Priorität mehrerer Rechte von einerlei Art an demselben Grundstück die Zeit des Eingangs der Eintragungsgesuche. In gleicher Weise sei im §. 168 daselbst bei einer General-Hypothek die Erlangung des Hypothekenrechts an jedem einzelnen Grundstücke des Bestellers auf den Zeitpunkt, wo das Gesuch eingekommen ist, zurückverlegt. Von demselben Gesichtspunkt ausgehend schreibe die reglementarische Vorschrift der Instruktion vom 10. Juni 1835 betreffend die Aufnahme und Präsentation der zur Eintragung bestimmten Urkunden bei den Hypothekenbehörden (v. Kamptz Jahrbücher Bd. 45 S. 508, Gräff Sammlung sämmtlicher Verordnungen Bd. 9 S. 51) §. 3 und 4 vor, daß bei mehreren zu verschiedenen Stunden desselben Tages eingereichten Eintragungsgesuchen die Nummernfolge der Eintragungen nach der Zeitfolge der Anmeldung zu ordnen und bei gleichzeitigem Eingang der Eintragungsgesuche bei jeder Post die gleiche Berechtigung ausdrücklich zu vermerken sei. Aus Alledem gehe hervor, daß die Zeit der Anmeldung der allgemeine Regulator der Priorität sei. Da nun die Frage nach dem Entstehungszeitpunkt der Hypothekenrechte vorzugsweise bei der Priorität in Betracht komme und aus der Art und Weise, wie diese festgesetzt worden, ein Schluß auf jene gezogen werden dürfe, so könne und müsse wie dort so auch hier die Zeit der Anmeldung und nicht die Zeit der Eintragung maßgebend sein. Letztere werde im Hypothekenbuche gar nicht vermerkt. Auf der andern Seite „bringe die Anmeldung die Hypothek in die Oeffentlichkeit; daß die das Buch führende Behörde die durch die Anmelduug veröffentlichte Hypothek noch eintrage, sei an sich nur eine formelle Operation; die Oeffentlichkeit sei mit der Kenntnißnahme der Behörde schon eingetreten, werde durch die Eintragung nur gesichert, der Gefahr entzogen, übersehen zu werden[103])." Für die Zeit der Anmeldung spreche außerdem, daß der Wille der Parteien die Entstehungs-Quelle des dinglichen Rechts bilde und deshalb dessen Entstehungs-Zeitpunkt in einen Akt gelegt werden müsse, der innerhalb des Willens

[101]) Gruchot Beiträge Bd. VI S. 232 und Bd. XI S. 353.

[102]) Am gründlichsten in dem Aufsatz von K. in Gruchot Beiträge Bd. XI S. 348 ff.

[103]) K. a. a. O. bei Gruchot Bd. XI S. 364 u. 365.

der Parteien liege. Von den auf die Begründung des Hypothekenrechts gerichteten Willenshandlungen der Parteien sei aber die Anmeldung der Hypothek zur Eintragung die letzte. Mit derselben habe der zur Eintragung Berechtigte alles zur Erlangung des Hypothekenrechts Erforderliche und seinerseits Mögliche gethan. Der von da ab bis zur Ausführung der Eintragung erforderliche Zeitaufenthalt habe seinen Grund allein in dem Geschäftsverkehr der Gerichte und könne das Recht der Parteien nicht alteriren. Das Hypothekenrecht erst von der Eintragung ab beginnen lassen, hieße es von ganz zufälligen und von dem Gläubiger nicht abzuwendenden Umständen abhängig machen und wichtige Interessen des Volks dem Spiele des Zufalls preisgeben, indem es dann leicht kommen könne, daß selbst der sorgsamste Gläubiger ohne seine Verschuldung und wenn er auch im besten Glauben gehandelt habe, des Hypothekenrechts verlustig gehe. Der Zurückziehung auf den Zeitpunkt der Anmeldung stehe auch weder der §. 411 Thl. I. Tit. 20 Allg. Landrechts noch der §. 10 der Konkurs-Ordnung vom 8. Mai 1855 entgegen. Der §. 411[104]) hänge mit dem folgenden §. 412[105]), der von der bloßen Hypothekenbestellung handle und dieser die Eigenschaft eines dinglichen Rechts abspreche, auf das engste zusammen und bilde zu demselben den Gegensatz. Die Worte „nur durch die wirkliche Eintragung" bedeuteten deshalb, daß um das dingliche, das Hypothekenrecht zu begründen, die Eintragung wirklich geschehen sein müsse, die Eintragung die einzige Erwerbungs-Art der Hypothek sei und neben derselben keine andere weiter bestehe. Der §. 411 betreffe also nur die Erwerbungs-Art der Hypothek als eines dinglichen Rechts, nicht den Entstehungs-Zeitpunkt derselben. Als Erwerbungs-Art aber umfasse die Eintragung die von dem Eingang des Eintragungsgesuchs beginnende und mit der Ausführung der Eintragung im Hypothekenbuch endigende gesammte Thätigkeit des Gerichts und sei sonach der §. 411 kein Hinderniß, den Entstehungs-Zeitpunkt des durch die gerichtliche Gesammtthätigkeit zu Stande gekommenen dinglichen Rechts schon in den Beginn dieser Thätigkeit zurückzuverlegen. Der §. 10 der Konkurs-Ordnung[106]) endlich enthalte darüber, wodurch und wann die

---

[104]) „Nur durch die wirkliche Eintragung in die öffentlichen Grundbücher wird das Hypothekenrecht selbst erworben."

[105]) „So lange daher ein gesetzliches oder auch ein durch rechtsgültige Willenserklärungen bestelltes Pfandrecht noch nicht eingetragen ist, so lange hat dasselbe noch nicht die Eigenschaft eines dinglichen Rechts."

[106]) „Pfandrechte und Hypothekenrechte an dem zur Konkursmasse gehörigen Vermögen, welche von den einzelnen Gläubigern erst nach der Konkurseröffnung er-

Pfand- und Hypothekenrechte als erlangt anzusehen seien, gar keine Festsetzung. Und wenn auch die Motive zu dem Regierungs-Entwurf und der Kommissionsbericht der zweiten Kammer sich hierüber aussprächen und dies, wie allerdings zugegeben werden müsse, in dem Sinne thäten, daß die Einreichung und Präsentation des Antrags auf Eintragung einer Hypothek bei der zuständigen Behörde ohne Bedeutung seien und das Hypothekenrecht erst durch die wirkliche Ausführung der Eintragung und von derselben ab erlangt werde, so habe doch diese Anschauung im Gesetz selbst keinen Ausdruck gefunden und könne um so weniger berücksichtigt werden, als die Konkurs-Ordnung nicht der Ort gewesen sein würde, die in das materielle Hypothekenrecht gehörige Frage nach dem Entstehungs-Zeitpunkt der Hypotheken auch nur für den Bereich des Konkurses zu entscheiden und überdies sowohl aus den Motiven als aus dem gedachten Komissionsbericht klar hervorgehe, daß man das bestehende Recht in dieser Beziehung nicht habe abändern wollen.

Kann nun die vorstehende Ansicht noch jetzt gelten? Man hat dies mehrfach angenommen[107]).

Es war jedoch die Zurückziehung der Entstehung der Hypothek auf den Moment ihrer Anmeldung bereits nach dem frühern Recht keineswegs allgemein anerkannt[108]) und ist auch in der That nicht unbedenk-

---

langt werden, können von denselben zum Nachtheil anderer Personen nicht geltend gemacht werden, wenn ihnen auch die Befugniß, die Einräumung eines Pfandrechts oder Hypothekenrechts zu fordern, schon vor der Konkurseröffnung zustand."

107) Philler: Das Gesetz über den Eigenthumserwerb u. s. w., die Grundbuchordnung und das Stempel-Abgaben-Gesetz vom 5. Mai 1872 mit Kommentar (1872) citirt Anm. 38 zu §. 18 E. E. G. S. 12 die Erkenntnisse des Ober-Tribunals vom 23. Dezember 1861, 16. November 1866 und 14. Juni 1867 ohne weitern Zusatz, hält sie also offenbar noch für zutreffend. Bahlmann erwähnt Anm. 94 zu §. 18 E. E. G. S. 70 die Erkenntnisse des Ober-Tribunals vom 23. Dezember 1861 und 14. Juni 1867 und daß Förster, Privatrecht Bd. III 2. Aufl. S. 435 für den Entwurf der Hypothekengesetze von 1869 die Entstehung der Hypothek in den Akt der Eintragung selbst gelegt wissen wolle und bemerkt dann: „Wir bestreiten jede Aenderung". Achilles erklärt Anm. 27 zu §. 45 G. B. O. S. 173, daß für die Erlangung der Hypothek im Sinne des §. 10 der K. O. der Zeitpunkt des Eingangs des Eintragungsgesuchs entscheidend sei. Turnau Anm. 6 zu §. 18 E. E. G. S. 373 ist ganz allgemein der Meinung, daß wenn die Eintragung bewirkt sei, das Hypotheken- und Grundschuldrecht rückwirkende Kraft bis zum Momente der Präsentation des begründeten und die Eintragung zur Folge habenden Gesuchs zurückerlange. Auch Koch-Achilles Anm. 25 zu §. 411 I 20 S. 124 erachtet die Ansicht des Ober-Tribunals noch für zutreffend. Dernburg §. 200 Anm. 9 S. 418 ist nicht klar.

108) Z. B. nicht in den Erkenntnissen des Ober-Tribunals vom 7. Juni 1845 (Entsch. Bd. 12 Nr. 8 S. 199) und vom 11. Mai 1857 (Entsch. Bd. 35 Nr. 55

lich. Insbesondere erscheint zweifelhaft, ob man nicht die §§. 30 und 168 der Hypotheken-Ordnung als blos für die Hypotheken-Behörde gegebene Vorschriften aufzufassen[109]) und den Sitz der dem materiellen Recht angehörenden Bestimmungen über die Priorität auch allein im materiellen Recht, in den §§. 500 und 453 Thl. I. Tit. 20 Allg. Landrechts zu suchen, nach diesen aber in Verbindung mit dem §. 502 daselbst nicht die Zeit der Anmeldung, sondern die Zeit und den Ort der Eintragung als den Regulator der Priorität anzusehen hat. Es darf ferner nicht außer Acht gelassen werden, daß die §§. 30 und 168 an sich nur die Priorität von Rechten einerlei Art betreffen und das darin ausgesprochene Princip daher doch nicht so ohne Weiteres verallgemeinert und auf die Konkurrenz verschiedenartiger Rechte ausgedehnt werden darf[110]), sowie daß die Zeit der Anmeldung ebenfalls nicht im Hypothekenbuche vermerkt wurde. Auch läßt sich der §. 411 I. 20 Allg. Landrechts wohl nicht so leicht durch die Verbindung mit dem folgenden §. 412 weginterpretiren. Denn er ist bereits in dem gedruckten Entwurf eines allge-

---

S. 427) und in dem bei Gruchot Beiträge Bd. XI S. 350 u. 351 abgedruckten Urtheil eines Appellationsgerichts, ferner nicht von Koch in der Deutschen Gerichtszeitung Jahrgang V (1863) S. 71 und Hinschius in der Preußischen Anwalts-Zeitung Jahrgang II (1863) S. 175 und der Zeitschrift für Gesetzgebung und Rechtspflege in Preußen Bd. II (1868) S. 192 u. 193, sowie der Konkurseröffnung gegenüber nicht von Evelt: Systematische Darstellung des Vormundschafts- und Hypotheken-Rechts (1859) §. 26 S. 238, §. 27 S. 252, 253 und §. 109 S. 388.

Uebrigens dürfte die Zurückziehung auch im Widerspruch mit den anderweiten Entscheidungen des Ober-Tribunals stehen, zufolge deren es für den guten Glauben des Hypothekengläubigers auf den Tag der Eintragung ankommen und die für ein Darlehn vor dessen Zahlung eingetragene Hypothek, sobald die verschriebene Summe erlegt wird, mit rückwirkender Kraft von der Zeit ab konvalesciren soll, wo die Hypothek im Hypothekenbuch vermerkt worden ist, z. B. vom 30. Januar 1852 (Arch. Bd. 4 Nr. 67 S. 315 ff., Entsch. Bd. 22 Nr. 27 S. 229 ff.) und vom 26. April 1860 (Arch. Bd. 37 Nr. 52 S. 200). Denn wenn die Hypothek mit der Zeit des Eingangs des Eintragungsgesuchs beginnt, so müßte konsequenter Weise dieser Zeitpunkt auch wohl für die Fragen, wann der gute Glaube vorhanden sein muß und von wann ab die Konvalescenz eintritt, entscheidend sein.

[109]) So bezüglich des §. 30 die citirten Erkenntnisse in den Entscheidungen Bd. 35 S. 426 und bei Gruchot Beiträge Bd. XI S. 351, des §. 168 Förster: Allgemeine Hypotheken-Ordnung 2. Aufl. (1861) Anm. 134 zu dem §. 168 S. 129 und beider Paragraphen Koch: Allgemeine Hypotheken-Ordnung (1856) Anm. 30 zu §. 30 S. 75 und Anm. 189 zu §. 168 S. 140 sowie Hinschius a. a. O. in der Zeitschrift für Gesetzgebung und Rechtspflege S. 193.

[110]) Vgl. die citirten Erkenntnisse in den Entsch. Bd. 12 S. 199 u. 200 und Bd. 35 S. 426 und Koch-Achilles Anm. 24 zu §. 9 I 20 S. 25.

meinen Gesetzbuchs von 1784 als §. 301 Thl. II. Tit. 19 enthalten, der jetzige §. 412 fehlt aber in demselben noch ganz und folgen dem §. 411 sogleich die jetzigen §§. 415—421 als §§. 302—307.

Wie dem indessen auch sein mag, jedenfalls ist die Zurückziehung, wenngleich ohne Weiteres zugegeben werden kann, daß der §. 10 der Konkurs-Ordnung derselben nicht entgegensteht[111]), nach heutigem Recht zu verneinen.

Zunächst sind die aus den §§. 30 und 168 der Hypotheken-Ordnung in Verbindung mit den §§. 3 und 4 der Instruktion vom 10. Juni 1835 entnommenen Gründe jetzt unbedingt hinfällig geworden. Denn die Hypotheken-Ordnung ist in ihrem ganzen Umfange durch den §. 143 G. B. O. formell aufgehoben und damit auch die Instruktion vom 10. Juni 1835 beseitigt. Die einzigen gegenwärtig über die Prio-

---

[111]) Ein näheres Eingehen hierauf wird sich um so mehr erübrigen, als der §. 10 seiner baldigen Aufhebung entgegensieht. In dem letzten dem Reichstage vorgelegten Entwurf einer Konkursordnung von 1875 (Nr. 200 der Drucksachen des Reichstags, 2. Legislatur-Periode II. Session) aber hat sein Inhalt in Uebereinstimmung mit dem frühern Entwurf einer Deutschen Gemeinschuld-Ordnung von 1873 in folgender Fassung:

> §. 12. Pfand- und Hypothekenrechte, Vorzugsrechte sowie Zurückbehaltungsrechte an Gegenständen der Konkursmasse können nach der Eröffnung des Konkursverfahrens nicht mit verbindlicher Kraft gegen die Konkursgläubiger erworben oder eingetragen werden, wenngleich der Anspruch auf den Erwerb oder die Eintragung schon vor der Eröffnung des Verfahrens begründet gewesen ist,

Aufnahme gefunden und heben die amtlichen Motive dazu (S. 54) ausdrücklich hervor, daß die Vorschrift des §. 12 des Entwurfs eine Hauptanwendung in den Rechtsgebieten finden werde, in welchen das Pfandrecht an einem Grundstück nicht schon kraft der Einräumung durch den Schuldner oder Kraft des Gesetzes oder richterlichen Urtheils entsteht, sondern diese Akte nur den Titel zur Eintragung der Hypothek begründen und erst durch die geschehene Eintragung das dingliche Recht erworben wird. Hier werde die Vorschrift in dem Falle eintreten, wenn derjenige Akt oder einer von den Akten, durch welche die Eintragung und demgemäß der Erwerb der Hypothek als bewirkt gilt, erst nach der Eröffnung des Verfahrens vorgenommen ist. Welcher Akt der entscheidende sei, werde durch das Landesrecht bestimmt. Nach diesem richte sich insbesondere die Beantwortung der Fragen, ob die Präsentation des Titels und des Antrags bei der Hypothekenbehörde oder die Eintragungsverfügung — wenn diese schon vor dem Konkurse erfolgt sind — das Verbot des §. 12 ausschließt oder ob, um das Absonderungsrecht zu erhalten, auch die Eintragung in das Hypothekenbuch oder gar die Aushändigung des Hypotheken- oder Grundschuldbriefs an den eingetragenen Gläubiger der Konkurseröffnung vorhergegangen sein müsse?

Hiernach kann es in keiner Weise mehr zweifelhaft sein, daß aus dem Konkursrecht weder für noch gegen die Festsetzung des Entstehungszeitpunkts der Hypothek auf den Moment des Eingangs des Eintragungsgesuchs etwas entnommen werden kann.

rität der Eintragungen im Grundbuch geltenden Vorschriften sind in den §§. 17, 34 und 36 E. E. G. und dem §. 45 G. B. O., welchem letztern für das Uebergangsstadium der Neuanlegung von Grundbüchern der §. 138 daselbst entspricht, enthalten und bestimmen die Erstern die Rangordnung der auf demselben Grundstück eingetragenen dinglichen Rechte, Hypotheken und Grundschulden nach der Reihenfolge bezw. dem Datum der Eintragung, der §. 45 G. B. O. aber schreibt vor, daß aus mehreren Eintragungsgesuchen für dasselbe Grundstück die Eintragung in der durch den Zeitpunkt der Vorlegung der Gesuche bei dem Grundbuchamt bestimmten Reihenfolge und aus gleichzeitig vorgelegten Gesuchen zu gleichem Recht zu erfolgen habe. Der §. 45 betrifft sonach lediglich die Frage, wie das Grundbuchamt bei der Vornahme der Eintragungen zu verfahren hat, über das Rangverhältniß der erfolgten Eintragungen disponiren ausschließlich die Vorschriften des Eigenthums-Erwerbs-Gesetzes und thun dies dahin, daß allein der Ort und die Zeit der Eintragung entscheidend sind. Ort und Zeit der Eintragung sind daher auch dann entscheidend, wenn das Grundbuchamt dem §. 45 G. B. O. zuwider gehandelt und den Eintragungen eine andere Reihenfolge gegeben hat, als ihnen nach der Zeit der Vorlegung der Gesuche beim Grundbuchamt gebührte[112]). Daraus folgt, daß die Zeit der Anmeldung der Eintragungsgesuche an sich blos Bedeutung für das Grundbuchamt hat und für dieses das Mittel bildet, um die zeitliche und räumliche Aufeinanderfolge der Eintragungen festzusetzen, daß die Priorität der eingetragenen Rechte, auf die es allein ankommt, aber ausschließlich und endgültig durch die letztere bestimmt wird. Will man daher in der Anmeldung einen Regulator für irgend etwas finden, so kann sie es nach den Gesetzen vom 5. Mai 1872 nur für den Regreß der Grundbuchbehörde wegen fehlerhaften Verfahrens bei der über die Priorität entscheidenden Zeit und Ort der Eintragung, aber nicht für die Priorität selbst sein. Anders war es noch nach dem ersten, nicht weiter zur legislativen Berathung gelangten Entwurf eines Gesetzes über das Hypothekenwesen von 1864. Hier war ausdrücklich bestimmt:

§. 37. Die Priorität gleichzeitig angemeldeter Realobligationen und anderer dinglicher Ansprüche, insbesondere der Reallasten regelt sich nach der Einigung der Parteien, außerdem haben sie gleiche Rangordnung. Für die nicht gleichzeitig angemeldeten entscheidet

---

112) Bahlmann Anm. 145a zu §. 34 E. E. G. S. 102 und Turnau Anm. 6 zu §. 45 S. 168.

dagegen Tag und Stunde der Anmeldung sowohl über die Priorität als die Zulässigkeit der Eintragung, nicht aber der Tag der Verfügung des Hypothekenamts oder der Ausführung derselben, und steht dies in Verbindung damit, daß in jenem Entwurf die Zeit der Anmeldung überhaupt eine größere Bedeutung hatte, z. B. wie der citirte §. 37 zeigt, auch für die Frage nach der Zulässigkeit der Eintragung entscheidend war und nach dem gleichzeitigen Entwurf einer Hypotheken-Ordnung §. 21 Tag und Stunde der Anmeldung im Hypothekenbuche vermerkt wurde. Hiervon ist in den Gesetzen vom 5. Mai 1872 keine Rede und zeigt auch diese Verschiedenheit, daß die Zeit der Anmeldung jetzt in Wirklichkeit nicht der Regulator der Priorität d. h. nicht dasjenige ist, was die Priorität in letzter Linie regelt. Dagegen läßt sich auch nicht etwa einwenden, daß das Eigenthums-Erwerbs-Gesetz (§. 37) Eintragungen zu gleichem Recht ohne besondern Vermerk der Gleichberechtigung kenne, wenn aber die Zeit der Eintragung die Priorität bestimme, es zur gleichen Berechtigung stets eines besondern Vermerks derselben bedürfen würde, da zwar eine gleichzeitige Vorlegung mehrerer Eintragungsgesuche, aber nicht eine wirklich gleichzeitige Eintragung mehrerer Rechte denkbar sei. Denn dieser Einwand erledigt sich sofort damit, daß der für die Rangordnung in Betracht kommende kleinste Theil der Zeit das Datum d. i. der Tag ist und an demselben Tage natürlich mehrere Eintragungen stattfinden können. Letztere Bestimmung, daß der Tag der Eintragung maßgebend sei, ist gerade der deutlichste Beweis dafür, wie wenig die Anmeldung der Regulator der Priorität ist. Sie findet ihre Erklärung und Rechtfertigung darin, daß den Moment der Eintragung entscheiden zu lassen, dahin geführt haben würde, daß zur Gleichberechtigung stets ein ausdrücklicher Vermerk erforderlich gewesen wäre und ist gegeben, um diese praktische Unbequemlichkeit zu vermeiden. Hätte dagegen der Gesetzgeber die Zeit der Anmeldung zum wirklich entscheidenden Regulator der Priorität machen wollen, so bedurfte es nicht nur jener Bestimmung nicht, sondern dieselbe würde mit dem angenommenen Princip im Widerspruch stehen. Denn wollte man die aus der Berücksichtigung eines kleinern Zeittheils als des Tages sich ergebenden Inkonvenienzen vermeiden, so hätte man konsequenter Weise den Tag der Anmeldung für entscheidend erklären müssen, konnte aber nicht auf den Tag der Eintragung kommen.

Ist nun sonach nicht die Zeit der Anmeldung, sondern die Zeit (Tag) und der Ort der Eintragung der ausschließliche Regulator für die Priorität, so führt der von der Festsetzung der Priorität auf den

Entstehungszeitpunkt des Hypothekenrechts zu ziehende Schluß nicht sowohl dahin, diesen in die Zeit der Anmeldung zurückzuverlegen als vielmehr dahin, ihn auf die Ausführung der Eintragung zu setzen und das Hypothekenrecht erst von der Eintragung ab beginnen zu lassen.

In gleicher Weise kehrt sich auch das früher daraus, daß die Zeit der Eintragung im Hypothekenbuche nicht vermerkt wurde, entnommene Argument gegen dieselbe, jetzt in ein Argument für die Zeit der Eintragung um.

Daß die Anmeldung die Hypothek nicht in die Oeffentlichkeit bringt und die Oeffentlichkeit nicht schon mit der Kenntnißnahme der Behörde — die übrigens an sich auch noch nicht einmal durch die Anmeldung begründet wird, durch diese erlangt vielmehr zunächst nur der präsentirende Beamte Kenntniß — eingetreten ist, bedarf nach dem, was bereits früher über die Bedeutung des Grundbuchs gesagt worden ist, wohl keiner Ausführung mehr. Einer derartigen Deduktion gegenüber fragt man mit Recht, ob denn das Grundbuch für die Grundbuchbeamten oder das Publikum vorhanden ist, und in wessen Interesse überhaupt die Grundbücher eingeführt sind[113])?

Was dann sonst noch für die Zeit der Anmeldung erbracht worden, das läuft auf denselben Billigkeitsgrund hinaus, der auch für die Zurückziehung des Eigenthumserwerbs auf den Zeitpunkt der Auflassung geltend gemacht ist[114]). Was dort gegen ihn gesagt worden, gilt auch hier, in-

---

[113]) Hinschius a. a. O. in der Zeitschrift für Gesetzgebung und Rechtspflege Bd. II S. 192.

[114]) Es ist besonders das Ober-Tribunal, welches diese praktischen Zweckmäßigkeitsrücksichten hervorhebt, wobei demselben aber das kleine Versehen untergelaufen ist, daß es in dem Erkenntniß vom 23. Dezember 1861 (Entsch. Bd. 47 S. 182) mit einer gewissen Breite vorträgt, wie die Eintragung aus mehrfachen Handlungen bestehe, theils 1. des Gerichts, d. i. des Dezernenten, eines Kodezernenten und Vollziehung des Dekrets im Original und in mundo durch diese und den Vorgesetzten der Behörde, theils 2. der Subalternbeamten, nämlich des Sekretairs, Kanzlisten und Botenmeisters, welche das Originaldekret expediren, mundiren, siegeln und zu dem Hypothekenbuchführer gelangen lassen, theils u. s. w. Es ist also damals dem Ober-Tribunal noch unbekannt gewesen, daß die Ausfertigung der Eintragungsbefehle, die bei einzelnen Gerichten schon sehr bald unterblieb (s. das auf Allerhöchsten Spezialbefehl erlassene Rescript vom 8. November 1799 bei Rabe Bd. V S. 608 und Stengel Beiträge Bd. X S. 198), schon längst allgemein abgeschafft war und die Eintragung stets auf Grund der dem Ingrossator in Urschrift vorgelegten Dekrete stattfand (Rescript vom 2. August 1822 in v. Kamptz Jahrbücher Bd. XX (1822) S. 73 und Gräff Sammlung Bd. IV (1830) S. 190. Vgl. auch Koch, Hypotheken-Ordnung Anm. 23 zu §. 19 Tit. 2 S. 71).

dem namentlich auch hier ein unbestimmter Ausdruck nicht vorhanden ist, die Vorschrift des §. 18 E. E. G., daß die Hypothek durch die Eintragung im Grundbuch entsteht, vielmehr für den unbefangenen Ausleger kaum anders zu verstehen ist, als dahin, daß die Hypothek mit der Eintragung und nicht schon mit der Anmeldung entsteht. Nur noch auf eine Konsequenz mag besonders hingewiesen werden, zu der jener Billigkeitsgrund führen würde und deren Unrichtigkeit am besten die Unrichtigkeit des Grundes selbst beweist. Ebensowenig wie darauf, wann die Eintragung erfolgt, haben die Betheiligten Einfluß darauf, daß die Eintragung erfolgt, ja soweit überhaupt von einem Einfluß der Parteien auf die Thätigkeit des Grundbuchamts gesprochen werden kann, ist dieser eher in ersterer als in letzterer Beziehung vorhanden. Denn bei einer bloßen Verzögerung der Eintragung bleibt die Partei ohne jede Benachrichtigung, ersieht also daraus, daß vom Grundbuchamt in ihrer Sache noch nichts gethan ist und kann Veranlassung nehmen, durch Vorstellungen und Beschwerden auf eine Beschleunigung hinzuwirken. Wenn aber das Grundbuchamt sonst alles gethan, namentlich auch die erforderlichen Benachrichtigungen erlassen und nur, wie dies thatsächlich vorgekommen ist[115]), die Eintragung im Grundbuche selbst auszuführen vergessen hat, so ist die Partei gar nicht in der Lage, eine Pflichtwidrigkeit des Grundbuchamts anzunehmen und ihrerseits irgend welche Maßregeln ergreifen zu können. Wäre es also richtig, daß hinsichtlich des Entstehungszeitpunkts des Hypothekenrechts die Anmeldung entscheidend sein müsse, weil nur diese innerhalb der Willenssphäre der Parteien liege, so müßte in dem gesetzten Fall, in welchem dieser Grund mindestens in gleichem Maße zutrifft, die Anmeldung konsequenter Weise auch hinsichtlich der Entstehung des Rechts selbst entscheidend sein und die Hypothek als wie mit so auch durch die Anmeldung entstanden angesehen werden, ein Resultat, das selbstredend vollkommen falsch ist[116]). Ist aber die Erlangung eines Rechts selbst im Wesentlichen von Zufälligkeiten abhängig und muß von denselben abhängig bleiben, so ist es keine Widersinnigkeit, daß auch der Beginn des erlangten Rechts von solchen abhängig ist.

Sonach fehlt es auch für die Hypothekenrechte an jedem Grunde,

---

[115]) Koch, Lehrbuch des Preuß. gemeinen Privatrechts 3. Aufl. Bd. I (1857) §. 380 Anm. 26 S. 644.

[116]) Erkenntnisse des Ober-Tribunals vom 11. November 1843 (Entsch. Bd. 9 Nr. 13 S. 291 u. 296), 7. Juni 1845 (Entsch. Bd. 12 Nr. 8 S. 199), 4. November 1872 (Arch. Bd. 86 Nr. 69 S. 336) und 20. Dezember 1872 (Arch. Bd. 87 Nr. 49 S. 289).

den Anfang ihrer Wirksamkeit anders als bei den andern Einschreibungen und nicht von der Zeit ab, wo ihre Eintragung im Grundbuch erfolgt ist, zu bestimmen.

Dies gilt dann schließlich auch noch für den dritten und letzten Fall, für welchen eine solche Abweichung behauptet worden ist, den auf Grundstücke gelegten Arresten, welche in Kollisionsfällen bereits von der Präsentation der Requisition des Prozeßrichters zu den Hypothekenakten und nicht erst von der Eintragung ab wirksam sein sollen, weil nach dem Plenar-Beschluß des Ober-Tribunals vom 21. Januar 1850 das Princip des §. 30 Tit. II. der Hypotheken-Ordnung nicht blos auf Hypotheken, sondern auch auf den Fall der Kollision ungleichartiger Rechte, also einer Forderung und des Eigenthums Anwendung finde und daher auch bei einer solchen Kollision die frühere Präsentation entscheidend sei und weil eine im Wege des Arrestes eingetragene Protestation, welche später durch Erkenntniß für justificirt erklärt worden, einen provisorischen und anticipirten exekutiven Titel nach §. 22 des Gesetzes vom 4. März 1834 begründe, welcher sogar einem postlocirten Hypotheken-Gläubiger gegenüber den Anspruch auf Priorität rechtfertige[117]).

Daß der Satz des Plenar-Beschlusses jetzt nicht mehr gilt, ist bereits dargethan. Und was die Natur des Arrestes als einer anticipirten Exekutionsmaßregel und seine Fähigkeit, vor postlocirten Hypothekengläubigern den Vorzug zu geben, anbetrifft, so ist, ohne daß es noch eines näheren Eingehens auf die Unrichtigkeit dieser bekanntlich sehr lebhaft angefochtenen[118]) Auffassung des Arrestes bedarf, doch soviel klar, daß aus derselben, wenn die Hypothek nicht von der Anmeldung datirt, für den Anfang der Wirksamkeit des Arrestes von diesem Zeitpunkt ab nichts hergeleitet werden kann.

---

[117]) Erkenntniß des Ober-Tribunals vom 27. Juni 1859 (Arch. Bd. 34 Nr. 22 S. 104). Für das jetzige Recht wird diese Entscheidung noch für maßgebend gehalten von Philler: Das Gesetz über den Eigenthumserwerb u. s. w. (1872) Anm. 36 zu §. 17 E. E. G. S. 11, Bahlmann Anm. 83f zu §. 42 G. B. O. S. 222 und Turnau Anm. 3 zu §. 45 S. 160. Anderer Ansicht ist Koch-Achilles Anm. 33 zu §. 501 I 20 S. 153 und in Bezug auf Arreste, die nicht auf Grundstücke, sondern auf eingetragene Forderungen ausgebracht sind, das Ober-Tribunal selbst in dem Erkenntniß vom 22. Dezember 1873 (Arch. Bd. 90 Nr. 53 S. 357).

[118]) Vgl. z. B. Schultze in Gruchot Beiträge Bd. XV S. 717 ff. und Rintelen in Johow Jahrbuch Bd. IV S. 294 ff., sowie die neuesten den Arrest betreffenden Erkenntnisse des Ober-Tribunals vom 10. Dezember 1873 (Arch. Bd. 90 Nr. 50 S. 329 ff. u. Entsch. Bd. 71 Nr. 19 S. 108 ff.), 11. September 1874 (Entsch. Bd. 73 Nr. 13 S. 110) und 8. Februar 1875 (Arch. Bd. 93 Nr. 29 S. 201).

Wie unrichtig jene Ansicht ist, ergiebt sich schon daraus, daß sonst, was selbst von ihren Vertheidigern als ihre Folge hervorgehoben wird[119]), ein neuer Erwerber sich nicht durch die bloße Einsicht des Hypothekenbuchs, sondern der Hypothekenakten überzeugen muß, daß kein Eintragungsgesuch einer Forderung oder auch nur eines Arrestes und einer Protestation für dieselbe zu den Hypothekenakten gelangt sei, eine Folge, die wie schon oben nachgewiesen, dem Gesetz zuwider eine Pflicht zur Einsicht der Grundakten statuirt und diese zu einem Aftergrundbuch macht. Noch klarer wird die Unrichtigkeit, wenn man den Arrest auf andere Gegenstände als Grundstücke zur Vergleichung heranzieht. Ein Unterschied in den Wirkungen des Arrestes bezüglich seiner Gegenstände ist im Gesetz nirgend gemacht[120]) und namentlich auch nicht für den Anfangszeitpunkt dieser Wirkungen anzunehmen. Von dem Zeitpunkt, von welchem ab ein Arrest auf Mobilien seine Wirkung äußert, ist daher ein Schluß auf den Zeitpunkt, von dem ab diese bei Grundstücken zu datiren ist, zulässig.

Bei einem auf Mobilien angelegten Arrest unterliegt es nun keinem Zweifel, daß er wie durch die Behändigung, so auch erst von der Behändigung und nicht bereits von der Zeit der Arrestverfügung ab wirkt[121]). Für einen speziellen Fall, den der Depositalarreste, ist dies sogar gesetzlich direkt vorgeschrieben (§. 460 Tit. II. der Allgemeinen Depositalordnung und §. 12 Abs. 2 der Verordnung vom 18. Juli 1849). Auf Grundstücke kann ein Arrest überhaupt nur durch Eintragung im Grundbuch angelegt werden und Wirksamkeit erlangen. Die Anordnung dieser Eintragung, die Eintragungsverfügung des Grundbuchrichters steht der Arrestverfügung in anderen Fällen gleich. Das Ersuchen des Prozeßrichters um die Eintragung ist ein bloßer Vorbereitungsakt für die Eintragungsverfügung und hat gleiche Bedeutung wie bei Mobilien das Gesuch der Partei um Anlegung des Arrestes. Der die Arrestverfügung bei Mobilien zur Kenntniß des Arrestaten bringenden Behändigung kann daher lediglich die Eintragung im Grundbuch, mit dessen Unkenntniß sich Niemand entschuldigen darf, gleichgestellt werden. Von einem andern Zeitpunkt als dem der letztern ab die Wirkungen des im Grundbuch eingetragenen Arrestes beginnen lassen, würde sonach eine willkührliche,

---

119) In dem citirten Erkenntniß vom 27. Juni 1859.

120) Strey: Die Lehre von den Arresten und dem Arrestverfahren (1859) §. 108 S. 188; Schultze a. a. O. S. 720; Rintelen a. a. O. S. 306 u. 315.

121) Gruchot Beiträge Bd. XIII S. 130; Erkenntniß des Ober-Tribunals vom 5. Dezember 1872 (Arch. Bd. 87 Nr. 26 S. 151 u. 152).

weder durch die Natur der Sache noch durch irgend eine gesetzliche Bestimmung gerechtfertigte Abweichung von dem Arrest auf Mobilien darstellen und namentlich die Verlegung des Beginns der Wirkungen auf den Zeitpunkt der Präsentation der Requisition des Prozeßrichters zu den Hypothekenakten ebenso sehr jeden Grundes entbehren, wie dessen die Verlegung des Beginns der Wirkungen eines Arrestes auf Mobilien in den Zeitpunkt, wo das Gesuch der Partei um Anlegung des Arrestes beim Prozeßrichter eingegangen ist, entbehren würde.

Es bewendet daher auch für die Arreste bei der für sonstige Einschreibungen geltenden Regel und verbleibt es dabei, daß mit alleiniger Ausnahme der Rangordnung zwischen den dinglichen Rechten in der zweiten Abtheilung und den Hypotheken und Grundschulden, des Verfügungsrechts über Grundschulden und der Einreden und Beschränkungen nach §. 38 und 49 E. E. G. die Einschreibungen im Grundbuch ihre Wirkungen von da ab äußern, wo sie im Grundbuch erfolgt sind.

II.

Für die Rangordnung ist, wie bemerkt, die Reihenfolge bezw. das Datum der Eintragungen maßgebend und können weitere Zweifel nicht obwalten. Auch bei dem Verfügungsrecht über die Grundschuld, welches, da die Grundschuld selbst erst von der Eintragung im Grundbuch ab vorhanden ist, immer erst nach dieser beginnen kann, ist der Moment des Beginns, die Aushändigung des Grundschuldbriefs, ohne Weiteres klar und bestimmt gegeben. Dagegen bedarf derselbe bei den Einreden und Beschränkungen sowie den übrigen Einschreibungen noch der nähern Feststellung.

Bei den Erstern ist nach der frühern Ausführung die Wirksamkeit von der Vermerkung auf dem Grundschuldbrief abhängig. Sobald diese erfolgt ist, beginnt dann aber auch andrerseits die Wirksamkeit. Man könnte zwar noch die Aushändigung des Grundschuldbriefs für nothwendig halten. Allein dem würde entgegenzuhalten sein, daß in der in Rede stehenden Beziehung der Grundschuldbrief dem Grundbuch gleichgestellt ist, woraus folgt, daß wie die Einschreibungen in dieses von der Zeit ab, wo sie erfolgt sind, wirken, so die Vermerke auf Jenem auch schon von der Zeit, wo letztere erfolgt sind, wirken müssen. Außerdem ist zu berücksichtigen, daß wenigstens die Beschränkungen des eingetragenen Gläubigers in der Verfügung über die Grundschuld gegen Jeden von Wirksamkeit sind. Es ist dies, da in Folge der Gleichstellung des Briefs mit dem Buch die für das Letztere geltende Fiktion, daß sein Inhalt Jedermann bekannt sei, auch für den Brief zur Anwendung kommen muß, durchaus gerechtfertigt und kann dem gegenüber die nur an eine einzelne bestimmte Person stattfindende Aushändigung des Grundschuldbriefs nicht von Bedeutung sein. Im übrigen ist nun soviel klar, daß die Einreden und Beschränkungen sowohl nach ihrer Eintragung im Grundbuch als auch, da sie selbst dann Wirksamkeit erlangen, wenn sie im Grundbuch aus Versehen gar nicht oder noch nicht eingetragen sein sollten, falls sie nur auf dem Brief vermerkt sind, vor jener Eintragung zu wirken anfangen können. Abgesehen hiervon fragt es sich, wann sie denn eigentlich für auf dem Grundschuldbrief vermerkt zu erachten sind. Die gleiche Frage entsteht für die andern Einschreibungen dahin, wann diese als im Grundbuch erfolgt anzusehen sind. Die Gleichstellung des Grundschuldbriefs mit dem Grundbuch wird dahin führen, die Antwort auf die letztere Frage für die erstere verwerthen zu können. Es soll daher zunächst auf Jene eingegangen werden.

Die Einschreibungen im Grundbuch werden nach §. 43 G. B. O. vom Grundbuchrichter angeordnet und vom Buchführer ausgeführt. Es können also zunächst überhaupt nur die von diesen beiden Personen zum Zweck der Einschreibung vorgenommenen Handlungen in Betracht kommen. Die von Andern erfolgten Einschreibungen entbehren jeder Bedeutung, selbst die von Schreibern oder Unterbeamten, welche bei dem betreffenden Grundbuchamt angestellt sind. Denn diese können immer nur unter der persönlichen Verantwortlichkeit und Leitung der eigentlichen Grundbuchbeamten, des Richters und des Buchführers arbeiten und sind nicht fähig, irgend etwas selbständig mit Wirksamkeit auszuführen (Nr. II. der Allgemeinen Verfügung vom 1. September 1872 die Bildung der Grundbuchämter betreffend).

Nach der fernern Bestimmung des §. 44 G. B. O. sind die Einschreibungen im Grundbuch von dem Grundbuchrichter und dem Buchführer zu unterzeichnen. Ueber die Bedeutung, welche die Unterschriften haben, herrscht Streit, indem dieselben theils für eine Bedingung der Gültigkeit der Einschreibungen erklärt[122]), theils als unwesentlich und auf blos instruktioneller Vorschrift beruhend angesehen werden[123]).

Es dürfte zu scheiden und für die Unterschrift des Richters der letztern, für die des Buchführers aber der erstern Ansicht beizupflichten sein.

Weder der Entwurf einer Hypothekenordnung vom Jahre 1864 noch das Gesetz vom 21. März 1868 betr. die Einführung von Grund-

---

[122]) Dernburg §. 197 Anm. 18 S. 412; Dalcke, Studien im Preußischen Grundbuchrecht in Gruchot Beiträge Bd. XVII S. 464 und nach dessen Mittheilung auch das Appellationsgericht zu Cöslin; Loebell: Studien zur Grundbuch-Ordnung (1875) S. 15.

[123]) Bahlmann Anm. 87c zu §. 44 S. 224; Achilles Anm. 26 zu §. 44 G. B. O. S. 173; Neubauer: Kontroversen aus dem Preußischen Grundbuchrecht (1874) S. 20 Nr. 15; Kayser: Der Preußische Grundbuchrichter (1874) S. 11 und Förster, Privatrecht §. 178 Anm. 43 S. 227. Turnau Anm. 2 zu §. 44 S. 156 u. 157 und Nachtragsheft S. 27 ist unbestimmt.

und Hypothekenbüchern und die Verpfändung von Seeschiffen in Neuvorpommern und Rügen oder der Entwurf zu demselben noch die Entwürfe von 1868 und 1869 kannten eine Unterzeichnung der Einschreibungen im Grundbuch. Die Anregung zu einer solchen ist von Bähr[124]) ausgegangen, der mit Bezug auf den letztgedachten Entwurf die Frage erhob, wer denn eigentlich für die Einträge im Grundbuch hafte, der Richter oder auch der Buchführer und geltend machte, daß der Richter jedenfalls doch nur verantwortlich gemacht werden könne für das, was ihm amtlich obliege und daß, da derselbe die Einträge entwerfen solle, ohne Zweifel seine Haftbarkeit eintrete, wenn er darin gefehlt habe. Sodann fährt er fort: „Ebenso liegt es in der Natur der Sache, daß, wenn der Richter nach außen hin einen Eintrag als erfolgt bescheinigt, er sich von dessen richtiger Vollziehung zuvor überzeugt haben muß, und daß er hier also auch für die Ausführung des Eintrags die Verantwortlichkeit übernimmt. Im übrigen aber fehlt jede Vorschrift, daß der Richter die Ausführung der Einträge, auf welche doch alles ankommt, zu kontroliren habe und es ist auch kein Zeichen vorgeschrieben, welches die richterlich geübte Kontrole erkennen ließe. Es können — man braucht nur an ein Versehen des Buchführers zu denken — unrichtige Einträge entstehen, welche als richtige figuriren, ohne daß der Richter von ihrer Entstehung irgend etwas gewahr wird, wo er also auch unmöglich für sie verantwortlich gemacht werden kann. Hier bliebe nur die Verantwortlichkeit des Buchführers. Aber auch diese würde öfters auf schwachen Füßen stehen. Denn für die Authenticität des Eintrags ist kein anderes Kennzeichen gegeben, als die Erkennbarkeit der Handschrift und diese kann unter Umständen z. B. bei Ziffern höchst zweifelhaft sein[125]). Soll in Wahrheit für die Richtigkeit der Einträge in ihrem positiven und negativen Bestand eine volle Verantwortlichkeit bestehen, so müßte jeder entscheidende Eintrag von dem Beamten, der die Verantwortlichkeit zu übernehmen hat, also jedenfalls vom Richter mit seinem Namen oder Namenszuge gezeichnet werden." Bähr behandelt hiernach die Unterzeichnung der Einschreibungen durch den Richter nur als eine für dessen Verantwortlichkeit, nicht für die Gültigkeit der

[124]) Gesetzentwürfe S. 115 u. 116.

[125]) Hierzu merkt Bähr an: „Wer es weiß, wie wenig die Gerichte schon an sich geneigt sind, gegen Beamte in solchen Fragen eine besondere Strenge eintreten zu lassen, wird die hervorgehobenen Bedenken gewiß nicht gering achten. Auch die subsidiäre Haftbarkeit des Staats wird illusorisch, wenn nicht die Haftbarkeit der Beamten rechtlich gesichert ist".

Einschreibungen selbst in Betracht kommende Thatsache. Er geht vielmehr grade davon aus, daß die Einschreibung auch ohne Unterzeichnung des Richters und trotz einer etwaigen z. B. durch ein Versehen des Buchführers veranlaßten Unrichtigkeit Wirksamkeit hat — denn nur dann kann von einer Verantwortlichkeit des Richters für sie die Rede sein — und verlangt die Unterzeichnung, um demjenigen, der durch diese Wirksamkeit Nachtheil erleidet, den Nachweis der Kenntniß des Richters von der unrichtigen Einschreibung und der daraus hervorgehenden Verantwortlichkeit desselben für seinen Schaden zu erleichtern.

In dem letzten Entwurf von 1871 enthält sodann der §. 45 die Bestimmung[126]):

> Die Einschreibungen sind im Grundbuch mit dem Namenszug des Grundbuchrichters und des Buchführers zu unterzeichnen.

Dies wird in den Motiven kurz „als eine jedenfalls nützliche Kontrole für die Echtheit der Einschreibung" gerechtfertigt[127]), also im offenbaren Anschluß an Bähr's Ausführung ausdrücklich nur als eine im Interesse der Sicherung der richterlichen Verantwortlichkeit für die Einschreibungen getroffene Kontrol-Maßregel hingestellt. In der Herrenhaus-Kommission wurden darauf nach dem Bericht derselben[128]) zu dem §. 45 „verschiedene Ansichten geäußert, einerseits die Unterzeichnung, die auch jetzt nicht vorkomme, für überflüssig, andererseits die Unterzeichnung blos mit dem Namenszuge für nicht hinreichend erachtet und beantragt, die Unterzeichnung des vollen Namens zu verlangen, weil nur dieser rekognoscirt werden könne und müsse. Zur Unterstützung dessen wurde darauf hingewiesen, daß das Gesetz der Eintragung jetzt eine erhöhte Bedeutung gebe, indem dieselbe jetzt den Uebergang, welcher sich früher durch Tradition vollzogen, vermittele. Es wurde deshalb das Amendement gestellt, statt „mit dem Namenszug des Grundbuchrichters und des Buchführers" zu setzen: „von dem Grundbuchrichter und dem Buchführer" und dasselbe, demnächst der ganze Paragraph angenommen." Man hat sich also nicht etwa auf einen andern Standpunkt als die Regierungsvorlage stellen, sondern im Gegentheil durch die getroffene Aenderung nur eine weitere Konsequenz ziehen und die Geltendmachung der auf der geübten Kontrole beruhenden richterlichen Verantwortlichkeit noch mehr dadurch erleichtern wollen, daß man vom Richter als Zeichen

---

[126]) Werner Thl. I S. 47.

[127]) Daselbst Thl. II S. 154.

[128]) Ebenda S. 169.

seiner Kontrole seinen vollen Namen, den er in einem etwaigen Regreßprozesse rekognosciren kann und muß, verlangte und hiermit den Beweis der Kontrole selbst erleichterte. Bei der von der Herrenhaus-Kommision getroffenen Aenderung ist es dann bei den weitern Berathungen des Entwurfs in der Kommission des Abgeordnetenhauses und in den Plenis beider Häuser, ohne daß eine weitere Erörterung derselben stattgefunden, belassen worden.

Wenn nun sonach weder von demjenigen, der den ersten Anstoß zu der in Rede stehenden Vorschrift gegeben hat, noch von denen, die bei ihrem Zustandekommen mitgewirkt haben, derselben als einer für die Gültigkeit und Wirksamkeit der Einschreibungen nothwendigen Form jemals gedacht wird, sondern immer nur die richterliche Haftbarkeit für die Einschreibungen und deren Sicherung als die in Betracht kommenden Momente betont werden, so kann es doch wohl keinem Bedenken unterliegen, anzunehmen, daß auch der Gesetzgeber nicht von jenem Gesichtspunkt ausgegangen ist und der richterlichen Unterschrift keine weitergehende Bedeutung, namentlich keine Bedeutung für die Gültigkeit und Wirksamkeit der Einschreibungen selbst hat beilegen wollen.

Wenn von der andern Seite geltend gemacht wird, daß die Eintragung im neuern Recht in mehrfacher Beziehung z. B. für den Eigenthums-Uebergang und die Grundschuld eine viel höhere Bedeutung habe als im alten und deshalb mit besondern Garantien ausgestattet sein müsse[129]), so rechtfertigt dieser Grund, der sich in dem Bericht der Herrenhaus-Kommission blos dafür, daß die Unterzeichnung mit dem vollen Namen statt mit dem bloßen Namenszuge erfolge und auch hier nur adminikulirend angeführt findet, es wohl, die Ausführung der Einschreibungen dem Buchführer nicht allein zu überlassen, sondern den Richter ausdrücklich zur Kontrole des Buchführers zu verpflichten und von ihm zum Zeichen der geübten Kontrole seine Namensunterschrift zu verlangen, nicht aber von dieser Unterschrift die Gültigkeit der Einschreibung selbst abhängig zu machen. Ebenso wenig kann man sich auf das Mecklenburgische Recht, welches gleichfalls die Unterzeichnung der Einschreibungen und zwar als zu deren Rechtsbestande erforderlich verlange, berufen[130]). Es ist ja allerdings das Mecklenburgische Recht bei der Reform des Preußischen Grundbuchrechts besonders berücksichtigt worden, indessen weder bei dem in Rede stehenden Punkt noch sonst

[129]) Dalcke und Loebell a. d. a. O.

[130]) Wie Dernburg a. a. O. thut.

und namentlich nicht auf dem Gebiet des Formellen ist es eigentliches Vorbild gewesen und bestehen grade hinsichtlich der Form und Führung der Grundbücher zwischen ihm und den Gesetzen vom 5. Mai 1872 die wesentlichsten Verschiedenheiten. So sei nur daran erinnert, daß blos nach Einigen der neun in Mecklenburg geltenden Hypothekenordnungen das Hypothekenbuch eine vollständige Uebersicht über alle dinglichen Rechtsverhältnisse, deren Gegenstand das Grundstück ist, gewährt und gleichmäßig über das Eigenthum, die dinglichen Rechte und die Hypotheken geführt wird, nach den übrigen Ordnungen dagegen das Hypothekenbuch sich blos über die Hypotheken und einzelne denselben gleichgestellte Beschwerungen, wie Personalservituten und Reallasten von nicht beständiger Dauer verhält, die andern dinglichen Rechte und das Eigenthum aber gänzlich unberücksichtigt läßt, daß ferner die Eintheilung der Blätter des Hypothekenbuchs in Abtheilungen und die Vertheilung der Einschreibungen in die einzelnen Abtheilungen durchweg eine andere ist und daß die Hypothekenbücher überhaupt meist nicht von den Gerichten, sondern theils von Gemeindeobrigkeiten oder landesherrlichen Verwaltungsbehörden theils von besondern ausschließlich für dieses Geschäft eingesetzten Behörden geführt werden[131]). Eine Analogie ist deshalb ganz unzulässig. Ueberdies ist weder die Unterzeichnung noch deren Nothwendigkeit zur Gültigkeit der Einschreibung in irgend einer der Hypothekenordnungen selbst vorgeschrieben. Vielmehr ist die Erstere nur durch die für die Buchbehörden erlassenen Dienstanweisungen eingeführt und Letztere ist lediglich eine Privatansicht von Meibom's, die darauf gestützt wird, daß die Unterschriften „nach den allgemeinen Grundsätzen für öffentliche Urkunden und nach dem besondern Zweck der Hypothekenbücher sich als wesentlich darstellen"[132]). Ob diese Gründe für das Mecklenburgische Recht genügen, muß dahin gestellt bleiben. Für das Preußische Recht sind sie gewiß nicht ausreichend. Mit dem besondern Zweck der Hypothekenbücher ist gar nichts anzufangen und was die Grundsätze über öffentliche Urkunden betrifft, so hat die Einschreibung nicht die Natur einer Ausfertigung, sondern nur die einer Abschrift der vom Richter in den Akten entworfenen Eintragungsformel (§. 43 G. B. O.). Zur Beglaubigung von Abschriften aber bedarf es begriffsmäßig nicht der Unterschrift eines Richters. Daß nach den §§. 27 und 28 Tit. 3 Thl. II. der Allgemeinen Gerichts-Ordnung die Vidimation von Ab-

---

[131]) v. Meibom, Hypothekenrecht §. 7 u. 8 S. 44—57.

[132]) Daselbst §. 9 Anm. 5 S. 68.

schriften in Hypothekensachen durch eine richterliche Person geschehen soll (Rescript vom 22. April 1835 in v. Rönne: Ergänzungen und Erläuterungen der Preußischen Rechtsbücher zu den §§. 27 und 28 cit. 5. Ausg. (1865) Bd. III. S. 681), kann nicht weiter in Betracht kommen. Denn einmal ist dies eine Vorschrift, die schon früher auf die Einschreibungen im Grundbuch keine Anwendung fand, da diese bekanntlich überhaupt nicht unterzeichnet wurden und außerdem besteht sie auch nur für einen Theil des Rechtsgebiets, in dem die Grundbuchordnung Geltung hat. In andern Theilen ist dagegen die Beglaubigung bloßer Abschriften durch richterliche Unterschrift unbekannt. Der Schluß von den öffentlichen Urkunden auf die Einschreibungen würde daher dahin führen, daß die richterliche Unterschrift im Grundbuch in den verschiedenen Landestheilen verschiedene Bedeutung hätte, ein Resultat, das um so widersinniger sein würde, als die Gesetze vom 5. Mai 1872 gleich von vornherein darauf berechnet worden sind, nicht blos im Gebiet der Allgemeinen Gerichts-Ordnung, sondern in ihrem jetzigen Umfange Anwendung zu finden[133, 134]).

Ganz anders als der Richter steht der Buchführer zur Einschreibung. Er ist, wie sein Name besagt, derjenige, der das Grundbuch zu führen, die Einschreibungen im Grundbuch vorzunehmen hat. Das Grundbuch ist das eigentliche und ihm ausschließlich zugewiesene Feld seiner Thätigkeit und seine Thätigkeit daher zur Gültigkeit dessen, was im Grundbuch steht, nothwendig. Daß es aber seine Thätigkeit gewesen, durch welche die Einschreibung bewirkt worden, läßt sich in allgemein erkennbarer und sicherer Weise — und darauf kommt es doch an — nicht anders als durch seine Namensunterschrift feststellen. Während wenn der Richter nicht unterzeichnet hat, daraus an sich weiter nichts folgt, als daß er die ihm obliegende Kontrole nicht geübt und also seinerseits keine Verantwortlichkeit für etwaige, bei der Ausführung der von ihm verfügten Einschreibung vorgefallene Unrichtigkeiten hat, ist bei

---

133) Werner Thl. II S. 11 u. 12, 37 u. 38, 93.

134) Mit den obigen Ausführungen stimmt überein, daß es zwar nicht gesetzlich, wohl aber instruktionsmäßig Einschreibungen giebt, die ohne Verfügung und Mitwirkung des Richters allein vom Buchführer vorgenommen werden, nämlich die Berichtigungen des Titels der Grundbuchblätter und der ersten Abtheilung der Grundbuchartikel nach den Angaben der Fortschreibungs-Protokolle (Art. 12 der Ausführungs-Verfügung vom 2. September 1872). Diese Einschreibungen sind so wenig erheblich und so leicht auszuführen, daß man hier von der Ausübung einer richterlichen Kontrole und deren Klarstellung durch die Unterschrift füglich absehen konnte.

dem Mangel der Unterschrift des Buchführers insbesondere auch die Annahme möglich, daß die Einschreibuug von einem Andern, Unbefugten vorgenommen und somit ganz ohne Wirksamkeit ist. Deshalb ist zwar nicht dort, wohl aber hier der Mangel ein wesentlicher. Bei dieser Scheidung ist einerseits der Forderung nach besondern, der Wichtigkeit der Einschreibung entsprechenden Garantien genügt und andrerseits doch weder von dem Grundbuchrichter noch dem Buchführer zu viel verlangt. Sie entspricht vielmehr vollkommen der verschiedenen Stellung, welche Grundbuchrichter und Buchführer überhaupt zu einander haben. Es besteht zwischen diesen Arbeitstheilung. Das Gebiet des Richters sind die Grundakten, das des Buchführers das Grundbuch. Die Thätigkeit eines Jeden ist auf seinem Gebiet die maßgebende und nur vermöge seiner höhern Stellung hat der Richter daneben noch die Kontrole über die Thätigkeit des Buchführers[135]). Diese Arbeitstheilung und die dadurch begründete Selbstständigkeit des Buchführers auf seinem Gebiet läßt es auch unthunlich erscheinen, andere Fälle, wo ein Richter und ein Subalternbeamter etwas gemeinschaftlich unterzeichnen z. B. ein Protokoll, dessen beide Unterschriften gleich nothwendig sind, zur Vergleichung heranzuziehen[136]), weil diese gerade das Gegentheil von der zeitlich und räumlich getrennten Thätigkeit in Grundbuchsachen, nämlich ein gleichzeitiges und gemeinschaftliches Zusammenwirken erfordere. Ebenso wenig kann entgegen gehalten werden, daß die Wesentlichkeit der Unterschrift des Buchführers nicht ausdrücklich vorgeschrieben ist[137]), es genügt vollständig, daß sie sich sonst ergiebt.

Kann nun sonach die Einschreibung eines Dritten für sich allein gar nicht in Betracht kommen und ist die Unterschrift des Richters zur Gültigkeit der Einschreibung nicht nothwendig, sondern für diese lediglich die Unterschrift des Buchführers entscheidend, so muß die Einschreibung, sobald der Buchführer sie mit seinem Namen vollzogen und damit die von ihm selbst ausgeführte Einschreibung zum Abschluß gebracht, wenn er sich aber, was er ja unzweifelhaft kann, fremder Hülfe, namentlich der der Schreiber des Grundbuchamts bediente, deren Thätigkeit zu der

---

135) In dem Gesetz vom 21. März 1868 §. 53 ist die Pflicht dieser Kontrole ausdrücklich ausgesprochen. Vgl. auch die Motive (Nr. 43 der Drucksachen des Herrenhauses, Sitzungs-Periode 1867/68 (Bd. I) zu §. 54 des Entwurfs dieses Gesetzes.

136) Noch weniger darf auf die mehreren Unterschriften unter einem Erkenntniß oder dgl. rekurrirt werden, denn hier handelt es sich um die Unterschriften mehrerer Richter und nicht eines Richters und eines Subalternbeamten.

137) Wie von Neubauer und Förster a. d. a. O. geschieht.

seinigen gemacht hat[138]), als erfolgt angesehen und von diesem Moment ab der Beginn ihrer Wirksamkeit gerechnet werden[139]).

In Uebereinstimmung hiermit ist dann hinsichtlich der Einreden und Beschränkungen auf dem Grundschuldbrief zu entscheiden. Was zur Gültigkeit der Vermerke des Grundbuchamts auf Hypotheken- oder Grundschuldbriefen im Allgemeinen gehört und ob dazu insbesondere die beiden Unterschriften des Richters und des Buchführers erforderlich sind, kann auf sich beruhen. Die Einreden und Beschränkungen, um die es sich hier allein handelt, sind eben nicht Vermerke, die wie die sonstigen Vermerke auf den Grundschuldbrief in seiner gewöhnlichen Eigenschaft gesetzt sind, sondern sind Vermerke, die auf ihn als eine in dieser Beziehung und insoweit dem Grundbuche völlig gleichgestellte Urkunde gesetzt sind. Wenn nun die Unterschrift des Buchführers für die Einschreibungen im Grundbuch entscheidend ist, so ist sie es folgerecht auch für die in Rede stehenden Vermerke auf dem Grundschuldbrief und müssen letztere daher gleichfalls mit der Unterschrift des Buchführers als erfolgt erachtet werden und von dem Moment derselben ab ihre Wirksamkeit zu äußern beginnen.

---

138) Achilles Anm. 21 zu §. 43 G. B. O. S. 172.

139) Zu demselben Resultat gelangt übrigens auch Loebell, trotzdem er beide Unterschriften zur Perfektion der Eintragung für erforderlich hält, indem er annimmt, daß die Wirkung der perfekt gewordenen Eintragung auf den Augenblick der eigentlichen Einschreibung durch den Buchführer zurückzudatiren sei, weil in diesem Augenblick sich Verfügung und Ausführung (§. 43 G. B. O. Abs. 1), Wille und That deckten. Richtig, weil aber dem so ist, ist die später hinzutretende Unterschrift des Richters nicht mehr wesentlich und bedarf es des Nothbehelfs der Zurückziehung nicht.

III.

Mit der bisher behandelten Frage steht in engstem Zusammenhange eine andere, die ebenfalls von großer praktischer Wichtigkeit ist und durch die Bestimmungen des §. 10 G. B. O., daß bei Eintragung des Eigenthums auf Grund einer Auflassung das Datum der Eintragung und des §. 44 daselbst, daß bei allen Einschreibungen der Tag derselben im Grundbuch anzugeben ist, veranlaßt wird. Datum und Tag sind identisch[140]). Der §. 10 ist daher nur eine spezielle Anwendung der generellen Vorschrift des §. 44 und die Frage allgemein die: was ist bei den Einschreibungen als Tag derselben anzusehen und im Grundbuch anzugeben.

Auch hierauf ist die Antwort verschieden ausgefallen. Während nämlich Steiner[141]), ein Anonymus[142]) und Turnau[143]) annehmen, daß als Tag der Eintragung derjenige gelten und bei der Einschreibung angegeben werden müsse, an welchem der Vermerk im Grundbuch von beiden Beamten, von dem Richter und dem Buchführer unterschrieben wird, hat das Appellationsgericht zu Hamm durch Verfügung vom 8. Juli 1874[144]) entschieden, daß als Tag der Einschreibung der Tag anzusehen sei, an welchem der Grundbuchführer die vom Richter entworfene Eintragungsformel in das Grundbuch einschreibt, nicht derjenige, an welchem der Grundbuchrichter dieselbe mitunterzeichnet.

Der für die erste Ansicht geltend gemachte Grund, daß die Eintragung erst durch die Unterschrift des Richters vollendet und als solche wirksam werde, trifft nach dem, was oben ausgeführt worden, nicht zu. Aber auch die Gründe des Appellationsgerichts zu Hamm befriedigen

---

140) Achilles Anm. 53 zu §. 36 E. E. G. S. 87.

141) Anleitung zur Bearbeitung der Grundbuchsachen (1873) §. 41 S. 75.

142) Die Grundbuchordnung im Lichte und Dunkel der Praxis (1874) S. 19.

143) Grundbuch-Ordnung Anm. 1 zu §. 44 S. 156.

144) Johow, Jahrbuch Bd. IV (1875) Nr. 32 S. 58.

nicht. Dasselbe stützt seine Ansicht einmal darauf, daß „der §. 44, während vorher und nachher immer nur von Eintragungen gesprochen werde, sich offenbar absichtlich des Ausdrucks Einschreibungen bediene, um damit anzudeuten, daß der Tag der Uebertragung der richterlichen Verfügung in das Buch als der maßgebende angesehen werden solle" und zweitens darauf, daß „der konsequenten Durchführung der entgegengesetzten Ansicht namentlich bei den größern Grundbuchämtern erhebliche praktische Schwierigkeiten im Wege stehen würden, indem es ohne vielfachen Zeitverlust und Störung im Geschäftsbetriebe kaum zu ermöglichen sein dürfte, jedesmal sofort, um eine Uebereinstimmung zwischen dem Datum der Einschreibung und der Kollationirung zu erhalten, erstere direkt auf letztere folgen zu lassen, vielmehr meistens der Grundbuchrichter behufs Zeitersparung gezwungen sein werde, eine größere Anzahl von Eintragungen ohne Rücksicht auf das Datum der Einschreibung hinter einander zu kollationiren".

Die Schwierigkeit, das Datum der Einschreibung und der Kollationirung übereinstimmend zu erhalten, besteht jedoch überall nicht oder läßt sich wenigstens ganz leicht vermeiden, wenn nur das Grundbuchamt zweckmäßig verfährt, der Buchführer bei Ausführung der Einschreibung das Datum derselben vorläufig noch offen läßt und dieses erst bei der Kollationirung und Unterzeichnung der Vermerke durch den Richter entweder von diesem selbst oder von dem Buchführer nachgetragen wird. Und was das andere, im Grunde genommen nur in dem Pressen eines einzelnen Worts bestehende und deshalb schon nicht sehr überzeugende Argument anlangt, so ist allerdings richtig, daß der Ausdruck Einschreibung sich außer in dem §. 44 G. B. O. weder in dem Eigenthums-Erwerbs-Gesetz noch in der Grundbuchordnung findet. Es kann sogar noch weiter zugegeben werden, daß die ursprüngliche Bedeutung der Endsilbe „ung" bei Hauptwörtern ihrer Ableitung aus dem Infinitiv entsprechend die ist, eine Thätigkeit auszudrücken[145]). Beides beweist aber noch nicht, daß der Gesetzgeber das Wort Einschreibung wirklich in dem prägnanten Sinn als Akt des Einschreibens hat gebrauchen wollen. Denn der Sprachgebrauch ist über die ursprüngliche Bedeutung der Endsilbe „ung" hinausgegangen und drückt in vielen Fällen durch dieselbe sowohl die Thätigkeit als den Gegenstand oder das Resultat dieser Thätigkeit[146]),

---

145) Handlung = das Handeln.

146) Verbindung = das Verbinden, aber auch = der Zusammenhang, der durch das Verbinden bewirkt wird; Sendung = das Senden und = dasjenige, was gesendet wird oder gesendet worden ist.

mitunter sogar nur noch den das Resultat der Thätigkeit bildenden Zustand[147]) aus. Dies gilt denn auch für das Wort Einschreibung und wird dasselbe vielfach gleichbedeutend mit dem Produkt des Einschreibens, dem Eingeschriebenen gebraucht, so namentlich auch von dem Verfasser der Gesetze Förster, der den Begriff der Einschreibung überhaupt dahin giebt, daß sie die Eintragungen und zwar sowohl die vorläufigen — Vormerkungen — als die endgiltigen, sowie die Löschungen und die bloßen Vermerke umfasse[148]), in den Regierungs-Motiven, in denen insbesondere bei der Rechtfertigung der §§. 44—46 und 49 des Entwurfs zur Grundbuchordnung (der jetzigen §§. 43—45 und 48 G. B. O.) von der Echtheit der Einschreibung, der Richtigkeit der Einschreibung und von falschen Einschreibungen gesprochen wird[149]) also, da echt, richtig oder falsch nicht das Einschreiben selbst, sondern nur dasjenige, was eingeschrieben worden ist, sein kann, Einschreibung nicht in der Bedeutung von Einschreiben steht, und in den Tabellen zum Kostentarif für die Grundbuchordnung, in welchen z. B. von der Löschung einer Einschreibung die Rede ist. Ja der Gesetzgeber selbst wendet es in dem Sinn von eingeschriebenen Vermerk an und zwar unmittelbar nach den fraglichen Worten und noch in demselben §. 44. Denn wenn es hier heißt, daß die Einschreibungen im Grundbuch von dem Grundbuchrichter und dem Buchführer zu unterzeichnen sind, so ist es eben nur der Vermerk, der unterzeichnet werden kann und nicht die Thätigkeit des Einschreibens. Da sonach weder der Sprachgebrauch noch das Gesetz selbst Einschreibung ausschließlich für den Akt des Einschreibens anwenden, so kann unzweifelhaft daraus allein, daß das Wort Einschreibung gewählt ist, noch nicht gefolgert werden, daß es gewählt sei, um jenen Akt des Einschreibens auszudrücken und um mit dem Tag der Einschreibung den Tag des Einschreibens zu bezeichnen. Der Grund, weshalb Einschreibung statt Eintragung gesagt ist, ist vielmehr offenbar der, daß Eintragung neben der weitern Bedeutung, in der es mit Einschreibung identisch ist, noch eine engere Bedeutung hat, in der es den Gegensatz zu der Umschreibung und Löschung bildet[150]) und um jedem Mißverständniß vorzubeugen, als ob es sich nicht um alle Vermerke im Grundbuch handle.

Behufs Entscheidung der aufgeworfenen Frage muß wieder auf

---

[147]) Z. B. Stellung.

[148]) Grundbuchrecht S. 58.

[149]) Werner Thl. II S. 154 u. 155.

[150]) Vgl. z. B. §§. 38, 39, 41 u. s. w. G. B. O., auch Dernburg §. 196 S. 407 und Steiner, Anleitung zur Bearbeitung von Grundbuchsachen §. 1 S. 2.

den Grund und Zweck der Vorschrift überhaupt, wie dieselben sich aus deren Entstehungsgeschichte ergeben, zurückgegangen werden. Nur so ist eine befriedigende Antwort möglich.

Nach der Hypotheken-Ordnung von 1783 mußte bei jeder Einschreibung der Tag der sie anordnenden richterlichen Verfügung im Hypothekenbuche vermerkt werden und ist dies durch die Hypotheken-Novelle von 1853 nicht geändert worden. Damit übereinstimmend schrieben der Entwurf einer Hypotheken-Ordnung von 1864 §. 21, das Gesetz für Neuvorpommern und Rügen vom 21. März 1868 §. 53, der Entwurf einer Hypotheken-Ordnung von 1868 §. 39 und der Entwurf einer Grundbuch-Ordnung von 1869 §. 45 sämmtlich die Angabe des Tages der Verfügung bei allen Einschreibungen vor und zwar überall ohne nähere Rechtfertigung in den betreffenden Motiven[151]). Eine Aenderung dieses Rechtszustandes ist zuerst in der X. Kommission des Abgeordnetenhauses bei der Berathung des 69er Entwurfs angeregt worden, indem ein Mitglied der Kommission ausweislich des Berichts derselben vom 8. Januar 1870[152]) beantragte, anstatt des Tages der Verfügung die Zeit des wirklichen Eintrags in dem Grundbuche zu vermerken. Diese Ansicht, deren Gründe nicht weiter angegeben sind, fand jedoch keine Unterstützung, indem man voraussetzen zu können vermeinte, daß bei der jetzigen Einrichtung die Eintragung sich der Verfügung alsbald anschließen werde. Es wurde daher die Vorschrift des Entwurfs von der Kommission beibehalten[153]). Zur Plenar-Berathung wurde ein neuer Antrag gestellt dahin, daß der Tag der Verfügung und der Eintragung vermerkt werde[154]). Derselbe wurde jedoch noch vor der Verhandlung

---

[151]) Nach dem Entwurf von 1864 mußte übrigens mit Rücksicht auf die Bestimmung im §. 37 des Entwurfs eines Hypothekengesetzes von demselben Jahre, wonach über die Priorität nicht gleichzeitig angemeldeter Rechte Tag und Stunde der Anmeldung entscheiden sollte, bei den Eintragungen in der zweiten und dritten Rubrik außer dem Tage der Verfügung auch noch der Tag und die Stunde der Anmeldung beigeschrieben werden (s. oben S. 45 u. 46).

In dem Entwurf von 1869 bezieht sich die Angabe des Tags der Verfügung nur auf das Formular I, welches für jedes Grundstück ein Grundbuchblatt hat, nicht auch auf das Formular II, nach welchem jeder Eigenthümer für seine sämmtlichen Grundstücke einen Artikel erhält und in welchem die Einträge auf ein Minimum beschränkt sind und eine Zeitangabe gar nicht erfolgt.

[152]) Drucksachen des Hauses der Abgeordneten aus der 10. Legislatur-Periode III. Session 1869 Bd. IV Nr. 234 S. 20.

[153]) Mit der Maßgabe, daß dieselbe auch auf das Formular II ausgedehnt wurde (vgl. Anm. 151 Abs. 2).

[154]) Nr. 291 der citirten Drucksachen.

darüber wieder zurückgezogen und demnächst der Entwurf vom Abgeordnetenhause nach den Vorschlägen der Kommission angenommen und dem Herrenhause mitgetheilt, wo er bekanntlich unerledigt liegen blieb.

Von Neuem ist dann die Beseitigung des Tages der Verfügung von Bähr angeregt worden. Derselbe bemerkte in seiner Besprechung des 69er Entwurfs[155]): „Ein anderer Mangel scheint mir in Folgendem zu bestehen. Es liegt in der Natur des Systems und es geht durch den ganzen Entwurf hindurch, daß über die Priorität der Rechte die Zeit des Eintrags entscheidet. Um aber die Zeit des Eintrags entscheiden zu lassen, müßte man doch vor Allem die Zeit des Eintrags kennen. Die Zeit des Eintrags wird aber gar nicht eingetragen. Nur am Schlusse jedes Eintrags soll gesetzt werden: Eingetragen zufolge Verfügung vom —. Nun ist doch aber klar, daß die Verfügung des Eintrags nicht die Zeit des Eintrags ist. Auch kann man nicht etwa die Zeit der Verfügung der Zeit der Eintragung substituiren. Der wirkliche Eintrag, nicht der verfügte ist das Entscheidende. Wenn ich ein Grundbuch einsehe, um mich über die Rechtsverhältnisse eines Grundstücks zu vergewissern, so kann ich doch unmöglich ersehen, was etwa noch in das Grundbuch einzutragen verfügt ist, sondern für mich kann es nur maßgebend sein, was im Grundbuch steht. Es fehlt hiernach bei den Einträgen des Entwurfs das für ihre Wirksamkeit wahrhaft kritische Moment. Soweit die Einträge in ein und derselben Spalte gemacht werden, würde zwar schon ihre räumliche Stellung zu einander die Zeitfolge erkennen lassen, vorausgesetzt, daß nicht Zwischenräume, welche nachträgliche Einschiebsel möglich machten, gelassen würden. Aber die auf einander Einfluß übenden Einträge werden ja zum Theil in ganz verschiedene Spalten gemacht. Dadurch wird es äußerlich völlig unerkennbar, ob der eine oder andere Eintrag vorausgegangen. Und doch hängt von dieser Frage das Vorgehen des einen oder des andern Rechts ab. Es wäre daher mindestens erforderlich, daß das Datum des Eintrags und zwar unter erkennbarer richterlicher Verantwortlichkeit eingetragen würde, wogegen das Datum der Verfügung wegfallen könnte."

Darauf findet sich in dem Entwurf zur Grundbuchordnung von 1871 §. 45 die jetzige Bestimmung des §. 44 wörtlich:

> Bei allen Einschreibungen in das Grundbuch ist der Tag der Einschreibung anzugeben,

und wird in den Motiven dadurch gerechtfertigt[156]), „daß nach dem

[155]) Gesetzentwürfe S. 117 u. 118.

[156]) Werner Thl. II S. 154 u. 155.

neuen Verfahren der Tag der Verfügung mit dem Tag der Einschreibung in den bei Weitem häufigsten Fällen zusammenfallen wird, die Rechtsänderung auch in dem Moment der Einschreibung liegt, mithin grade dieser der Klarstellung durch das Grundbuch bedarf."

Hierbei ist es bei den Berathungen des Entwurfs in den Kommissionen wie in den Plenis beider Häuser lediglich belassen worden, ohne daß irgend welche weitere Erörterungen darüber stattgefunden hätten.

Die Bemerkung in den Motiven, daß nach dem neuen Verfahren der bisher angegebene Tag der Verfügung regelmäßig identisch mit dem neu anzugebenden Tage der Einschreibung sein werde, rechtfertigt nicht sowohl die neue Bestimmung selbst, als sie vielmehr deren Verhältniß zu dem bestehenden Recht betrifft. Dieselbe, in der Praxis ja allerdings selten zutreffende Voraussetzung, wegen welcher ihrer Zeit die X. Kommission des Abgeordnetenhauses die Aenderung für überhaupt entbehrlich erklärte, wird dazu benutzt, um die Letztere wenigstens als keine erhebliche darzustellen. Der eigentliche Grund und Zweck der neuen Vorschrift ist dagegen allein dahin ausgesprochen, daß die Einschreibung Rechtsänderungen bewirke und deshalb die Zeit, wann sie erfolgt ist, klar gestellt werden müsse. Darnach hat man sich vollständig auf den Standpunkt Bähr's gestellt. Der Tag der Einschreibung soll angegeben werden, weil die Eintragung eines Rechts im Grundbuch dasselbe verändert, das ist allgemeiner ausgedrückt, weil die Einschreibungen als solche besondere Rechtswirkungen haben, die vorher nicht da sind und damit die Zeit, wann diese Wirkungen eingetreten sind, Jedermann leicht erkennbar sei. Daraus folgt, daß als Tag der Einschreibung derjenige anzusehen und anzugeben ist, von welchem ab die Einschreibungen im Grundbuch ihre eigenthümlichen Wirkungen äußern. Dieser Tag ist der einzige, an dem die Betheiligten ein Interesse haben, jeder Andere ist für sie ebenso gleichgültig, wie der Tag der Verfügung, dessen Angabe eben wegen seiner Bedeutungslosigkeit nicht mehr erfolgt. Nach den früheren Erörterungen äußern die Einschreibungen nach der Regel, von welcher nur unwesentliche Ausnahmen bestehen, ihre Wirkungen von ihrer Unterzeichnung durch den Buchführer ab. Als Tag der Einschreibung ist daher derjenige anzusehen und anzugeben, an welchem der Buchführer unter dieselbe seinen Namen geschrieben hat.

Das Ergebniß der vorstehenden Untersuchungen ist folgendes:

Die mit den Einschreibungen im Grundbuch verknüpften besondern Wirkungen beginnen von da ab, wo die Einschreibung selbst im Grundbuch erfolgt ist. Hiervon giebt es nur drei Ausnahmen, indem über die Rangordnung zwischen dinglichen Rechten, Hypotheken und Grundschulden nicht die Zeit der Eintragung, sondern der Ort und das Datum der Eintragung entscheiden, ferner bei den auf den Namen eines Dritten eingetragenen Grundschulden der Gläubiger zwar das Grundschuldrecht an sich bereits von der Eintragung der Grundschuld ab, das Recht der Verfügung über die Grundschuld aber erst von der Aushändigung des Grundschuldbriefs an ihn erlangt und drittens Einreden bei den Klagen aus einer Grundschuld gegen einen Kläger, gegen den sie nicht unmittelbar zustehen oder dem sie beim Erwerb der Grundschuld nicht bekannt waren sowie Beschränkungen des eingetragenen Grundschuldgläubigers in der Verfügung über die Grundschuld gegen Dritte, denen sie bei Erwerb ihres Rechts an dem Grundstück nicht bekannt waren, von da ab wirken, wo sie auf dem Grundschuldbrief vermerkt worden sind. Im übrigen gilt die Regel insbesondere auch von den Hypotheken und Grundschulden, den Eintragungen des Eigenthumserwerbs im Fall einer freiwilligen Veräußerung und den auf Grundstücke gelegten Arresten und ist der Beginn der Wirksamkeit dieser Einschreibungen weder bis zur Ausfertigung oder Aushändigung des Hypotheken- und Grundschuldbriefs hinauszuschieben noch andrerseits auf die Zeit zurückzuziehen, wo die betreffenden begründeten Eintragungsgesuche bezw. bei Arresten das Ersuchen des Prozeßrichters um Eintragung bei dem Grundbuchamt eingegangen sind. Als im Grundbuch erfolgt ist die Einschreibung und als auf dem Grundschuldbrief vermerkt die Einrede bezw. Beschränkung aber anzusehen, sobald sie der Grundbuchführer entweder selbst ausgeführt und unterzeichnet oder wenn sie von einem Andern geschrieben worden sind, mit seinem Namen vollzogen hat und nicht erst dann, wenn die zur Gültigkeit nicht erforderliche Unterschrift des Grundbuchrichters hinzugekommen ist. Der Zeitpunkt der Unterzeichnung durch den Grundbuchführer ist daher entscheidend für den Beginn der Wirksamkeit der Einschreibungen und jener Einreden und Beschränkungen und der Tag, in welchen er fällt, als Tag der Einschreibung anzusehen und im Grundbuch anzugeben.

Diese Sätze sind gewonnen worden ohne jeden Nothbehelf von Konvalescenz, Fiktion oder dgl. Sie sind abgesehen von den erwähnten geringfügigen Ausnahmen von ganz allgemeiner Gültigkeit. Sie stehen untereinander wie im Zusammenhange so auch in völligem Einklange und zeigen ein entsprechendes Ineinandergreifen der verschiedensten materiellen und formellen Vorschriften der Gesetze vom 5. Mai 1872. Hat ja doch sogar die formelle Vorschrift, daß bei den Einschreibungen deren Tag im Grundbuch anzugeben ist, zuerst zur Beantwortung der materiellen Frage, von wann ab die Einschreibungen wirken; verwendet werden können und dann wieder die Antwort auf die letztere Frage dazu gedient, um jenen Tag genauer zu bestimmen. Sie befinden sich endlich mit dem das Grundbuchrecht beherrschenden Princip der Oeffentlichkeit und Vollständigkeit des Grundbuchs, auf welchem der gute Glaube des Grundbuchs beruht, in Uebereinstimmung.

Alles dies spricht gleichmäßig für ihre Richtigkeit. Daß abweichende Auffassungen geltend gemacht worden sind, hat zum Theil wohl seinen Grund darin, daß man sich noch nicht an die neuen Theorien, namentlich die gesteigerte Bedeutung, welche jetzt das Grundbuch und die Einschreibungen in demselben haben, gewöhnt hat und noch zu sehr geneigt ist, aus dem Geist des früheren, speciell des altpreußischen Rechts heraus zu entscheiden — sonst wäre nicht zu erklären, wie man nach dem letztern Recht aufgestellte Ansichten so, wie geschehen, ohne weitere Prüfung hat auf das jetzige Recht übertragen können — und für die Frage nach dem Anfangszeitpunkt der Wirkungen der Einschreibungen auch wohl noch darin, daß man diese Frage bisher nur für die eine oder die andere Eintragung behandelt und dabei ihre allgemeine Bedeutung und die Zugehörigkeit der einzelnen Eintragung zu den Einschreibungen überhaupt außer Acht gelassen hat.

Buchdruckerei von Gustav Schade (Otto Francke) in Berlin, Linienstr. 158.

Kolibri 360 GmbH
Ferdinand-Jühlke-Straße 7
99095 Erfurt, Deutschland
produktsicherheit@kolibri360.de